¡CUBA LIBRE!

¡CUBA LIBRE!

El Che, Fidel y
la improbable revolución que
cambió la historia del mundo

TONY PERROTTET

HarperCollins *Español*

PRIMERA EDICIÓN

Traducción: Producción Editorial y Martha Castro

Este libro ha sido debidamente catalogado en la
Biblioteca de Congreso de Estados Unidos.

ISBN 978-1-41-859781-8

20 21 22 23 24   LSC   10 9 8 7 6 5 4 3 2 1

Contenido

SEGUNDA PARTE

Los guerrilleros aficionados

TERCERA PARTE

La ruta revolucionaria

CUARTA PARTE

La luna de miel con el Che

Prólogo:
Fidelmanía

E L GUERRILLERO MÁS famoso del mundo iba a invadir sus salas y los estadounidenses estaban entusiasmados. El domingo 11 de enero de 1959, a las ocho de la noche, unos cincuenta millones de espectadores sintonizaron *El show de Ed Sullivan*, el innovador programa de variedades que unos años atrás les había traído a Elvis Presley y que más adelante les presentaría a los Beatles. Aquella noche de invierno, el amistoso Sullivan entrevistaba al famoso latino que había suscitado tanta curiosidad por todo el país: Fidel Castro, un encantador abogado de treinta y dos años convertido en revolucionario, conocido por su barba desaliñada, había derrocado, contra todo pronóstico, a un cruel gobierno militar en la isla de Cuba.

Para ser el programa de entretenimiento más popular de Estados Unidos, se trataba de una extraña incursión en la política. Al principio del programa, Sullivan acababa de presentar una serie de propuestas artísticas más acordes con los tiempos de Eisenhower. Cuatro acróbatas habían ejecutado un número de saltos y cabriolas por todo el escenario (dos de ellos disfrazados de monos). Los Little Gaelic Singers habían entonado reconfortantes armonías irlandesas. Después, un humorista había desgranado una serie de chistes malos sobre las fiestas en casa en los barrios residenciales. Finalmente, Sullivan pasó al plato principal: su amistosa entrevista con Fidel en el pueblo cubano de Matanzas, a unos cien kilómetros al este de La Habana.

El episodio se había filmado tres días antes a las dos de la tarde, usando una sala del ayuntamiento de aquella localidad como improvisado foro de televisión, horas antes de que Castro entrara en la capital cubana con sus hombres montados en tanques requisados al régimen militar. Aquellas eufóricas escenas, que evocaban la liberación de París, representaban el clímax de la revolución más desigual de la historia: un pequeño número de guerrilleros autodidactas y desaliñados (muchos de ellos jóvenes recién salidos de la universidad, licenciados en Literatura, estudiantes de Arte, ingenieros y varias mujeres) habían derrotado a cuarenta mil soldados profesionales y obligado al siniestro dictador, el presidente Fulgencio Batista, a huir de la isla en un vuelo nocturno.

Teniendo en cuenta la hostilidad que se suscitó entre Estados Unidos y Cuba un año escaso después, la íntima atmósfera de la entrevista parece hoy un episodio de *La dimensión desconocida*. Los dos personajes en pantalla no podían ser más discordantes. Intentando parecer informal mientras se reclina sobre una mesa, Sullivan, el recio empresario yanqui de cincuenta y siete años, parece recién salido de un anuncio de ropa elegante para caballero con su traje a medida y su corbata, el pelo meticulosamente teñido, peinado y reluciente por la brillantina. (A menudo se lo parodiaba como un «gorila bien vestido»). La imagen de Fidel, que era ya un icono para los jóvenes estadounidenses rebeldes, suponía todo un contraste, ataviado con su uniforme verde oliva, su gorra y su inconfundible vello facial. Alrededor de ambos se ve a una docena de jóvenes rebeldes, igualmente hirsutos, conocidos en Cuba simplemente como los barbudos, todos ellos con armas («un bosque de metralletas», como afirmaría más adelante Sullivan). Celia Sánchez, la amante y confidente de Fidel, que a menudo lo acompañaba en las entrevistas, está de pie, fuera de cámara, con su uniforme pulcramente cosido y un cigarrillo entre sus dedos de uñas cuidadas y perfectas. Sánchez, la coordinadora más eficiente de la revolución, ha organizado cuidadosamente la entrevista y ahora se ocupa de que los guerrilleros, impulsivos como adolescentes, no hablen o pasen por delante de las cámaras.

Con sus primeras palabras, Sullivan asegura a los espectadores de la CBS que están a punto de conocer «a un maravilloso grupo de jóvenes revolucionarios», presentándolos como si fueran lo último del pop. A pesar de su apariencia desaseada, los seguidores de Fidel son muy distintos a los perversos comunistas descritos por la maquinaria propagandística del dictador, y añade que, de hecho, todos llevan medallas católicas y algunos muestran incluso ejemplares de la biblia. Pero Sullivan está especialmente interesado en Fidel. La absoluta improbabilidad de su victoria sobre el prepotente Batista lo había bañado en un aura romántica. Las revistas estadounidenses presentaban abiertamente a Fidel como un nuevo Robin Hood y a Celia como su Marion, robando a los ricos para repartir entre los pobres.

Las primeras preguntas de Sullivan no son las más difíciles:

—Hablemos de su época en la preparatoria —suelta, riéndose con su voz nasal característica—: tengo entendido que era usted un estudiante excelente y un gran atleta. ¿Era pícher de beisbol?

—Sí —replica Fidel en el titubeante inglés que aprendió con sus profesores jesuitas y en varias visitas a la ciudad de Nueva York—. Beisbol, básquetbol, *sóftbol*... todos los deportes.

—Sin duda todo este ejercicio que practicaba en la escuela lo preparó para este momento.

—Sí. Me dio una buena preparación para sobrevivir en las montañas.

Sullivan, experimentado cazador de famosos, parece deslumbrado por su invitado y se le ve mucho más animado que cuando normalmente presenta el programa en el estudio. Entretanto, el *Comandante en Jefe* Castro se muestra serio, afable y deseoso de agradar, frunciendo el ceño en su constante esfuerzo por encontrar las palabras adecuadas dentro de su limitado vocabulario en inglés. Es difícil no compadecerse del dirigente rebelde al ver su esfuerzo por expresarse en una lengua que no domina.

Sullivan dirige parte de la conversación hacia el pasado.

—Quiero preguntarle un par de cosas, Fidel —dice el entrevistador, poniéndose serio por un momento—. En los países latinoamericanos los dictadores han robado millones y millones de dólares y han torturado y asesinado a sus opositores. ¿Cómo se propone usted acabar con esto en Cuba?

Fidel se ríe.

—Muy fácil. No permitiendo que ninguna dictadura gobierne de nuevo nuestro país. Puede usted estar seguro de que Batista… será el último dictador de Cuba.

En 1959, Sullivan no veía ninguna razón para discutirle esta afirmación.

El idilio llega a su clímax hacia el final de la entrevista.

—El pueblo de Estados Unidos siente una gran admiración por usted y por sus hombres —declara Sullivan—. Su lucha se enmarca en la verdadera tradición de Estados Unidos: la de un George Washington, o la de cualquier movimiento que comenzó con un pequeño grupo que se enfrentó a una gran nación y venció.

Fidel se toma el elogio con calma; la prensa estadounidense lleva idolatrándolo casi dos años como un ciudadano-soldado al más puro estilo de 1776.

—¿Qué siente usted hacia Estados Unidos? —pregunta Sullivan.

—Mis sentimientos por el pueblo de Estados Unidos son de simpatía —dice Fidel en el mismo tono calmado— porque son un pueblo mucho trabajador...

(—Son un pueblo muy trabajador —interpreta Ed).

—...Han fundado esta gran nación, con gran esfuerzo y trabajo...

(—Es cierto —Ed asiente).

—Estados Unidos no es [una] raza de personas, [sus ciudadanos] proceden de todas partes del mundo... Esta es la razón por [la] que Estados Unidos pertenece al mundo, a aquellos que eran perseguidos, a quienes no podían vivir en su país de origen...

—¡Queremos agradarles! —afirma Sullivan, pletórico—. Y a nosotros nos agrada usted. ¡Usted y Cuba!

El programa regresa luego al estudio de la CBS en Nueva York, donde Sullivan, árbitro de los gustos de la clase media estadounidense, se prodiga con Fidel en el mismo tono elogioso y benévolo que usó con Elvis.

—Es un joven bueno, y muy inteligente —declara con su ademán característico: brazos cruzados y ligeramente inclinado hacia adelante—. Y con la ayuda de Dios y nuestras oraciones, y con la del gobierno estadounidense, conseguirá para su país la clase de democracia que deberían tener todos los países americanos.

A continuación el programa avanza a su siguiente segmento de variedades: un desfile de moda para caniches.

HOY EN DÍA nos es casi imposible imaginar aquel momento en 1959 cuando la revolución cubana era reciente, Fidel y el Che jóvenes y apuestos, y los estadounidenses veían aquel alzamiento como la encarnación de sus ideales más elevados. Como observó Ed Sullivan, aquí estaba un pueblo luchando por su libertad contra la injusticia y la tiranía, un eco moderno de la guerra de independencia de Estados Unidos, con Fidel como una versión más *sexy* de uno de los Padres Fundadores y los guerrilleros como la reencarnación de los Green Mountain Boys de Ethan Allen, los francotiradores irregulares que ayudaron a derrotar a los casacas rojas. Es igual de surrealista que Fidel encomiara tan abiertamente a Estados Unidos como inspiración de la revolución cubana.

La entrevista de Sullivan fue solo el comienzo de una gran ola de entusiasmo que se suscitó hacia Fidel. Aquel invierno se emitiría toda una serie de entrevistas favorables conducidas por diversa gente: desde Ed Murrow, venerado periodista de la CBS, hasta Errol Flynn, el actor de Hollywood, y muchos otros. Unos meses más tarde, en abril, Fidel llegaría a darse un baño de multitudes en Estados Unidos, rodeado de admiradores, mientras comía *hot dogs* en Nueva York y visitaba lugares clave de la democracia como Monticello y el Monumento a Lincoln.

Entretanto, La Habana se llenaba de visitantes estadounidenses que querían ver la revolución de primera mano y eran bien recibidos por los cubanos. Muchos hablaban de un ambiente carnavalesco: se les invitaba a unirse a celebraciones políticas tan extrañas como el sepelio de una compañía telefónica que iba a ser nacionalizada, con músicos vestidos como dolientes y ataúdes de cartón. La Habana vivía una fiesta constante, con músicos callejeros y puestos de comida en cada rincón recaudando dinero para el nuevo Estado en una vertiginosa ola de optimismo.

Algunos poetas *beat* escribían odas a Fidel. Los afroestadounidenses se sentían fascinados por la abolición de todas las barreras raciales (adelantándose al movimiento por los derechos civiles) y organizaron viajes en grupo para escritores y artistas negros. El jefe Pájaro Blanco de la tribu de los Creek fue a Cuba ataviado con el penacho de guerra de los indios americanos para entrevistarse con Fidel. Las feministas de Estados Unidos estaban exultantes con la promesa cubana de que la liberación de la mujer sería «una revolución dentro de la revolución». De hecho, el mundo entero estaba fascinado por aquel puñado de jóvenes e idealistas guerrilleros que habían forzado la huida de un dictador. Fidel, el Che y Celia se deleitaban en la buena voluntad que les mostraban, acogiendo a intelectuales como Jean-Paul Sartre y Simone de Beauvoir y a un flujo constante de dirigentes de países del Tercer Mundo. Muchos tenían la sensación de que era una oportunidad para que Cuba se convirtiera en un paraíso de igualdad política, racial y de género.

La razón de nuestra amnesia en cuanto a cómo fue recibida la revolución cubana es, naturalmente, política: la memoria popular de la guerra de guerrillas fue una de las primeras bajas de la Guerra Fría. Cuando los barbudos llegaron a La Habana, suscitaron una gran admiración por lo que la gente sentía como una pelea sin matices llena de relatos de valentía y abnegación. Sin embargo, para muchos occidentales, algunos hechos memorables de la Era Atómica como la invasión de bahía de Cochinos, apoyada por la CIA en abril de 1961 y el casi apocalipsis de la Crisis de los misiles en octubre de 1962 (que estuvo a un tris de llevar a la raza humana a una guerra nuclear) eclipsaron rápidamente cualquier idea de lucha romántica. En Estados Unidos se aceptó ampliamente que Fidel y sus defensores habían ocultado las simpatías comunistas que, desde el comienzo, habían albergado en sus corazones.

Y aun así, la historia de un pequeño grupo de subversivos aficionados, muchos de ellos adolescentes o con poco más de veinte años, que derrotaron a una de las dictaduras más brutales de toda América Latina, sigue siendo una saga que definió el siglo XX con el arco narrativo de un *thriller* de Tom Clancy. En palabras de un historiador, para la nueva era de los medios de comunicación que arrancó en la década de 1950, la de Cuba fue «la revolución perfecta»: fue corta, consiguió su objetivo y se desarrolló en etapas claras, «como una opereta», y estuvo llena de maravillosos personajes épicos. Coincidente con el nacimiento de la televisión y la edad de oro del periodismo impreso, fue también la revuelta más fotogénica de la historia, con imágenes de los apuestos guerrilleros y de un grupo de atractivas guerrilleras que se convirtieron instantáneamente en iconos de la revolución.

El velo de la sospecha y los presupuestos ideológicos hacen que pocos se den cuenta hoy de hasta qué punto fue improvisada la revolución cubana; en general, sus dirigentes se vieron forzados a desarrollar sobre la marcha su propia forma de combate selvático y de revuelta urbana. Son todavía menos quienes recuerdan el sacrificio personal y la valentía de aquellos años, cuando los jóvenes rebeldes se arriesgaban cada día a la tortura y la muerte a manos de los secuaces de Batista, tan sádicos como los agentes de la Gestapo. En las cámaras de tortura de la policía desaparecieron cientos de combatientes opositores, cuyos cuerpos mutilados aparecían colgados en los parques o tirados en las cloacas. Fueron sin embargo las imágenes de los principales dirigentes (Fidel, con su barba de profeta bíblico, o el Che, con su boina, mirando contemplativamente al horizonte) las que se convirtieron en clichés de la revolución.

Este libro intentará volver atrás en el tiempo para recuperar la atmósfera de Cuba en la década de 1950, cuando los actores de la revolución eran desconocidos, la historia todavía estaba por definirse y el desenlace de la revolución pendía de un hilo. Durante el relato, también se procurará esclarecer por qué el optimismo de los primeros días resultó tan injustificado. ¿Fueron acaso embaucados por Fidel los estadounidenses (y el gran número de cubanos moderados que apoyaron la revolución), como alegaron más adelante los partidarios de la línea dura? ¿Fueron acaso engañados por un personaje maquiavélico que tenía intenciones secretas desde el comienzo? ¿O habría podido la historia de la Cuba moderna, que tanto afectó al mundo, desarrollarse de forma distinta?

Primera parte

LA
«LOCURA» CUBANA

CAPÍTULO 1

Una revolución casera

(25 meses antes: diciembre de 1956)

Hacia las nueve de la mañana del domingo 2 de diciembre de 1956, en una de las zonas más remotas del litoral oriental de Cuba, un robusto joven campesino abandonó su cabaña con techo de palma para instalarse en un cocotal llamado Los Cayuelos. Con el frío aire mañanero subía la fetidez de los manglares cercanos, una primitiva barrera de aguas oscuras y raíces que mantenía aquella zona rural en un aislamiento atemporal, tan intacto como cuando Colón llegó siglos atrás, perdido en su carabela.

Cuando regresó tras haber cargado el horno de carbón, dos ojos atemorizados lo sorprendieron mirándolo detrás de una palmera. El intruso llevaba un viejo rifle y un uniforme militar verde oliva mal ajustado con un brazalete rojinegro que decía «M-26-7»; estaba completamente empapado de agua de mar y cubierto de barro. Esta extraña aparición, parte bandido, parte náufrago, llevó al campesino a escudriñar los matorrales cercanos, donde vio a otros ocho hombres armados en un estado todavía peor. Igualmente enlodados, estaban demacrados, con los ojos hundidos y los labios en carne viva por la deshidratación; sus manos y rostros llenos de arañazos y sangre. Muchos de los uniformes estaban hechos trizas y varios de ellos iban descalzos.

El líder dio un paso al frente. Era un hombre alto y enjuto, con anteojos de montura de carey, una brizna de bigote y barba de tres días en las mejillas.

—¡No tenga miedo! —dijo solemnemente—. ¡Me llamo Fidel Castro y hemos venido para liberar al pueblo cubano!

El campesino, Ángel Pérez Rosabal, hizo un esfuerzo para no echarse a reír. Fue el primer cubano afortunado en saber que algunos miembros del Movimiento 26 de Julio, conocido como M-26-7, habían llegado a aquellas recónditas ciénagas desde México (a medio camino entre una playa llamada Las Coloradas y Punta Purgatorio) para iniciar un alzamiento guerrillero.

Pérez presentó a Fidel a su esposa y familia en su bohío, una cabaña de una sola estancia con suelo de tierra, y les ofreció la poca comida que tenían a mano: unos pedazos de carne de cerdo, manzanas y plátanos fritos. (Fue un gesto generoso; su profesión como «piconero», el antiguo arte de crear carbón a partir de madera en un horno, a duras penas le permitía sobrevivir). Ángel mandó a sus aturdidos hijos a cazar un pollo para comer, pero no lo consiguieron y decidió asar uno de sus lechones. No hay constancia de lo que la familia pensó de sus famélicos libertadores (Fidel les informó de que un total de ochenta y dos miembros de las «fuerzas de invasión» andaban dando tumbos por la ciénaga), pero es de suponer que no les parecieron revolucionarios demasiado prometedores. Los más enérgicos cortaban cocos con sus machetes y los devoraban furiosamente; otros se tumbaron en el suelo, completamente exhaustos, como si hubieran llegado nadando desde Jamaica.

A pesar de su deplorable estado, la causa de los guerrilleros no podía ser más altruista. Como parece que el líder explicó a la familia (Fidel era el único que parecía ajeno a sus penurias y estuvo hablándoles sin parar), su objetivo era nada menos que derrocar al odiado dictador Fulgencio Batista, que maltrataba brutalmente a los cubanos desde su llegada al poder mediante un golpe militar unos cinco años antes. Desde que en 1952 se proclamó presidente, Batista había elevado el nivel de la criminalidad en el concurrido ámbito de los déspotas latinoamericanos, saqueando abiertamente las arcas del Estado, codeándose con jefes de la mafia yanqui y llenándose los bolsillos con sobornos mientras muchos cubanos vivían al borde de la inanición. Cualquier crítica a esta impúdica corrupción era silenciada con sorprendente crueldad. Cada día se torturaba sádicamente y se asesinaba a políticos, periodistas y activistas estudiantiles, con lo que la isla se convirtió en una morgue.

Hacía mucho que Fidel y sus jóvenes seguidores habían llegado a la conclusión de que nada iba a cambiar en Cuba por medios pacíficos, así que habían huido a México y se habían entrenado como guerrilleros. El desembarco anfibio pretendía ser su triunfal regreso para debilitar al gobierno de Batista desde la retaguardia, pero sus sufrimientos al parecer inacabables habían comenzado nada más abandonar el puerto. Los ochenta y dos hombres apretados como sardinas en un crucero de ocio que apenas flotaba, de nombre *Granma*, que habían comprado a un dentista estadounidense expatriado en la Ciudad de México, habían sido atormentados durante toda la semana que duró el viaje por los mareos, el hambre y el insomnio. Después, durante la oscuridad que precede a la aurora, Fidel había ordenado erróneamente al piloto que atracara en el peor lugar posible de toda la costa cubana. La nave acabó encallando en un banco de arena lejos de la costa y los exhaustos navegantes se vieron forzados a gritar durante horas por el sombrío manglar.

«Fue más un naufragio que una invasión», se quejó el médico

argentino Ernesto «Che» Guevara, uno de los cuatro extranjeros del grupo. La mayoría de aquellos hombres eran sofisticados urbanitas y nunca habían estado en un entorno tropical tan hostil. Como conquistadores a los que les habían lanzado una maldición, se hundieron hasta la cintura en el barro, tropezando con ásperas raíces y saltando ante cangrejos y calamares que, como en una pesadilla, pasaban rozándoles las piernas. Presas del pánico, muchos abandonaron algunos enseres indispensables de su equipamiento antes de conseguir, finalmente, llegar gateando a tierra firme.

Fue la vanguardia de este abyecto «ejército», dando tumbos como zombis por el cenagal, con la que el sorprendido Ángel Pérez se topó a las nueve de la mañana. Durante las dos horas siguientes aparecieron más rebeldes, todos con el mismo aspecto maltrecho y desesperado, entre ellos el Che Guevara y Raúl, el hermano menor de Fidel, de veinticinco años y cara de niño. La expedición había sido concebida por Fidel como un grandilocuente gesto de rebeldía, pero era también descabelladamente optimista. A cualquier observador sensato, la idea de que aquel grupo desaliñado pretendiera enfrentarse al ejército cubano (unos cuarenta mil soldados respaldados por una docena de acorazados, cientos de tanques Sherman y una fuerza aérea provista por los estadounidenses que podía repostar en la bahía de Guantánamo) le habría parecido una alocada fantasía.

PARA GRAN DESILUSIÓN de los hombres, no hubo tiempo para descansar y mucho menos para degustar el lechón. Hacia las once oyeron explosiones en los manglares: un guardacostas había encontrado el barco abandonado y bombardeaba aleatoriamente la ciénaga. El asalto por tierra del ejército podía ser inminente. Fidel le preguntó al campesino si había alguna camioneta en las inmediaciones que pudieran requisar para una rápida huida a los montes. No la había. La única opción era emprender a pie el camino hacia la Sierra Maestra, aunque sus armas todavía rezumaban barro y algunos de los hombres estaban a punto de desmayarse con la subida de la temperatura. Cargaron sus pesadas mochilas y se dirigieron a las irregulares junglas de las tierras bajas; marchaban en fila y se escondían cuando oían el zumbido de algún avión sobre sus cabezas.

Había sido un comienzo ridículo de la revolución que tan minuciosamente habían planeado, y Fidel, furioso como estaba, no paraba de maldecir. Pero lo ridículo se convertiría pronto en tragedia. Una semana más tarde, muchos de ellos estarían muertos.

UNA DE LAS razones por las que habían escogido aquel remoto rincón de Cuba era que estaba casi deshabitado, pero ahora, sin un guía de la región, los expedicionarios no podían encontrar agua ni comida. Al anochecer del primer día casi todos ellos tenían llagas en los pies, producidas por el calzado; algunos empezaban a desarrollar infecciones micóticas. Los rebeldes iban «dando traspiés, constituyendo un ejército de sombras, de fantasmas, que caminaban como siguiendo el impulso de algún oscuro pensamiento psíquico», escribió el Che posteriormente. En aquella jungla, muchos estaban tan nerviosos como personajes de Woody Allen, sobresaltándose con cualquier ruido extraño y horrorizados por los enormes insectos voladores que encontraban.

Cuando cayó la noche, el desmoralizado grupo intentó dormir entre los yerbajos, repletos de cangrejos de tierra rosáceos que no pararon de hacer desagradables sonidos toda la noche, escabulléndose de un lado a otro. Uno de los hombres descubrió que los crustáceos le habían cortado los cordones de la bota por tres lugares. Las cosas parecían un poco más alegres a la mañana siguiente, cuando algunos campesinos amigables les vendieron su primer desayuno en Cuba: mandioca y pan con miel. Este último era tan delicioso que algunos de ellos se atiborraron, con lo cual sus intestinos largamente vacíos sufrieron súbitos ataques de diarrea, el primero de los muchos problemas gastrointestinales que flagelarían a los guerrilleros. A partir de este momento, las memorias de los expedicionarios se llenarían de horribles relatos de trastornos estomacales.

Los reconocimientos aéreos iban en aumento y Fidel decidió que descansarían durante el día y marcharían por la noche, reptando sobre peñascos y piedras filosas que los cubanos llaman «colmillos de perro». Las noches siguientes tuvieron dos afortunados encuentros culinarios: en la casa vacía de unos campesinos encontraron una olla de arroz y frijoles cociéndose sobre el fuego. La devoraron inmediatamente y dejaron un billete de cinco pesos sobre la mesa como pago. El propietario de una solitaria bodega les vendió galletas, salchichas y leche condensada. Otra familia les preparó bacalao desalado, papas y carne de cabra. Pero lo más importante fue que encontraron a un guía que accedió a llevarlos a la sierra. Los hombres comenzaban a recobrar la confianza y la fe en que podrían evitar ser descubiertos.

Ninguno de ellos se dio cuenta de que aquella zona rural era un hervidero de actividad. Alertados por los guardacostas, algunos agentes de los servicios de inteligencia cubanos, el temido SIM (Servicio de Inteligencia Militar), habían contactado con su red de informantes rurales para recabar información sobre el desembarco. Por todo Oriente se movilizaron tropas y los camiones del ejército patrullaban por la noche. El comandante de la operación, un tal general Pedro Rodríguez, estaba tan seguro de su capacidad para borrar a los rebeldes del mapa que había hecho un extraño anuncio de victoria el día después de que se encontrara el *Granma* en los manglares. Según el parte de prensa, los «cuarenta» miembros de la resistencia habían muerto, «entre ellos su jefe, Fidel Castro, de treinta años de edad». Su cadáver había sido identificado por el pasaporte encontrado en su bolsillo. Esta información era completamente falsa, pero es fácil ver por qué el general estaba tan seguro del desenlace. Mientras los confiados rebeldes marchaban pesadamente hacia los montes, los confidentes seguían cada uno de sus pasos (literalmente, puesto que los guerrilleros iban tirando por los caminos los pedazos de caña de azúcar que masticaban constantemente para mantenerse hidratados), y el lazo militar iba cerrándose implacablemente.

La mañana del 5 de diciembre, después de andar toda la noche, los rebeldes pararon en una zona ligeramente arbolada junto a un campo de caña de azúcar y, exhaustos, cayeron en un sueño profundo. El lugar en que acamparon, llamado Alegría de Pío, estaba desprotegido, pero Fidel entendía que no podía pedir a sus agotados hombres que siguieran andando hasta una zona cercana de selva más espesa. Después cometió el error de permitir que su guía se marchara. El campesino fue directamente a un puesto militar cercano e indicó la ubicación exacta del campamento.

El ataque los tomó completamente por sorpresa. Era media tarde y los hombres, que acababan de despertar, compartían sus escasas raciones (dos galletas secas, media salchicha enlatada y un sorbo de leche condensada cada uno) cuando se oyó un solo disparo procedente de los árboles cercanos. A continuación, escribió el Che, siguió una «sinfonía de plomo». Las balas silbaban por todas partes y el pánico se adueñó del grupo. Algunos fueron alcanzados en el fuego cruzado. Otros tomaron el rifle, pero abandonaron su mochila. Muchos se habían quitado el calzado y se vieron obligados a correr descalzos entre los cañaverales. Los supervivientes recordaron escenas absurdas. Uno de los hombres, paralizado por el terror, se escondió tras el tallo de una caña como si fuera el tronco de un árbol. Alguien seguía gritando a pleno pulmón: «¡Silencio!». Otro andaba erráticamente, conmocionado, acunando una mano destrozada.

Un oficial del ejército gritó a los rebeldes que se rindieran.

—¡Aquí no se rinde nadie, huevón! —respondió en tono desafiante Camilo Cienfuegos, un despreocupado excamarero de La Habana, antes de ponerse a cubierto.

A pesar de su bravura, los rebeldes perdieron cualquier pretensión de disciplina; cada hombre iba a su aire. La derrota se hizo más delirante cuando cegadoras nubes de humo negro comenzaron a flotar por todo el campo de batalla; el cañaveral ardió en llamas y se había convertido en un infierno.

En un momento crucial, el sentimental médico argentino se vio forzado a decidir entre hacerse con su mochila de material médico o tomar una caja de munición, con el dilema de elegir entre «mi dedicación a la medicina o [...] mi deber de soldado revolucionario»; escogió esto último. Inmediatamente después, una bala lo alcanzó en el cuello.

—¡Estoy jodido! —le gritó el Che a un amigo, y se recostó en un árbol para morir en silencio. Se puso a pensar, en su poético aunque peculiar estilo argentino, en la escena de muerte de su relato favorito de Jack London, hasta que un albañil afrocubano llamado Juan Almeida lo sacó de su ensoñación. Dando bandazos, el Che se dio cuenta de que solo había sufrido una herida superficial y pudo correr y ponerse a salvo en la selva cercana.

Un hombre que corría junto a él, Ángel Arbentosa, tuvo menos suerte. Cuando lo alcanzaron en el pecho, se puso a chillar algo así como «¡Me mataron!» y comenzó a dar vueltas disparando al azar.

Fidel intentó en vano organizar una retirada ordenada. Juan Manuel Márquez, su segundo al mando y abogado como él, lo agarró y le gritó:

—¡Fidel, todos se han ido ya!

Tenía que huir para evitar que lo capturaran vivo. Se metió solo en el cañaveral de casi cuatro metros de altura, empuñando con desesperación su preciada arma, un rifle de caza suizo con mira telescópica ajustable, y se escondió bajo un montón de hojas. Muy pronto, los vehículos del ejército pasaban a toda velocidad a escasos metros de distancia. Márquez sucumbió al pánico y echó a correr en otra dirección.

Solo tres rebeldes perdieron la vida en Alegría de Pío; otros diecisiete fueron heridos y capturados, pero el desastre fue total. El ejército rebelde fue completamente dispersado. Los historiadores cubanos han concluido que los supervivientes escaparon en veintiocho grupos distintos y trece de ellos enteramente solos. Muchos tomaron una dirección totalmente errónea. Sin radios, ninguno de estos grupos sabía si los demás lograron huir de aquella emboscada. Como más adelante recordaría el Che Guevara, sirviéndose de un admirable eufemismo: «La situación no era buena».

LA INVASIÓN PARECÍA ir de capa caída pero la situación empeoraría más durante los días siguientes, en los que las divididas fuerzas de la guerrilla deambularon perdidas y desesperadas por las inhóspitas tierras bajas de la costa. Puestos en un mapa, sus movimientos trazan un zigzag por todo Oriente, como los pasos de salsa de un borracho.

Resultó que los diecisiete rebeldes capturados por el ejército en Alegría de Pío fueron los más afortunados. Se les trató con sorprendente consideración, teniendo en cuenta los sanguinarios hábitos de los militares cubanos, y fueron encarcelados en Santiago, donde la prensa pudo fotografiarlos junto con los tres muertos. Aunque no habían encontrado el cadáver de Fidel, aquello parecía corroborar las palabras del general Rodríguez de unos días antes, cuando afirmó que el ejército rebelde había sido barrido. Los militares se ocuparon incluso del cuidado de los heridos. José «Pepe» Ponce, un guerrillero de veinte años con cara de niño, que había sufrido graves quemaduras y un disparo en el pecho, despertó en un hospital militar, donde recibió atención médica adecuada. A Carlos Franqui, un insistente periodista procedente de La Habana, se le permitió visitar a los prisioneros en Santiago. Según su propio relato, los funcionarios de la prisión no sabían que él era miembro del M-26-7, y en un momento de injustificada confianza le permitieron hablar a solas con los detenidos. Pudo confirmar que ninguno de ellos vio morir a Fidel, aunque no se sabía lo que le había ocurrido.

Para los sesenta y dos rebeldes que escaparon de la emboscada las cosas fueron muy distintas. El ejército y el SIM les dieron caza como a conejos en aquella solitaria zona rural, donde, lejos de las miradas indiscretas de la prensa o las autoridades civiles, se les aplicaron medidas mucho más crueles.

El sombrío desenlace de uno de los grupos presagiaba lo que podía sucederle al resto. La noche de la emboscada, siete hombres traumatizados por los acontecimientos se encontraron por casualidad en un rincón de la selva y aceptaron rápidamente el liderazgo de José Smith, un musculoso licenciado en Agronomía de veinticuatro años que había sido nombrado capitán del «pelotón de vanguardia» rebelde. Con solo un rifle y dos pistolas, partieron cautelosamente al anochecer hacia el este (según creían), con la intención de llegar a la seguridad de los montes. Adonde llegaron fue, sin embargo, a la costa caribeña. Completamente perdidos y sin más provisiones que el agua putrefacta que consiguieron recoger de los huecos de las rocas, los hombres estaban al límite. El sábado, día ocho, después de tres noches deambulando por la zona, se sintieron aliviados al descubrir una granja solitaria emplazada entre las aguas turquesas del mar, un río costero poco caudaloso y un acantilado cubierto de maleza: una encrucijada conocida como Boca del Toro.

Manolo Capitán, el propietario de la granja, saludó a los siete hombres con cautela. El día anterior, mientras regresaba de una pelea de gallos en una aldea cercana, había oído los primeros rumores sobre el desembarco del *Granma*. Los hombres que ahora llegaban a la puerta de su casa estaban en una forma física terrible y Capitán les explicó que tenía amigos en el puesto militar local que los ayudarían a rendirse de forma segura. La propuesta suscitó una discusión. La mayoría de los hombres estaban de acuerdo en que no tenía sentido continuar, pero uno de ellos, Chuchú Reyes, insistía en que era una locura entregarse a los carniceros de Batista. Tenían que seguir adelante, por desesperada que fuera la situación. Reyes se marchó solo. El líder, Smith, que aún conservaba una buena forma física, estuvo tentado a unirse a Reyes pero finalmente decidió que era su deber quedarse y ayudar a los demás. El amable Capitán se dirigió a caballo al puesto local de policía, y un contingente de marinos llegó pronto a su granja en varios *jeeps*.

Unos treinta campesinos se reunieron en una ladera para ver lo que sucedería. Como más adelante se supo por su testimonio, los seis rebeldes se dirigían en fila hacia la playa cuando, de repente, los marinos abrieron fuego. Uno de los campesinos gritó:

—No disparen, ¡estos hombres quieren rendirse!

No sirvió de nada. Uno de los seis revolucionarios, un es-

tudiante y activista de veintisiete años llamado Cándido González, salió corriendo y se escondió en los matorrales. El resto,
entre ellos Smith, fueron ejecutados a sangre fría por orden del
jefe de la inteligencia naval, el capitán Julio Laurent.

A González, el dirigente estudiantil que se había ocultado,
lo encontraron unas horas más tarde y también lo ejecutaron
en el acto. Chuchú Reyes había hecho bien en jugar sus cartas
tratando de huir. Gracias a una serie de golpes de suerte se las
arregló para llegar, medio muerto y unas semanas más tarde,
a La Habana, donde se refugió en algunas embajadas extranjeras. Después lo llevaron clandestinamente a Miami, donde se
dedicó a recaudar fondos para el M-26-7, relatando a grupos
de exiliados cubanos su angustiante huida de los verdugos de
Batista.

EL SÁBADO 8 de diciembre puede considerarse el nadir de la
revolución. Aquella misma noche, por un extraordinario golpe
de mala suerte, otros tres rebeldes llamaron a la puerta de la
misma granja en Boca del Toro y hablaron con el afable Manuel
Capitán, quien alertó directamente a los marinos. Los hombres
fueron llevados con antorchas a la playa. Según los aldeanos,
Laurent les dijo que pusieran las manos sobre la cabeza y miraran hacia el mar hasta que llegara el bote que venía para trasladarlos. A continuación fueron ametrallados por la espalda.
También aquel día, en otro lugar de la zona, el cordón militar
interceptó a otros rebeldes al borde del colapso. Dos grupos distintos de tres fueron sorprendidos por las patrullas y llevados
a un improvisado destacamento cerca de Alegría de Pío para
ser interrogados. Cuando anocheció, los subieron a una camioneta con las manos atadas a la espalda, los llevaron a la base
de Monte Macagual y los acribillaron a balazos. Los cadáveres

fueron fotografiados con números en el pecho y depositados a las puertas del cementerio de Niquero el día siguiente.

Finalmente, casi veinte hombres del *Granma* murieron aquella noche.

EL RESTO DEL mundo contemplaba, incrédulo, el desdichado alzamiento en Cuba. Dos días después del desembarco del *Granma*, el *New York Times* publicó un artículo de opinión titulado «The Violent Cubans» (Los violentos cubanos) tras la prematura afirmación del general Rodríguez de que la expedición había sido aniquilada y que Fidel había muerto. El periódico observaba que el nivel de brutalidad en Cuba era excepcional: «Los que no viven en el país no pueden entenderlo». El desembarco anfibio había sido poco menos que «patético». El hecho de que Fidel hubiera hecho público que iba a invadir la isla para iniciar una revolución convirtió el sacrificio de muchos jóvenes, la mayoría de entre dieciocho y treinta años, en una protesta inútil. «¿Puede haber algo más disparatado?», se preguntaba el autor.

CAPÍTULO 2

La maldición de las Lomas de San Juan

(Una escena de 1898)

AUNQUE VISTO DESDE fuera el desembarco del *Granma* pudo parecer disparatado, para los cubanos tenía numerosos precedentes. Mientras cruzaban el golfo de México, Fidel y sus camaradas sabían que formaban parte de una gloriosa tradición de revueltas casi suicidas. Incluso la elección del lugar de desembarco era muy significativa. Aunque el centro del gobierno estaba en La Habana, la capital, famosa por sus mansiones rococó, sus desvergonzados clubes nocturnos y sus casinos regentados por la mafia, la cuna de la rebelión cubana siempre había estado en el otro extremo, en la zona oriental de la delgada isla de casi mil trescientos kilómetros, cuya forma se ha comparado a menudo con un cocodrilo descansando. Esta zona perdida de Cuba, tan distante en su talante de La Habana como los Apalaches lo están de la ciudad de Nueva York, siempre ha sido su región más salvajada, empobrecida y diversificada, dejándose llevar en un espléndido aislamiento. Fue, no obstante, en este Oriente Verde y exuberante donde tuvieron lugar los más violentos dramas de la historia cubana. En sus inaccesibles montes y playas, los últimos indios del pueblo taíno fueron casi exterminados por los conquistadores. Fue en sus enormes plantaciones de azúcar donde comenzaron (y fracasaron) los alzamientos de esclavos y las guerras contra los colonos españoles. Fue también en Oriente donde los ilustres héroes nacionales murieron a manos de sus perseguidores, y donde se produjeron las mayores humillaciones durante la Guerra de la Independencia (conocida en Estados Unidos como «La Guerra de Cuba»).

No es fortuito que Fidel y sus hombres hubieran pasado en México casi tanto tiempo estudiando la historia de Cuba como entrenándose para la guerra en la selva. Su disparatado desembarco fue una respuesta frustrada a unos problemas que tenían su origen más de un siglo atrás, cuando la isla dejó de ser la última colonia española del Nuevo Mundo para convertirse en una raquítica pseudorrepública.

Una rápida mirada a la historia explica también el resentimiento que los cubanos sentían a menudo hacia Estados Unidos. A menos de ciento cincuenta kilómetros de La Habana, cruzando el estrecho de Florida, el Gigante del Norte había sido durante mucho tiempo una inspiración para América Latina como faro de libertad y democracia. Pero a medida que se aproximaba el siglo xx, su proceder se hizo más hipócrita en el mejor de los casos, y destructivo en el peor. Muchos cubanos podían identificarse con una famosa cita de otro controvertido vecino: «Pobre México. ¡Tan lejos de Dios, y tan cerca de Estados Unidos!».

CUBA FUE SIEMPRE la gran excepción dentro de América Latina; casi ninguna de sus peculiaridades encaja en los patrones de la región. Su singular posición se remonta a la primera visita de Colón en 1492, quien declaró que la isla era «la tierra más hermosa que ojos humanos han visto». Como destello inicial del Nuevo Mundo, los españoles consideraron que era una recompensa divina por la Reconquista, en la que habían purgado violentamente a Europa del Islam. Con un pie todavía en la Edad Media, cuando los capitanes de barco hablaban despreocupadamente en sus bitácoras de serpientes marinas, dragones y hombres con dos cabezas, los primeros colonos españoles se esforzaban por entender qué era lo que veían. Imaginaban que el rastro de los cocodrilos era el de leones encantados, y que las bandadas de grullas a lo lejos eran monjes con sus túnicas; los indios taínos llevaban misteriosas «ascuas» de hojas humeantes que inhalaban y llamaban *tabaco*. Esta isla mágica se convirtió pronto en la joya de la Corona española. Con su puerto de aguas profundas y su estratégica ubicación, La Habana se convirtió en una escala obligatoria para la conquista de América: los conquistadores zarpaban desde allí en busca de El Dorado y la Fuente de la Juventud, y las maravillas que encontraron resultaron más extraordinarias que sus propios sueños. Pronto, galeones cargados de tesoros aztecas e incas se reunían bajo un cordón de verdaderas fortalezas del color de la miel, construidas para protegerse contra piratas como sir Francis Drake. Dos veces al año, flotas armadas de hasta treinta barcos cargados de oro y plata tomaban la corriente del Golfo para dirigirse a Sevilla siguiendo la ruta de las Indias. (Es la misma corriente en la que nada el pez espada y que, varios siglos más tarde, atraería a pescadores como Ernest Hemingway, quien describió la forma de nadar de estos peces en la revista *Esquire* como «coches corriendo por una autopista»).

En el lejano Oriente, el maravilloso puerto de Santiago, flanqueado por palmeras y abrigado por verdes montañas, pronto se convirtió en el álter ego de La Habana. Pero este no fue fundado para el transporte de los tesoros incas sino para el envío del «oro blanco»: el azúcar cultivado por esclavos africanos en un brutal sistema de plantaciones. Aunque había quien miraba a esta empobrecida región por encima del hombro y la consideraba una zona rural, esta producía, de hecho, la riqueza que mantenía viva a La Habana cosmopolita.

La dependencia cubana de la economía del azúcar significó desoír las demandas de libertad que se extendieron por América Latina a comienzos del siglo XIX, dirigidas por héroes como Simón Bolívar y José de San Martín. Con su enorme población de esclavos, los propietarios blancos de las plantaciones cubanas vivían aterrorizados por la sangrienta rebelión racial que había consumido a la vecina Haití tras la Revolución francesa. Durante la década de 1820–1830, una cadena ininterrumpida de colonias liberadas corrió desde el río Bravo hasta Tierra del Fuego. Solo Cuba y la cercana Puerto Rico mantuvieron su vínculo con España.

A primera vista, «la siempre fiel isla de Cuba» estaba prosperando en el siglo XIX. Se convirtió en la mayor productora mundial de azúcar y en uno de los países más avanzados tecnológicamente de América Latina, el primero en introducir maravillas como el ferrocarril, la energía eléctrica y el teléfono. Pero era también una reliquia de la anacrónica era colonial. Esta situación de sumisión era humillante para muchos cubanos, y en Oriente explotaron dos convulsas guerras de independencia. El primer espasmo ocurrió en 1868, cuando el progresista Manuel de Céspedes, propietario blanco de una plantación, libertó a sus esclavos y los invitó a levantarse contra los españoles. Tropas armadas con machetes surgieron por toda la isla gritando «*¡Viva Cuba libre! ¡Independencia o muerte!*». La revuelta se prolongó durante diez años antes de desvanecerse, pero a partir de aquel momento los españoles solo podrían mantener el control de la isla gobernándola como un estado policial.

Por otra parte, Cuba se sentía cada vez más seducida por los Estados Unidos. Muchos jóvenes cubanos se trasladaban a ese país para estudiar y trabajar, regresando con ideas subversivas sobre la democracia y una nueva afición por el beisbol, la cual remplazó a las corridas de toros como deporte espectáculo. Bordeando la obsesión, en Cuba este deporte fue adquiriendo importantes connotaciones políticas como símbolo de un futuro nuevo y brillante que desplazaría al conservador pasado español.

En la lucha por la independencia destacó la figura de José Martí, un brillante poeta y pensador que intentó poner en práctica sus teorías en el campo de batalla, donde murió para convertirse en el héroe nacional. La veneración de que es objeto en Cuba (hay bustos de la frágil figura de Martí, vestido de oficinista, en las plazas de todos los pueblos y edificios gubernamentales de la isla) es casi religiosa; de hecho, se lo conoce como el Apóstol. Fidel Castro creció considerándose una especie de reencarnación de Martí; su leyenda se sustentaba en una serie de extrañas similitudes que los vinculaban. Incluso en unos cómics diseñados para los niños cubanos, la portada, que muestra el desembarco del *Granma*, presenta también el incorpóreo rostro de Martí en el cielo mirando abajo con aprobación, como el Mago de Oz.

El camino para deificar a Martí comenzó cuando, con solo diecisiete años, ayudaba a su padre a editar un periódico anticolonial en La Habana. La policía secreta española descubrió una carta incriminatoria que había escrito instando a un amigo para que no se uniera al ejército. Por esta leve transgresión de juventud, Martí fue sentenciado a seis años de duro trabajo en una cantera. Su familia organizó las cosas para que se exiliara a España, donde comenzó a demostrar su talento literario publicando un relato de sus experiencias carcelarias. Finalmente acabó refugiándose en la ciudad de Nueva York, que por aquel entonces albergaba muchos más cubanos exiliados que Miami. Al principio Martí se sintió pletórico en el nuevo país que lo acogía. «Uno puede respirar libremente», decía entusiasmado. «Porque aquí la libertad es el fundamento, el escudo, la esencia de la vida». Sin embargo, aquel entusiasmo duró poco. Martí pronto sintió que «el Norte, brutal y turbulento» tenía propósitos hacia su entrañable Cuba. «He vivido dentro del monstruo y conozco sus entrañas», advirtió.

Durante los catorce años que vivió en Nueva York, el talentoso Martí mantuvo una disciplinada rutina de recabar fondos para la independencia cubana al tiempo que escribía tratados políticos, artículos de periódico y exquisitos poemas de amor vanguardistas. (Su *Guantanamera* inspiró la letra de la canción popular cubana más famosa de todos los tiempos, con versiones de gran difusión como las de Celia Cruz, Pete Seeger y los Gipsy Kings). Martí se codeaba con bohemios estadounidenses, escribió el primer reconocimiento de Walt Whitman en español y visitaba con regularidad las fábricas de puros cubanos de Tampa, Florida, vestido siempre con un grueso traje negro, corbata de lazo y el bigote cuidadosamente recortado. Su convicción de que ningún país podría ser verdaderamente libre sin igualdad económica, racial y sexual, añadía un potente elemento social (y profundamente radical para su tiempo) al nacionalismo cubano que Fidel y su generación adoptaron de todo corazón.

Pero a Martí nunca le gustó ser de los que miraban las cosas desde la distancia: quería involucrarse activamente en una revolución. En 1895, cuando tenía cuarenta y dos años, envió un mensaje oculto en un habano al general afrocubano Antonio Maceo, diciéndole que había llegado el momento de un nuevo alzamiento. Una noche llegó a Oriente con cinco compañeros en una embarcación diminuta que una tormenta casi había hecho trizas; pronto se les unieron miles de seguidores, muchos de ellos antiguos esclavos cuya vida en las plantaciones apenas había mejorado desde que, unos siete años atrás, se había abolido el tráfico humano en Cuba. Pero la vida militar era dura para la frágil constitución del poeta. Vestido con su pesado abrigo, a Martí se le hacía difícil llevar su mochila y su rifle, y a menudo resbalaba y caía por los escarpados senderos montañosos. Apenas sobrevivió unas semanas. Un precioso día de primavera, a mediodía, llegó a las primeras líneas de combate montado en un caballo blanco, con una foto de su hija en el corazón. Cuando oyó disparos a lo lejos, Martí galopó con entusiasmo hacia el combate siguiendo un camino flanqueado de árboles. Era una trampa. Las tropas españolas abrieron fuego y alcanzaron en el pecho a Martí, que murió al instante.

Algunos historiadores sostienen que su caída fue un momento decisivo de la historia cubana, una pérdida de la que la isla nunca se recuperó. Como fuerza moral tras aquel alzamiento, admirado universalmente, Martí habría sido por lógica el primer presidente. Puede que solo él hubiera sido capaz de unir a los díscolos cubanos y evitar los errores que se cometieron después. El hecho es que Cuba se instaló en un periodo de falsa independencia que hizo inevitable el surgimiento de Fidel o de otro revolucionario de sus características.

SIN MARTÍ, AQUELLA guerra siguió durante tres años, en los que las más que modestas tropas conocidas como *mambises* hostigaron sin cesar al ejército español, más numeroso y mejor equipado, para sorpresa de otros poderes coloniales europeos. (Un joven Winston Churchill llegó incluso a desplazarse a Cuba para estudiar el conflicto, viajando con los españoles durante varios meses como corresponsal de guerra. Churchill, que sería después reconocido por «conducta valerosa» tras participar en un combate, celebró su veintiún cumpleaños en un hotel de La Habana, experiencia que calificó de «tremendamente alegre». Su experiencia en Cuba lo ayudó a entender las tácticas de ataque sorpresa de la guerra de los BÓeres). El número de víctimas aumentó, aunque cayeron más soldados españoles por la fiebre amarilla (el «vómito negro») que por las balas. Los frustrados peninsulares intentaron debilitar el apoyo rebelde al encerrar a gran número de civiles en sombríos campos de prisioneros. Muchísimos de estos *reconcentrados* murieron: se calcula que un diez por ciento de la población cubana sucumbió a la enfermedad y la inanición, la mayoría de ellos mujeres y niños.

En Estados Unidos esta cruel opresión suscitó un amplio sentimiento popular de apoyo a Cuba. Por las calles se vendían postales de niños hambrientos y los periódicos comenzaron a pedir una intervención militar en sus editoriales. Pero los motivos de Estados Unidos estaban lejos de ser puros: como nuevo superpoder industrial, los estadounidenses tenían intereses expansionistas. Aunque ha quedado como algo muy distante en la memoria de ese país y rara vez se enseña siquiera en las escuelas, la «guerra de Cuba» fue para la isla un acontecimiento trascendental que estableció toda la estructura para el violento siglo que estaba a punto de comenzar.

En Nueva York, William Randolph Hearst, el pomposo magnate de la prensa que sirvió de modelo a Orson Welles para su personaje en *Ciudadano Kane*, se propuso conseguir apoyo para una aventura exterior. (Como escribió en un telegrama al artista Frederic Remington, que se encontraba en Cuba: «Usted proporciona las fotos, y yo la guerra»). Por otra parte, los políticos cubanos estaban perdiendo fe en el alzamiento: se hacía cada vez más evidente que, sin ayuda, las paupérrimas milicias locales no conseguirían expulsar a los españoles. Comenzaron a tantear el terreno para pedir ayuda a Washington, e invitaron al lobo a cuidar el rebaño.

El sueño de los belicistas se hizo realidad a las 9:40 de la noche del 15 de febrero de 1898, cuando una monumental explosión iluminó el puerto de La Habana e hizo añicos todas las ventanas en un radio de cientos de metros. El buque de guerra estadounidense *Maine* quedó envuelto en llamas y comenzó a hundirse en pocos minutos, con lo que cientos de marineros y oficiales que dormían bajo cubierta quedaron atrapados: murieron más de doscientos cincuenta de los trescientos cincuenta y cinco miembros de su tripulación. Aunque una investigación demostró casi con toda certeza que el desastre había sido un accidente (el depósito de carbón del *Maine* estaba junto al almacén de pólvora; a los primeros acorazados de hierro se les llegó a llamar «volcanes flotantes»), la prensa estadounidense difundió apasionadamente que el estallido había sido provocado por una mina española o, como sugería el periódico de Hearst con reminiscencias de Jules Verne, «una infernal máquina secreta del enemigo».

Una oleada de fervor patriótico recorrió el territorio estadounidense. En los cines y teatros del Bowery se cantaba el himno de Estados Unidos; en el Congreso hubo altercados. En las calles de Chicago se oía el grito de guerra: «¡Recordemos el *Maine*! ¡Al diablo con España!».

Cuando por fin se declaró la guerra el 21 de abril, un millón de hombres acudieron en masa a las oficinas de reclutamiento del ejército: ocho veces más de los que necesitaban. (De inmediato el periódico de Hearst, el *New York Morning Journal*, salió con el titular: «¿QUÉ LES PARECE LA GUERRA QUE HA ORGANIZADO EL *Journal*?»). Entre ellos estaba Teddy Roosevelt, de treinta y nueve años, quien renunció a su trabajo como secretario adjunto de la Marina para alistarse; como Martí, quería vivir su sueño de participar en la acción militar. Contribuyó en la formación de un regimiento de caballería, los Rough Riders (llamados así por el espectáculo homónimo de jinetes salvajes de Buffalo Bill), formado por una colorida mezcla de vaqueros, mozos de rancho y caballeros de Yale y Harvard aficionados a la caza. Hecho esto, Roosevelt salió a la aventura para convertirse en un héroe.

La realidad era menos emocionante de lo que cualquier voluntario hubiera imaginado, con un nivel de ineptitud militar que parecía salir directamente de *Trampa-22*. El ejército de Estados Unidos necesitó casi dos meses para transportar a los seis mil soldados en tren hasta los muelles de Florida, un terrible retraso que, para empezar, hizo que Roosevelt se jalara de los cabellos. A continuación, las tropas se encontraron atrapadas en sofocantes barcos, días y días, a la espera de órdenes, comiendo repulsivas latas de carne suministradas por turbios empresarios. Cuando la flotilla llegó finalmente al Oriente de Cuba, las bandas militares tocaron «There'll Be a Hot Time in the Old Town Tonight» mientras los buques de guerra cañoneaban la costa de forma aleatoria, aunque las únicas tropas que se veían eran las de los aliados cubanos. Aquello fue un pobre presagio para las futuras relaciones.

Hearst seguía el desembarco desde un yate de lujo, con un grupo de corresponsales y la primera cámara de cine que se había usado en una zona de guerra. El magnate de la prensa se paseaba felizmente por la playa con un sombrero de paja de cinta roja; uno de sus sirvientes lo seguía con una sombrilla mientras él comía emparedados de pollo que iba sacando de una cesta de pícnic.

Los estadounidenses quedaron estupefactos al descubrir que

los soldados cubanos iban descalzos, mal armados y, lo que les resultó más preocupante, eran en su mayoría negros. Había incluso oficiales negros mandando a hombres blancos. Esta visión provocó un vendaval de fanfarronadas sobre la superioridad anglosajona, ignorando el hecho de que los cubanos se habían enfrentado valientemente al enorme ejército español y lo habían mantenido a raya durante tres años. Roosevelt los desdeñó comentando que eran un «hatajo de desharrapados». Otros oficiales fueron más duros en sus calificativos. Uno de ellos los tachó de «traidores, mentirosos, cobardes, ladrones, despreciables mestizos»; otro los rechazó como «degenerados... no más capaces de gobernarse que los salvajes de África». Intentaron poner a sus nuevos aliados a cavar letrinas en lugar de luchar, una tarea que los ultrajados cubanos se negaron a hacer.

Así comenzó lo que (desde la seguridad de Londres) un diplomático estadounidense llamó «una espléndida guerrita». Aunque el brigadier general William Shafter, comandante de las tropas, sufrió un ataque de gota tan severo que hubo de dirigir la operación desde la cama, muy lejos de las líneas. El resultado nunca se cuestionó. Para defender Santiago contra el avance de los seis mil estadounidenses, unos setecientos cincuenta soldados españoles cavaron trincheras a lo largo de una pequeña cordillera llamada Lomas de San Juan, coronadas por un fortín cuadrado que parecía sacado de una caja de juguetes. En la ardiente mañana del 1 de julio, Roosevelt reunió a sus quinientos Rough Riders (la mayoría de los cuales iban a pie, a pesar de llamarse jinetes) y dirigió el ataque. Teddy tenía un aspecto exótico con su sombrero de vaquero de fieltro marrón, su camisa azul de franela, sus tirantes amarillos y un pañuelo azul y blanco ondeando tras él. Cuando las ametralladoras Gatling barrieron las líneas, los españoles se vinieron abajo. Roosevelt cabalgó hacia ellos y le disparó a un desdichado soldado que se había dado la vuelta para huir, insistiendo después en que lo alcanzó en el pecho y no en la espalda. El ataque final lo dirigió uno de los periodistas de Hearst, un hito singular dentro del participativo periodismo estadounidense.

Aquella demostró ser una amarga victoria para los cubanos. Cuando a los pocos días los españoles se rindieron en Santiago (después de que los acorazados estadounidenses hundieran los últimos seis barcos de su armada en el lapso de una hora), los vencedores no invitaron a las tropas locales a la ceremonia: tenían miedo de que los «salvajes» cubanos se descontrolaran y cometieran excesos. El general Calixto García, comandante de las tropas cubanas, apelando a la historia pidió honorablemente al general Shafter que reconsiderara su posición: «Somos un ejército pobre y andrajoso, tan pobre y andrajoso como lo fue el de sus antepasados en la noble guerra de la Independencia, y el de los héroes de Saratoga y Yorktown; creemos demasiado en nuestra causa como para deshonrarla con la barbarie y la cobardía», le escribió. Su petición fue denegada. García fue invitado a asistir a la ceremonia solo, pero el guardia estadounidense apostado en los aledaños de Santiago no lo reconoció y le impidió la entrada.

Fue un desaire que marcó el tono del prepotente tratamiento que vendría a continuación. El día de Año Nuevo de 1899 los estadounidenses izaron su bandera en lo más alto de la fortaleza del puerto de La Habana, comenzando una ocupación militar que duraría tres años.

Los cubanos se dieron cuenta enseguida de que habían hecho un trato con el diablo. La mayoría de los administradores españoles permanecieron en sus puestos en lugar de ser sustituidos por trabajadores locales, mientras que, cual voraces langostas, una legión de oportunistas estadounidenses acudió a la isla. Cuando finalmente el ejército de Estados Unidos hizo las maletas en 1902, una marea de inversión yanqui había convertido Cuba prácticamente en una colonia, con centrales eléctricas, ferrocarriles, plantaciones de azúcar y compañías telefónicas en manos estadounidenses. El Congreso se inmiscuyó incluso en la nueva constitución cubana, añadiendo la llamada Enmienda Platt, que daba a Estados Unidos el derecho a intervenir en la política nacional, una prerrogativa que ejerció en tres ocasiones. Como escribió Jean-Paul Sartre, el desarrollo de la nación estuvo impedido desde su nacimiento: «un futuro monstruo, como los gansos de Estrasburgo, que mueren lentamente bajo los dolores de un hígado demasiado delicioso».

No se trata de decir que los estadounidenses no hicieron ninguna aportación a la cultura cubana. Según un ejecutivo de Bacardí, una noche un barman de La Habana decidió divertir a sus clientes estadounidenses mezclando el nuevo refresco, llamado Coca-Cola, con ron. Cuando el barman brindó con ellos pronunciando el tradicional grito de independencia, «¡Cuba libre!», los soldados entendieron la expresión como el nombre de la nueva combinación. Por otra parte, algunos mineros estadounidenses que trabajaban cerca del pueblo de Daiquirí comenzaron a mezclar ron con jugo de limón, azúcar terciado y hielo picado, creando el daiquirí, segundo coctel tradicional cubano.

En la década de 1920–1930, el turismo aumentó la molesta tasa de presencia estadounidense, ya que con la Ley Seca los ricos viajaban a Cuba por miles para beber. Algunos bares de Estados Unidos como el Sloppy Joe's hicieron las maletas y se trasladaron al sur, abriendo las veinticuatro horas para servir Mary Pickfords a sedientos ciudadanos del Medio Oeste. «"Tómate uno en La Habana" parece haberse convertido en el eslogan invernal de los ricos», escribía Basil Woon, cronista de viajes y autor de la clásica guía *When It's Cocktail Time in Cuba* (*La hora del coctel en Cuba*), de 1928. Woon resumió las edificantes razones para visitar la isla dorada:

«En Cuba uno puede:

1. Beber todo lo que quiera.
2. Comprar bebida sin límite para sus amigos.
3. Probar suerte en la lotería.
4. Perder todo el dinero que quiera en el casino.
5. Olvidarse del certificado de matrimonio.
6. Quedarse mirando a las chicas guapas, porque en Cuba quedarse mirando no se considera un delito sino un cumplido».

El capítulo culminante del libro se titula «Noches traviesas», una provocativa guía de las zonas de vicio que iban en aumento alrededor de la ciudad.

La política cubana también reflejaba la misma decadencia. Presidentes y partidos iban y venían, mostrando niveles de corrupción cada vez más desvergonzados. A medida que las promesas de cambio resultaban ser sistemáticamente ilusorias, una sensación de desencanto e impotencia se instalaba en la isla. Esta desdichada situación se acabaría concretando en un hombre: Fulgencio Batista.

CAPÍTULO 3

Fulgencio contra Fidel

(1901–1952)

LOS ARCHIENEMIGOS FULGENCIO Batista y Fidel Castro nacie-
ron a solo ochenta y cinco kilómetros de distancia en la fértil
región azucarera de Oriente, aunque ambos acontecimientos estuvieron separados por veinticinco años y un enorme abismo social. Mientras Batista vio la luz en un mundo de absoluta miseria,
Fidel lo hizo en un feliz paisaje de riqueza y privilegios. De hecho,
sus vidas tienen todo el aire de una ópera de Gilbert y Sullivan en
la que un bebé rico y otro pobre son cambiados de hogar al nacer.
Teniendo en cuenta sus crianzas, Batista debió haber sido un furibundo comunista y Fidel un complaciente abogado de clase alta
sin otra ambición que jugar al tenis en el club social local.

A Batista se lo recuerda hoy como la quintaesencia de los
dictadores latinoamericanos: pavoneándose por todas partes
con sus trajes europeos a medida, adulador de gánsteres y de
políticos estadounidenses que lo apoyaban con armas y dinero.
Sus despiadados crímenes, perpetrados en la década de 1950,
se han convertido en leyenda, mientras que la violencia de su
régimen fue un presagio de los horrores del general Pinochet en
Chile y la junta militar argentina. Es difícil siquiera imaginar

que Batista hubiera tenido una vida antes de tomar el poder y gobernar Cuba como su feudo personal, y sin embargo la suya fue la clase de juventud que Dickens habría podido describir en uno de sus relatos.

Rubén Fulgencio Batista y Zaldívar nació en 1901 en una ruinosa aldea de Oriente, y fue el primer hijo de un jornalero de plantación alcohólico y una indulgente madre de quince años. Los cubanos blancos pudientes siempre lo menospreciarían por su trasfondo racial mestizo: una ascendencia en la que, posiblemente, se mezclaba sangre india, africana y china. A los ocho años dejó la escuela para ayudar a su padre en los campos de caña de la compañía estadounidense United Fruit Company. Más adelante recordaba que él y los desaliñados amigos de su infancia observaban con envidia a los mimados niños yanquis que cabalgaban por el pueblo en sus ponis bien cuidados y se retiraban luego a sus exclusivas urbanizaciones valladas, de pulcras casitas, vehículos resplandecientes y ropa de lino enviada desde los barrios residenciales de Florida.

Batista aprendió a leer en una escuela nocturna cuáquera y su posesión más preciada de este tiempo sería una biografía de Abraham Lincoln, cuya difícil infancia citaba como elemento inspirador de su vida. A decir de todos, Fulgencio era un adolescente bien parecido, listo y encantador que soñaba con un futuro lejos de Oriente.

La súbita muerte de su madre cuando él tenía quince años lo movió a abandonar su casa sin un centavo, viajando en carros de bueyes hacia las provincias occidentales de Cuba, más acomodadas. Durante los cinco años siguientes se desplazó sin rumbo de un pueblo a otro, durmiendo en estaciones ferroviarias y acumulando una impresionante lista de trabajos: aguador, cronometrador, ayudante de sastre, aprendiz de carpintero y barredor de barberías. Después de casi perder una pierna trabajando como guardafrenos ferroviario, el ejército le pareció una apuesta más segura y comenzó lavando bridas para soldados de caballería, que lo llamaban «el Mulato Lindo», un apodo que lo acompañaría el resto de su carrera. Al final, Batista consiguió entrar en el ejército cuando tenía veinte años. Puesto que seguía siendo un lector compulsivo, se formó como taquígrafo militar en La Habana, algo que devino un punto de inflexión en su carrera.

Durante la década de 1920 Batista ascendió por el escalafón militar y pudo observar de primera mano la tremenda fragmentación de la sociedad cubana. La política había descendido a ciclos de violencia gratuita, con constantes disturbios y asesinatos. Inteligente y locuaz, Batista alcanzó notoriedad nacional con el discurso que dio en el funeral de tres soldados asesinados. Un periodista estadounidense alabó la mente de Batista, que, según escribió, «se mueve como un rayo». «Es de sonrisa fácil y sumamente persuasivo».

Se le estaba preparando ya para el papel que iba a desempeñar. Sin embargo, cuando cumplió los veinticinco años, su futuro enemigo ya estaba pegando sus primeros aullidos.

A POCO MÁS de una hora en automóvil de la ciudad natal de Batista, la mansión de la familia Castro sigue elevándose en las frondosas afueras de Birán. Como salido de una novela gótica, Ángel Castro, el padre de Fidel, fue una fuerza de la naturaleza, un gallego brusco e irascible que se había convertido por méritos propios en uno de los grandes prohombres de Cuba oriental. Aprovechando el auge del azúcar, conocido como la Danza de los Millones, Castro forjó un imperio de diez mil hectáreas arrebatadas a la selva virgen a base de voluntad y tenacidad, y convirtió a Birán en una ciudad en miniatura con su oficina de correos, su estación ferroviaria y sus almacenes. Aunque hoy han desaparecido la mayoría de las estructuras de aquellos días, se ha conservado el palenque de madera para peleas de gallos y también las últimas trazas del Camino Real, que traía a los comerciantes y viajeros a los hoteles de Ángel, donde hacía que guardaran los caballos en sus establos y bebieran en sus bares. La laberíntica casa de la plantación familiar, de estilo caribeño, se construyó sobre pilotes para que los cerdos y pollos pudieran dormir debajo de ella, haciendo ascender una algarabía de sonidos y olores por el suelo de madera. En la planta principal se sigue conservando como un santo pesebre la cuna en la que durmió el pequeño Fidel tras su nacimiento el 13 de agosto de 1926, mientras que en su soleado dormitorio del segundo piso hay varios uniformes de beisbol pulcramente planchados que usó en su adolescencia.

Como admitía con frecuencia, su nacimiento en el seno de una familia acomodada hacía de él uno de los menos probables candidatos a revolucionario. Pero a pesar de la notable riqueza de su padre, su infancia no fue precisamente aristocrática. Sus vecinos más aposentados consideraban a los Castro una especie de clan ingobernable, medio salvaje, y la unión de los padres un escándalo local. Lina, la madre de Fidel, era una devota muchacha católica que había llegado a la casa Castro como criada, pero pronto ocupó el lugar de la primera esposa de Ángel; para el tercero de sus cinco descendientes escogió un nombre resonante que un día se convertiría en un poderoso don político: Fidel, «fiel». Hasta donde muestran los imprecisos registros rurales, Fidel nació fuera del matrimonio y su situación fue legalizada cuando tenía dieciséis años. Algunos psiquiatras aficionados han propuesto que el obsesivo deseo de sobresalir en cualquier competición posible se debía al resentimiento que Fidel albergaba como hijo ilegítimo.

Según él mismo contaba, disfrutó de una idílica infancia, como la de Huckleberry Finn: corriendo por los bosques, nadando, montando a caballo, cazando con hondas y rifles. Pero también creció siendo consciente de la posición de su familia. Era el único niño que llevaba zapatos en la pequeña escuela que sigue ubicada en la finca, con sus hileras de escritorios grises meticulosamente preservados. Fidel afirmaría más adelante que aquellos días cimentaron su apasionado sentido de la justicia social, puesto que la profunda pobreza de todos sus amigos de la infancia era más que evidente. Es más, Birán está en el centro de la zona azucarera, que funcionaba bajo un sistema prácticamente de *apartheid* o segregación respecto de las gentes del lugar. Los pueblos gestionados por la compañía se habían hecho aún más lujosos desde los tiempos en que el joven Batista los miraba con envidia: ahora tenían centelleantes piscinas, tiendas llenas de artículos de lujo como los de Bloomingdale's, e instalaciones privadas de playa para el esparcimiento con nombres como El Country Club. Al mismo tiempo, los obreros cubanos, los padres de sus compañeros de salón, vivían existencias desdichadas: se les pagaba una miseria por trabajar en la zafra (la cosecha de azúcar) y después se les abandonaba al borde de la inanición durante el llamado «tiempo muerto».

Los relatos de la infancia más temprana de Fidel a menudo parecen lindar con lo mítico, pero los miembros de su familia y sus amigos de escuela los han verificado y nos dan una idea de su peculiar carácter. Castro mostraba ya para entonces una propensión a la rebelión que expresaba en violentos berrinches si no conseguía lo que quería, y un nivel de terquedad que rayaba en lo patológico. Una vez, cuando sus padres le dijeron que iban a sacarlo de la escuela por mala conducta, amenazó con quemar la casa familiar, y lo enviaron al prestigioso colegio jesuita de Nuestra Señora de los Dolores en Santiago, donde el joven causó una impresión inmediata. Apostó cinco pesos con un grupo de compañeros a que era capaz de lanzarse en bicicleta contra una pared. Embistió el muro a toda velocidad; el impacto lo dejó sin sentido y acabó en la enfermería de la escuela, simplemente para demostrar que podía hacer algo que ellos no harían nunca. Comenzaron a llamarlo El Loco.

Su reputación creció cuando a los doce años le escribió una carta al presidente estadounidense Franklin Roosevelt pidiéndole diez dólares. («Mi buen Roosvelt», comenzaba en un inglés muy precario, «No sé muy inglés, pero suficiente para escribir a usted... no he visto billete Estados Unidos verde de diez dólares y me gustaría tener uno»). La educada negativa del gobierno de Estados Unidos fue colgada en el tablero de anuncios de la escuela. Muchos años más tarde, la misiva original de Fidel fue descubierta en los archivos del Departamento de Estado; los expertos en política internacional han bromeado con el hecho de que Roosevelt podría haberle ahorrado muchos problemas a Estados Unidos si le hubiera enviado al muchacho un billete de diez dólares a una edad tan impresionable.

Los profesores jesuitas de su adolescencia descubrieron que Fidel era un estudiante prometedor, con memoria prácticamente fotográfica, y un excelente atleta con especial afición por el básquetbol y el beisbol. (Tristemente, la historia de que los Yankees de Nueva York o los Senators de Washington le ofrecieron un contrato como lanzador es un mito). Pero también se dieron cuenta de su total falta de disciplina. El resumen que Raúl, su hermano menor, hace de los días del internado es: «Lo hacía todo bien. Despuntaba tanto en los deportes como en los estudios. Y luchaba cada día... Desafiaba a los mejores y a los más fuertes, y cuando lo derrotaban comenzaba de nuevo al día siguiente. Nunca se daba por vencido». Fidel superó el temor a hablar en público con la práctica de los discursos de Cicerón y

Demóstenes durante horas delante de un espejo, y pronto destacó en los debates. Le fascinaban las grandes figuras históricas como Julio César y Alejandro Magno, y le impresionó hondamente saber que había nacido a solo cuarenta kilómetros de donde el gran José Martí fue asesinado en 1895, lo que le hizo sentir una profunda conexión personal con él.

A pesar de su cómoda experiencia escolar en Santiago, Fidel seguía sintiéndose indignado por la desigualdad que veía durante las vacaciones en Birán. Cuando tenía trece años quiso organizar a los trabajadores de su padre para que hicieran huelga reivindicando un aumento de sueldo. Comenzó a denunciar abiertamente a Ángel como un capitalista explotador, provocando furiosas discusiones con el conservador e irascible patriarca.

En este aislado mundo rural, el precoz adolescente seguía teniendo una idea imprecisa de la política nacional que se hacía en La Habana, donde cada nuevo presidente parecía más abiertamente egocéntrico y corrupto que el anterior. En esta galería de políticos sinvergüenzas, Gerardo Machado, otrora paladín de la independencia, se ganó un lugar de honor durante la Gran Depresión por su impúdica afición a los sobornos y la brutalidad de sus esbirros. Esta creciente sensación de malestar fue la ocasión perfecta para el ascenso de Fulgencio Batista, la joven promesa de los militares. En 1933 dirigió la llamada «revuelta de los sargentos», una alianza de suboficiales y soldados, entre los que había muchos afrocubanos, para expulsar a Machado y al antiguo cuerpo de oficiales, mayormente blancos. El golpe fue seguido de grandes disturbios en La Habana y masacres de los partidarios de Machado: las tropas de Batista mataron a más de cien miembros de la cúpula directiva que se habían escondido en el ostentoso hotel Nacional de la capital.

Durante los siete años siguientes Batista se conformó con gobernar Cuba desde las sombras. En aquellos días no era un jefe militar típico. En 1934 presionó para que el Congreso de Estados Unidos revocara la humillante Enmienda Platt y dio su apoyo a reformas tan liberales como la jornada laboral de ocho horas, el salario mínimo y los desayunos escolares gratuitos. En un intento por mejorar el nivel de la alfabetización rural llegó incluso a crear en el ejército una Sección Cultural, una versión latina del Cuerpo de Paz, cuyos educados oficiales llevaban un emblema que representaba un libro con un sable y una pluma cruzados. Hacia 1940 era suficientemente popular para presentarse a la presidencia y ganar unas elecciones relativamente limpias bajo una nueva constitución, pero a pesar de su apariencia civilizada Batista nunca dudó en intimidar y enviaba a un robusto extaxista de Nueva York, llamado capitán Hernández, al domicilio de sus enemigos políticos para agredirlos o hacerles tragar aceite de ricino.

En 1944, cuando renunció a su cargo, Batista era un hombre fabulosamente rico tras ingresar al menos veinte millones de dólares en sobornos y operaciones opacas. Sin embargo, aunque se esforzó por complacer a las clases gobernantes habaneras, estas nunca lo aceptaron debido a sus orígenes raciales diversos y su preferencia por los guardaespaldas afrocubanos. Aunque Cuba disfrutaba de una mayor integración racial que Estados Unidos, la alta sociedad seguía dominada por los descendientes blancos de los españoles; a Batista lo llamaban a menudo «el dictador moreno» y «el Negro» en tono de burla, y era objeto de frecuentes desaires sociales. En una ocasión, cuando con su esposa y su séquito militar entró en el Sans Souci, un club nocturno de La Habana frecuentado por famosos, los ricos asistentes blancos se levantaron de sus asientos en silencio y salieron en masa del establecimiento. En otra, su solicitud para

ser miembro de un elitista club social de la capital fue rechazada en un voto secreto.

Tras abandonar la presidencia, Batista se exilió voluntaria-
mente a Estados Unidos. Según dijo, creía que tenía menos
posibilidades de ser asesinado en Daytona Beach o en el hotel Waldorf Astoria de Nueva York que en La Habana. Pero su
vínculo con la política cubana no había terminado, ni mucho
menos.

A FINALES DEL verano de 1945, varios días después del lanzamiento de la bomba atómica sobre Hiroshima que finalizó la
Segunda Guerra Mundial, Fidel, de diecinueve años, conducía
por Cuba en un Chevrolet beige que su padre le regaló. Había
aceptado estudiar Derecho en la Universidad de La Habana, en
parte por consejo de sus profesores, que veían que le gustaba
hablar. Fidel diría luego que, cuando ascendió por La Escalera
(la amplia escalinata de piedra que desde la calle de Vedado llevaba al frondoso campus, cuyos majestuosos edificios clásicos
se habían construido según el modelo de la Universidad de Columbia en Manhattan), era un analfabeto político. No obstante,
esta ignorancia iba a cambiar en poco tiempo.

La vida universitaria en la que Fidel se sumergió de inmediato tenía más el aire de una zona de guerra que de un centro
cultural. La constitución prohibía a la policía y al ejército entrar
a la universidad, por ello, los grupos estudiantiles radicales que
luchaban entre sí tenían verdaderos arsenales; la violencia física y los asesinatos eran tan habituales como los bailes. Con su
tendencia al dramatismo, Fidel se sintió de inmediato atraído
por este caldo político, ignorando sus estudios en Derecho para
dedicarse al auditorio de las calles. Feroz orador y temerario
en los altercados, Fidel devino rápidamente un elemento fijo en

las violentas manifestaciones que marcaban la vida estudiantil, protestando un día por la participación cubana en la guerra de Corea y apoyando al siguiente la independencia de Puerto Rico. Fidel también llevó a las calles su denuncia de la relación entre Cuba y Estados Unidos cuando un grupo de marineros yanquis subieron a una estatua del apóstol Martí y orinaron sobre ella, una acción que para los estudiantes reflejaba el modo en que el país vecino trataba a la isla en general.

Muy pronto se hizo popular y reconocible: además de sus penetrantes ojos oscuros, su perfil helénico y bigote fino, Fidel se diferenciaba deliberadamente de sus compañeros de clase al usar siempre un oscuro traje de lana a rayas con corbata, mientras los demás vestían guayaberas (la holgada e informal camisa de manga corta tan adecuada para el calor de La Habana). Pero aun al día de hoy es difícil precisar cuál fue realmente su papel en los aspectos más brutales de la vida estudiantil. Hubo rumores de su implicación en tiroteos y asesinatos, aunque nunca se demostró ninguna de estas acusaciones. En algún momento se unió a una milicia secreta en entrenamiento para derrocar a un dictador derechista de la República Dominicana. (El grupo fue desarticulado y se dice que Fidel consiguió huir nadando por aguas infestadas de tiburones). Los problemas parecían seguirlo allá donde iba. Su primer viaje al exterior fue a Bogotá, Colombia, en 1948, como representante estudiantil y coincidiendo con «la Violencia», una erupción de disturbios contra el gobierno en los que murieron miles de personas. Fidel se hizo con una pistola y, como mínimo, participó en la periferia de las protestas.

Aun así, todas estas travesuras radicales podrían haber quedado al margen como las locuras de juventud de un «socialista caviar» financiado por su rico progenitor; Fidel el agitador llevaba una vida paralela que lo preparaba para un futuro respetable. En 1949, cuando tenía veintitrés años, terminó la licenciatura en Derecho y se casó con una joven de una familia bien relacionada. Mirta Francisca de la Caridad Díaz-Balart y Gutiérrez era estudiante de Filosofía e hija de un político derechista. Georgia Geyer, que más adelante la entrevistaría varias veces, la describe como una «preciosa rubia de ojos verdes... y sonrisa melancólica». Tras ser presentados en una cafetería de la universidad, Fidel le dijo inmediatamente a un amigo: «¡Esta es la chica con la que me voy a casar!». Mirta se enamoró enseguida de aquel «vigoroso y joven dios», con su «pelo rizado y castaño, sus anchos hombros y su aguileña nariz gallega». El romance floreció en unos días que pasaron juntos en la playa (siempre convenientemente acompañados) cerca de la casa de la familia de Mirta en Oriente. Se casaron pronto en una opulenta ceremonia religiosa, aunque Fidel se jactaba de haber llevado una pistola al altar para estar preparado en caso de un atentado.

Por medio de su nueva familia política, Fidel se encontró de repente cerca de Batista, la eminencia gris de Cuba. Aunque no los presentaron formalmente, muchas veces coincidían en los mismos círculos sociales; relacionados pero sin tocarse, como una doble hélice. Mirta afirmaba que Batista les regaló mil dólares con motivo de su boda.

De todos los lugares posibles, los recién casados escogieron el Monstruo del Norte para su luna de miel. Volaron a Miami y tomaron un tren a Nueva York, donde pasaron casi tres meses en un apartamento del Upper West Side preparado por uno de los hermanos de Mirta, pastor de la comunidad hispana del Lower East Side. Aquel fue el comienzo del romance de Fidel con la Gran Manzana. Visitó todos los lugares en los que Martí, su héroe, había vivido y trabajado, y se sintió fascinado por la vida diaria en Nueva York: las hamburguesas, los altísimos rascacielos y el metro. Le intrigó descubrir que, a pesar del feroz anticomunismo imperante en Estados Unidos, podía comprar *El capital* en cualquier librería. Con su característica tenacidad, decidió mejorar su inglés al comprar un diccionario y memorizar doscientas palabras cada día.

Como les sucedía a otros jóvenes cubanos con conciencia política, Fidel desarrollaba una actitud contradictoria hacia Estados Unidos. Admiraba su papel desde 1776 como faro de libertad y citaba alegremente las palabras de Washington, Jefferson y Lincoln sobre la democracia. En el plano personal consideraba a los estadounidenses un pueblo cálido y compasivo. Pero también se sentía repelido por la terrible realidad de la conducta oficial del país: su absoluto control económico sobre Cuba, su brutal política racial de segregación en el sur y su prepotente política exterior en América Latina a medida que avanzaba el siglo xx.

AL CUMPLIRSE UN año de su vuelta a La Habana, la pareja tuvo un hijo al que llamaron Fidel Ángel, Fidelito. Pero Fidel, el mayor, no iba a ganar ningún premio al Padre del Año precisamente. Trasladó a su familia a una barata habitación de hotel y nuevamente se entregó en cuerpo y alma a la política, pasando noche tras noche con sus compañeros estudiantes. Rechazó varias ofertas de importantes despachos de abogados, prefiriendo trabajar desinteresadamente para los pobres.

Había accedido al cargo un nuevo presidente, Carlos Prío, que encandiló a los cubanos con su aspecto afable y promesas de cambio, pero su gestión fue una desilusión inmediata. Mostrando una comprensión de los medios de comunicación que en su día probaría ser crucial, Fidel escenificó su primera y espectacular hazaña disfrazándose de jardinero e infiltrándose, con una cámara oculta, en una finca rural de Prío financiada con sobornos, mientras el presidente y sus compinches tomaban cocteles junto a una cascada artificial y se hacían la manicura en la barbería privada. Sus fotografías secretas causaron sensación cuando se publicaron.

Su siguiente paso lógico fue presentarse a las elecciones. Se había creado un grupo reformista llamado Partido Ortodoxo para hacer frente al antiguo orden, y Fidel accedió a presentarse como su candidato en las elecciones de 1952. En estos primeros proyectos políticos recibió el apoyo de Raúl, su hermano menor, con quien había desarrollado una estrecha afinidad. Era cinco años menor, de menor estatura, más calmado y menos atlético; prácticamente fue rescatado de una vida de delincuencia juvenil por su hermano mayor, que se convirtió en su tutor personal y lo ayudó a entrar en la universidad.

El año 1952 comenzó muy prometedor. Los ortodoxos ganaban apoyo a pesar de que su carismático fundador, Eduardo Chibás, había muerto tras una protesta que, incluso según las normas cubanas, parecía insensata. En su programa de radio semanal, Chibás denunció el estado de la política nacional y se disparó en el estómago con un revólver del .38. Lamentablemente, el dramático efecto que buscaba no se produjo: calculó mal el horario de emisión y el disparo se produjo durante un receso para la publicidad. En lugar de su sentida despedida («¡Adelante! ¡Adiós, pueblo cubano! ¡Esta es mi última llamada!»), los cubanos oyeron un patético anuncio musical: «Café Pilón, el café que sabe hasta el último sorbo». Aun así, el funeral de Chibás se convirtió en un mitin masivo a favor de la reforma y, a medida que se acercaba la fecha de las elecciones, los cubanos sentían un desconocido optimismo: el medio siglo de decadencia política desde la independencia en 1902 estaba, sin duda, llegando a su fin. Fidel parecía tener un pie en el Congreso y su trayectoria se juzgaba prometedora. Cuatro años más tarde podría presentarse al Senado y otros cuatro años después, en 1960, acometer la presidencia.

Pero los ortodoxos no podrían competir contra un rostro familiar. Desde su mansión en Florida llena de obras de arte, Batista había seguido el proceso de hundimiento de Cuba en este cenagal y decidió responder a la llamada de auxilio para salvarla. Anunciando su retorno con bombo y platillo, el hombre fuerte de cincuenta y un años, ahora más corpulento pero todavía con el atractivo de un actor de cine, regresó de su exilio autoimpuesto para disputar la elección. Batista seguía contando con el fiel apoyo del ejército, pero había calculado mal la atmósfera nacional. El cambio flotaba en el ambiente; se vislumbraba la perspectiva de una humillante derrota para el «Mulato Lindo». Si quería recuperar el poder, tendría que ser por otros medios.

Antes del alba, el 10 de marzo, un amigo irrumpió en el apartamento de Fidel en La Habana con la noticia de que Batista estaba llevando a cabo un golpe de estado. Fidel y Raúl saltaron de la cama, se vistieron con lo primero que encontraron y huyeron al apartamento de su media hermana Lidia, a cinco manzanas de distancia. Fue una sabia decisión: iba a comenzar la detención de los oponentes de Batista. A media mañana, la policía secreta entró en el apartamento en busca de los hermanos y aterraron a Mirta y a Fidelito, que tenía dos años. Durante la semana siguiente, Fidel cambió cada noche de paradero, escondiéndose en habitaciones de hotel y casas de amigos.

Cuba estaba entrando en una nueva era, más incierta, que el historiador Hugh Thomas describe como un colapso nacional colectivo.

CAPÍTULO 4

El ataque fallido que dio la vuelta al mundo

(El Moncada: 26 de julio de 1953)

*Para mí solo hay una fecha: el 26 de julio, y dos
eras: antes del Moncada y después del Moncada.*
—HAYDÉE SANTAMARÍA

DESDE LA DISTANCIA podía parecer que se dirigían a una feria automovilística. En la aterciopelada oscuridad que precedió al amanecer del 26 de julio de 1953, un convoy de dieciséis coches clásicos estadounidenses se movía pesadamente por la carretera sin asfaltar de la zona tropical cercana a Santiago. Los faros de los coloridos Buick, Chevrolet y Dodge iluminaban las nubes de polvo y hacían destellar los alerones del automóvil que los precedía. Los motores rugían mientras atravesaban plantaciones azucareras, cuyos muros de caña de azúcar los envolvían como si estuvieran en un túnel.

En los asientos tapizados se apretujaban ocho hombres por vehículo, todos ellos vestidos con uniformes militares caquis y con galones de sargentos. La mayoría de los uniformes se habían confeccionado de forma improvisada con tela barata.

Algunos hombres llevaban armas decentes (escopetas belgas o pistolas Luger compradas en tiendas de excedentes militares, procedentes de la guerra civil española), pero la mayoría portaban meros rifles deportivos con munición de 22 milímetros. Muchos llevaban calzado normal de calle, y algunos incluso típicos zapatos bicolores de vestir.

Aun antes del amanecer, el cálido y húmedo aire veraniego llenaba el interior de los vehículos; nadie hablaba. Casi ninguno de los aproximadamente ciento sesenta hombres y dos mujeres había dormido la noche anterior. Fidel (vestido con un uniforme muy estrecho para su figura, lo cual le confería una apariencia ligeramente cómica) conducía el segundo coche y llevaba casi cuatro días sin descansar. Algunos fumaban nerviosamente o tarareaban en voz baja el himno nacional. La mayoría de ellos habían sabido su destino solo unas horas antes; muchos estaban convencidos de participar en una misión suicida.

El plan de ataque del grupo era temerario. Pretendían asaltar una serie de recintos militares, el principal de los cuales era un acantonamiento con mil soldados en el centro de Santiago, llamado cuartel Moncada. Era la última noche de carnaval y esperaban tomar a las tropas por sorpresa, durmiendo la mona en sus literas. Aunque los militares los superaban en número (la proporción era aproximadamente de diez a uno), los rebeldes pretendían tomar muchos prisioneros, quitarles las armas y utilizar la radio para hacer un llamamiento a la sublevación, salpicándolo con cuñas de música épica como la sinfonía *Heroica* de Beethoven. Este sorprendente acto sacudiría a los cubanos descontentos y los despertaría de su letargo político, llevándolos a levantarse en masa para forzar la restauración de la democracia.

¿Qué podía salir mal?

Tres años y medio antes del desembarco del *Granma*, el

primer alzamiento armado de Fidel tiene elementos tanto de tragedia shakesperiana como de un *sketch* de *Los Tres Chiflados*. Nació de una mezcla de desesperación e ingenuidad que se adueñó de la política tras el golpe de Batista en 1952, cuando los cubanos se dieron cuenta de que todas las opciones pacíficas de protesta se les habían cerrado. Si las cosas se hubieran producido de manera apenas distinta, el asalto al cuartel Moncada (como se le llama a este ataque en Cuba) no habría producido más que una ligerísima ondulación en la historia del mundo, sin más interés para nosotros que una escaramuza entre dos olvidados principados medievales. Pero gracias a algunos extraordinarios golpes del destino se convirtió en la piedra angular de la revolución, uniéndose a la lista de fiascos militares que celebran los perdedores: la respuesta de Cuba a El Álamo, Galípoli, Dunquerque y la batalla de Little Bighorn. La fecha del 26 de julio está grabada en el calendario mental de todos los cubanos. Sin ella, nada de lo que sucedió después habría podido producirse.

UNA VIOLENTA CONFRONTACIÓN como el asalto al Moncada era por completo inevitable desde el momento en que Batista tomó el poder quince meses antes. Al principio, el golpe militar se había desarrollado sin armar revuelo. A la medianoche del 10 de marzo de 1952, Batista se había dirigido con una chaqueta de piel marrón y una pistola debajo de ella al cuartel militar Columbia de La Habana (el equivalente al Pentágono de Cuba), donde movilizó a las tropas y arrestó a los pocos oficiales que seguían leales al presidente Prío. El poder se transfirió casi sin derramamiento de sangre. El día siguiente, a la una de la tarde, Radio Habana se limitó a anunciar que Cuba tenía un nuevo gobierno; a pocos les importó que un aturdido Prío fuera escoltado en un avión hacia Miami. El gobierno estadounidense se apresuró a reconocer el nuevo régimen de Batista: cuando a los pocos días el embajador lo felicitó durante una cena de gala, el apoyo habitual se extendió a la venta de armas de última generación a precios muy ventajosos e incluso a la formación de fuerzas de contrainsurgencia.

El golpe acabó con cualquier ilusión de que Cuba estuviera dirigiéndose hacia una reforma democrática. Puede que Batista hubiera tenido ciertas cualidades redentoras durante su primer mandato, pero ahora se había convertido en un gobernante cínico y perezoso. «El pueblo y yo somos los dictadores», afirmó con suficiencia cuando usurpó el poder. Aunque la economía cubana era una de las más saludables de América Latina, su segunda presidencia se vio pronto caracterizada por un desprecio por la ley que dejó estupefactos aun a los observadores más insensibles. Ofreció abiertamente acuerdos preferenciales fraudulentos para la gestión de casinos a famosos personajes estadounidenses como Meyer Lansky, Albert Anastasia y Lucky Luciano. Tanto la policía como el SIM tenían carta blanca para secuestrar a los críticos del régimen, cuyos cuerpos mutilados aparecían luego en el depósito de cadáveres de la ciudad o colgados medio desnudos de los postes de telégrafo. Mientras sus escuadrones de la muerte se movían libremente durante la noche, Batista se retiraba a Kuquine, su suntuosa hacienda de La Habana, tras muros rematados con alambre de púas y patrullados por guardias armados. Recibía a los embajadores en una ostentosa biblioteca repleta de bustos de mármol de sus héroes, entre ellos Benjamin Franklin, Gandhi y Juana de Arco, y se relajaba jugando una partida tras otra de canasta con algunos conocidos o viendo películas de terror en su sala de proyección; mostraba especial predilección por Boris Karloff y los antiguos clásicos de *Drácula*.

Aunque el golpe se había desarrollado sin ningún incidente

importante, la frustración comenzó a aflorar por todo el territorio cubano. Las manifestaciones políticas que terminaban en sangrientos choques con la policía pronto formarían parte de la vida urbana habitual. Aun así, la oposición a Batista estaba, en el mejor de los casos, muy fragmentada. Los nuevos radicales podían escoger entre un amplio abanico de grupos clandestinos con acrónimos que recuerdan los guiones de Monty Python: estaba el DEU (Directorio Estudiantil Universitario), el DRE (Directorio Revolucionario Estudiantil), el FCR (Frente Cívico Revolucionario), el MNR (Movimiento Nacional Revolucionario), el FON (Frente Obrero Nacional) y el FONU (Frente Obrero Nacional Unido). Uno podía unirse al AAA (Amigos de Aureliano Arango, un profesor universitario de izquierdas), y para aquellos que no acababan de decidirse, estaba el ABC (siglas que, curiosamente, no significaban nada).

Aunque la reputación de Fidel había ido en aumento desde antes de las elecciones, al ver truncadas sus esperanzas políticas como candidato del Partido Ortodoxo decidió volver a su trabajo como abogado entre los más pobres. Ofrecía sus servicios a cambio de comida para gran exasperación de Mirta, que ahora criaba a Fidelito casi sin ayuda en un maltrecho apartamento, intentando llegar a final de mes con una asignación que les pasaba el padre de Fidel. En la ciudad eran muy comunes los cortes en el suministro de gas y electricidad. En una ocasión, cuando Fidel regresó a casa, encontró a Mirta sentada en el suelo con el bebé: los cobradores de morosos se habían llevado todos los muebles. Sus compañeros pagaron la deuda y le aconsejaron citarle a Mirta un antiguo dicho cubano: «El que tiene un amigo, tiene un central». Tener un central (o sea, una central azucarera) era sinónimo de ser rico.

Solo en una ocasión pareció que Fidel podía tener un límite en esta vida tan frugal. Una noche, al terminar una reunión, descubrió que le habían embargado su querido automóvil (algo tan deprimente en La Habana de aquel tiempo como lo es hoy en día en Los Ángeles). A continuación fue a su cafetería habitual, pero el propietario no quiso fiarle más café ni tabaco. Luego, un vendedor de diarios lo echó de su puesto cuando pretendía leer una revista sin comprarla. Fidel tuvo que andar cinco kilómetros hasta su apartamento, donde se hundió en la cama con lágrimas de desesperación. Es posible que se planteara abandonar todo aquel proyecto revolucionario, buscar trabajo en un despacho de abogados decente, convertirse en un hombre de familia y vivir de su herencia. Pero cuando al día siguiente despertó, su pesadumbre se había desvanecido y se lanzó de nuevo a la lucha.

Mirta observaba la conducta de su marido entre perpleja y preocupada. Fidel se sentía obligado a mantenerla al margen de la verdadera naturaleza de sus actividades puesto que el hermano de ella se había unido al gobierno de Batista, al frente de un ministerio de poca importancia. De hecho, sin que su esposa supiera nada, Fidel había llegado a la conclusión de que la revuelta armada era la única opción que le quedaba y casi con igual rapidez escogió el Moncada, en la distante Santiago, como el mejor objetivo. Conectando con la creciente insatisfacción hacia el régimen, Fidel comenzó a formar un nuevo círculo más radical, aunque, como él mismo, sus integrantes no encajaban demasiado en el estereotipo de revolucionarios oprimidos. Abel Santamaría, uno de sus compañeros, era un elegante joven de veinticuatro años que, al más puro estilo de Walter Mitty, trabajaba durante el día como contador en el concesionario local de Pontiac y por la noche se dedicaba a planear una insurrección violenta. Se habían conocido en el cementerio de La Habana, una extensa necrópolis llena de estatuas de ángeles llorando y de niños fallecidos, lugar muy propicio para las reuniones clandestinas, y ambos sintonizaron de inmediato.

Algunas fotografías de aquel tiempo muestran a Abel como un personaje alegre, con gruesas gafas de sol y una camisa blanca de manga corta, como un Buddy Holly de vacaciones. Era un lector voraz y célebre por su optimismo superlativo, un aire de que nunca podría sucederle nada malo.

Dormía en el sofá del modesto apartamento de una sola recámara que Haydée, su hermana mayor, alquilaba. Apodada Yeyé, Haydée Santamaría, de veintinueve años, se convertiría pronto en la siguiente recluta clave de Fidel. Era una muchacha del interior que se había visto forzada a abandonar la escuela en sexto grado, pero siguió formándose por su cuenta hasta ser enfermera y maestra. Ahora vivía en La Habana y su timidez escondía una aguda inteligencia. Manteniendo una apariencia desaliñada, descubrió que tenía un talento innato para disfrazarse y parecer otra persona con solo cambiar su peinado. Pero Haydée padecía también depresión, a veces tan severa que pasaba días enteros en la cama. Para animarse, llenaba el apartamento de margaritas.

Melba Hernández era la última del cuarteto que se convertiría en los «comandantes generales» del grupo que entonces se autodenominaba sencillamente el Movimiento. A sus treinta y un años, Hernández, una de las primeras abogadas cubanas, quedó hipnotizada por la personalidad de Fidel desde el momento en que lo conoció. «Cuando le di la mano a aquel joven, me sentí muy segura», rememoró más adelante. «Sentí que había encontrado el camino. Cuando comenzó a hablar, solo pude escucharlo». Muchos otros serían atraídos al Movimiento del mismo modo.

EN RETROSPECTIVA, HAY una extraña desconexión entre el alegre optimismo de la etapa de planificación del asalto al Moncada y la barbarie posterior. (Como Haydée diría más adelante: «No estábamos preparados para tanto horror»). Los recuerdos de esa fase temprana del alzamiento, la revolución de bajo costo, estarían marcados por una dorada tonalidad de inocencia, con una atmósfera desenfadada más propia de un episodio de *Friends* que de las sombrías células clandestinas de las novelas de Dostoievski. A medida que avanzaba 1952, el apartamento lleno de margaritas de Haydée, un sexto piso sin ascensor en el distrito de Vedado, se convirtió en un refugio de ensueño. Como ella explicó posteriormente, «Era un apartamento pequeño de una habitación. Todos teníamos nuestro lugar, comíamos juntos, vivíamos juntos y juntos éramos felices. Nunca saboreamos comidas más sabrosas que aquellas. Nunca compartimos nada de la forma en que compartimos aquel pequeño lugar... El suelo parecía el colchón más cómodo y mullido del mundo».

Aquel pisito encantado se mantiene hoy como un santuario en La Habana, aunque son pocos los que se acercan a visitarlo. Allí sigue el escritorio *art déco* que Fidel llevó para su uso personal, un mimeógrafo que usaban para mandar circulares con provocativos nombres como *El Acusador*, y algunos ceniceros *vintage*. Haydée no permitía que ninguno de los compañeros de su hermano fumara en el apartamento, pero en su primera visita Fidel encendió un puro y dejó caer despreocupadamente la ceniza al suelo. Aunque consternada en un principio, cedió al poco tiempo. A veces llegó a dormir en casa de una amiga para que Fidel pudiera acostarse en su cama, con una cruz blanca en el cabezal. Puesto que era demasiado alto, Fidel ponía el colchón en el suelo.

El presupuesto para llevar a cabo el asalto al Moncada era mínimo. Al parecer toda la operación fue financiada con solo cuarenta mil pesos (que en aquel momento equivalían a la misma cantidad en dólares de Estados Unidos), la mitad de los cuales fueron donados por los propios combatientes; una suma tan escasa que, más adelante, el gobierno asumió que era una invención. También fueron trazando la estrategia sobre la marcha, como si la sacaran de relatos de la resistencia francesa o de cintas del *film noir* de Hollywood, que tan de moda estaba. (Con su afición por la cultura estadounidense, La Habana tenía más pantallas de cine por cabeza que Nueva York). Haydée y Melba escondieron algunos rifles en cajas de florista, pistolas en sus bolsos y mensajes en sus peinados. A los nuevos miembros se les pidió que recortaran el gasto en cigarrillos y café para comprar balas, que luego Fidel contaría y registraría una por una. Pasaban noches enteras discutiendo febrilmente estrategias en casas de té escasamente iluminadas del barrio chino, compartiendo platos de grasientos fideos chino-cubanos.

Fidel pidió a Pedro Miret, un estudiante de ingeniería que tenía experiencia en armas de fuego, que entrenara a sus seguidores. Algo que muestra el grado de libertad en la vida universitaria de La Habana es que muchas veces el grupo llevaba a cabo prácticas de tiro dentro del propio campus universitario, y compraban armas procedentes de «reservas» balísticas, tan accesibles como las drogas blandas en un campus actual de California. La mayoría eran piezas antiguas o rifles deportivos de bajo calibre. («¡Para nosotros, aquellos pequeños rifles eran cañones!», recordaba Haydée). Uno de los seguidores más ricos de Fidel, un ayudante de laboratorio, llevaba a algunos miembros del Movimiento al lujoso Club de Cazadores del Cerro para practicar con escopetas.

Unos trescientos hombres y mujeres acabaron incorporándose al Movimiento. La mayoría de ellos tenían poco más de veinte años, pero aquel grupo era más transversal que el que más adelante embarcaría en el *Granma*. La mayoría de los escogidos para el ataque al Moncada eran obreros, empleados de fábricas, cocineros y camareros; en esta etapa eran relativamente pocos los abogados, estudiantes, maestros o profesionales. Aun así, en el grupo había un poeta, un médico, un deshollinador, un dentista, un vendedor de ostras y un enfermero. Algunos permanecerían muchos años con Fidel, entre ellos Juan Almeida, un albañil afrocubano de veintiséis años. Su hermano Raúl, que en la universidad había desarrollado una vena extremista y se había unido al Partido Comunista, también estaba muchas veces a su lado. Aun así, Fidel no confiaba en él para los detalles del ataque; solo más adelante se convertiría en un confidente tan cercano que Fidel lo llamaría su «pícher de reserva».

Se sumaron incluso miembros de la aristocracia habanera. El aura desafiante de Fidel como hombre de acción había llamado la atención de Natalia Revuelta, una glamorosa celebridad de veintiséis años conocida como Naty. Educada en Francia y Estados Unidos y exquisitamente vestida y desenvuelta, se había casado con uno de los cardiocirujanos más importantes de la isla, pero se aburría soberanamente en el circuito de partidos de tenis y cocteles de la alta sociedad. Era también asombrosamente bella, de grandes ojos verdes y radiante pelo rubio: la Grace Kelly de la revolución. Conoció a Fidel una noche en la escalinata de la universidad, durante una malograda manifestación anti-Batista, y le ofreció inmediatamente su suntuoso apartamento de Vedado para llevar a cabo reuniones secretas durante los viajes de su marido. Muy pronto se convirtió en una de sus seguidoras cruciales y asumió importantes riesgos. Empeñó algunas joyas y donó sus ahorros de seis mil pesos al fondo del Moncada. Ayudó a Haydée y a Melba a confeccionar uniformes. Ella fue quien escogió la música que se tocaría tras la victoria (la *Heroica* y la *Polonesa* de Chopin en la mayor). A Naty se le confió también la peligrosa tarea de entregar el llamado «Manifiesto del Moncada» a algunos políticos y periodistas de La Habana la mañana del ataque: escrito por Fidel y Raúl Gómez, un delicado y joven poeta, el documento explicaba que Batista debía ser expulsado por los crímenes «de sangre y de ignominia, de lujuria desmedida y de atraco al tesoro nacional».

Aunque después se acusó a Fidel de simpatizar con el comunismo, en esta primera etapa había pocas señales de ello. Él y sus seguidores se unieron bajo la bandera de José Martí, con demandas generales de justicia social, una vuelta a las elecciones democráticas y una renovación de la constitución de 1940. Como cualquier estudiante respetable, Fidel había leído a Marx e incluso se llevó al Moncada un ajado ejemplar de los escritos de Lenin, pero su lenguaje político era puramente nacionalista. Solo dos miembros del Movimiento eran comunistas con credencial, uno de ellos Raúl Castro, y el partido cubano no mostró interés en el extraño y aislado grupito de Fidel. (De hecho, la política cubana rivalizaba con la de Italia durante la posguerra con sus alianzas imposibles, que llevaron en un determinado momento a los comunistas a unir fuerzas con Batista). Alfredo Guevara, uno de los amigos estudiantes de Fidel, explicó que había intentado convertirlo al comunismo a comienzos de la década de 1950, pero Fidel se lo había tomado a broma:

—¡Sería comunista si fuera Stalin! —repuso.

Quería poder y atención por encima de cualquier otra cosa; la ideología era algo secundario.

De hecho, nadie del Movimiento luchaba por una utopía socialista. En 1953, una Cuba sin Batista era un sueño suficientemente inspirador.

EN EL VERANO, Haydée y Melba se trasladaron a Cuba oriental para ocupar una finca pintoresca y de difícil acceso a unos doce kilómetros de Santiago, que Fidel había alquilado como base secreta de operaciones. Llamada Granjita El Siboney, hubiera sido un agradable espacio vacacional en tiempos más felices. Pero en aquella ocasión pasaron el tiempo preparando la llegada de *los muchachos*, como ellas los llamaban: cosiendo cien uniformes en una Singer manual, durmiendo en una aireada habitación pintada de blanco con adornos rojos y escondiendo en pozos cubiertos por todo el terreno las armas que lentamente iban llegando. A medida que se acercaba la fecha planeada del 26 de julio se les fueron uniendo otros miembros del círculo íntimo, entre ellos Abel y los prometidos de las activistas: Boris Luis Santa Coloma, el amor de Haydée, y el de Melba, Jesús Montané, un *gourmet* que preparaba deliciosas cenas, como pollo al chilindrón. Los hombres hicieron un cuidadoso seguimiento del Moncada, cuyos opresivos muros amarillos se elevaban por encima de una explanada, y registraron los horarios de las patrullas.

Haydée siguió sorprendiendo a sus compañeros con su calma interior y a menudo se le confiaban las tareas más peligrosas. En un viaje en tren desde La Habana tenía tantas dificultades para colocar una maleta llena de armas en el portaequipaje, que un joven soldado fue en su ayuda. Después tomó asiento junto a ella, bromeando con la idea de que aquella bolsa tan pesada debía estar llena de dinamita.

—No —rio ella alegremente—. Son libros. Acabo de terminar los exámenes; espero relajarme un poco en el carnaval.

Cautivado por su simpatía, el soldado se sentó con ella durante todo el viaje. Sus compañeros, que la esperaban para recogerla en la estación de Santiago, se pusieron blancos cuando vieron al soldado bajar la maleta, pero Haydée le dio las gracias con serenidad y siguió pausadamente su camino. Más adelante, Abel bromeó con Boris, el prometido:

—Ten cuidado con Yeyé, que tiene una cita con un soldado del régimen…

Sin embargo, con su tendencia a la melancolía, también tuvo oscuros presentimientos sobre el futuro. Una noche, cuando su hermano y algunos amigos fueron a Santiago a divertirse en el carnaval no mucho antes del ataque planeado, se sintió contenta por ellos. Más adelante recordaría lo que pensó en aquella ocasión: «Puede que sea el último carnaval que vean».

Dos días antes del ataque, unos ciento sesenta combatientes cuidadosamente escogidos, procedentes en su mayor parte de La Habana, recibieron la indicación de dirigirse a Oriente y se les dio instrucciones sobre cómo llegar en coche, autobús o tren. Siguiendo el «protocolo clandestino», solo seis de ellos conocían la verdadera razón del viaje; a los demás se les dijo simplemente que llevaran una muda de ropa cómoda. No parece que nadie cuestionara esta orden repentina e imprecisa.

Juan Almeida trabajaba en una obra cuando un amigo fue a verlo y le dijo que debían ir al Oriente para «prácticas de tiro». Era lo más lejos de La Habana que había viajado en su vida. Aun durante el agotador viaje de dos días por una tórrida llanura de cañaverales, no se le dijo nada sobre el verdadero objetivo de aquel viaje. («Yo pensaba que me llevaban a un carnaval como recompensa por mi aprovechamiento en los ejercicios de entrenamiento», recordaría más tarde). Solo cuando llegaron a la granja, donde las chicas repartían uniformes militares y armas, se dio cuenta de lo que sucedía. Esperaba su rifle, pero se sintió muy desilusionado cuando apenas le dieron un arma del calibre .22, que él consideraba más apropiada para la caza de palomas que para un objetivo militar.

A Raúl Castro lo despertaron de una resaca brutal tras una fiesta desenfrenada, y le ordenaron que se dirigiera a la estación de tren. El afable joven de veintidós años, todavía con cara de adolescente, llevaba pocos días en Cuba tras volver de un extenso viaje por Europa, en el que había participado en varias conferencias de las juventudes socialistas con el talante festivo de un mochilero moderno en la Oktoberfest. Al poco de su regreso a La Habana lo arrestaron tras incautarle propaganda anti-Batista y Melba, la abogada, consiguió sacarlo de la cárcel bajo fianza. A pesar de que solo había recibido un par de días de entrenamiento informal con armas de fuego, subió al tren medio dormido, donde un amigo le entregó un boleto a Santiago. Perspicazmente, el intuyó el objetivo.

—¿El Moncada? —susurró.

Por último, Fidel mismo estuvo listo para partir de La Habana. Se afeitó el bigote para tener un aspecto más militar, fue a su apartamento para despedirse de su esposa e hijo (pero no le dijo nada a Mirta del plan), se puso una sencilla guayabera blanca y luego alquiló un Buick azul: les dijo a los empleados del negocio que iba de vacaciones a la playa y arrancó con un conductor reclutado en Santiago. La conexión local dio su fruto cuando un viejo amigo del chofer los dejó pasar sin problemas en un control policial. Cuando llegaron a la granja, Fidel no había dormido nada en tres días y seguía en pie gracias a la adrenalina. Aun así, había señales de que la presión estaba pasándole factura: tuvo que parar en Villa Clara para comprar unos prismáticos puesto que, inexplicablemente, había olvidado los suyos en La Habana. (Hoy el establecimiento luce una orgullosa placa en recuerdo de esta anécdota).

Cuando arribó, la noche del sábado 25, Fidel pronunció un apasionado discurso a los ciento sesenta y cinco motivados participantes y describió el plan que había trazado. El panorama era sobrecogedor. Pocos de aquellos hombres habían estado siquiera en Santiago; ahora se les dijo que irían directamente al combate. Fidel les explicó que habría cuatro ataques distintos.

Él dirigiría el principal asalto al Moncada con ciento veintitrés hombres, pero se llevarían a cabo dos ataques de apoyo: uno a un hospital cercano, dirigido por Abel, y otro sobre el Palacio de Justicia, un edificio modernista en cuyo tejado podrían apostarse los francotiradores. Al mismo tiempo, veintisiete hombres atacarían una guarnición en el pueblo de Bayamo, a unos ciento cuarenta kilómetros de distancia: una división de recursos que más adelante se vería como un importante error estratégico.

Haydée recuerda que aquella noche transcurrió en una especie de delirio romántico. Esa fue «la más alegre de las noches», como diría más adelante. «Salimos al patio y la luna era más grande y más brillante; lo eran también las estrellas, las palmeras eran más altas y más verdes; los rostros de nuestros amigos eran rostros que quizá no veíamos nunca más pero que estarían siempre con nosotros... Todo era más hermoso, más grande, más bello, mejor; nos sentíamos mejores personas, más amables». No todo el grupo estaba tan extasiado. Cuatro estudiantes universitarios que antes se habían jactado de su valentía decidieron que el plan de Fidel era absurdo y se negaron a participar. Los encerraron en el baño, junto con un experto en comunicación radiofónica que se echó atrás. Fidel les dijo a los cinco que podían volver en automóvil a La Habana siempre que se mantuvieran al margen. Los demás esperaron a que pasara la noche, saboreando la sensación de trascendencia. El año de 1953 era, había dicho Fidel, el centenario del nacimiento de su héroe, José Martí, lo cual suponía una atractiva simetría histórica.

Pasara lo que pasara, todos sabían que Cuba nunca volvería a ser la misma.

A MEDIDA QUE la caravana de automóviles se dirigía a Santiago aquella madrugada, empezaban a hacerse evidentes las decadentes señales de la última noche de carnaval. Los últimos jaraneros todavía daban tumbos por las aceras; otros dormían en los portales o se abrazaban por las callejuelas. El aire, pesado y húmedo, estaba cargado de olor a sudor y ron, y desde algunas ventanas distantes se oían los últimos compases de salsa.

Lo que sucedió en el Moncada llegó a ser tan caótico que casi cada participante guardó un recuerdo distinto de lo acontecido; aun el propio Fidel se contradecía. Pero no cabe duda de que su complicado plan tuvo muchos errores. Uno de los vehículos sufrió un pinchazo tan pronto salieron de la granja. Los cuatro estudiantes y el técnico de radio que en teoría habían abandonado el ataque, se encontraron en uno de los vehículos centrales del convoy; contraviniendo las órdenes de Fidel, se desviaron para dirigirse a La Habana y al menos uno de los demás conductores los siguió de forma accidental. Las cosas empeoraron en el oscuro laberinto de las calles de Santiago, que pocos habaneros conocían. Varios automóviles más se perdieron y llegaron tarde a su destino.

Aun así, hubo un momento de esperanza. A las 5:20 de la mañana, antes del toque de diana y solo algunos minutos tarde, el convoy se acercó a los muros del Moncada. El primer vehículo llegó hasta la puerta tres, como se había planeado, y el conductor gritó: «¡Abran la puerta al general!». Una vez dentro, mostraron sus galones de sargento a los desconcertados guardias y les quitaron las armas. Pero el segundo coche, conducido por Fidel, se encontró inesperadamente con dos guardias con ametralladoras. Más tarde, se dio cuenta de que debería haberlos ignorado; probablemente se habrían limitado a mirar boquiabiertos el paso del convoy. Pero lo que hizo fue pisar el acelerador y lanzar el vehículo a la acera para cortarles el paso. Cuando apuntó con su pistola a los asustados soldados, los compañeros que quedaban en el vehículo (muchos de ellos nerviosos, puesto que nunca habían usado un arma en combate) se confundieron y comenzaron a disparar a diestro y siniestro.

El alarido de una alarma se extendió por todo el Moncada. El elemento sorpresa se desvaneció y en pocos segundos había soldados por todas partes. La calle se convirtió en un infierno. Desde una torre de vigilancia, una gran ametralladora barrió los costados de los automóviles, haciendo saltar en mil pedazos los cristales y perforando los radiadores. Cinco hombres del primer vehículo consiguieron entrar al cuartel y durante unos minutos mantuvieron inmovilizados a unos cincuenta perplejos soldados, pero pronto entendieron que tenían que volver a la calle, donde se encontraron con el extraño cuadro de Fidel gritando «¡Adelante, muchachos!» en medio de la humareda y el caos, mientras todos los demás le gritaban: «¡Fidel! ¡Sal de ahí! ¡Sal de ahí!». El ataque fue una debacle. Los soldados se habían reorganizado y se extendió la consigna de disparar a los que llevaban zapatos de calle. Al cabo de una media hora, Fidel ordenó la retirada; consiguió huir ileso metiéndose en el último vehículo intacto que salía a toda marcha, pero muchos de sus hombres habían caído heridos o se habían rendido.

Mientras tanto, un grupo de nueve hombres (entre los que estaba Raúl) había tomado el Palacio de Justicia sin un disparo, pero al ver que Fidel ordenaba la retirada, huyeron a pie por los callejones traseros.

Abel y los veinte hombres que lo acompañaban en el hospital no se dieron cuenta de que el ataque había fracasado hasta que fue demasiado tarde. Mantuvieron su posición, disparando desde las ventanas mientras el ejército los rodeaba. Haydée y Melba habían ido con ellos para atender a los rebeldes heridos, pero acabaron ayudando en la planta de maternidad a calmar a los recién nacidos que lloraban aterrorizados por el tiroteo. Las enfermeras de guardia se solidarizaron con los rebeldes, los disfrazaron con camisones del hospital y los escondieron en camas como si fueran enfermos; a Abel le pusieron un vendaje en la cabeza y en un ojo para que pareciera un paciente de oftalmología. Después, esperaron.

Tan pronto como los soldados irrumpieron, un paciente que trabajaba para el ejército traicionó a los rebeldes disfrazados. A Abel lo sacaron a empujones de la cama y una vez en el suelo lo golpearon despiadadamente en la cabeza con las culatas de sus rifles. Todos los demás, veintiuno en total, fueron llevados a las celdas carcelarias del Moncada, donde Mario Muñoz, un tímido médico con anteojos, recibió una brutal paliza y fue ejecutado de un disparo por la espalda. Hacia las tres de la tarde, los superiores de La Habana hicieron saber a los soldados que tenían completa libertad para hacer lo que quisieran con los cautivos. Haydée y Melba estaban en una celda contigua, escuchando sus gritos. Melba solo pudo reconocer a uno de ellos, salvajemente apaleado, cuando vio su letra en una nota ensangrentada que intentó pasarles para su madre. Era el delicado poeta Raúl Gómez, que se había unido a la misión como no combatiente para poder leer su «Manifiesto del Moncada» por la radio. Después lo llevaron fuera y lo mataron a tiros.

Los horrores se acumularon. Cuando las muchachas oyeron a uno de los guardias reír aviesamente mientras hablaba de haber torturado a uno de ellos que llevaba unos zapatos de vestir blancos y negros, Haydée se dio cuenta de que se trataba de Boris, su prometido. Los siguientes episodios de su historia han pasado a formar parte de la leyenda de la revolución. Primero le mostraron el ojo que le habían arrancado a su hermano Abel, y le dijeron que le sacarían el otro si no revelaba el escondrijo de los rebeldes. Después le mostraron uno de los testículos cercenados de Boris. Según se cuenta, ella contestó:

—Si les han hecho esto a ellos y no han hablado, mucho menos hablaré yo.

«Abel estaba muerto, Boris estaba muerto, y yo ni siquiera lloraba», recordó. «Yo no sentía nada». Más tarde describiría la experiencia del Moncada como «hermosa y heroica», pero también «los peores momentos, los más sangrientos, crueles y violentos de nuestras vidas». Quedó profundamente marcada para siempre. «Hay momentos en que nada asusta: ni la sangre ni las ráfagas de ametralladora, ni el humo ni la peste a carne quemada, a carne rota y sucia, ni el olor a sangre caliente ni el olor a sangre coagulada, ni la sangre en las manos ni la carne en pedazos deshaciéndose en las manos, ni el quejido del que va a morir», escribió años después. «Ni el silencio aterrador que hay en los ojos de los que han muerto. Ni las bocas entreabiertas donde parece que hay una palabra que, de decirse, nos va a helar el alma». Aunque más adelante se casó, la depresión de Haydée empeoró cuando entró en la cincuentena. El 26 de julio de 1980, en el aniversario del Moncada, se suicidó de un disparo.

SOLO OCHO DE los rebeldes cayeron durante el combate. El ejército y la policía contaban diecinueve muertos y veintisiete heridos. Pero de los aproximadamente treinta rebeldes que se rindieron, solo cinco sobrevivieron. Los demás fueron ejecutados y sus cuerpos torpemente esparcidos por los corredores y el patio del Moncada en un intento poco entusiasta de aparentar que murieron durante el tiroteo. Tres de los cinco que sobrevivieron se lo debieron a un heroico médico del ejército que les curó las heridas y en un momento determinado los protegió apuntando a los soldados con una pistola.

El ataque diversivo de Bayamo, a ciento cuarenta kilómetros de distancia, también había sido un desastre. De los veintisiete participantes solo sobrevivió uno; los demás fueron ejecutados. A tres de ellos los ataron a la parte trasera de unos *jeeps* y los arrastraron varios kilómetros antes de matarlos a tiros.

Las noticias del ataque al Moncada sacudieron a los cubanos y provocaron manifestaciones por todo Oriente. En Santiago, cuando la policía comenzó a llevar a manifestantes jóvenes a los coches patrulla, los tablajeros salieron del mercado con sus cuchillos y los forzaron a soltarlos. Luis Cambara, un activista de diecisiete años del pueblo de Maffo, recuerda que fue un taxista quien trajo el primer reporte hacia el mediodía. En menos de una hora, toda la población estaba en las calles, exigiendo información. «¿Cómo podía alguien atacar un lugar tan seguro como un cuartel militar?», se preguntaba admirado en una entrevista en La Habana. «¡Era increíble!». Pero a los mítines contra Batista no solo asistían sus detractores. Cambara recuerda que, en una ocasión, él y sus amigos fueron interrumpidos por un mulato enorme:

—¡Si siguen diciendo tonterías les voy a cortar la lengua!

Tres días después del ataque, un arzobispo de pelo entrecano, vestido con el atuendo católico medieval al completo, de sotana negra y una enorme cruz blanca, conducía solo por las carreteras rurales en un *jeep* descapotable, deteniéndose cada poco para gritar con un megáfono entre los matorrales; pedía a cualquier rebelde prófugo que se entregara, ya que él respondía personalmente por su seguridad. Se había permitido que algunos periodistas visitaran el Moncada y vieran los cuerpos desparramados de los asaltantes muertos; era evidente que muchos habían sido torturados. El ejército buscaba por el campo a los hombres de Fidel que habían escapado, y los soldados mataban despiadadamente a los que capturaban. El número de muertos se había elevado a sesenta y uno. Corrían muchos rumores. Un titular del periódico *Ataja* decía: «MUERTO FIDEL CASTRO». No sería la última vez que se anunciaba su desaparición de forma prematura.

Algunos indignados líderes civiles y religiosos de Santiago, encabezados por el combativo arzobispo Enrique Pérez Serantes, pedían el final de la campaña de venganza. El anciano prelado era amigo personal de Ángel, el padre de Fidel, y había bautizado a varios de sus hijos; decidió intervenir personalmente, recorriendo la zona con su vehículo y un megáfono. En una ocasión, salió de su *jeep* cuando oyó disparos en una zona cercana: la Guardia Rural había rodeado a cinco rebeldes que se escondían en un campo de hierbas altas. Como si fuera un personaje de alguna delirante comedia italiana, el clérigo se levantó la sotana y saltó la cerca de alambre de púas para ponerse delante de los soldados.

—¡No les disparen! —gritaba—. ¡Tengo garantías de las autoridades!

El oficial hubo de impedir que la tropa lo despachara en ese mismo instante; los soldados cantaban alegremente: «¡Me voy a llevar por delante a un cura! ¡Me voy a llevar por delante a un cura!». Pero el arzobispo se las arregló para impedir que mataran a aquellos hombres.

Las autoridades encontraron a Fidel, vivo, al amanecer del 1 de agosto, durmiendo en la cabaña de un campesino con dos compañeros. Había estado vagando por el campo desde el mediodía del ataque, tras el cual se había reunido con otros supervivientes en la granja y les había declarado, evocando al general MacArthur:

—Compañeros, hoy nos ha tocado perder, ¡pero regresaremos!

Dicho esto, el grupo de más o menos veinte hombres se

había separado. Fidel y sus amigos estuvieron vagando por el campo durante cinco noches hasta que, en un momento de debilidad, se cobijaron de las lluvias nocturnas en una cabaña. Una patrulla de la Guardia Rural los descubrió al poco tiempo. Los soldados se acercaron reptando en la oscuridad y despertaron al trío barriendo las paredes del lugar con ráfagas de ametralladora.

En el primero de muchos golpes de suerte en la carrera de Fidel, aquel destacamento lo comandaba el teniente Pedro Manuel Sarría, un noble oficial de edad madura, que se las arregló para controlar a sus impetuosos hombres de gatillo fácil. Cuando los tres rebeldes salieron con las manos en alto, Sarría gritó:

—¡Alto el fuego! ¡Los quiero vivos!

Fue un momento tenso. Uno de los soldados replicó que Fidel no era más que un «asesino», a lo que Castro contestó:

—Los asesinos son ustedes. Son ustedes los que matan a prisioneros desarmados. Son los soldados de un tirano.

—Teniente, los vamos a matar —gruñó un cabo.

—¡No! —replicó Sarría—. Les ordeno que no los maten. El que está al mando aquí soy yo. No se pueden matar las ideas —añadió citando una famosa frase de Domingo Sarmiento, el presidente e intelectual argentino del siglo XIX.

Era evidente que el teniente era el único que lo había reconocido. Esposado en la parte trasera del camión militar, en voz baja Fidel le preguntó a Sarría por qué no lo había matado; su ejecución le habría reportado sin duda una buena promoción. Sarría, un afrocubano de cincuenta y tres años, se limitó a contestarle:

—No soy esa clase de hombre, muchacho.

Sarría se negó también a entregarlo a sus superiores más sanguinarios y lo llevó a una cárcel de Santiago donde su seguridad estaría más o menos garantizada. Una vez más, la suerte quiso que un brutal funcionario que normalmente estaba al mando se encontrara aquel día enfermo de gripe. Fidel fue recibido por los otros prisioneros (entre ellos su hermano Raúl, que había sido arrestado cuando intentaba llegar a la casa familiar de los Castro en Birán) con vivas y aplausos.

Varios días después celebró su veintisiete cumpleaños con la esperanza de que el desastre del Moncada pudiera convertirse en triunfo. La brutalidad del ejército había causado repulsión a la mayoría de los cubanos y tornó a la opinión pública contra Batista, en especial la clase media y los profesionales, que comenzaban a ver a Fidel como un héroe y a los muertos en el Moncada como mártires.

Fidel estuvo incomunicado en una celda durante setenta y cinco días, periodo en el que preparó la defensa legal de sus hombres. Aquel fue el juicio del siglo en Cuba, un proceso de una magnitud sin precedentes: ciento veintidós prisioneros esposados fueron conducidos al abarrotado Palacio de Justicia de Santiago por soldados con rifles, seguidos de veintidós abogados y una legión de testigos periciales. Cincuenta y uno de los acusados eran supervivientes del Moncada, los demás habían sido arrestados bajo sospecha de colaboración. El juicio estuvo lleno de golpes de efecto desde el primer minuto, cuando Fidel levantó las manos esposadas y dijo:

—¡No pueden juzgar a personas esposadas!

Los jueces permitieron un receso para quitar las esposas a los prisioneros, dejando a los presentes en la sala asfixiante con las ventanas cerradas por cuestiones de seguridad.

Actuando como abogado, Fidel presentó espeluznantes pruebas de tortura a partir de las autopsias realizadas a los cadáveres encontrados en el Moncada. Haydée contó el escalofriante relato del ojo de su hermano y el testículo de su prometido a la emocionada multitud. Temiendo que el juicio se les escapara de las manos, los fiscales pretendían impedir la presencia de Fidel, alegando que estaba enfermo. Pero Melba dio un salto y dijo en voz alta:

—¡Fidel no está enfermo!

Sacó una carta suya que había llevado a la sala, escondida en su voluminoso peinado. El tribunal permitió el regreso de Fidel. A pesar de todo esto, la sentencia era evidente. Los jueces dictaron condenas de trece años a la mayoría de los rebeldes. Melba y Haydée fueron sentenciadas a siete meses en una prisión para mujeres.

A Fidel lo juzgaron en secreto, en una pequeña habitación para enfermeras del acribillado hospital, junto a un esqueleto humano colgado en un expositor de cristal y un retrato de Florence Nightingale. El fiscal solo habló dos minutos. Fidel, vestido con su traje azul de invierno, habló por espacio de dos horas sin parar; su épico discurso se convertiría en el texto sagrado de la revolución cubana. En pie ante un escritorio, con algunas notas en la mano y un libro del pensamiento de Martí, habló extensamente de la historia, la política y las leyes internacionales cubanas. Condenó la brutalidad del ejército usando un lenguaje barroco («El cuartel Moncada se convirtió en un taller de tortura y de muerte, y unos hombres indignos convirtieron el uniforme militar en delantales de carniceros. Los muros se salpicaron de sangre») y citó a Thomas Paine, Jean-Jacques Rousseau y Balzac para argumentar que los cubanos tenían el derecho (e incluso el deber) de oponerse a la tiranía de Batista. Agregando alusiones a la Roma republicana y a la antigua China, desgranó metódicamente el clamor de libertad expresado en las revoluciones inglesa, francesa y estadounidense, con una mención especial a la Declaración de Independencia por su «hermosa» introducción.

Fue una proeza retórica, conocida hoy por todos los cubanos por su contundente frase última:

—Condenadme, no importa —tronó—. *La historia me absolverá.*

Tad Szulc, biógrafo de Fidel, describió este discurso como «una magistral pieza de oratoria; es realmente mucho más que un discurso, y su magnífico dominio del español y su amor por este idioma lo convierten también en una obra literaria». Cuando dejó de hablar, el asombro y el silencio cayeron sobre la improvisada sala de tribunal. Sin embargo, una vez más la decisión estaba fuera de cualquier duda. Después de una breve consulta de solo un minuto, los jueces lo sentenciaron a quince años de cárcel.

A la salida, Fidel fue recibido por los vítores de sus seguidores reunidos en la calle. Las reglas de la política cubana habían cambiado de forma irrevocable. Se había convertido en el rostro público de la oposición a Batista, transformado de un errático rufián a una figura nacional. El ataque al Moncada había llegado a los rotativos de todo el mundo, y supuso el llamativo debut de Fidel en la portada del *New York Times*. Esta atención mundial enfocaba también al propio Batista. Fidel y sus compañeros eran ahora demasiado conocidos como para que pudiera deshacerse de ellos con impunidad.

Cuando lo enviaron a la cárcel, Fidel comenzó a dejarse de nuevo el bigote.

CAPÍTULO 5

La isla de las almas perdidas

(Presidio Modelo, 1953–1955)

E L 17 DE octubre de 1953, un avión de hélice viró sobre la isla de Pinos, un territorio fértil con forma de coma al que rodeaban arrecifes y aguas turquesas, y aterrizó en su único municipio, la soñolienta aldea de Nueva Gerona. Desde allí, custodiado por un guardia armado, el prisionero 3859 fue conducido directamente al Presidio Modelo, la cárcel más temida de Cuba.

Ocupada por más de cinco mil reclusos, sus dimensiones eran sorprendentes: cuatro enormes bloques de celdas circulares se elevaban como siniestros silos amarillos para misiles por encima de un extenso comedor, con talleres adyacentes y barracones para la guardia que formaban su propia aldea en miniatura. Inaugurada en 1931, la «prisión modelo» se había inspirado en la cárcel de Joliet, Illinois, y era un extraño ejemplo del panóptico diseñado por Jeremy Bentham, el filósofo inglés del siglo XVIII. En el centro de cada pabellón redondo había una torre que permitía que un solo guardia supervisara a más de mil doscientos prisioneros a la vez, como si se encontrara en el centro de un coliseo tropical.

El preso político más famoso de la nación había sido enviado a esta institución para unirse a veinticinco de sus compañeros del Moncada, a fin de cumplir sus largas sentencias en la que era, en teoría, el equivalente cubano a la isla del Diablo. La que en otro tiempo fuera refugio favorito de piratas ingleses y modelo de *La isla del tesoro* de Robert Louis Stevenson, la enorme isla de Pinos (hoy llamada isla de la Juventud) se había convertido en un apéndice olvidado de la república. Nadie había conseguido cruzar los cien kilómetros de aguas abiertas plagadas de barracudas y llegar a la costa sur de la isla principal. No era extraño que los reclusos desaparecieran, víctimas de los abusos de los guardias o de las bandas de convictos que gobernaban el submundo de la cárcel con armas hechas con estacas y clavos de hierro.

A pesar de la siniestra reputación del presidio, la llegada de Fidel fue un acontecimiento festivo. En un gesto inexplicable, los moncadistas (como ahora se les conocía) no fueron alojados en las atiborradas celdas para dos hombres de los bloques circulares, sino en un solo pabellón de la zona del hospital, con sus veintiséis camas alineadas en dos hileras. Cuando Fidel entró al pabellón fue recibido con ovaciones, abrazos y palmadas en la espalda por su hermano Raúl y otros camaradas como Juan Almeida, que se apiñaron a su alrededor. Durante los meses siguientes, el grupo consideraría la cárcel como un campamento militar revolucionario. Diseñaron un horario particular para el ejercicio y el desarrollo personal. Comenzaron a organizar una biblioteca de quinientos libros, y una «universidad» a la que denominaron «Abel Santamaría» en honor a su líder asesinado. Se reunían cinco horas al día delante de un pizarrón en el aireado patio del hospital, donde Fidel y otros daban clases de filosofía, historia, oratoria y gramática española. Preparaban su propia comida para complementar la avena de la cárcel. Algunos simpatizantes les llevaban fruta fresca y café para expresarles su apoyo y animarlos. («Tráeme algunas toronjas para refrescarme», le escribió Fidel a Lidia, su media hermana, antes de una visita). Se les permitió iniciar litigios desde la cárcel y en una ocasión denunciaron al propio Batista.

La historia está llena de sentencias de cárcel que produjeron lo contrario de lo que pretendían: el Marqués de Sade escribió sus novelas pornográficas en la Bastilla, Martin Luther King Jr. redactó su *Carta desde la cárcel de Birmingham* en Alabama y Nelson Mandela se convirtió en prisión en un símbolo de resistencia en Sudáfrica. La historia de los moncadistas es un caso de manual. Su periodo carcelario transformó un «movimiento» indisciplinado en una organización coherente con un plan de acción específico. Para irritación de Batista, Fidel se volvió una fuerza política en mayor medida cuando estuvo tras las rejas que mientras fue un activista libre, puesto que el descanso obligado lo ayudaba a concentrarse. «¡Qué escuela tan fantástica es este lugar!», decía entusiasmado en una carta desde la cárcel. «Desde aquí puedo terminar de forjar mi visión del mundo».

Leía con voracidad; prácticamente realizó lecturas equiparables a doctorados en Literatura Occidental y Ciencia Política, y sus opiniones se radicalizaron. Concluyó que solo una verdadera revolución podría cambiar Cuba, una transformación real de su base social y económica. Desde fuera (y teniendo en cuenta su sentencia de quince años), las posibilidades de que se implicara personalmente en un proceso de este tipo parecían insignificantes, pero él, al parecer, no tenía esta idea. Cada día aumentaba la presión para que se dictara una amnistía y estaba convencido de que su pronta liberación era inevitable.

La prisión fue, como resume Szulc, «el momento decisivo de la historia de la revolución».

ESTO NO QUIERE decir que el periodo de encarcelamiento no tuviera sus altibajos. Tras cuatro meses de relativa libertad, el idilio se interrumpió el día 12 de febrero de 1954 con una visita oficial de Batista. El dictador llegó a la isla en un yate para inaugurar una central eléctrica a menos de sesenta metros de su celda, y Fidel no desaprovechó la ocasión de provocar a su némesis. Cuando el presidente se levantó para pronunciar un discurso, un grupo de hombres reunidos bajo una ventana se pusieron a cantar en alto el nuevo himno del Movimiento, la «Marcha del 26 de julio». Este canto apasionado lo había escrito Agustín Díaz Cartaya, el mismo joven afrocubano que ahora lo dirigía.

En un principio, Batista pensó que aquel himno era alguna forma de homenaje que le tributaban los reclusos. Pero después comenzó a comprender la letra:

Adelante cubanos, que Cuba premiará nuestro heroísmo,
pues somos soldados que vamos a la Patria liberar,
limpiando con fuego que arrase con esta plaga infernal
de gobernantes indeseables y de tiranos insaciables
que a Cuba han hundido en el Mal.

El rostro del dictador se encendió de rabia y salió furioso del presidio mientras un grupo de guardias disolvía el coro. Fidel fue puesto en una celda de aislamiento. Díaz fue castigado con más severidad. «Así que tú eres el autor de esta porquería», gritó el Cebolla, un antiguo recluso que ahora dirigía el pabellón del hospital. «Muy bien, pues ahora nos lo vas a cantar a nosotros». Tres guardias flagelaron a Díaz con látigos y después lo golpearon hasta dejarlo inconsciente.

La nueva celda de Fidel medía poco más de tres metros por cuatro y estaba frente al depósito de cadáveres; era un lugar oscuro y sombrío pero tenía retrete, una ducha de agua fría y una parrilla eléctrica para cocinar. Le proporcionaron una red para mosquitos decente y le permitieron disfrutar de la comida que recibía y de su biblioteca personal. (Un invitado describió su cuchitril como «una isla, rodeada de libros», desde Tolstói a Oscar Wilde pasando por la *Utopía* de Tomás Moro). Le permitieron incluso esporádicas visitas conyugales de su esposa Mirta. Evidentemente la celda tenía también sus aspectos negativos, entre ellos una tendencia a inundarse cuando llovía, pero aun así se le seguía tratando con guante de seda.

El repentino aislamiento de Fidel forzó a sus compañeros a inventar ingeniosos medios para comunicarse. Mensajes secretos escritos con jugo de limón iban y venían ocultos en puros o puré de papas, y cuando se ponía el papel sobre la llama de una vela, la tinta invisible se hacía legible. (Los funcionarios de la cárcel no parecían sospechar nada de la súbita pasión colectiva por los cítricos). Durante el tiempo de la práctica deportiva, la pelota caía «accidentalmente» a un tejado cercano a la celda de Fidel; cuando iban a recogerla le echaban por la ventana cartas envueltas en trapos, y regresaban con los mensajes que él les había dejado dentro de una lata. Raúl y Pedro Miret, estudiante de ingeniería y experto en balística, aprendieron lengua de señas en un libro que encontraron en la biblioteca de la cárcel, de forma que podían coordinar estos trucos delante de los propios guardias.

Sirviéndose de estos laboriosos medios, Fidel consiguió mantenerse en contacto con su red en La Habana y Santiago y mantener viva a la organización. Aún más sorprendente fue que consiguieron hacer llegar a la imprenta el texto completo del discurso que pronunció ante el tribunal, *La historia me absolverá*. En una de las victorias menos conocidas de la historia de las publicaciones, Fidel reconstruyó de memoria toda su arenga de dos horas y la garabateó con letra microscópica en pedacitos de papel. Durante un periodo de tres meses, quienes lo visitaban fueron llevando los trocitos a La Habana, donde vivían Haydée y Melba tras su liberación de la cárcel de mujeres. Estas fueron descifrando con mucho esfuerzo la apretada caligrafía de Fidel, y en secreto publicaron veintisiete mil quinientos panfletos con el incendiario texto. Con el paso del tiempo, *La historia me absolverá* se convirtió en todo un éxito de la literatura clandestina. Taxistas, maestros y obreros de fábricas iban distribuyendo y redistribuyendo los gastados ejemplares del folleto, convirtiéndolo así en la réplica cubana del *Libro rojo* de Mao. En nuestros días sigue imprimiéndose en decenas de idiomas.

El trasfondo de la obra le añadía más renombre, si cabe. A ningún cubano se le escapaba que la isla de Pinos era el lugar donde, en 1870 y con diecisiete años, José Martí había sido enviado durante varios meses como preso político antes de exiliarse en España. Este era, pues, otro paralelismo con el héroe de la independencia con el que Fidel podía solazarse en su reclusión.

Mientras estaba en la cárcel, Fidel recibió un constante flujo de sugerentes cartas y regalos de la atractiva Naty Revuelta, cuyos detalles ella solo reveló a los historiadores después de cumplir ochenta años. Le envió un ejemplar de *Pasteles y cerveza*, de Somerset Maugham, una novela sobre una artista incomprendida, con una seductora fotografía de ella misma pegada en el interior. Le mandó también su poema preferido, el inspirador «Si» de Rudyard Kipling, una oda a la estoica compostura británica ante la adversidad, y el programa de un concierto en La Habana firmado por el director de orquesta. Llegó a enviarle un sobre lleno de arena, para recordarle la belleza de las playas cubanas. Fidel estaba cautivado. «Estoy que ardo», le respondió. «Escríbeme, porque no puedo estar sin tus cartas». En otra misiva, le suplicaba que le escribiera a mano para poder deleitarse con su caligrafía, «tan delicada, femenina e inconfundible».

No cabe duda de que la atracción gestada entre ambos durante tanto tiempo alcanzaba su clímax, aunque sabían que sus palabras las leería el censor carcelario. Entonces se produjo el desastre. Una de las cartas de Fidel a Naty le llegó a su sufrida esposa Mirta; es posible que este cambio lo dispusiera el alcaide para hostigar a su irritante recluso. Otros han sugerido que el verdadero culpable fue Rafael Díaz-Balart, cuñado de Fidel y ahora viceministro del Interior de Batista, para sabotear un sólido matrimonio que era muy incómodo para su carrera.

El golpe final llegó a mediados de julio, cuando Fidel oyó por el radio que Mirta había estado recibiendo un salario secreto procedente del ministerio de su hermano. Al principio, estaba seguro de que era una invención para dañar su reputación (la idea era que él estaba al corriente de estos pagos, lo cual lo ponía en entredicho), y envió una serie de virulentas cartas a sus seguidores insistiendo en que denunciaran a Díaz-Balart por libelo. («Estoy dispuesto a desafiar a mi cuñado a un duelo cuando él quiera», afirmaba airado en una de esas cartas). Pero su media hermana Lidia le escribió al poco confirmando que la acusación era cierta, y que además Mirta quería divorciarse. Criar sola a Fidelito con la mera asignación del padre de Fidel había demostrado ser demasiado difícil; por ello, a instancias de su hermano,

Mirta aceptó una nómina en la administración de Batista. Fidel lo vio como una traición imperdonable y respondió a su hermana de forma concisa: «No te preocupes por mí, tengo el corazón de acero y estaré firme hasta el último día de mi vida». Cuando supo que Mirta planeaba trasladarse a Nueva York con su hijo, sufrió un iracundo ataque de rabia e impotencia. Exigió la custodia total de Fidelito para impedir que cayera en manos de la familia de Mirta: «esos Judas miserables [...]. Supongo que saben que para robarme a ese niño tendrán que matarme». Sus abogados le informaron educadamente de que un hombre sentenciado a quince años de cárcel tendría poca influencia en un juicio por custodia.

Antes de fin de año Mirta ya tenía el divorcio. El único consuelo de Fidel fue que el juez ordenó que su hijo fuera educado en La Habana en lugar de Estados Unidos. Fidel y Mirta no volvieron a verse nunca más, aunque él seguiría teniendo contacto con Fidelito durante los extraordinarios años que vendrían.

EN AGOSTO, EL aislamiento de Fidel se alivió un poco cuando las autoridades carcelarias permitieron que Raúl se uniera a él en una nueva celda más espaciosa, con más luz y un amplio patio. Recluido en silencio durante tanto tiempo, Fidel comenzó a hablar sin parar con su abrumado hermano, que casi se hundío bajo aquel diluvio de palabras. («Ya he escuchado bastante a Fidel por el resto de mi vida», bromearía más adelante). Que Raúl conociera la lengua de señas sería ahora útil para que Fidel y Pedro Miret pudieran intercambiar mensajes.

La radio les traía deprimentes noticias del mundo exterior. Como otros latinoamericanos, en junio de 1954 el grupo de Fidel escuchó atónito que el presidente de Guatemala, electo democráticamente, había sido derrocado en un violento golpe de estado apoyado por la CIA y financiado por la United Fruit Company. Aunque en nuestros días apenas se menciona este hecho, aquel golpe militar tuvo repercusiones por toda la región, mostrando que Washington estaba dispuesto a intervenir agresivamente para apoyar a dictadores militares, por desagradable que fuera, siempre que estos protegieran los intereses económicos estadounidenses. La segunda noticia desoladora llegó en noviembre, cuando Batista ganó unas elecciones presidenciales sin oposición y su mandato era ahora, en sus propias palabras, «constitucional». La perspectiva de unas elecciones justas en Cuba parecía más lejana que nunca.

Los cubanos estaban cada vez más abatidos por la brutalidad aleatoria del régimen de Batista. El perverso Rolando Masferrer estaba ahora al mando de un ejército paramilitar privado, los Tigres, que le hacía el trabajo sucio al dictador. Aunque era senador en el gobierno de Batista, Masferrer, que rayaba en lo psicótico, se interesó de forma especial en la tortura y asesinato de activistas de la oposición. El historiador Hugh Thomas lo describe como «un rey pirata» que a menudo se dejaba ver por las calles de La Habana en un Cadillac con dos guardias armados con metralletas.

Los excesos de crueldad eran aún más extremos en Oriente, donde la repulsión hacia Batista se nutría de su larga tradición de resistencia. Hoy, los horrores diarios de la dictadura se reflejan en el cementerio de Santiago: un conmovedor monumento a los «Caídos en la insurgencia» es una sencilla pared con docenas de placas de bronce, adornadas cada mañana con una nueva rosa roja, con el nombre de los que fueron salvajemente asesinados por las fuerzas de seguridad. Lo más sobrecogedor es la edad de algunas de las víctimas: tan solo de catorce o quince años. Una vez, las madres de Santiago escenificaron una marcha de protesta llevando una pancarta que decía: «Dejen de matar a nuestros hijos».

AL FINAL FUERON las cubanas quienes consiguieron la libertad de los moncadistas. En 1955, las madres de los presos se unieron y formaron el núcleo de un grupo femenino de acción que pedía amnistía para los presos. Batista, que se sentía magnánimo, tenía interés en apagar la agitación que empañaba la imagen de Cuba como plácida meca del turismo. Envió emisarios para que ofrecieran a Fidel el perdón si renunciaba a la rebelión armada, y se negó de pleno: su libertad debía ser incondicional. Por fin, el 6 de mayo, Batista cedió y firmó una ley de amnistía «en honor al Día de la Madre». Fidel y sus hombres solo habían estado en la cárcel durante diecinueve meses; Pedro Miret, que había estado enseñando historia a los presos, se quejó de que solo había conseguido llegar hasta la Edad Media.

Tan pronto fueron liberados, los moncadistas fueron recibidos por una multitud de admiradores y periodistas que los esperaban, y reanudaron su militancia insurgente. Lo primero que hizo Fidel cuando cruzó las puertas de la cárcel con su traje de lana y su camisa blanca desabrochada fue levantar el brazo, una imagen que los periódicos cubanos difundieron por todas partes. Las infatigables Haydée y Melba habían viajado desde La Habana para tener su primera reunión desde el juicio. Los horribles recuerdos del Moncada volvieron a inundar su mente: Yeyé apoyó la cabeza en el hombro de Fidel y se echó a llorar.

En Nueva Gerona, las multitudes paraban por la calle a los presos liberados para estrecharles la mano y pedirles autógrafos. Fidel convocó una conferencia de prensa en el hotel de la isla de Pinos, donde aseguró que iba a seguir la lucha. A bordo de El Pinero, el ferry nocturno a la isla principal, nadie quería dormir. Fidel y sus hombres pasaron la noche intentando encontrar un nombre sugerente para el grupo. Como cabía esperar, desechó las sugerencias de los demás y se decidió por su preferido, «Movimiento Revolucionario 26 de Julio», abreviado como M-26-7.

Cuando a la mañana siguiente el tren de la costa paró en la estación de La Habana, la multitud que los esperaba era tan numerosa que Fidel no podía salir por la puerta del vagón. Algunos simpatizantes lo sacaron por la ventana y lo llevaron a hombros. Después, un grupo de madres lo envolvieron en la bandera cubana y cantaron el himno nacional. Dos coches patrulla lo siguieron hasta el pequeño apartamento que sus dos hermanas le habían preparado. Ahora que estaba solo, Lidia se encargaría de cocinar y de lavarle su poca ropa. Cuando llegó la cabalgata, uno de los oficiales de policía le tendió la mano en un gesto de buena voluntad. Fidel lo rechazó con frialdad.

FIDEL ESTUVO EN La Habana seis semanas. Había regresado a una ciudad mucho más peligrosa que cuando la había dejado. A medida que denunciaba a Batista en mítines y por escrito, comenzó a sospechar que se le había puesto en libertad para poder eliminarlo más fácilmente. Comenzaron a circular rumores de que la policía tenía preparado un vehículo lleno de agujeros de bala para matarlo y decir luego que él había iniciado un tiroteo. «¡Quieren mi cabeza!», declaró.

Cuando el gobierno amenazó con prohibir que los periódicos publicaran sus artículos, los miembros del M-26-7 entendieron que iba siendo hora de planear su estrategia en otro lugar. Durante muchos años, los exiliados cubanos se habían ido repartiendo por toda Centroamérica y Guatemala era el refugio preferido antes del golpe apoyado por los estadounidenses. México era, obviamente, la siguiente elección.

Primero se fue Raúl. A continuación, Fidel consiguió una visa de turista por seis meses. Lidia vendió su refrigerador para que él tuviera un poco de efectivo preparado para el viaje. El 7 de julio, con su raído traje de siempre, Fidel se despidió de sus dos hermanas y de Fidelito en el aeropuerto de La Habana, dio la mano a sus seguidores y tomó un vuelo a Veracruz. (No tenía suficiente para llegar hasta la Ciudad de México y tendría que tomar el autobús). Al día siguiente apareció una histriónica nota de despedida en *Bohemia*: «Me marcho de Cuba por habérseme cerrado todas las puertas para la lucha cívica... De viajes como este no se regresa o se regresa con la tiranía descabezada a los pies».

En el grupo que fue a despedirlo no estaba Naty Revuelta, la muchacha de los ojos de jade. Durante la breve estancia de Fidel en La Habana, el romance epistolar se había convertido en todo un idilio. La última vez que se vieron en el fastuoso apartamento de Naty, ella olvidó decirle que esperaba un hijo suyo. En marzo del año siguiente nació la pequeña Alina y todo el mundo creyó que era de su marido. Siguió escribiéndose con un Fidel cada vez más conocido, pero no accedió a sus ruegos de unírsele en su precario exilio extranjero. Tendrían que pasar varios años para que Fidel descubriera que la niña era suya.

CAPÍTULO 6

Los compañeros de viaje

(Julio de 1955–noviembre de 1956)

En 1955, la Ciudad de México era un lugar mucho más sereno y accesible que la saturada megalópolis de nuestros días. Los vehículos se movían pausadamente por las amplias avenidas llenas de árboles, trazadas según el modelo de los bulevares parisinos, y las montañas circundantes siempre eran visibles bajo los cielos limpios de contaminación. La Ciudad de México era el hogar más acogedor de América Latina para los exiliados políticos: desempeñaba el papel que la neutral Zúrich había tenido para los europeos durante la Primera Guerra Mundial, cuando gente como Vladimir Lenin, James Joyce y Tristan Tzara se reunieron en ella.

Para los miembros del Movimiento, que iban llegando de uno en uno, era toda una revelación: aquí había una ciudad latinoamericana que tenía su propia cultura completamente autónoma, segura de sí misma e independiente de Estados Unidos, y al principio la exploraron como sorprendidos turistas. Se apresuraban a la plaza del Zócalo, donde las catedrales españolas se elevaban sobre las ruinas de templos aztecas, y campesinas vestidas de brillantes colores vendían exóticos tacos. Admiraban los frescos de Diego Rivera con escenas de revoluciones mundiales en las que aparecían Lenin y Pancho Villa, el héroe con sombrero mexicano. Fueron a corridas de toros, que en Cuba se habían prohibido. Raúl estaba especialmente impresionado y de buen humor; pretendía que tenía un capote y toreaba a los coches que circulaban por las avenidas.

Puesto que todos llegaban sin dinero, Fidel y sus hombres pasaban apuros con la logística de la vida de expatriados. Encontraron apartamentos compartidos baratos y aceptaban cualquier trabajo que encontraran. Calixto García empezó a laborar como masajista de un equipo de beisbol local a pesar de que no tenía ninguna experiencia. La mayoría se veían forzados a depender de la caridad ajena, de exiliados cubanos de buena posición o mexicanos compasivos. Aunque era casi un vagabundo, Fidel no perdía el tiempo y les doraba la píldora a posibles reclutas y a menudo los desconcertaba con su celo. Alberto Bayo, un veterano de la guerra civil española que había perdido un ojo en combate, recordaba que Fidel se sintió ofendido porque él no se comprometía a entrenar una fuerza guerrillera que casi no tenía soldados, armas o fondos; «¡Tú eres cubano y tienes la obligación absoluta de ayudarnos!», le decía gritando como un loco. Al viejo soldado, el grandioso plan de Fidel (regresar a Oriente en un desembarco anfibio secreto) le parecía incluso más disparatado que el chapucero ataque al Moncada. Lo rechazó de plano como «un juego de niños».

Los hermanos Castro seguían recibiendo una pequeña asignación de su padre (unos ochenta dólares al mes para Fidel y la mitad para Raúl), pero habrían llegado a pasar hambre de no ser por María Antonia González, una cubana de buena posición casada con un luchador mexicano. María Antonia se convirtió en el ángel guardián de los ociosos del M-26-7, ofreciéndoles su espacioso apartamento en la parte colonial como centro extraoficial de operaciones, una casa segura donde contaban con una cama y comida cuando más lo necesitaban.

Fue aquí, durante una cena en una fría noche de invierno, cuando Fidel conoció a un reservado argentino de veintisiete años llamado Ernesto Guevara de la Serna.

Gracias a la publicación póstuma de su diario (*Diarios de motocicleta*) y a la película protagonizada más tarde por Gael García Bernal, la audaz juventud del Che recorriendo América del Sur ha llegado a formar parte de la cultura popular. Como Fidel, dos años mayor, el Che se crio en un hogar acomodado (aunque en su caso se trataba de una familia antes aristocrática de la Argentina del interior, con vínculos con los intelectuales de izquierdas). Creció mucho más cerca de su madre, una mujer indulgente y de espíritu libre, que de su progenitor, más proclive a la melancolía. Como estudiante de Medicina en Buenos Aires, a Ernesto se lo consideraba un apuesto bicho raro, con excelentes dotes para los deportes a pesar de padecer un asma debilitante, y con un concepto un tanto dudoso de la higiene que le valió el apodo de Chancho. Siempre fue un alma inquieta. En 1952, después de graduarse, emprendió su viaje formativo recorriendo los Andes con su amigo Alberto Granado. Su periplo lo llevó hasta una colonia de leprosos en la Amazonia peruana, donde pasó una temporada en una experiencia que le abrió los ojos a las injusticias sociales que cundían por América Latina. Absorbió textos marxistas e hizo al año siguiente un segundo viaje que lo llevó a Guatemala, donde trabajó como médico para los pobres. Allí se enamoró de Hilda Gadea, una combativa izquierdista peruana con el perfil de una talla inca, pero se vieron forzados a huir de la represión que siguió al golpe de estado de 1954.

Cuando llegó a la Ciudad de México, Guevara tenía la atractiva apariencia ensimismada de un poeta y una voluntad de acero, aguzada por su incesante lucha con el asma. Se puso a trabajar en un hospital para complementar sus ingresos como fotoperiodista *freelance* de varias agencias de prensa argentinas. El Che pasaba su tiempo libre escribiendo poesía con ribetes políticos, a menudo sobre sus experiencias de situaciones desesperadas en las zonas rurales más remotas.

Raúl fue su primer amigo entre los exiliados cubanos. El menor de los Castro compartía con él sus ideas izquierdistas y lo llevaba a ver películas soviéticas y corridas de toros. También lo invitó con Hilda a cenar en la casa colonial de María Antonia, donde Fidel, como siempre, disertaba extensamente sobre política. Fue el comienzo, como suele decirse, de una hermosa amistad. Ernesto observó fascinado a Fidel hasta después de la comida, cuando decidió llevarlo aparte junto a una ventana. Iniciaron una intensa conversación que se prolongó por espacio de diez horas en un café cercano.

Fue una atracción de opuestos. El robusto Fidel, que seguía teniendo el físico de un campeón de básquetbol, locuaz hasta el extremo, contrastaba con el introvertido argentino, limitado por su insuficiencia respiratoria. Compartían, no obstante, la misma creencia sobre los problemas comunes de América Latina y la necesidad de la lucha armada para liberarla de sus cadenas históricas. Fidel interrogó a Ernesto sobre sus viajes y experiencia como testigo del golpe militar en Guatemala. Ernesto, por su parte, estaba hipnotizado por la confianza e intelecto de Fidel. Aunque no dejaba de cuestionar determinadas ideas políticas del cubano que para él eran imprecisas, en aquel momento se limitó simplemente a escribir: «Estamos totalmente de acuerdo». Ninguno de los dos se había despojado del todo de su trasfondo acomodado o de su forma de vestir. El Che seguía pareciendo un joven y exitoso médico, salido de la portada de una novela romántica, bien afeitado y de porte erguido, mientras que, según Hilda, Fidel podría haber pasado «por un turista burgués bien parecido». Pero cuando hablaba, añadía, sus ojos «se encendían de pasión». «Su encanto hipnótico procedía de una naturalidad y sencillez verdaderamente admirables», comentó más tarde.

Aquel mismo día Ernesto le preguntó a su prometida qué pensaba de los planes de Fidel de «invadir» Cuba. Hilda recuerda haberle dicho: «No cabe duda de que es una locura, pero hemos de apoyarlo». Él la abrazó y le dijo que ya había decidido acompañar al grupo como médico.

Aunque al principio los demás cubanos recelaban de llevar con ellos a un extranjero, pronto la mayoría se mostraron afectuosos con Ernesto y comenzaron a llamarlo cariñosamente «Che», que en jerga argentina equivale a «colega» o «compañero». Melba Hernández no estaba tan impresionada como los demás. Cuando se conocieron, el Che miró de arriba abajo su elegante vestimenta y joyas, y afirmó pomposamente que «una verdadera revolucionaria» no se vestiría de aquel modo. Los verdaderos revolucionarios se decoraban por dentro, no por fuera, opinó. Melba montó en cólera. ¿Cómo podía decirle eso a ella, que había sido testigo de las torturas del Moncada y pasado meses en la cárcel? Comenzó a insultar al Che tildándolo de pequeño burgués, inmaduro y teatrero; su prometido tuvo que sujetarla para impedir que se echara encima del argentino.

Las líneas generales de la insurrección se habían trazado en la cárcel. En la Ciudad de México, aquel bosquejo tenía que hacerse realidad.

El primer paso era escoger un lugar para desembarcar en Oriente. Para ello, Fidel envió a Pedro Miret, quien se encontró con algunos activistas clandestinos de Santiago. El segundo paso era juntar algo de dinero. Fidel reunió lo suficiente para hacer un viaje de siete semanas a Estados Unidos para recaudar fondos, donde una vez más pudo emular a José Martí al asaltar las abultadas carteras de los exiliados cubanos. No hubo ningún problema a la hora de concederle un visado estadounidense de turista, y a finales de octubre tomó el Silver Meteor con destino a la estación Pennsylvania de Nueva York para hacer una sesión de fotos con sus seguidores. El ataque al Moncada había dejado atónitos a los cubano-estadounidenses, de modo que el suyo fue un regreso triunfal al Monstruo del Norte. Fidel pronunció apasionados discursos ante las multitudes en distintos escenarios de Manhattan y repartió ejemplares de su discurso *La historia me absolverá*. En una trascendental reunión en el enorme salón de baile Palm Gardens, ochocientos patriotas cubanos hicieron fila para depositar dinero en un hondo sombrero de paja como los que en otro tiempo llevaban los mambises, antiguos combatientes por la independencia.

Fue en el Palm Gardens donde Fidel hizo una promesa que sacudió a todos los cubanos: «En 1956 seremos hombres libres o mártires». Manifestó abiertamente su intención de regresar a la isla con un grupo armado antes de finales de año; lo único secreto era la fecha y la ubicación exacta del desembarco. La audacia de todo aquello capturó la imaginación de los estudiantes cubanos, que comenzaron a pintar las siglas «M-26-7» por las calles. Fidel pasó también un día con Osvaldo Salas, un fotógrafo cubano afincado en Estados Unidos, haciéndose retratos promocionales en Central Park y otros lugares que su héroe, José Martí, había frecuentado en Manhattan. Roberto, el hijo adolescente de Salas, se involucró en la campaña y orquestó una hábil hazaña publicitaria al ascender a la Estatua de la Libertad con algunos de sus amigos y colgarle de la corona una bandera del M-26-7. Acto seguido, tomó algunas fotografías de Lady Liberty y las vendió a varios periódicos de Nueva York y a la revista *Life*.

También entró dinero de una fuente insospechada. El último presidente de Cuba electo democráticamente, el afable Carlos Prío, decidió vengarse de Batista desde su exilio en Miami Beach y destinó una parte de sus considerables recursos a financiar actividades de la oposición, lo cual incluía a Fidel. Venciendo su desprecio por el engreído millonario y antiguo enemigo, Fidel aceptó su generosidad. Según un agente de la CIA, llegó a viajar a la frontera de México con Estados Unidos y cruzó ilegalmente el río Bravo por la noche para recoger cincuenta mil dólares de Prío en la habitación de un hotel de Texas.

Ahora el M-26-7 tenía suficiente dinero para alquilar una docena de apartamentos en los alrededores de la Ciudad de México y dar a cada recluta una pequeña asignación de ochenta centavos al día. Estas casas de seguridad se gestionaban como residencias juveniles. Cada una de ellas tenía un comandante que imponía estrictas reglas: no se permitía la entrada de nadie fuera de sus círculos. Nadie podía salir solo. No se permitía el alcohol ni las llamadas telefónicas. Había un toque de queda a medianoche y una lista para distribuir los turnos de cocina y limpieza. Los hombres estaban obligados a una discreción total, para reducir riesgos en caso de captura. No podían intercambiar sus direcciones cuando se conocían, ni hablar de su trasfondo personal; ni que decir tiene que no se permitían las citas fuera del círculo formado por las pocas seguidoras del Movimiento.

En la primavera de 1956 Fidel tenía a sesenta hombres entrenándose, aprovechando el marco natural de la Ciudad de México. Como en un campamento urbano de acondicionamiento físico, los voluntarios daban largos paseos recorriendo las avenidas llenas de árboles o practicando el remo en el lago de Chapultepec. Las tardes las invertían formándose en «teoría militar» o «educación revolucionaria». Para familiarizarse con la vida al aire libre, realizaban travesías por los montes circundantes con mochilas cargadas de piedras. El Che se forzó a ascender los cinco mil quinientos metros del volcán Popocatépetl, luchando contra el asma a cada paso hasta llegar a la nevada cima. También llevó a cabo lo que para un argentino era un sacrificio singular: renunciar a su filete en el desayuno para acostumbrarse a la frugal dieta de guerrillero.

Naturalmente, todo esto era muy distinto del combate real en las selvas de Cuba; era como si un montañero moderno que pretende ascender el Everest quisiera entrenarse con ejercicio en la caminadora de un gimnasio. Alberto Bayo, el veterano que había perdido un ojo, sorprendido de que Fidel estuviera materializando sus disparatados sueños, accedió entonces a supervisar los entrenamientos militares en el rancho Santa Rosa, que alquiló a unos cuarenta kilómetros de la ciudad. Bayo convenció al anciano propietario de que compraría el rancho si primero le permitía rehabilitar sus casas; el dueño accedió a rebajar el alquiler de doscientos cuarenta a ocho dólares al mes durante el periodo de las obras, y los hombres de Fidel pasaron por «jornaleros salvadoreños». Ahora los entrenamientos se parecían un poco más a lo que era la vida del guerrillero, con dianas a las cinco de la mañana, raciones mínimas de comida y marchas durante toda la noche. Las prácticas de tiro se llevaban a cabo con los rifles que habían ido almacenando, muchos de ellos procedentes de excedentes del ejército de Estados Unidos. Al poco tiempo se alquiló otro rancho, situado a más de mil kilómetros al norte de la Ciudad de México, e instalaron algunas tiendas en una zona desértica llena de serpientes de cascabel. En su tiempo libre, los voluntarios se dedicaban principalmente a jugar al ajedrez; el Che demostró ser el único capaz de ganarle a Fidel.

A pesar de este régimen ascético, en la Ciudad de México no todo era revolución, si bien para los reclutas solteros la posibilidad de citas era cuando menos limitada. No se permitía que los hombres salieran solos, ni siquiera con compañeras de confianza (era un riesgo excesivo para la seguridad), aunque sí se permitía que dos parejas dentro del grupo salieran juntas. Incluso conseguían que, de cuando en cuando, el propio Fidel fuera medio engañado al centro de la ciudad. Los clubes nocturnos eran arriesgados. Cuando era estudiante, Fidel se había hecho famoso por ser quizá el único cubano que no sabía bailar (el Che Guevara era también notoriamente malo). Aun así, en un arranque de optimismo Raúl invitó a su hermano a pasar una noche en un club con dos atractivas jóvenes mexicanas del Movimiento, junto con Melba y su prometido. La única condición, insistió, era que no hablara de política. Aquella noche, tan pronto como los músicos comenzaron a tocar, todos se levantaron a bailar excepto Fidel y su acompañante. Cuando regresaron, les molestó encontrarlo perorando sobre la revolución como un orador en un estrado ante la mirada perdida de la joven. Raúl le dio un puntapié por debajo de la mesa y cambió rápidamente de tema, pero a los pocos minutos volvió a la política entre los resignados suspiros de los presentes.

Solo una mujer consiguió sacar a Fidel de su monomanía. Según la novelista Teresa Casuso, expatriada cubana, Fidel se enamoró de una de sus invitadas, una cubana de dieciocho años con una elevada formación, identificada apenas como «Lilia». Fidel visitaba a menudo la villa de Casuso para esconder armas y quedó inmediatamente cautivado por la sorprendente belleza, los conocimientos y la infrecuente franqueza de Lilia. Comenzaron a verse en secreto, y en un arranque de mojigatería él le pidió que cambiara su atrevido bikini francés, que en aquel momento estaba causando furor, por un traje de baño de una pieza. Tristemente, Fidel se centró tanto en la planificación de la invasión que tenía muy poco tiempo para verse con Lilia. Ella rompió el compromiso y volvió con su novio anterior. Fidel encajó el golpe y ocultó cualquier dolor que pudo haber sentido; fue a la villa de Casuso y le dijo a Lilia con altanería que se casara con su antiguo pretendiente. Que a él no le importaba, porque tenía también una «hermosa prometida»: la inminente revolución.

A PESAR DE todas sus precauciones, la justicia mexicana estaba acercándose mucho a los hombres del M-26-7. El 20 de junio, después de incautar un depósito de armas, la policía rodeó a Fidel en la calle; inmediatamente veinticinco rebeldes, entre ellos el Che, fueron capturados. Con claras pruebas de que el grupo fomentaba la revolución, el gobierno de Batista presionó a los mexicanos para que los extraditaran. Parecía que la descabellada empresa de Fidel estaba al borde del colapso.

Sorprendentemente, Raúl contrató a unos abogados mexicanos de izquierdas que consiguieron que se retiraran todas las acusaciones en el plazo de un mes, dejando solo al Che y a Calixto García tras las rejas. El Che instó a Fidel a que no malgastara el tiempo en su liberación, pero Fidel le dijo que ni hablar: «No te voy a abandonar». Con su característica agudeza, Guevara observó con admiración que Fidel parecía tener un inquebrantable vínculo personal con cada uno de sus hombres. Esto, por su parte, inspiraba una intensa lealtad y convertía el Movimiento en «un bloque indivisible».

AHORA HABÍA UNA creciente sensación de apremio, con el presagio de otra inminente redada de la policía. Algunos de los hombres sostenían que el plan de invasión debía aplazarse, pero Fidel insistía en que iba a cumplir su promesa de regresar a Cuba antes de fin de año, aunque todavía no tenía medio de transporte y había perdido muchas de sus armas. Frank País, un maestro de veintidós años y principal organizador del M-26-7 en Cuba oriental, llegó incluso a desplazarse hasta la Ciudad de México para suplicarle más tiempo: sus agentes no estaban listos para preparar los ataques de distracción. Fidel no quiso escuchar. Había hecho un solemne juramento. Pasó su treinta cumpleaños en agosto sin ninguna celebración y poco después recibió la noticia de la muerte de su padre a los ochenta años. No mostró ninguna emoción; no podía permitir que cuestiones de tipo personal como el luto detuvieran su programa revolucionario.

Tenía ahora unos ciento veinte hombres a su disposición en distintos estados de formación. A diferencia del grupo del Moncada, bastante heterogéneo desde un punto de vista social, este estaba formado en su mayoría por jóvenes de entre veinte y poco más de treinta años que eran principalmente profesionales con una buena formación.

La búsqueda de una embarcación adecuada era ahora frenética. Rebuscando en los catálogos de armas que circulaban en el mercado clandestino mexicano, Fidel encontró una lancha torpedera excedente de la armada estadounidense que un empresario de Delaware vendía por veinte mil dólares. Dichas naves, rápidas y ágiles, equipadas con torpedos y un cañón, habían desempeñado un brillante papel en la guerra del Pacífico (el joven John F. Kennedy había capitaneado una) y aquella parecía perfecta para surcar las aguas caribeñas. Fidel envió a Estados Unidos a un confiable traficante mexicano de armas conocido como el Cuate («amigo» en jerga mexicana) para que llevara un anticipo del cincuenta por ciento. Pero la operación se torció cuando, sospechando algo turbio, el Departamento de Estado retrasó el permiso de exportación. (Para rabia de Fidel, el propietario de la patrullera no les devolvió el depósito). El plan B era comprar por trece mil dólares un hidroavión Catalina, capaz de trasladar al ejército rebelde a Oriente en pocas horas. Esta vez, Fidel abandonó la idea cuando supo que solo podía llevar a veintisiete hombres en cada viaje.

La elección final no se planeó. Durante un viaje para realizar prácticas de tiro cerca del golfo de México, el Cuate llevó a Fidel al puerto fluvial de Tuxpan para que viera una vieja embarcación que él quería comprar y reparar para uso propio. Allí, en dique seco, fuera de la cenagosa ribera, había una embarcación de recreo de 13,25 metros de eslora llamada *Granma*. Castro la miró y dijo: «En ese barco me voy a Cuba». Al principio el mexicano pensó que bromeaba: aquella pequeña nave había sido construida para albergar a dos docenas de pasajeros y pedía a gritos reparaciones estructurales. Tres años atrás se había hundido en el río durante un huracán y desde entonces estaba anegada, pero Fidel estaba convencido. «A Fidel uno no puede decirle que no», diría años más tarde el Cuate encogiéndose de hombros.

El propietario, un dentista estadounidense retirado que vivía en la Ciudad de México, se avino a vender el *Granma* (lo había llamado así por su abuela) por veinte mil dólares.

Las reparaciones comenzaron de inmediato. Pero a mediados de noviembre, cuando el *Granma* apenas era apto para la navegación, los acontecimientos se precipitaron y obligaron a adelantar la fecha de la operación.

En primer lugar, la policía mexicana arrestó al experto en balística Pedro Miret y confiscó otra partida de armas en casa de María Antonia. Después, el 21 de noviembre, Fidel supo que dos reclutas habían desaparecido y se estaban convirtiendo en informantes potenciales; no había tiempo que perder y decidió que saldrían la noche del 25. Se mandaron telegramas codificados a Cuba confirmando la fecha de partida. Los agentes locales de Frank País tendrían que apresurarse para llevar a cabo sus ataques de distracción de modo que coincidieran con su llegada, que, utilizando tablas náuticas, Fidel había calculado para cinco días más tarde. Para bien o para mal, la grandiosa aventura estaba a punto de comenzar.

EL SÁBADO 24 de noviembre, el Che besó a Hildita, su hija recién nacida, a la que llamaban Pequeña Mao por el parecido de sus mejillas gordezuelas con los rasgos del presidente chino, y se despidió de Hilda como si se marchara al habitual entrenamiento del fin de semana. Aunque ella sentía que estaba anormalmente serio, no tenía ni idea de que su marido estuviera a punto de desaparecer. Sí le escribió una última carta a su madre en Buenos Aires, con quien seguía teniendo una relación muy estrecha: «Para evitar patetismos *pre mortem*, esta carta saldrá cuando las papas quemen de verdad, y entonces sabrás que tu hijo, en un soleado país americano, se puteará a sí mismo por no haber estudiado algo de cirugía para ayudar a un herido».

Entretanto, en la ciudad de Tuxpan, Fidel escribía su última voluntad sentado en un automóvil. Declaró que en el caso de su muerte deseaba que Fidelito fuera librado de la corrosiva influencia de la familia de Mirta, partidaria de Batista, para que el muchacho no fuera «educado en las detestables ideas contra las que estoy luchando ahora». Fidel había conseguido convencer a su esposa para que permitiera que Fidelito lo visitara en la Ciudad de México acompañado de sus hermanas, Lidia y Emma. Como cabía esperar, después se negó a dejar que volviera a casa con su madre. (Mirta, que estaba muy bien relacionada, tenía otros planes; poco después de esto, tres hombres armados detuvieron a plena luz del día el automóvil que llevaba a las hermanas, secuestraron a Fidelito y lo llevaron de vuelta a La Habana. Solo podemos especular cómo afectaron a la psique del pequeño estas salvajes tensiones por su custodia).

Llovía a cántaros cuando, tras el crepúsculo, los voluntarios iban llegando en coche y autobús al soñoliento puerto de Tuxpan. El río estaba desierto: había una advertencia de tormenta y la guardia costera mexicana había cerrado el tráfico oceánico. Grupos de cubanos empapados iban andando en silencio por calles secundarias y se dirigían en botes de remos hasta el punto de reunión. Entrada la noche, unos ciento treinta hombres vestidos todavía de civil se habían reunido en un resbaladizo terreno cerca de donde estaba atracado el *Granma*. Antiguos amigos que llevaban meses sin verse se abrazaban en silencio. Muchos se sorprendieron de las modestas dimensiones de la embarcación; Melba Hernández, que había llegado para ayudar en cuestiones de logística, le dijo a Fidel que solo podría acomodar en ella a una docena de hombres. Universo Sánchez, que había trabajado como guardaespaldas de Fidel, daba por sentado que el *Granma* era un bote para llevarlos a una embarcación más grande, fondeada en otro lugar.

—¿Cuándo llegaremos al barco de verdad? —preguntó.

Enfundado en un impermeable negro, Fidel supervisaba la carga de armas, uniformes y provisiones: esencialmente barritas de chocolate Hershey's, fruta fresca y piezas de jamón deshuesado. Cuando después de medianoche dio luz verde para embarcar, hubo un repentino apresuramiento, como en el juego de las sillas. Solo ochenta y dos hombres consiguieron subir a bordo, en una maraña de brazos y piernas; otros cincuenta, más o menos, quedaron desolados en la ribera.

Hacia las dos de la mañana, cuando el sobrecargado *Granma* salía perezosamente del muelle, la lluvia comenzó a caer con más fuerza. A bordo todos estaban en silencio; se movían despacio, con las luces apagadas, al ritmo de un solo motor al ralentí para no ser detectados. En la orilla quedó otro grupo, que miraba al *Granma* desaparecer en la oscuridad. Fidel y sus apretujados compañeros estaban ahora fuera de contacto, con dos mil kilómetros de mar abierto por delante.

CAPÍTULO 7

Esperando a Fidel

(Finales de noviembre–5 de diciembre de 1956)

Cinco días más tarde, el viernes 30 de noviembre, dos agentes del M-26-7 se sentaron bajo la luz de la luna en una planta de hielo abandonada sobre la playa Las Coloradas, en el extremo oriental de Cuba, escrutando el horizonte con creciente ansiedad. Lalo Vásquez y Manuel Fajardo esperaban la llegada del *Granma* a la playa bastante antes del amanecer, para repartir a Fidel y sus ochenta y un hombres en cinco vehículos y llevarlos a unos cincuenta kilómetros de distancia, a los laberintos de la Sierra Maestra. Casi con precisión suiza, se había planeado el inicio de ataques de distracción hacia las siete de la mañana en varios emplazamientos militares de Oriente, utilizando los pocos hombres y armas que habían podido reunir. Pero las horas transcurrían sin señales de Fidel. La oscuridad fue dando paso a los majestuosos azules del cielo invernal y el Caribe destellante; ahora las patrullas costeras navales y aéreas podrían detectar fácilmente la llegada de cualquier embarcación, aunque no había aún nada que divisar aparte de las suaves olas que lamían rítmicamente la blanca arena de la playa y algunos botes de pesca que regresaban con el traqueteo de sus motores y las capturas de la noche.

En la Cuba de los cincuenta la tecnología de comunicaciones estaba más cerca del siglo XIX que de nuestro tiempo. Había pocos teléfonos en las zonas rurales (y era muy fácil intervenirlos); los servicios postales eran erráticos; muchos mensajes locales seguían llevándose a mano. Los medios de comunicación internacionales más rápidos eran los telegramas o los teletipos, y los usaban principalmente las empresas y los periodistas. El último mensaje de Fidel había sido el telegrama codificado del 25 de noviembre, enviado desde la Ciudad de México a Frank País en Santiago («OBRA PEDIDA AGOTADA», firmado por «Editorial Divulgación»), que anunciaba la inminente salida del *Granma*. Otro mensaje había llegado a la centralita de un hotel de La Habana para poner sobre aviso a los seguidores de la capital: «HACER RESERVACIÓN». (Los historiadores cubanos han descubierto que la compañera recepcionista entregó la nota a un agente al que la policía secreta seguía; aunque lo detuvieron, como Maxwell Smart, consiguió comerse el telegrama antes de su captura y fue puesto en libertad). La frustración se extendería pronto por la línea costera, donde una pequeña red de agricultores que simpatizaban con el Movimiento esperaba a «los que vienen», como se los llamaba. Pequeños grupos de milicianos se habían reunido en lugares clave para prestarles apoyo. Algunos campesinos de la Sierra Maestra estaban dispuestos a abrir sus graneros para esconder al esperado grupo o permitirles que acamparan en sus pastos y cafetales.

Nadie estaba más agitado que Celia Sánchez, quien se movía nerviosa por una granja situada en las colinas, fumando sin parar y tomando una taza tras otra de café dulce. Celia, una mujer menuda de treinta y seis años con el pelo negro recogido en una cola de caballo, coordinaba la delgada red de fuerzas desplegadas para recibir al grupo de asalto. Aunque no conocía personalmente a Fidel, había trabajado casi sin parar durante varios meses para apoyar su llegada. Conocía a la perfección aquella costa desierta y se había ofrecido para volar a México y navegar en el *Granma* como guía: la idea fue rechazada en parte porque habría sido la única mujer a bordo.

Eran más de las siete de la mañana y Celia sabía que cruzaban el punto de no retorno, con el inicio de los arriesgados ataques a puestos de policía y cuarteles militares. El plan estaba en marcha; no podía contactar con nadie para que se detuviera. Pero si el *Granma* se retrasaba, aquel sacrificio no tendría sentido y sería incluso contraproducente. Batista había esperado mucho tiempo el desembarco; el ejército estaría ahora en máxima alerta, poniendo en peligro a todos los implicados. Celia no estaba habituada a sentirse tan impotente. Lo único que podía hacer era ir de un lado a otro de la granja y encender otro cigarrillo.

Aunque fuera de Cuba Fidel y el Che se convertirían en la imagen de la guerrilla, dentro de la isla Celia Sánchez devendría un personaje de igual importancia, la venerada tercera figura de la trinidad revolucionaria. Era un torbellino de energía impulsado por la nicotina, una brillante organizadora con una vida de experiencia en Oriente que impregnó la revolución y la mantuvo viva. Sobre el terreno contaba con el apoyo de otros dos personajes épicos, como salidos de una novela de García Márquez: el encantador y educado Frank País, y Crescencio Pérez, el entrecano patriarca de la Sierra Maestra. Sin ellos, todo el proyecto de Fidel se habría quedado en nada.

Las subversivas credenciales de Celia eran un singular producto de la década de 1950, cuando muchas zonas rurales cubanas se iban al garete al ritmo lánguido del viejo mundo. Como cuenta Nancy Stout en la única biografía completa de Sánchez, *One Day in December: Celia Sánchez and the Cuban Revolution*

(*Un día de diciembre: Celia Sánchez y la revolución cubana*), era hija de un médico de izquierdas que había dejado una lucrativa carrera en La Habana para vivir entre los jornaleros rurales de la tórrida y provinciana localidad de Pilón. Tras la muerte de su madre cuando ella contaba solamente seis años, la relación con su padre se hizo tremendamente estrecha. A los veinte, Celia se ocupaba de todos los detalles de la vida de su progenitor: programaba las citas en la clínica, el mejor momento para su siesta de la tarde y los detalles de sus vacaciones.

Al mismo tiempo, tenía una vena rebelde y muchos de sus maestros la consideraban una hombruna incontrolable que prefería pescar y cazar antes que leer. A pesar de su evidente inteligencia, Celia se negó a perseguir el diploma de la preparatoria (como hacían sus cuatro hermanas) o a asistir a la universidad; prefería quedarse en Pilón y ayudar a su padre. Era una jardinera obsesiva y le llevaba orquídeas al doctor Sánchez; él, a su vez, le enseñaba literatura y le presentaba artistas. Una de sus amistades describiría la devoción paterna de Celia como una «pasión» cuya intensidad acabó transfiriendo en su día a Fidel.

Durante años Celia canalizó sus capacidades organizativas en hacer buenas obras en su entorno inmediato: cenas para la iglesia, bailes y una fiesta benéfica la noche de Año Nuevo: se realizaba un sorteo para recaudar fondos y comprar mil juguetes para los niños pobres del campo, envueltos y entregados de forma individual y en persona por sus amigos. Celia conocía el Oriente más recóndito porque solía ir de vacaciones a las tres granjas que su familia tenía en la zona. Después de trabajar como enfermera en la clínica de su padre, realizaba también visitas domiciliarias a los enfermos, y si era necesario prescribía medicamentos gratuitos que suministraban las farmacias de sus tíos. Esto significaba que conocía personalmente a casi todas las familias de la zona, desde los pueblos costeros hasta las aisladas aldeas de la sierra; la gente, por su parte, hablaba de ella con cariño y la llamaban «la hija del médico». Pronto estos entrañables vínculos (y la furiosa energía contenida de Celia) se redirigirían a una causa más elevada.

COMO MUCHOS DE sus compatriotas, Celia entró en política en 1952 a raíz del golpe de Batista, un periodo en el que la gente del campo la veía como una solterona de treinta y dos años. No mucho después se unió a su padre en una acción de protesta indirecta en la que intelectuales locales llevaron con mucho esfuerzo un busto de José Martí a la cima de la montaña más alta de Cuba, el pico Turquino, en la Sierra Maestra. Los militares quedaron confundidos por este extraño gesto de disidencia, que parecía más bien una *performance* artística.

Tras el asalto al Moncada, la indignación de Celia hacia Batista se hizo más tangible. En 1955, poco después de la puesta en libertad de Fidel, viajó a La Habana para ofrecer sus servicios al nuevo Movimiento, pero Fidel la hizo esperar demasiado en su oficina y finalmente se marchó, molesta. Algunos representantes del M-26-7 pronto se dieron cuenta de su valor, la buscaron en Manzanillo y la reclutaron.

Por entonces, en muchos hogares de todo Oriente, particularmente en la ciudad de Santiago, se gestaba una resistencia en la que las mujeres iban a implicarse en todos los niveles. Pronto empezaron a usar viejas botellas de refresco para fabricar bombas molotov, que luego cargaban y transportaban de forma fácil y segura en rejas de Coca-Cola. Escondían municiones en cochecitos de bebé o debajo de los vestidos (en las voluminosas enaguas de la época podían ocultarse fácilmente una docena de granadas) y llevaban correspondencia secreta en los brasieres. Pero incluso dentro del radical ámbito clandestino, Celia siempre cuidaba su apariencia: nunca salía sin llevar ropa moderna, perfilarse las cejas y maquillarse a la perfección.

El momento decisivo en su vida llegó a principios de 1956, cuando se le pidió que organizara un recorrido en barco para cuatro jóvenes revolucionarios, entre ellos Pedro Miret (el confidente de Fidel en México) y Frank País, que buscaban un buen lugar para el desembarco de Fidel y sus hombres. Pasaban perfectamente por un grupo de jóvenes veraneantes que recorrían la costa, deteniéndose aquí y allá para admirar las playas y acantilados desiertos, bordeados por selva tropical.

Celia recomendó un lugar al pie de la sierra, donde los hombres podían descender en un pequeño embarcadero y ser llevados directamente a los montes en camionetas. Su idea no fue aceptada. Fidel y Miret optaron por la playa Las Coloradas, una zona costera menos poblada y más accesible desde México; el inconveniente era que tendrían que cruzar largos tramos de laderas desprotegidas antes de llegar a una zona segura. Aun así, se hizo evidente para los dirigentes del M-26-7 que Celia conocía Oriente como la palma de su mano y le asignaron la crucial tarea de conducir a Fidel y a su expedición desde el lugar del desembarco hasta la sierra.

Durante los once meses siguientes Celia (cuyo nombre en clave era ahora Norma) se puso manos a la obra. Con un *jeep* y una lancha motora que le proporcionó el M-26-7, usó sus actos sociales preferidos (pícnics en zonas de baño, sesiones de pesca nocturna, partidos de beisbol en explanadas locales) para reclutar una red clandestina de colaboradores. Consiguió apoyos de enorme valor. Algunas familias pobres cuyos hijos habían recibido regalos de Año Nuevo se ofrecieron a supervisar el tráfico militar. Camioneros que habían sido pacientes de su padre ofrecieron sus vehículos para transportar a los guerrilleros. Amigos que trabajaban en hospitales conseguían material sanitario y algunos propietarios de tiendas donaban alimentos enlatados, que luego se ocultaban en cuevas y cisternas. Para recaudar fondos, llegó incluso a vender «bonos del 26 de julio», unos certificados escritos a mano (aunque la mayoría de las personas que los compraban los quemaban; consideraban que eran documentos demasiado peligrosos). Encontró muchos voluntarios entre los agricultores necesitados, que consideraban al ejército cubano como una fuerza enemiga de ocupación. Se dedicó de forma especial a visitar a las mujeres que habían sido violadas por los soldados de Batista, para que recibieran asistencia médica en la clínica de su padre.

Como «hija del médico», tenía una fachada perfecta. En la alta sociedad de Oriente a nadie se le ocurriría imaginar que su excéntrica y pulcra amiga era una rebelde clandestina. Sin embargo, durante 1956 el SIM comenzó a sospechar. Como otros revolucionarios de buena posición, Celia había comprado un boleto de avión con fecha abierta para salir del país, preparándose para cuando la policía secreta comenzara a investigar.

En Cuba se recuerda a Frank País, jefe de Celia en Santiago, como un joven con apariencia de actor: chaqueta blanca de lino, corbata estrecha y una blanca sonrisa, como la de Sinatra. Causaba una profunda impresión en todos los que lo conocían; a menudo se le describe como un «ser humano superior», con aire de otro mundo. Algunos historiadores han desarrollado incluso una extraña fascinación por él y hablan, por ejemplo, de la gran belleza de su boca, «amplia, llena y sensual». Uno de los primos de Celia lo definía con una sola palabra: «divino».

Era la joven promesa de la revolución cubana. Se hizo activista cuando estudiaba en la Escuela Normal para Maestros de Oriente en Santiago y demostró ser tan capaz que cuando

solo tenía veinte años lo pusieron al mando de todas las operaciones del M-26-7 en la región, situándolo al mismo nivel que
Fidel en la jerarquía del Movimiento. Se inspiró directamente
en el espíritu de la resistencia francesa, estudiando sus tácticas
clandestinas en distintas memorias. (Una de sus reglas era, por
ejemplo, que cualquier información solo podía compartirse con
un máximo de cinco personas). A pesar de su posición, Frank
seguía viviendo con su madre y dos hermanos en un humilde
barrio de Santiago; solía recibir a los militantes en su pequeño
dormitorio, donde tocaba el piano o ponía discos de *jazz* para
atenuar la intensidad de las conversaciones, que alguna vecina
podría escuchar casualmente mientras tendía la ropa lavada en
la cerca del patio trasero. El suyo era el cargo más peligroso de
Oriente, y tras las protestas callejeras tenía que ir escondiéndose en las casas seguras. Pero también le gustaba ocultarse a
pleno día: con fondos del M-26-7 compró un Dodge de un rojo
chillón que sus amigos llamaban la Amenaza Roja y que conducía a toda velocidad por la ciudad, como un *playboy*.

Aunque parecía una persona despreocupada, podía ser implacable cuando era necesario. Es casi seguro que participó
personalmente en el asesinato de varios delatores y de dos reclutas que desertaron y vendieron sus armas. En abril de 1956,
cuando un grupo de oficiales del ejército atravesó con sus vehículos una manifestación estudiantil y comenzaron a disparar
de forma aleatoria dando muerte a dos manifestantes, País y
algunos amigos robaron unos coches y siguieron a los militares
en busca de venganza. Mataron a tiros a tres soldados.

A FINALES DE 1956, la promesa de que Fidel regresaría a Cuba
antes de acabar el año provocó una serie de rumores. Algunos
decían que entrenaba a miles de guerrilleros en varios campa-

mentos centroamericanos. Otros juraban que había llegado ya, saltando en paracaídas sobre la sierra, y que el presidente Prío le había conseguido aviones y tanques. Todo esto alimentaba una sensación general de tensión. Oficialmente, Batista seguía inalterable en sus rondas de cenas diplomáticas y ceremonias de inauguración de casinos en La Habana. Pero, entre bastidores, los agentes del SIM trabajaban intensamente para descubrir si Castro estaba cumpliendo su juramento.

Frank sabía que en Santiago el Movimiento no estaba preparado para llevar a cabo ataques de distracción a la escala que quería Fidel; apenas contaba con veintiocho hombres mal armados y con poca formación de combate. Aun así, cuando a finales de noviembre llegó el telegrama cifrado desde la Ciudad de México, contactó entusiasmado a Celia. Durante meses la relación de ambos, dice la biógrafa Nancy Stout, había parecido «un compromiso secreto con un prometido distante». Los dos vivían aislados, bajo intensa presión, y solo con sus colaboradores más estrechos compartían las noticias de la inminente llegada de Fidel. Ahora, finalmente, los meses de planificación habían concluido.

La noche previa al esperado desembarco, Celia organizó una ruidosa cena en el campo en la que presentó como invitados a una serie de partidarios del M-26-7. Después de medianoche se dirigió sigilosamente a casa de Crescencio Pérez, tercer dirigente organizador del Movimiento y «padrino de la sierra». Aquel hombre de sesenta y un años, calvo, corpulento, de espesa barba blanca, gruesos anteojos y penetrantes ojos azules, era su fichaje más polémico. Como salido directamente del periodo feudal español, afirmaba haber engendrado más de ochenta hijos, de los que se ocupaba económicamente. En su juventud había tenido una desagradable reputación como agente de las compañías azucareras, pero para Celia aquello era agua pasada; lo más importante ahora era su extraordinario peso dentro de la sociedad de la sierra más profunda. Contaba con la lealtad de muchísimos amigos y parientes, y detestaba amargamente a Batista y a sus esbirros de la Guardia Rural. Celia lo reclutó para avisar a sus colaboradores de las zonas rurales (ninguno de ellos tenía teléfono) de la inminente llegada del *Granma*.

Cuando abrió la puerta, Celia lo miró y le dijo simplemente «Fidel está en camino». Él desapareció y regresó poco después con un atuendo no precisamente discreto: una vistosa guayabera blanca, sombrero de fieltro de ala ancha y zapatos de charol, con un colgante en el cuello y una cartuchera con revólver al cinto, como el bandido de una antigua película del Zorro.

—¿Adónde crees que vas vestido de este modo? —le preguntó Celia con aire perplejo.

Crescencio le explicó con paciencia que vestido de aquel modo podría convencer a cualquier agente de policía más curioso de lo normal de que estaba recorriendo la sierra para invitar a una boda a los miembros de su familia. A continuación partió a caballo para extender la noticia de la inminente llegada de Fidel, un viaje que los historiadores han comparado con el de Paul Revere, el patriota estadounidense que desempeñó un importante papel como mensajero en las batallas de Lexington y Concord durante la guerra de Independencia.

Aquel mismo día, Frank había estado recorriendo Santiago en la Amenaza Roja con el maletero repleto de armas para sus pocos y mal preparados hombres. En un determinado momento, un joven que lo acompañaba miró atrás y descubrió, petrificado, que la puerta del maletero se había abierto. Frank detuvo el auto frente a una lavandería y fue tranquilamente a cerrarla, sonriendo con simpatía a los clientes que miraban aquel arsenal con ojos como platos. Antes de la aurora reunió a su destacamento en una casa abandonada para que se pusieran sus uniformes verde oliva con brazales rojos y negros del M-26-7. Frank era meticuloso con respecto a la vestimenta: estaba convencido de que nadie se tomaría en serio al Movimiento si sus miembros no se vestían de forma adecuada. Por ello había pedido a un sastre de confianza que diseñara los uniformes y los confeccionó con la ayuda de costureras voluntarias. Asumiendo que Fidel había desembarcado según lo previsto, los rebeldes urbanos se pusieron en camino para atacar a las siete de la mañana.

Teniendo en cuenta que eran tan pocos, la gente de Frank consiguió, sorprendentemente, crear una gran confusión. Uno de los grupos atacó las oficinas de aduanas de Santiago con ráfagas de ametralladora y arrojando bombas molotov por las ventanas. Otro piquete rodeó el destacamento de la Policía Nacional; cuando los agentes se rindieron, los atacantes liberaron a los prisioneros e incendiaron el edificio. Se cortaron las líneas eléctricas y telefónicas de la zona adyacente al lugar donde Fidel desembarcaría. A lo largo de aquel día murieron ocho agentes de policía y los rebeldes perdieron a tres de sus hombres. Pero cuando finalmente Frank y Celia consiguieron comunicarse aquella tarde, quedaron estupefactos: ninguno de los dos tenía noticias del *Granma*. Para entonces había comenzado la reacción de las fuerzas armadas. En Santiago, nueve miembros del Movimiento fueron descubiertos y ejecutados. Los elementos del SIM detuvieron a cientos de opositores por toda Cuba. Batista suspendió las garantías constitucionales anticipando más violencia.

Había esperanzas de que el *Granma* llegara aquella noche, pero no tenían ninguna señal de ello. Al día siguiente, 1 de diciembre, todavía en la granja de Crescencio, Celia tuvo que tomar una angustiosa decisión. No podía dejar permanentemente sus camiones de apoyo en la playa porque las patrullas militares acabarían capturándolos. Con reticencia dio la orden de que todos regresaran a sus casas. Si el *Granma* conseguía llegar a la costa, Fidel y sus hombres tendrían que arreglárselas solos.

CAPÍTULO 8

La travesía del *Granma*

(25 de noviembre–5 de diciembre)

SIN QUE LO supieran los cuadros del M-26-7, el *Granma* seguía avanzando tercamente a través del mar Caribe, a varios kilómetros de su destino y con sus ochenta y dos pasajeros en pésimas condiciones. Gracias a una mezcla de falta de experiencia y mala suerte, la expedición de Fidel había acabado produciendo escenas de dramática desgracia desde el momento en que dejaron México, seis noches antes.

La moral estaba alta cuando la nave abandonó el embarcadero para adentrarse pesadamente en el oscuro río, con los ochenta y dos hombres en cuclillas y amontonados en silencio, escuchando el repiquetear de la lluvia sobre la cubierta superior. Tras dejar el puerto atrás, una hora después, rompieron a cantar espontáneamente el himno nacional cubano. Pero la euforia se evaporó tan pronto salieron a mar abierto. Las enormes olas provocadas por el temporal tropical que cruzaba el golfo chocaban contra la proa, y a su merced, el sobrecargado navío se mecía de lado a lado. Las náuseas pronto se apoderaron de toda la tripulación. El Che se puso a buscar desesperadamente las pastillas para combatir el mareo, pero por algún motivo no se encontraban entre el equipaje.

En la épica película biográfica *Che*, de Steven Soderbergh, Guevara y sus compañeros aparecen oteando el horizonte estoicamente desde la tranquila cubierta del *Granma*. Nada más lejos de la realidad: «Y después el barco entero presentaba un aspecto ridículamente trágico», escribió el Che más adelante; «hombres con la angustia reflejada en el rostro, agarrándose el estómago. Unos con la cabeza metida dentro de un cubo y otros tumbados en las más extrañas posiciones, inmóviles y con las ropas sucias por el vómito». Pocos en la tripulación habían estado antes en el mar. Solo el Che, Fidel, Faustino Pérez (un médico de treinta y cinco años convertido en revolucionario) y tres marineros experimentados escaparon a los efectos del horrible vaivén.

Lo que todavía fue más desastroso, el *Granma* empezó a hacer agua. Los hombres, aterrorizados y mareados, intentaron utilizar las bombas de sentina, pero el agua subió todavía más rápidamente y cubrió los tablones del piso de la cámara. Fidel, vestido como un noble español del siglo XVIII con su capa negra impermeable, se puso a pasar baldes para achicar el agua bajo la inclemente lluvia. En el pandemónium, a algunos les pareció que el barco iba a hundirse y empezaron a tirar objetos pesados por la borda. Unos cuantos sugirieron abandonarlo y volver nadando a la costa; una propuesta suicida, dado lo revuelto del oleaje. Por suerte, en el último momento alguien cayó en la cuenta de que las bombas de sentina estaban bombeando el agua hacia adentro y no hacia afuera. Tampoco era de ayuda que hubiera un grifo abierto en el baño. Pronto las planchas de madera de la cámara interior volvieron a ser visibles.

Los más supersticiosos lo atribuyeron a una intervención divina: «El *Granma* era invencible», recuerda Faustino, reverente.

«Otras fuerzas que iban más allá de lo físico habían hecho que resistiera a la tormenta y dirigían al barco a su destino».

Por desgracia, a la mano providencial no parecía importarle demasiado la agenda de los revolucionarios. El mar revuelto retrasaba el avance del *Granma* y este consumía combustible a un ritmo alarmante. La tormenta siguió encarnizándose con ellos durante dos días, haciendo que el viaje pasara de simplemente desventurado a directamente infernal. Bajo la cubierta, los hombres se sentían incluso más mareados por la penetrante pestilencia de la gasolina. Quedaba poca agua potable. Descubrieron que, durante el pánico inicial, se había tirado gran parte de la comida enlatada, que ahora se hallaba en el fondo del golfo. Los más atrevidos intentaron beber leche condensada o comer naranjas y chocolates con resultados lamentables. Algunos probaron las pastillas de vitaminas que Fidel había comprado como suplemento dietético experimental, y que se anunciaban en México como «equivalentes al valor nutricional de la carne de pollo o de res».

Para cuando llegó el tercer día, las olas empezaron a calmarse y la tripulación se sentía más animada. Al día siguiente entraron en el mar Caribe y se acercaron a la costa de la parte occidental de Cuba, pero permanecieron a trescientos catorce kilómetros de la línea de costa para evitar a las patrullas marítimas. Cada vez que avistaban un barco o un avión en el horizonte, los hombres iban en desbandada a esconderse bajo la cubierta. Los expedicionarios hacían bien en estar paranoicos. Varios días antes, la policía secreta mexicana había alertado a sus homólogos cubanos de la partida del *Granma* y se enviaron órdenes de búsqueda para un yate de 13,25 metros de eslora, pintado de color blanco y de nombre desconocido.

Una de las muchas y curiosas decisiones de última hora al preparar la carga del *Granma* fue salir de México sin un transmisor de radio. Cuando Fidel calculó el tiempo del viaje, no tuvo en cuenta la tormenta ni la indolente velocidad a la que se desplazaría el sobrecargado yate. Ahora, a medida que se acercaba la fecha del encuentro, Fidel no tenía ningún modo de comunicar el retraso a los simpatizantes del M-26-7 que los esperaban en la costa. El 30 de noviembre él y sus hombres solo pudieron escuchar, impotentes, los noticieros cubanos en el radio de transistores a medida que la oleada de sabotajes y tiroteos de Frank se producía según lo planeado.

—¡Ojalá pudiera volar! —gritaba Fidel, angustiado.

Las últimas gotas de agua dulce ya se habían acabado junto con la comida; la deshidratación y el hambre eran ahora los tormentos principales. Para distraerse, algunos tiraban latas vacías al mar para dispararles y practicar su puntería.

Finalmente, Fidel reunió a sus ojerosos compañeros en la cubierta y les anunció que llegarían a tierra firme al día siguiente. Hasta entonces, siguiendo un «protocolo clandestino», solo se había comunicado a unos pocos líderes cuál sería su destino exacto: playa Las Coloradas. Los hombres recibieron sus uniformes, mochilas y equipos, incluidas unas botas de piel nuevas (a pesar de que caminar con un calzado sin ablandarlo antes era un error que cualquier *boy scout* hubiera sabido evitar). Después lanzaron por la borda su ropa de civil manchada de bilis, junto con cualquier otra cosa «innecesaria para la vida guerrillera». Los cepillos de dientes y las navajas de afeitar ya habían quedado atrás, en México.

El combustible estaba en niveles peligrosamente bajos cuando, en algún momento pasada la medianoche, vislumbraron en el horizonte el faro parpadeante de Cabo Cruz. El lugar de desembarco estaba cerca. Pero a pesar del entusiasmo de los hombres, su racha de mala suerte no parecía haber terminado. Como en una escena de una película del Gordo y el Flaco, Ro-

berto Roque, uno de los marineros avezados y exoficial de la
marina, se apoyó en una antena de radio para intentar escrutar
la línea de costa, perdió el equilibrio y cayó por la borda. Se
desató el caos. Fidel ordenó al capitán que se pusiera a dar vueltas, adelante y atrás, en la oscuridad. Encendieron el reflector
por primera vez en todo el viaje. Los hombres escudriñaban las
negras aguas. En aquella lluviosa noche sin estrellas, las posibilidades que tenía Roque de sobrevivir eran casi nulas.

Justo cuando estaban a punto de rendirse oyeron un distante
grito de «¡Aquí!». El piloto hizo que la embarcación diera media
vuelta y Roque, medio congelado, fue rescatado de las olas entre
clamorosos vítores. (Este fue uno de los primeros indicadores
de la obsesión de Fidel por asegurarse de que cada hombre que
estaba solo estuviera a salvo, incluso a pesar de correr un riesgo
todavía mayor; esto, a su vez, inspiró una lealtad que rozaba el
fanatismo). Fue un milagro, pero también habían perdido un
tiempo muy valioso (una hora entera) y estaban a punto de quedarse sin combustible. Alrededor de las cuatro de la mañana
del domingo 2 de diciembre, el piloto le dijo a Fidel que solo
les quedaban unos pocos minutos antes de que se apagara el
motor. El momento crucial había llegado. Tenían que atracar en
algún lugar, cualquiera, antes del amanecer.

—¿Eso es territorio cubano, seguro? —preguntó Fidel al piloto mientras oteaba la oscura costa—. ¿Estás completamente
seguro de que no estamos en Jamaica o en algún otro cayo?

En cuanto quedó convencido del todo, le dijo al piloto que
pusiera los motores a toda potencia y que se dirigiera derecho a
la costa; iban a llegar «donde sea que podamos».

La emoción se adueñó de todos. Tras el angustioso trayecto,
el momento de la verdad se acercaba.

Hubo una terrible sacudida. El *Granma* se detuvo zarandeán-
dose en mitad de las olas. El casco había encallado en un banco

de arena. El piloto aceleró los motores para intentar avanzar o retroceder, pero fue en vano. Estaban completamente varados a poco más de cincuenta metros de la costa. No tenían otra opción que cargar con el equipaje y organizar el vadeo hasta llegar a tierra firme.

A las 5:40, a medida que el cielo clareaba, los hombres empezaron a ver, estupefactos, que la costa no era una de las famosas playas de arena dorada de Cuba sino un manglar, cuyas raíces entretejidas formaban un denso muro de verde brocado que parecía infranqueable. Con la esperanza de que todo saldría bien, los primeros rebeldes descendieron por los costados del yate a las 6:30, hundiéndose hasta las axilas y sujetando los rifles por encima de la cabeza mientras intentaban abrirse paso por el pantano. El agua, según describe el historiador cubano Heberto Norman, era «un caldo denso, tibio y pestilente». El fondo fangoso les succionaba las botas como si fuera pegamento. Pero el verdadero desafío era conseguir pasar a través del manglar, una «red enmarañada» de raíces, explica Norman, que solo podían cruzarse «con acrobacias».

Los hombres tenían las rodillas y las palmas repletas de cortes. Tropezaban en troncos hundidos y caían al barro soltando torrentes de improperios. Bajaban sobre ellos nubes de mosquitos y tábanos. A medida que los invadía el cansancio, iban abandonando a su paso equipamiento esencial. A Fidel le inquietaba que hubieran desembarcado en un cayo separado de la costa (en Cuba hay más de cuatro mil), donde las fuerzas navales acabarían capturándolos. Tras una hora de agónico avance, ordenó a un ágil campesino llamado Luis Crespo que subiera a un árbol pequeño para ver qué tenían delante. Crespo informó, desanimado, que no veía más que el manglar extendiéndose hasta el horizonte, en un inacabable desierto de verdor.

Fue un gran alivio, por lo tanto, cuando la vegetación empezó a cambiar tras avanzar un kilómetro y medio más. Pronto divisaron una distante hilera de cocoteros (indicio seguro de tierra firme) y el barro bajo los pies de los rebeldes empezó a hacerse más sólido. Tras dos horas y media de esfuerzo sobrehumano, hubo que llevar a algunos de los hombres a rastras en el tramo final. Varios cayeron de rodillas sobre la tierra seca, dando gracias a Dios entre temblores. Ocho tomaron otro derrotero completamente distinto y no consiguieron reunirse con el resto del grupo hasta la tarde siguiente.

No resulta sorprendente el sobresalto del campesino Ángel Pérez cuando encontró a Fidel y sus hombres en su cocotal alrededor de las nueve de la mañana. Durante las siguientes dos horas, los rebeldes siguieron llegando gradualmente a la cabaña de su familia, incluido Raúl, el último en dejar el *Granma*. Explicó que el yate había quedado en un triste estado de abandono, con la cámara llena de cajas abiertas, mapas y equipaje sobrante esparcidos por doquier.

Mientras recobraban fuerzas, los revolucionarios estudiaron la pésima situación en que se hallaban. Habían desembarcado dificultosamente en tierra de nadie. No había camiones cerca, ni tenían ningún modo de hacerles saber a Frank o a Celia que habían llegado. Como recuerda Faustino con admirable sinceridad «Todos nuestros planes habían fallado estrepitosamente». Fidel estaba furioso, pero soltaba sus maldiciones e improperios lejos de los oídos de la familia campesina, con educada consideración por la mujer y los hijos de Ángel.

Y entonces, sobre las once de la mañana, oyeron ruido de artillería proveniente del manglar.

Más o menos a la misma hora, sin saber que el SIM había hecho circular el aviso de su búsqueda y captura, viva o muerta, Celia salía de la casa de Crescencio en la Sierra Maestra. Todavía llevaba la misma falda color chocolate que se había puesto para la fiesta tres días atrás, y decidió que era momento de volver a casa, a Manzanillo. Un amigo la acercó con el coche hasta el minúsculo puerto azucarero de Campechuela, donde su vida dio un vuelco.

Entró en una bodega llamada Las Rosas, donde un camarero de veinte años llamado Enrique era uno de sus contactos. Su estilo imitaba el de los *greasers* estadounidenses, con dobladillo en los *jeans,* una camiseta blanca de manga corta con un paquete de cigarrillos remetido en el hombro y un copete rubio perfectamente engominado. Como recordó más tarde Celia, la luz de la mañana inundaba el bar a través de las puertas retráctiles, creando un caleidoscopio hechizante cuando se reflejaba en las pocas y solitarias botellas de licor. Unos segundos más tarde, un todoterreno y dos coches patrulla se detuvieron derrapando ante la puerta delantera. Los soldados montaron guardia mientras dos agentes del SIM arrestaron a Celia. Se sentó, conmocionada. Había llegado el momento que todos los clandestinos temían: ahora iba a desaparecer en una celda de prisión donde la iban a torturar, a interrogar y posiblemente a ejecutar.

Celia conocía personalmente a uno de los agentes. Se llamaba Hatuey, en honor al jefe indio taíno, pero era más conocido por el apodo de Rey Machete por su hábito de golpear a sus víctimas con la parte plana de la hoja de uno. Parecía un policía malo sacado de una película: tenía la cara picada por el acné y cicatrices rosas de una pelea a cuchillo. Pero también era uno de los pacientes más antiguos de su padre (el doctor Sánchez había curado al padre de Hatuey de tifus) y se lo veía claramente incómodo con la situación; no era capaz de mirarla a los ojos y evitaba, sombrío, hablar con ella.

En vez de meter a Celia en el coche patrulla, Hatuey y su compañero se quedaron con ella hasta que los soldados se marcharon en su todoterreno. A pesar de que el terror le enturbiaba la mente, Celia acabó cayendo en la cuenta de que la estaban usando como cebo para los otros agentes del M-26-7 que pudieran pasar por ahí. Se obligó a conservar la cabeza fría y a pensar en un plan. Primero sacó un cigarrillo y le preguntó a Hatuey si podía comprar cerillos. Tras fumar con tanta calma como pudo, preguntó si también podía comprar un paquete de chicles. Los agentes se encogieron de hombros. Fue hacia un mostrador de cristal cerca de la puerta, respiró profundamente y salió corriendo hacia la calle.

Los oficiales se levantaron de un brinco y la persiguieron, disparando a lo loco; los transeúntes gritaban. Los propietarios de las tiendas salieron corriendo a las aceras. Celia serpenteó ágilmente entre familias y vendedores. («Corría como un conejo», recordó más tarde; presumía de poder correr a toda velocidad por un campo de caña de azúcar sin rozar ni una sola hoja). Tras girar en una esquina apretó el ritmo hasta llegar a un solar vacío y gateó para meterse dentro de un arbusto espinoso llamado *marabú*. La policía le perdió el rastro.

Durante casi diez horas se quedó escondida entre los espinos. A media tarde oyó que pasaban camiones militares hacia la costa y aviones rugían por encima de su cabeza. Eso solo podía significar que Fidel había llegado, más de dos días tarde.

Aunque no hay prueba de ello, parece probable que Hatuey dejó que Celia escapara. En vez de ordenar que se hiciera un barrido metódico del pueblo entero, se metió en el coche para ir a ver al padre de la chica en Pilón. El doctor Sánchez explicó que su antiguo paciente le hizo una seria advertencia:

—Intente sacarla de allí, porque la encontrarán y la torturarán. Conseguirán hacerla hablar.

Es casi seguro que esa fue la primera vez que el septuagenario doctor oyó que su devota hija estaba involucrada en la revolución.

No tuvieron tanta consideración con el estiloso camarero, Enrique. La policía fue a su casa, lo arrastró a la calle y le metió cuarenta y dos balas en el cuerpo.

Cuando empezaba a anochecer, Celia vio que pasaba un coche conducido por un conocido. Salió disparada hacia la carretera, pidiéndole que la llevara. El conductor la miró de arriba abajo, sorprendido, mientras ella le explicaba que se le había estropeado el coche: tenía la cara ensangrentada por los arañazos y su elegante falda estaba hecha jirones. Por el camino, Celia pidió que se detuviera para recoger a uno de sus agentes, Beto Pesant, pero como ahora había controles en cada carretera, ella y Beto saltaron del coche sin previo aviso para dirigirse a campo traviesa hacia una casa segura.

Fue allí donde, alojada con campesinos simpatizantes, Celia oyó las noticias por el radio: un grupo de guerrilleros había llegado en una embarcación, pero fueron interceptados por el ejército. Según el general al mando, cuarenta de los rebeldes habían muerto, incluido «el líder, Fidel Castro, de treinta años». Su cadáver había quedado pulverizado hasta tal punto que, dijo el locutor, solo se le pudo identificar gracias a los documentos que guardaba en los bolsillos. Al día siguiente los titulares en Cuba clamaban: «FIDEL CASTRO MUERTO». El informe del general fue aceptado por el jefe de la oficina de United Press en La Habana y llegó a las primeras planas de los periódicos de todo el mundo, incluido el *New York Times*, cuyos editores publicaron la historia a pesar de las dudas de Ruby Hart Phillips, su corresponsal desde hacía mucho en Cuba. Fue un eco de lo que pasó en el Moncada: la segunda muerte de Fidel.

Celia, por su parte, estaba convencida de que el general mentía. Pero tres días más tarde, el 5 de diciembre, llegaron más malas noticias: los rebeldes del *Granma* habían sido emboscados en un lugar llamado Alegría de Pío, unos cuantos kilómetros tierra adentro del lugar donde habían atracado. Esta vez no había ninguna duda de que algo había salido muy, muy mal. Los hombres capturados empezaron a llegar a la prisión de Santiago y se publicaron algunas fotografías de miembros del M-26-7. El ejército seguía barriendo el terreno en busca de supervivientes. Cada día se encontraban más cadáveres de guerrilleros atacados salvajemente, abandonados ante las puertas del cementerio de Niquero, y corrió el rumor de que se había pedido a la familia de Castro que acudieran a identificar el cadáver de Fidel. El desembarco había sido claramente un fiasco; la revolución entera estaba a punto de desmoronarse.

CAPÍTULO 9

«Ahora ya hemos ganado la guerra»

(5–18 de diciembre de 1956)

H ORAS DESPUÉS DE la emboscada en Alegría de Pío, Fidel seguía solo en el cañaveral, escondido bajo un montón de hojas, medio ahogado por el humo y escuchando el recio andar de los soldados que pasaban a pocos metros. Solo cuando el sol empezó a ponerse se arriesgó a echar un vistazo alrededor. Dos guerrilleros más se ocultaban en el mismo campo que él, y Fidel silbó suavemente para captar su atención. Cuando se acercaron arrastrándose, descubrió que se trataba de Faustino, el exmédico, y Universo Sánchez, uno de sus corpulentos y jóvenes guardaespaldas. La situación no pintaba muy halagüeña. Fidel todavía conservaba su rifle con mirilla telescópica, pero en el caos de la retirada Faustino había soltado su arma y Universo perdió las botas. Ninguno de ellos tenía consigo comida ni agua.

Tras pasar la noche temblando, Fidel declaró que saldrían corriendo hacia la selva para dirigirse a la Sierra Maestra. Se metió en una discusión a susurros con los otros dos, que creían que todavía había demasiada actividad militar como para arriesgarse a moverse.

—¡Maldita sea, Fidel! —siseó Universo, para terminar—. ¡Democráticamente, somos dos contra uno, así que nos quedamos aquí!

Esta fue una de las pocas veces en que Fidel Castro se dejó persuadir a pesar de tener una idea decidida.

Al final, el trío acabó quedándose en el mismo lugar durante cinco larguísimos días. El calor de la tarde era asfixiante; por la noche se quedaban helados por el húmedo frío invernal. Como sustento, roían caña de azúcar y lamían el rocío de la mañana. Fidel mascullaba sin parar que la guerrilla se recuperaría ante la derrota y se reagruparía en las montañas. Faustino y Universo no se veían con ánimos de contradecirlo.

—La victoria será nuestra; ¡venceremos! —repetía Fidel una y otra vez, como un mantra.

Universo recuerda haber pensado: «Mierda, ¡se ha vuelto loco!».

Más tarde Fidel bromeó que, después de Alegría de Pío, era comandante en jefe de un ejército de tres. A pesar de sus bravatas dormía con el rifle apuntando a su barbilla, de modo que pudiera dispararse si los descubrían, ignorando las objeciones de sus compañeros de que era mucho más probable que el arma se disparara por accidente. Por su parte, Universo estaba convencido de que solo era cuestión de días antes de que el ejército los encontrara y dedicaba su tiempo a grabar su nombre en la culata de su rifle con una bayoneta. Quería que su familia pudiera identificar su cadáver cosido a balazos.

Ser pacientes valió la pena. El 10 de diciembre, tras cinco días escondidos, finalmente se produjo una notable disminución de movimiento militar. El trío decidió marcharse esa misma noche y Universo, desprovisto de botas, se forró los calcetines con caña de azúcar para protegerse los pies. (Unos días después un campesino se apiadó de él y le regaló unas alpargatas, pero quedó tan traumatizado por la experiencia que, cuando finalmente le dieron unas botas decentes, no se las quitaba ni para dormir). Se arrastraron por el terreno poco a poco, intentando hacer el menor ruido posible. En un punto se apostaron para vigilar una granja, debatiéndose entre entrar a pedir comida y agua o no, pero finalmente decidieron no correr el riesgo. Esa noche no llegaron a avanzar ni cinco kilómetros.

El zarrapastroso trío siguió reptando dos noches más antes de divisar el perfil de la Sierra Maestra recortado en el horizonte, bañado por la luna. Sintiéndose algo más seguros, decidieron llamar a la puerta de una granja. La suerte de Fidel siguió acompañándolo. La familia nunca había oído hablar del M-26-7 pero sintieron simpatía por los tres hombres: les ofrecieron una exquisita comida de cerdo asado y boniatos, y además agua fresca, que llevaban una semana sin probar.

La noche siguiente, el 14 de diciembre, entraron en contacto con Guillermo García, un fornido y achaparrado joven de veintisiete años y uno de los primeros reclutas rurales de Celia. Este se ofreció a guiar al trío hacia el interior de la Sierra Maestra, cruzando una carretera muy vigilada por patrullas. Pasaron casi veinticuatro horas en una alcantarilla cerca de una aldea, observando a los guardias ir de un lado a otro, hasta que García oyó el ruido de una máquina de discos y la fiesta de noche de sábado en una bodega cercana: eso disimularía cualquier ruido que pudieran hacer. Se arrastraron por el conducto, sorteando el barro y los vegetales podridos, hasta llegar al otro lado.

Al fin, la mañana del 16 de diciembre, exactamente dos semanas después del encallamiento del *Granma* y tras marchar once horas ininterrumpidas bajo la brillante luna casi llena, vieron un bohío idílico con tejado de paja, asentado entre palmeras y terrazas de café. Habían llegado a Cinco Palmas y a la granja El Salvador, cuyo nombre no podría ser más adecuado. Se trataba del hogar de Mongo Pérez, hermano menor del patriarca Crescencio, y era el lugar que Celia había designado meses atrás como el punto donde la guerrilla debía reagruparse si por algún motivo se separaba. (Hoy en día, la humilde cabaña con suelo de tierra está preservada como un museo-homenaje al heroico campesino). Fidel y sus hombres habían conseguido abrirse paso hasta el seno de la resistencia rural. El joven Mongo, de veinticuatro años, reconoció de inmediato a Fidel, al que había visto en fotografías, y ofreció al maciento trío sendas tazas de estimulante café. Antes de tumbarse a dormitar en un cocotal, se quitaron los zapatos y los calcetines. Mongo quedó asombrado: tenían los pies cubiertos de sangre reseca, como si los hubieran sumergido en una batea.

Mongo no tenía noticias sobre el resto de los guerrilleros. Por lo que ellos sabían, eran los únicos que quedaban. Pero entonces, dos noches después, el trío engullía un plato de cerdo y plátano frito en la mesa de Mongo cuando un campesino irrumpió con las primeras buenas nuevas concretas de la revolución. Raúl estaba vivo, acompañado de otros cuatro guerrilleros, a solo un kilómetro y medio de distancia.

—¡Coño! —exclamó Fidel—. ¡Mi hermano! ¿Dónde está? ¿Está armado?

El granjero llevaba una carta de Raúl con su licencia de conducir mexicana como prueba de identidad. Aun así, Fidel debía ir con cuidado, no fuera a ser una trampa del ejército. Envió al campesino de vuelta con Raúl para que escribiera los nombres de todos los extranjeros que habían navegado con ellos desde México. El hombre volvió pronto con una carta donde se mencionaba al Che Guevara entre otros tres miembros extranjeros del M-26-7.

Fidel estaba eufórico. Su ejército rebelde ahora contaba con más del doble de efectivos: había pasado de tres a siete hombres. A medianoche por fin se permitió a Raúl visitar la casa de Mongo. Según afirmaron quienes vieron la escena, tan pronto terminó el abrazo entre los hermanos Castro, Fidel ya estaba preguntándole a Raúl cuántas armas había conseguido salvar.

—Cinco —admitió Raúl, avergonzado.

—¡Pues nosotros tenemos dos más! —se regocijó Fidel—. Ya son siete —declaró con solemnidad—: Ahora ya hemos ganado la guerra.

Los demás se miraron de reojo entre sí. El sinfín de desastres no había conseguido hacer mella en la tremenda confianza de Fidel en sí mismo.

Esa noche los recién llegados relataron la también extraordinaria historia de cómo habían sobrevivido, cuyos detalles pueden reconstruirse a partir del diario de bolsillo de Raúl. Había tomado meticulosas notas sobre sus aventuras desde la llegada del *Granma*, y quizá se habrían perdido para siempre de no ser por la visionaria Celia, quien más adelante le pidió el diario, lo metió en una botella de cristal y lo enterró en un cañaveral para mantenerlo a salvo. Hoy en día, sus páginas ofrecen un vívido y detallado relato.

En la noche de la emboscada en Alegría de Pío, él y otros cuatro compañeros acabaron escondidos en la selva cerca del lugar del combate, sin saber que Fidel se ocultaba unos pocos centenares de metros más allá. También pasaron cinco agotadores días escondiéndose del ejército hasta que consideraron que era seguro marcharse; la selva implicaba, además, el agravante de las plagas de mosquitos. Estos supusieron la cruz particular de Raúl: les encantaba picarlo en la nariz y se la dejaron tan hinchada, según él, como la de Cyrano de Bergerac. Pasaba las noches despierto, atormentado por la idea de que el ejército hubiera podido matar a Fidel, escuchando a los cangrejos abrirse paso entre los matorrales como tanques en miniatura. Una mañana descubrió desconcertado que habían hecho jirones una camiseta que él dejó tendida.

Los cinco hombres abandonaron su escondite el mismo día que Fidel, y sin saberlo, siguieron una ruta paralela. Cuando finalmente avistaron la Sierra Maestra bajo las estrellas, Raúl se deleitó poéticamente en el «magnífico paisaje». Su entusiasmo disminuyó cuando el grupo quedó atrapado en un barranco sin salida y tuvieron que ascender tortuosamente por desfiladeros repletos de tupida vegetación. A pesar de todo, pronto empezaron a recibirlos amistosos campesinos que les ofrecían comida y café con leche, a menudo a las tres de la mañana. Raúl no tenía dinero, así que les dejó vales por los bienes y servicios, pagaderos después de la victoria. («Si morimos, [el portador] puede llevar este documento a cualquier cuerpo oficial del futuro Gobierno Revolucionario» para un reembolso en efectivo).

Al acercarse a Cinco Palmas el 18 de diciembre, llamaron a la puerta de la cabaña del granjero Hermes Cardero, quien abrió con un revólver en la mano, convencido de que eran miembros de la Guardia Rural disfrazados.

—¡De verdad que soy Raúl Castro, hermano de Fidel! —insistía una y otra vez.

Cuando Cardero le dijo que otros tres guerrilleros sin identificar se alojaban en casa de Mongo, Raúl garrapateó su carta y añadió su credencial para contactar con ellos.

Tres días después de reunirse con los demás, Fidel y Raúl oyeron que un tercer grupo de expedicionarios del *Granma* se dirigía hacia ellos, y el 21 de diciembre la mujer de Mongo abrió la puerta y se encontró con ocho demacradas figuras vestidas como campesinos. Luego recordó que el más maltrecho de todos iba cubierto con harapos, le faltaba un zapato y estaba doblado por un severo ataque de asma. Era el Che.

Ellos también habían sobrevivido gracias a una mezcla de pura suerte y precaución obsesiva. Tras la emboscada, el Che, herido levemente, se había ocultado en una cueva con Juan Almeida y otros tres hombres. En vez de quedarse ahí, decidieron que lo más seguro era dirigirse hacia la sierra esa misma noche, guiándose por lo que el Che pensaba que era la estrella polar. Solo cuando llegaron a la costa dos días después, descubrieron que habían ido hacia el sureste. El lado positivo fue que se toparon con otros tres miembros perdidos del M-26-7, incluido el apuesto Camilo Cienfuegos.

El grupo, ahora compuesto de ocho hombres, discutió si pedir comida a los granjeros o no. Camilo, hedonista autoproclamado, tenía «más hambre que una piraña», como decía el dicho, y argumentaba que valía la pena arriesgarse. El Che, austero, prefería optar por la precaución y demostró tener razón. En una ocasión se arrastraron para acercarse a una cabaña en cuyo interior se oía música. De repente, el tocadiscos quedó en silencio y una voz tronó:

—¡Brindemos por nuestros compañeros de armas y por su brillante actuación!

Era un pelotón de soldados que celebraban su victoria en Alegría de Pío. Otra noche divisaron una granja asentada en la preciosa desembocadura de un río. Mientras el Che se acercaba lentamente para investigar, casi se dio de bruces con un soldado que portaba una carabina. Estaban en Boca del Toro, donde hacía tres días el traicionero Manolo Capitán había entregado a diez rebeldes para que los ejecutaran. Rodeando el lugar, los ocho descendieron a una playa desierta, donde Camilo se puso a atrapar cangrejos y se los comió crudos.

La suerte de su grupo mejoró drásticamente el día 12, cuando encontraron la casa de un pastor adventista del Séptimo Día. La familia acogió a los macilentos rebeldes y los agasajó con un «festival ininterrumpido de comida», como recordó el Che, con nefastos y predecibles resultados digestivos. (En un santiamén, «ocho intestinos desagradecidos demostraron su ingratitud envenenando aquel pequeño recinto»). Por accidente habían acabado en una zona fuertemente simpatizante con el M-26-7. A medida que corría la voz sobre su presencia, empezaron a acudir campesinos curiosos de todas partes. Una mujer les llevó caramelos y cigarros como presentes de bienvenida a los «salvadores de Cuba» que llevaba tanto tiempo esperando, pero cuando finalmente vio a los hombres con sus propios ojos, su aspecto era tan patético que rompió a llorar. El Che, avergonzado, aceptó los regalos y le preparó una taza de café, «ya que se había emocionado tanto al vernos».

El grupo decidió vestirse con ropa de campesinos y enterrar las pocas armas que llevaban para poder viajar de incógnito; solo los líderes, el Che y Almeida, conservaron sus pistolas. A medida que avanzaban en su ardua caminata, el Che empezó a sufrir ataques de asma y los demás tenían que ayudarlo a andar.

Tardaron otros nueve días en llegar al refugio de Mongo. La alegría de Fidel al verlos llegar se convirtió rápidamente en furia cuando se enteró de que habían dejado atrás sus armas. Increpó al Che delante de los demás, aunque el argentino a duras penas podía respirar («¡Dejar atrás las armas fue un acto criminal y estúpido!»). En su ira, lo castigó quitándole la pistola y entregándosela a Mongo. Su caída en desgracia duró poco, pero Ernesto nunca olvidó la humillación que supuso perder el favor de su ídolo.

Poco a poco se iba reagrupando el ejército rebelde: una fuerza de dieciséis hombres y siete rifles contra los cuarenta mil de Batista.

Mientras estos dispares grupos recorrían la sierra, Celia Sánchez también seguía en fuga. Tras escapar de la policía había conseguido evitar las barricadas en la carretera y llegar a Manzanillo; en un momento dado se ocultó con unas prostitutas simpatizantes en un salón de baile. Finalmente se apersonó, todavía rasguñada y ensangrentada, ante la puerta de un amigo íntimo de la familia, que la acogió y llamó a un médico partidario de los rebeldes para que le extrajera trece espinas del cuero cabelludo. (Celia bromeaba que eran «como la corona de espinas de Jesucristo»). Durante las dos semanas siguientes, las noticias sobre la llegada del *Granma* fueron confusas y contradictorias. La aparición constante de cadáveres ante las puertas del cementerio de Niquero no hizo mella en su convicción de que Fidel seguía vivo. A pesar de mucho alardear, el ejército todavía no había presentado ningún cuerpo. Si Fidel estuviera realmente muerto, razonaba Celia, Batista habría empapelado todos los periódicos de Cuba con la foto del cadáver, «pulverizado» o no.

Pasada una semana, no pudo aguantar más sin hacer nada. A pesar de que más de diez mil unidades enemigas rastreaban Oriente y de que su fotografía apareciera en pósteres de SE BUSCA en todas las comisarías, decidió viajar a Santiago disfrazada y reunirse personalmente con Frank. Diciéndose que los soldados no molestarían a una mujer embarazada, se fabricó una barriga falsa con malla metálica, se puso un amplio camisón de maternidad y se cortó el pelo.

Cuando con su compañera Geña Verdecia subió al autobús de las seis de la mañana, eran las únicas pasajeras. En un punto de control, Celia incluso se unió al conductor para tomar un café con los soldados; para horror de su compañera, la barriga falsa estuvo a punto de soltarse cuando intentó pasar por encima de una barrera.

Cuando llegó a Santiago, descubrió que Frank todavía estaba escondido y que no había novedades sobre Fidel. Y, lo que era aún peor, parecía que el ejército estaba acabando con los últimos rezagados del *Granma*. Por las calles empedradas pasaban retumbando camiones del ejército con altavoces, ofreciendo amnistía a los rebeldes restantes que se rindieran. No le quedó otra opción que volver a Manzanillo.

La noche del 18 de diciembre, más de dos semanas después del desembarco, Mongo Pérez apareció sin aliento en la puerta de la casa donde Celia se ocultaba. Fidel y otros dos hombres habían llegado esa mañana a su granja, declaró; él se había montado en su *jeep* y condujo directamente hasta ella, esquivando controles y barricadas, para darle la noticia en persona.

Celia se volvió hacia su anfitriona, Ángela Llópiz, y la abrazó.

—¿Ves, Ángela? Si ya te lo dije yo —dijo, e inmediatamente se fue en busca de provisiones para que Mongo se las llevara de vuelta.

En solo unas horas las noticias ya habían llegado a la cúpula del M-26-7. En La Habana, la veterana del Moncada Haydée Santamaría tuvo una sensación de *déjà vu* al leer los primeros titulares de los periódicos, que anunciaban la muerte de Fidel. Pero tras más de dos semanas sin noticias, incluso ella había empezado a temer lo peor. Suplicó a la anciana madre de otra activista que la llamara en cuanto hubiera alguna novedad; la frase «ven y come merengues», acordaron, sería una señal para indicar que Fidel estaba vivo.

La noche del 18, Haydée respondió el teléfono y oyó a una emocionadísima Cayita repetir:

—Yeyé, ¡merengues, merenguitos, supermerengues!

Otros se reunieron alrededor de Haydée, preguntándole qué pasaba.

—¡No lo sé! —admitió ella.

Finalmente aclaró el mensaje. Fidel estaba a salvo en la sierra. La rebelión pendía de un hilo, pero seguía resistiendo.

Segunda parte

LOS GUERRILLEROS AFICIONADOS

CAPÍTULO 10

La bondad de los desconocidos

(Diciembre de 1956)

ACAMPADOS EN LA sombría selva tras el cafetal de Mongo, Fidel y sus quince desharrapados compañeros se vieron forzados a estudiar la nueva situación en que se encontraban. Su gran alzamiento había empezado con una incompetencia garrafal, así que era necesario adaptar sus expectativas a la realidad de forma drástica. El entrenamiento que hicieron en México no los había preparado nada para las duras experiencias que debieron superar en la sierra: el hambre, las noches heladas, las repentinas lluvias torrenciales, los ruidos en la oscuridad y las caminatas en una naturaleza hostil de barro, raíces y rocas resbaladizas. En esta prueba de resistencia en exteriores habían tenido que aprender a marchas forzadas. Ahora debían averiguar, mediante prueba y error, cómo convertirse en una fuerza de combate funcional. Durante las semanas siguientes se embarcaron en un curso intensivo de guerra encubierta, creando literalmente su propio manual de guerrilla a medida que avanzaban.

Sin ayuda, el pequeño ejército rebelde no habría durado más que unos pocos días. Los blandengues intelectuales urbanos tuvieron que aceptar que para sobrevivir dependían de la red de respaldo rural de Celia, la milicia de campesinos, en todos los aspectos. Necesitaban a los lugareños para que les mostraran los tortuosos senderos de montaña, les buscaran los escondites más seguros y les avisaran si los soldados de Batista hacían alguna maniobra. No pasó demasiado tiempo antes de que las chicas de las aldeas se ofrecieran a hacer de mensajeras, llevando cartas de los rebeldes dobladas en cuadros minúsculos y escondidas, como Celia explicó con picardía, «en un lugar donde nadie las encontrará». Se organizaron equipos clandestinos de mulas para transportar provisiones. En esos primeros días un joven campesino le salvó la vida al Che tras ir caminando al pueblo para encontrarle medicina para el asma.

Ayudar a las fuerzas de Fidel implicaba una valentía considerable, dado que la Guardia Rural ejecutaba, violaba o propinaba salvajes palizas cuando sospechaban que algún campesino simpatizaba con los rebeldes. En cuanto la guerrilla llegó a la sierra, los soldados arrestaron a once jóvenes al azar cerca de Cinco Palmas y los mataron a tiros, para servir de ejemplo a la comarca entera. En otra ocasión, cuando se enteraron de que un hombre le había proporcionado comida a Fidel, quemaron la tienda de la que era propietario con sus dos hijos pequeños atrapados en el interior.

Por su parte, los guerrilleros intentaban adaptarse a su nuevo entorno. Las montañas acabaron convirtiéndose en su «hábitat natural», presumió Fidel más adelante. «Nos hemos identificado tanto con la selva como los animales salvajes que viven aquí». Pero al principio, la transición no fue nada fácil. Ese primer invierno, la rebelión estuvo cada día al borde de extinguirse por completo.

Durante la primera semana que pasaron escondidos en los campos de Mongo, los rebeldes, cadavéricos y casi inmóviles, se dedicaron a lamerse las heridas y a intentar recobrar fuerzas. Recibieron donativos de comida de todas partes. Se sacrificó a un cerdo para que pudieran hacer un estofado. Universo, apicultor de profesión, encontró miel salvaje. Dos parientes de Mongo, Severo Pérez y su hijo Omar, llevaron comida preparada al campamento, incluidos tres baldes llenos de arroz, boniatos y carne. Raúl no podía creer lo que veía:

—¡Cuando la revolución triunfe, les haremos un monumento cargando esos tres baldes de comida!

Fidel no era un hombre que se obsesionara con sus errores pasados; su mirada estaba firmemente puesta en el futuro. La mayoría de sus oficiales de confianza en México habían sido capturados o ejecutados; incluso su segundo al mando, el abogado Juan Manuel Márquez, quien le había salvado la vida durante la emboscada, terminó en una tumba clandestina. Ahora, con pomposidad, elevó a siete de sus andrajosos compañeros al rango de oficiales en lo que orgullosamente denominó el «Ejército Revolucionario Reunificado»; él mismo se comportaba como si fuera ya el presidente de Cuba. Todos los supervivientes, la mayoría de los cuales no habían sido más que figuras de poca importancia, se convirtieron automáticamente en personajes clave.

El primer orden del día era conocer mejor la geografía que los rodeaba: ninguno de los guerrilleros había visto siquiera la Sierra Maestra antes, y ya ni hablar de explorarla. Otra cosa era obvia: Fidel había cometido una retahíla de errores al planificar su invasión, pero la elección de situar allí su centro de operaciones no podría haber sido mejor. Las mismas dificultades elementales que enfrentaban a diario los rebeldes, hacían que la sierra fuera un refugio ideal. Los guerrilleros se habían introducido en un mundo primitivo e independiente, casi sin carreteras, hospitales o escuelas. Incluso hoy en día se trata de un lugar vacío y poco frecuentado. La cadena montañosa, de casi doscientos cincuenta kilómetros de longitud, se alza escarpada sobre el mar Caribe en pliegues serrados, como si el Big Sur californiano estuviera en el trópico, y aísla completamente el sureste de Cuba entero. Los tramos más espectaculares se encuentran alrededor del pico Turquino, que con sus 1974 metros sobre el nivel del mar es la cima más elevada de Cuba y contiene franjas casi impenetrables de selva tropical, donde las copas de los árboles son un hervidero de fantástica vida salvaje: ranas miniatura y caracoles grandes como una pelota de básquetbol, lagartos verde lima que corren a la velocidad del rayo y libélulas de alas transparentes.

Las montañas también suponían una reserva de posibles refuerzos. Generación tras generación, los campesinos de la sierra habían vivido como refugiados en su propio país. Muchos fueron expulsados de sus hogares en las tierras bajas por la Guardia Rural y escaparon a las anárquicas zonas rurales, donde podían afincarse en pequeñas parcelas y subsistir cultivando café o marihuana o criando reses y cerdos. Sus asentamientos estaban repartidos de forma dispersa; en la vasta extensión solo vivían sesenta mil personas, conectadas únicamente por senderos de mulas. Pero aun así las noticias viajaban por la sierra a una velocidad vertiginosa, transmitidas boca a boca en lo que ellos denominaban «Radio Bemba». A los campesinos se les conocía como *guajiros*, la versión cubana de los montañeses, y eran objeto de burla entre los sofisticados habitantes de La Habana por sus costumbres sencillas y su dialecto ininteligible. Este desprecio, compartido por muchos de los oficiales del ejército de Batista, acabó demostrando ser un grave error de cálculo.

El tranquilo pueblo de Manzanillo, donde Celia se había

asentado, era el más accesible desde la sierra y se convirtió en el punto principal de abastecimiento de los rebeldes. Nada mas transmitir la noticia de que Fidel estaba vivo, Mongo volvió a su viejo *jeep* con las provisiones y el equipo que Celia envió, incluidos uniformes y botas nuevas, además de comida enlatada para Navidad. También envió las municiones y el dinero en efectivo que tanta falta le hacían a la guerrilla. Mongo llevó consigo a una pasajera, Geña Verdecia, la enérgica joven agente del M-26-7 que había acompañado a Celia en su temerario viaje hacia Santiago. En esta ocasión, Geña llevaba escondidas trescientas balas de metralleta y nueve cartuchos de dinamita bajo su voluminosa falda. (Se dedicaría a cuidar con tanto afecto a los maltrechos rebeldes que la apodaron el Ángel).

Al Che se le perdonó haber dejado atrás sus armas y recibió uno de los codiciados rifles con mira telescópica; «una joya», como escribió embargado por la alegría en su diario. Además, en ese primer envío para los revolucionarios también había libros: los rebeldes nunca descuidaban su alimentación intelectual. Uno de los hombres, Calixto Morales, había sido maestro en su vida anterior, así que en su tiempo libre impartía clases a los campesinos analfabetos para aprender a leer y escribir, mientras que el multifacético Che se puso a probar suerte con el álgebra y empezó a enseñarle francés a Raúl. El argentino también adoptó el hábito de fumar habanos para mantener a los mosquitos a raya a pesar de sus ataques de asma.

Por muy esenciales que fueran los colaboradores locales, la guerrilla tenía que ser precavida ante la posibilidad de que hubiera soplones. Sabían que un guía local los había traicionado antes de Alegría de Pío y muchos de sus camaradas habían sido, sin duda, traicionados y entregados al ejército tras el desembarco. Su presencia en la granja de Mongo era un secreto bien guardado; ni siquiera las personas de más confianza sabían que

Fidel se encontraba ahí. Los rebeldes declararon que los chivatos enfrentarían la «justicia revolucionaria» y serían ejecutados.

Aun así, empezaron a sentirse desprotegidos. La granja de Mongo no estaba completamente aislada. Algunas noches podían oír a soldados ebrios soltar tiros a lo lejos. También podía llegarse a ella siguiendo una fangosa carretera por la que alguna vez pasaban los militares. El 21 de diciembre pasaron soldados en un *jeep*, y dos rebeldes consiguieron ocultarse justo a tiempo. Fidel trasladó el campamento a un cafetal más escondido e ideó unos estrujantes simulacros de entrenamiento. Una mañana pasó corriendo entre las hamacas, gritando:

—¡Estamos rodeados! ¡Tomen sus posiciones y luchen!

Los hombres empezaron a disparar salvajemente a los arbustos, pero el ataque enemigo no se produjo. Fidel explicó que se trataba de una falsa alarma para mantenerlos alerta. Pronto decidió que incluso este nuevo emplazamiento era demasiado peligroso: tendrían que adentrarse a pie en la profundidad de la jungla.

El grupo pasó una festiva Nochebuena cenando lechón asado y vino, conscientes de que quizá se trataba de la última comida decente que disfrutarían en meses. Cuando levantaron el campamento la mañana siguiente, Fidel escribió pulcramente un documento para Mongo que dejaba patente su gratitud por haber salvado sus vidas: «No sabemos cuántos de nosotros caeremos en la lucha, pero aquí quedan las firmas de todos como constancia de infinito agradecimiento». A pesar del evidente peligro que suponía que cayera en las manos equivocadas, el texto estaba firmado por cada uno de los guerrilleros y más adelante se convirtió en un documento tan preciado en Cuba como la Declaración de la Independencia en Estados Unidos.

El diario de guerra de Raúl relata con emoción su primera y ardua incursión en la jungla. Mientras los rebeldes iban caminando, él se tomaba sus momentos para admirar la exuberante belleza del paisaje, maravillándose una mañana por la niebla que los rodeaba («¡nunca hubiera creído que podría ver una nube tan espesa en Cuba!») o deteniéndose para examinar una delicada e inusual flor rosa llamada búcare. Pero la naturaleza seguía siendo más a menudo un enemigo. Los caminos de mulas desaparecían tras unas horas de camino y los guerrilleros se veían forzados a abrirse camino con machetes. Cada paso era agotador. Para empezar, ya la primera tarde, el día de Navidad, intentaron subir una escarpada colina bajo una lluvia torrencial, pero resbalaban hacia atrás en el barro hasta casi volver al punto de partida. Tardaron cuatro horas en hacer poco más de trescientos cincuenta metros; el golpeteo rítmico del chaparrón ahogaba las palabrotas susurradas.

El día de Año Nuevo que dio la bienvenida a 1957 fue todavía más desalentador. Atrapados bajo una tormenta helada que duró noventa minutos, los hombres solo contaban con náilones suficientes para mantener secos sus rifles y mochilas, así que tuvieron que aguantar apiñados el torrente. «Realmente fueron los momentos más tristes hasta ese punto para la guerrilla», se quejó más tarde Raúl, «calados hasta los huesos y sin ningún tipo de protección». Al atardecer, los empapados rebeldes («con un frío que llegaba al alma») descubrieron una granja abandonada, donde tendieron sacos de maíz para hacer colchones rudimentarios y pasaron la noche en vela, inquietos por el viento ululante y los molestos roedores.

La vida al aire libre implicaba una serie inacabable de incordios. Los hombres tropezaban y se rompían los anteojos. Uno se lesionó la rodilla y se vio forzado a avanzar arrastrándose torpemente por los senderos. Otros se torcieron un tobillo, sufrieron calambres o contrajeron fiebres. Raúl acabó con un serio resfriado que intentó tratar con una tisana de una planta local, *cañasante.* Aunque se encargaba de atender las enfermedades de los hombres, el Che resultaba un lastre tremendo. Cuando no tenía ataques de asma, sufría de malaria. Otros a menudo tenían que llevarle la mochila o incluso arrastrarlo literalmente, mientras le gritaban para animarlo:

—¡Venga, adelante, argentino hijueputa! Camina o te daré con la culata del rifle.

Las suelas de Fidel terminaron por desprenderse, así que él las volvió a coser meticulosamente con un fino alambre de metal, con lo que parecían «cocodrilos con la boca abierta».

Por otro lado, también hubo buenas noticias: se encontraron con tres rezagados más del *Granma*, cada uno de los cuales había escapado por poco a una muerte terrible. Con estos eran ya diecinueve los veteranos de la debacle que conseguían reunirse con Fidel en la sierra; finalmente llegaron dos más, tambaleándose entre la espesura. Debido al crecimiento gradual del grupo inicial, el número exacto de hombres ha sido sorprendentemente esquivo. Un estudio detallado del historiador cubano Herberto Norman revela una rara simetría: de los ochenta y dos hombres que desembarcaron del *Granma*, veintiuno lograron encontrarse con Fidel; veintiuno murieron en manos del ejército, ya fuera en combate o ejecutados; veintiuno fueron hechos prisioneros; catorce consiguieron escapar de la sierra y reincorporarse a la lucha en otros sitios; y el paradero de los cinco restantes se desconoce, posiblemente asesinados. Aun así, en una graciosa obra de propaganda, el periodista Carlos Franqui escribió sobre los supervivientes de la sierra *El libro de los doce*, eligiendo un número que recordara a los apóstoles.

El alimento continuó siendo una obsesión y todos los diarios de los rebeldes detallan las improvisadas comidas de ese periodo con la meticulosidad de las memorias de un *gourmet*. Raúl se sumía en arrebatos de delicia cuando algún campesino amable les daba café recién hecho para desayunar, a menudo con un plato de insulso ñame pelado. Muchos años más tarde le pidieron a Felipe Guerra Matos que resumiera la guerra:

—Mucha malanga —respondió entre risas—. Mucho ñame.

El Che recordó que, tras una noche aquejado por el hambre, el descubrimiento de una lata de cuatro salchichas propició «uno de los mayores banquetes a los que he asistido jamás». Hubo algunos intentos de creatividad culinaria. Una noche, Efigenio Ameijeiras hirvió frijoles y plátano en una lata vieja, añadiéndole ajo salvaje y cilantro para darle sabor. Raúl se inventó una delicia que denominó «chorizo a la guerrillera»: una sola salchicha troceada, tres cucharadas de miel, el jugo de un limón y un chorro de ron Bacardí. Otros experimentos tuvieron menos éxito. Tras comprar una escuálida vaca, el Che intentó preparar un asado argentino, con plátano y naranjas amargas como guarnición. Extendió el canal sobre palos montados en forma de cruz, como era costumbre en su Buenos Aires natal, pero no pudo encontrar suficiente madera seca para hacer un fuego decente y unas partes de la carne quedaron crudas y otras achicharradas. Al día siguiente los restos ya empezaban a tener gusanos, pero intentaron comérselos de todos modos. («Solo vomitó un hombre», apunta Raúl).

Cuando había suerte, alguien conseguía abatir a un cerdo salvaje, aunque también había que preparar esta carne con cuidado. En una ocasión, recuerda Raúl, una cena de carne de cerdo poco cocida les produjo a todos una intoxicación por parásitos. Al día siguiente, en plena caminata, las náuseas, sudores y diarrea atacaron de forma fulminante a casi todos los hombres al unísono, así que el lugar acabó recibiendo el nombre de «Loma de la Cagalera».

El 5 de enero, tras doce días de camino, la guerrilla se abrió paso entre unas enredaderas a machetazos y ante ellos, en el horizonte, apareció la imponente imagen del pico Caracas. Era una visión que cortaba el aliento. El segundo pico más alto de Cuba se alzaba casi mil trescientos metros por encima de los profundos pliegues de las crestas de un verde esmeralda, que se extendían ante ellos como olas en el océano. Fidel estaba exultante:

—Si conseguimos llegar allí, nadie será capaz de derrotarnos —declaró—. ¡Ni Batista ni ningún otro!

De nuevo los hombres se miraron de soslayo. Ya empezaban a acostumbrarse a las delirantes declaraciones de Fidel, pero esta era más descabellada de lo usual. Hasta entonces, la revolución no les había traído nada que no fuera frío, hambre y dolor.

CAPÍTULO 11

La primera sangre

(Enero de 1957)

FIDEL SE DIO de bruces con la fría realidad unos días después, cuando conoció a un simpático guajiro de treinta y siete años llamado Eutimio Guerra, un medio bandolero en los márgenes de la sociedad de la sierra. Eutimio recién volvía de un viaje a los pueblos de las tierras bajas y Fidel le preguntó por los rumores que corrían sobre la situación.

—¿Qué dicen sobre mí?

—Bueno —repuso Eutimio—, en realidad lo que se dice por ahí es que estás muerto.

Fidel se sintió mortificado. Sin noticias de las montañas, los cubanos empezaban a creer la afirmación de Batista de que la expedición del *Granma* había sido eliminada por completo. Tras un mes entero recuperándose, había llegado claramente el momento de que la guerrilla moviera ficha. Fidel razonó que pasar a la ofensiva también elevaría los ánimos de los hombres, que estaban por los suelos. Su pequeño ejército había reclutado voluntarios entre los campesinos a medida que avanzaba: ahora tenía treinta y dos hombres bajo su mando, aunque solo contaban con veintitrés armas y unos cuantos cartuchos de dinamita en su arsenal.

Tenía que elegir su primer objetivo con mucho cuidado. Si el ataque fallaba, los rebeldes acabarían quedándose sin munición e indefensos en medio de la selva. La elección más obvia era atacar una de las pequeñas y aisladas guarniciones del ejército en los puntos donde la sierra se encontraba con la costa caribeña. Una especialmente vulnerable se hallaba cerca de la aldea de La Plata, con solo diez hombres apostados bajo las órdenes de un sargento. También resultaba ser uno de los rincones más pobres de Oriente, donde los militares campaban a sus anchas y abusaban de los campesinos. Unas cuantas semanas antes capturaron a seis jóvenes lugareños, sospechosos de simpatizar con la guerrilla; los ataron, los subieron a un bote de los guardacostas y tras adentrarse varios kilómetros mar adentro los tiraron por la borda sin ningún miramiento. Solo uno de ellos consiguió sobrevivir catorce horas en el agua y volver a nado a la costa. Nunca más se supo del resto. Al menos, tras el brutal incidente, la guerrilla podía contar con una oleada de simpatía de los lugareños.

A pesar de la mínima envergadura de la maniobra, la primera escaramuza puso a prueba en pequeña escala las tácticas que seguirían los rebeldes durante el resto de la guerra, creando una primera lista de normas básicas en su manual para la guerra de guerrillas.

Entraron sigilosamente en La Plata tras el anochecer del 15 de enero y pasaron el día siguiente vigilando las barracas frente al mar, donde los soldados iban desnudos de la cintura para arriba mientras hacían reparaciones. Su emplazamiento paradisíaco sería perfecto para un hotel-*boutique* moderno, en una parcela litoral triangular entre las suaves olas caribeñas y un río de aguas turbias. Esa tarde, los rebeldes interrogaron a algunos granjeros, quienes les contaron que los soldados querían celebrar una fiesta esa noche con partidarios locales de Batista.

El joven Fidel era un excelente atleta en la escuela secundaria. Los deportes estadounidenses de básquetbol y beisbol eran sus favoritos. CORTESÍA DE LA OFICINA DE ASUNTOS HISTÓRICOS, LA HABANA

Fidel, el joven abogado, hablaba retóricamente en la mesa de la cena, alrededor de 1952. Desde el momento en que fue a la universidad en La Habana, vivió por y para la política. CORTESÍA DE LA OFICINA DE ASUNTOS HISTÓRICOS, LA HABANA

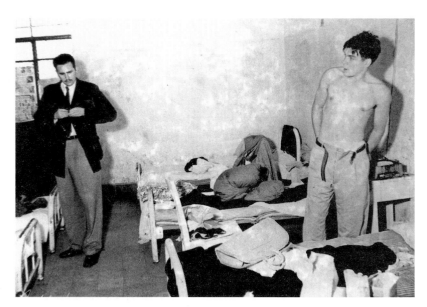

La primera fotografía conocida de Fidel junto con el joven médico argentino, Ernesto "Che" Guevara, compartiendo una celda en la Ciudad de México en 1956. CORTESÍA DE LA OFICINA DE ASUNTOS HISTÓRICOS, LA HABANA

Frank País, el maestro docente que se convirtió en el principal organizador revolucionario en Santiago. Fue el primer galán de M-26-7 y uno de sus primeros mártires. Su asesinato sería recordado por quienes lo conocieron durante toda su vida. CORTESÍA DE LA OFICINA DE ASUNTOS HISTÓRICOS, LA HABANA

Granma, el crucero de recreo agujerado que Fidel le compró a un dentista estadounidense retirado en la Ciudad de México para su aterrizaje y operación anfibia en Cuba. Fue una experiencia agonizante para los ochenta y dos hombres a bordo, el viaje de una semana. CORTESÍA DE LA OFICINA DE ASUNTOS HISTÓRICOS, LA HABANA

La única fotografía conocida de la llegada del *Granma* al este de Cuba el 2 de diciembre de 1959. Según el Che, era «menos una invasión que un naufragio». CORTESÍA DE LA OFICINA DE ASUNTOS HISTÓRICOS, LA HABANA

Bajo el seudónimo «Norma», la hija del doctor, Celia Sánchez, fue la organizadora clave detrás de la rebelión de Fidel: una copia de sus meticulosos escritos relata la incertidumbre de los primeros días después del aterrizaje de Fidel. CORTESÍA NANCY STOUT

La fotografía más influyente de la revolución cubana: en febrero de 1957 el reportero del *New York Times*, Herbert Matthews, caminó por la Sierra Maestra para demostrar que Fidel estaba vivo y bien, al contrario que las afirmaciones del dictador Batista. HERBERT L. MATTHEWS PAPERS, RARE BOOK AND MANUSCRIPT LIBRARY, UNIVERSIDAD DE COLUMBIA

Cuando Fidel se encontró con Celia: El líder guerrillero le muestra su amado rifle suizo, que tenía mira telescópica, a Celia Sánchez (centro), dando comienzo a una de las grandes asociaciones revolucionarias de la historia. Haydée Santamaría está a la izquierda. CORTESÍA DE LA OFICINA DE ASUNTOS HISTÓRICOS, LA HABANA

Mientras se desarrollaba la guerra de guerrillas en la remota provincia oriental de Cuba, Oriente, la capital, La Habana, continuó como una de las grandes «ciudades del pecado» del hemisferio occidental, rivalizando con París en la década de los años veinte y Shanghái en la década de los años treinta. COLECCIÓN DEL AUTOR

El debut de la hora estelar de Fidel. El camarógrafo de la NBC Wendell Hoffman se prepara para filmar en el pico Turquino; el periodista Robert Taber está fuera de la toma. CORTESÍA DE LA OFICINA DE ASUNTOS HISTÓRICOS, LA HABANA

Fidel y el Che durante los primeros días «nómadas» de la guerra de guerrillas, cuando un puñado de hombres barbudos se vio obligado a cambiar de campamento todas las noches. CORTESÍA DE LA OFICINA DE ASUNTOS HISTÓRICOS, LA HABANA

Juan Almeida, el antiguo albañil amante de la poesía de La Habana que se unió a las filas para ser uno de los principales comandantes de Fidel. Su diario revela la soledad y las tensiones de la vida guerrillera en sus inicios. CORTESÍA DE LA OFICINA DE ASUNTOS HISTÓRICOS, LA HABANA

Camilo Cienfuegos (con casco) y Fidel se despiden de dos de los jóvenes fugitivos estadounidenses de la base naval de la bahía de Guantánamo que se unieron a la guerrilla. El tercero, Chuck Ryan (centro), permaneció varios meses para luchar junto a los cubanos. CORTESÍA DE LA OFICINA DE ASUNTOS HISTÓRICOS, LA HABANA

El Che tenía un lado sentimental y era amante de los animales. Cuando un día se vio obligado a ejecutar a un perrito, su mascota que estaba lloriqueando, por estrangulación para evitar que lo detectara una patrulla del ejército, se sintió desolado. CORTESÍA DE LA OFICINA DE ASUNTOS HISTÓRICOS, LA HABANA

Muerte de un chivato - un informador. El fotógrafo estadounidense Andrew St. George viajó con Fidel en varias ocasiones durante la guerra de guerrillas para captar escenas tan íntimas, entre ellas el juicio de los chaqueros y bandidos, y esta ejecución. COLECCIÓN DE LA REVOLUCIÓN CUBANA (MS 650). MANUSCRITOS Y ARCHIVOS, BIBLIOTECA DE LA UNIVERSIDAD DE YALE

Incendio 101. Los folletos distribuidos por los agentes M-26-7 a finales de 1957 ofrecían consejos prácticos sobre cómo incendiar campos agrícolas con bombas caseras, tirachinas y bolas de fósforo (curiosamente) atadas a las colas de los roedores. HERBERT L. MATTHEWS PAPERS, RARE BOOK AND MANUSCRIPT LIBRARY, UNIVERSIDAD DE COLUMBIA

Los guerrilleros se llevaban las bombas sin explotar, hechas en Estados Unidos, lanzadas por la fuerza aérea de Batista y las convertían en minas terrestres letales. El permiso estadounidense para que los aviones cubanos se reabastecieran de combustible en la base naval en la bahía de Guantánamo antes de bombardear a civiles sería un punto débil para los cubanos. ANDREW ST. GEORGE PAPERS (MS 1912). MANUSCRITOS Y ARCHIVOS, UNIVERSIDAD DE YALE

Año Nuevo de 1958. El capricho del Che. Trece meses después de la guerra de guerrillas, posa para las vacaciones con sus hombres en el campamento de El Hombrito. Para esta época, él y Fidel creían que la lucha continuaría durante años. CORTESÍA DE LA OFICINA DE ASUNTOS HISTÓRICOS, LA HABANA

Celia y Vilma Espín en la revista *Paris Match*. A principios de 1958 «explotaron» la belleza de la integrante de la alta sociedad Vilma, a la derecha. En otras palabras, presentada como el principal agente del M-26-7 en Santiago. Hija del abogado principal de la compañía de ron Bacardí, se escapó para unirse a Raúl Castro en la Sierra Cristal y, finalmente, casarse con él. © ARTISTS RIGHTS SOCIETY (ARS), NUEVA YORK / VEGAP, MADRID

Mujer guerrillera no identificada con máquina de coser. Las mujeres que se unieron a una fuerza guerrillera notablemente machista se sentían a menudo frustradas por ser relegadas a tareas domésticas tales como reparar uniformes, cocinar o ayudar en el hospital. ANDREW ST. GEORGE PAPERS (MS 1912). MANUSCRITOS Y ARCHIVOS, UNIVERSIDAD DE YALE

Mujer guerrillera no identificada portando una pistola. A mediados de 1958, Fidel creó el pelotón de mujeres de Mariana Grajales, un gran adelanto para el feminismo en el hemisferio occidental. ANDREW ST. GEORGE PAPERS (MS 1912). MANUSCRITOS Y ARCHIVOS, UNIVERSIDAD DE YALE

Los tiempos de fiesta en la Sierra. El apoyo de los campesinos locales fue crucial para la supervivencia de los rebeldes. Mientras el ejército de Batista violó y asesinó a través de las montañas, los amables guerrilleros de Fidel fueron asistidos por los agricultores en cada paso. ANDREW ST. GEORGE PAPERS (MS 1912). MANUSCRITOS Y ARCHIVOS, UNIVERSIDAD DE YALE

Un momento de relajación. El Che comparte una broma con Camilo Cienfuegos, un carismático excamarero y empleado de una tienda de modas de La Habana, que una vez se describió como un bailarín de rumba más que un guerrillero. CORTESÍA DE LA OFICINA DE ASUNTOS HISTÓRICOS, LA HABANA

El Che con su famosa boina negra, que comenzó a usar después de que su gorra de patrulla, que había recuperado de un compañero que murió, se perdiese en las montañas de Escambray. Viajaba a menudo en mula debido a sus constantes ataques de asma. CORTESÍA DE LA OFICINA DE ASUNTOS HISTÓRICOS, LA HABANA

Aleida March, una agente M-26-7 de Santa Clara que se unió al Che en las montañas de Escambray. Pronto se convirtió en su ayudante de campo y más adelante en su amante y esposa. COLECCIÓN DEL AUTOR

La fotógrafa de guerra estadounidense Dickie Chapelle pasó varias semanas con la guerrilla en diciembre de 1958. Aquí fotografía a Fidel en reposo, dictando una de sus interminables cartas a Celia. CORTESÍA DE LA SOCIEDAD HISTÓRICA DE WISCONSIN

El Che durante la batalla de Santa Clara, el escenario de su mayor victoria. Su brazo se lesionó cuando tropezó con una cerca durante un bombardeo; Aleida (vista a la izquierda) le dio su bufanda como cabestrillo. CORTESÍA DE LA OFICINA DE ASUNTOS HISTÓRICOS, LA HABANA

Año Nuevo de 1959. Cuando La Habana filtró la noticia de que el dictador Batista había huido durante la noche, los agentes del M-26-7 emergieron con armas para ayudar a asegurar la capital. CORTESÍA DE LA SOCIEDAD HISTÓRICA DE WISCONSIN

Cuando Batista huyó, el presentador de televisión estadounidense Ed Sullivan se apresuró a Cuba para entrevistar a Fidel en la víspera de su triunfante ingreso a La Habana; decenas de millones vieron como Sullivan presentaba a la guerrilla como «un maravilloso grupo de jóvenes revolucionarios» en su exitoso programa de televisión. FOTO POR CBS PHOTO ARCHIVES / GETTY IMAGES

Camilo de muy buen humor. Cuando llegó a La Habana con trescientos hombres con barba, «barbudos», para aceptar la entrega de cinco mil soldados en el cuartel de Columbia, «era lo suficientemente gracioso para hacerte reír en voz alta», observó un observador. CORTESÍA DE LA OFICINA DE ASUNTOS HISTÓRICOS, LA HABANA

Fidel y el Che disfrutan de su victoria en La Habana. Su amistad fue una de las grandes alianzas revolucionarias de la historia. CORTESÍA DE LA OFICINA DE ASUNTOS HISTÓRICOS, LA HABANA

La hora de la fiesta. Los guerrilleros se relajan en una recepción de la embajada en La Habana durante 1959. El joven con el pelo afro era uno de los muchos compatriotas adolescentes del Che. ANDREW ST. GEORGE PAPERS (MS 1912). MANUSCRITOS Y ARCHIVOS, UNIVERSIDAD DE YALE

Fidel finalmente se reunió con el más famoso expatriado estadounidense de Cuba, Ernest Hemingway, en un torneo de pesca en 1959 (naturalmente, ganó el atlético Fidel). Más adelante, Fidel le confió que estudió la novela de la guerra civil española de Ernest, *Por quién doblan las campanas*, para extraer consejos sobre el combate irregular. ANDREW ST. GEORGE PAPERS (MS 1912). MANUSCRITOS Y ARCHIVOS, UNIVERSIDAD DE YALE

Guerrilleros en la ciudad de Nueva York: Juan Almeida coquetea con camareras en un restaurante de Harlem en 1960. Los revolucionarios, que habían abolido todas las leyes de segregación en Cuba, eran inmensamente populares entre los afroamericanos mientras el movimiento por derechos civiles cobraba impulso. ANDREW ST. GEORGE PAPERS (MS 1912). MANUSCRITOS Y ARCHIVOS, UNIVERSIDAD DE YALE

De los muchos estadounidenses radicales que vinieron a visitar a Fidel cuando se mudó a un hotel en Harlem en 1960 fue Malcolm X. Durante días, los militantes de la Nación del Islam se manifestaron por las calles para apoyar a los cubanos. CORTESÍA DE LA OFICINA DE ASUNTOS HISTÓRICOS, LA HABANA

El «Guerrillero Heroico». El fotógrafo cubano Albert Korda tomó una instantánea del Che durante un mitin en La Habana en 1960. Siete años más tarde, un empresario italiano de izquierdas le tomó una foto, la recortó y la reprodujo, convirtiéndola en una de las imágenes más conocidas de la era moderna. CORTESÍA DE LA OFICINA DE ASUNTOS HISTÓRICOS, LA HABANA

Averiguaron que uno de los invitados, Chicho Osorio, el capataz más asesino y odiado de la zona, estaba a punto de pasar por el lugar.

Cuando apareció Osorio, de cincuenta años, su aspecto no podía ser menos amenazador. El hombre estaba borracho como una cuba y agitaba una botella de brandy, montado en una mula con un niño negro descalzo. Los rebeldes decidieron hacerse pasar por miembros de la Guardia Rural para sonsacarle información y le ordenaron que se detuviera.

—¡Mosquito! —balbuceó Osorio, usando la contraseña militar antes de ponerse la dentadura para seguir hablando.

Fidel le quitó la pistola y afirmó que era un coronel del ejército en una «misión especial» para perseguir a los insurrectos que había en la zona. El ebrio mayoral recitó alegremente los nombres de los campesinos que sospechaba que eran simpatizantes de los rebeldes, con lo que sin saberlo proporcionó una lista de posibles partidarios. Cuando le preguntaron qué haría si algún día capturara a Castro, el líder rebelde, Osorio anunció risueño que «le cortaría las pelotas», a lo que añadió:

—¿Ven la pistola del .45 que me acaban de quitar ustedes? Me lo cargaría con esa misma.

Ignorante del hecho de estar firmando su sentencia de muerte, les enseñó después a sus captores un pagaré por veinticinco pesos que había recibido de los agentes de Batista y levantó una pierna para presumir sus botas de hechura mexicana.

—Se las quité a uno de los hijos de puta que matamos —explicó, refiriéndose a uno de los hombres del *Granma* que cayeron en combate.

Fidel lo dejó con dos hombres, con órdenes de ejecutarlo en cuanto oyeran que empezaba el ataque.

Eran las 2:30 de la mañana cuando los rebeldes avanzaron silenciosamente para rodear los barracones, que eran poco más que cajas de ladrillos con tejado de zinc. La luna llena bañaba el paisaje con su luz centelleante. Se jugaban mucho en esta maniobra: Fidel era muy consciente de que, si fallaban ahora, la revolución entera podía quedarse en nada.

Como salva inaugural de la guerra, la «batalla» de La Plata no fue precisamente una operación de fuerzas especiales, pero resultó mucho mejor de lo esperado. Dos descargas de la metralleta de Fidel fueron la señal para que el resto también abrieran fuego; tomaron a los soldados del interior completamente por sorpresa. Tras la primera andanada, les gritaron a los soldados que se rindieran. («¡Lo único que queremos son las armas! ¡No sean pendejos! Mientras Batista y sus compinches se dedican a robar sin ningún riesgo, ¡ustedes acabarán muriendo sin gloria en la Sierra Maestra!»). La respuesta fue una ráfaga desde el barracón. Tras pedir a los soldados unas cuantas veces más que se rindieran, los rebeldes lanzaron dos granadas de mano; eran prácticamente piezas de museo, que obtuvieron de los anticuados excedentes del ejército brasileño, y no explotaron. A estas las siguió un cartucho de dinamita, que tampoco funcionó. Al final, el Che y Luis Crespo se arrastraron hasta la casa de madera al lado de los barracones y la incendiaron: era un almacén de cocos y ardió como la yesca, con lo que los soldados, asfixiados, salieron a raudales con las manos en alto.

Según el Che, cuando entraron en las barracas las encontraron tan llenas de agujeros de bala que parecían «un colador». El combate había durado cuarenta minutos; dos de los diez soldados habían muerto y tres más fallecerían por las heridas recibidas. Los rebeldes salieron sin un solo rasguño.

En su diario, Raúl apuntó la conversación con los prisioneros (muchos de los cuales eran incluso más jóvenes que los rebeldes), y a pesar del tono mojigato del relato, es probablemente bastante verídico.

—¿Por qué no se rindieron antes? —preguntó con exasperación uno de los guerrilleros.

—Porque creíamos que nos matarían si lo hacíamos.

—¡Eso es lo que quiere el gobierno! —interrumpió Raúl—.
Quieren fomentar el odio entre nosotros. Pero al fin y al cabo
somos hermanos, y lamentamos la muerte de sus compañeros,
quienes son jóvenes cubanos como nosotros. Ustedes luchan
por un hombre y nosotros luchamos por un ideal.

Después liberaron a los atónitos cautivos, no sin que antes
Fidel les soltara un discurso:

—Los felicito. Se han comportado como hombres. Son libres.
Cuiden de sus heridos y váyanse en cuanto quieran.

Los guerrilleros ya les habían dado sus pañuelos y cinturones
para hacerse torniquetes. Para irritación del Che, Fidel también
les había dado algunos de sus preciados medicamentos, un pre-
cedente que siguió repitiendo durante toda la guerra.

A partir de ese momento, mostrar clemencia a los prisioneros
se convirtió en un principio central de la guerra de guerrillas.
Esta actitud suponía un marcado contraste con el tratamiento
inhumano que el ejército daba a los cautivos rebeldes y tuvo un
efecto corrosivo sobre la moral enemiga. Cuando los soldados
liberados volvían a sus unidades, hacían correr la voz sobre el
digno trato que habían recibido. Sus historias acabaron calando
hondo entre las filas del ejército y los soldados preferían rendirse antes que arriesgarse a morir o quedar heridos.

Los rebeldes estaban eufóricos con este primer bocado de
victoria. Empezaba a brillar un pequeño rayo de esperanza:
quizá la confianza demencial de Fidel pudiera tener algún
fundamento. No habían sufrido una sola baja y habían capturado un valioso arsenal, municiones y comida enlatada; «incluso ron», comentó el Che, regocijado. Por primera vez desde
la emboscada en Alegría de Pío, ahora cada hombre contaba

con algún tipo de arma. Esto sentó otro de los principios de la guerrilla: siempre que fuera posible, el ejército rebelde debía abastecerse con los bienes conseguidos del enemigo en vez de apoyarse en ayuda externa.

Aun así, el efecto propagandístico de La Plata fue mucho mayor que su valor militar. Corrió la voz de que al menos algunos de los rebeldes del *Granma* seguían con vida y cumplían con lo que habían prometido. La ejecución del beodo «explotador de los campesinos», Chicho Osorio, transmitió el mensaje a los moradores de la sierra de que las generaciones de maltrato salvaje por parte de los terratenientes serían vengadas, con lo que el respaldo local a la guerrilla aumentó repentinamente.

Tras replegarse sierra adentro, los rebeldes pronto celebraron la victoria lavándose. Pocos de los ríos por los que habían pasado eran lo suficientemente grandes como para bañarse y el campamento estaba impregnado con el perfume de sudor rancio. El Che apestaba especialmente, lo que le volvió a valer el apodo de su infancia, el Chancho (es decir, el Cerdo). Ya empezaba a ser famoso por su indiferencia casi total hacia las preocupaciones materiales: nunca se lavaba los dientes y devoraba ansiosamente cualquier comida disponible, incluso carne agusanada. Raúl era más escrupuloso. Cuando el 21 de enero finalmente acamparon al lado de un ancho e idílico río, rodeado de helechos y cascadas, se puso contento como un niño pequeño («¡Caray!»). Era la tercera ocasión en que se podía bañar desde que dejaron México, dos meses atrás. Tras nadar largo rato, durmió doce horas de un tirón.

Mientras, en Manzanillo, los lectores de las columnas de chismes todavía seguían saboreando la jugosa noticia de que Celia Sánchez, anteriormente reina de belleza y organizadora principal de actos benéficos, había sido detenida por ayudar a la guerrilla. Y, lo que era todavía más emocionante, se había dado osadamente a la fuga entre una lluvia de balas y ahora se hallaba escondida. Las familias más prósperas de Oriente estaban cautivadas por la historia. Pronto, dos docenas de las mujeres más respetables del pueblo empezaron a tantear el terreno con amigos de amigos para brindarle sus opulentas mansiones como refugio. Héctor Llópiz, un antiguo amigo de la familia, también se ofreció como guardaespaldas: la llevaba de una cómoda vivienda a otra durante las horas de la siesta y la llamaba la Paloma, su nombre en clave privado. Con el pelo corto y gafas de sol, Celia siguió operando bajo las narices de la policía.

Sus libros de cuentas de aquel periodo han llegado hasta el día de hoy en la Oficina de Asuntos Históricos de La Habana, con compras detalladas hechas para la guerrilla pulcramente apuntadas por fecha. En total, los gastos de diciembre fueron 1.956,70, y los de enero 2.094,60. También está la lista de febrero (botas para Fidel y Raúl, 19 pesos; jamón, leche enlatada y chocolate, 89,90), que ascendió a unos modestos 1.756,55. Eso significa que el costo mensual promedio de la revolución durante los tres primeros meses fue de 1.935,95; a duras penas llegaba a 65 dólares al día.

Celia también organizó una red de seguidoras jóvenes y acaudaladas que no eran miembros de pleno derecho del M-26-7 pero que se sentían inspiradas por su valentía, su compromiso y su sentido de la moda. Para irritación de Héctor, Celia se negaba a vestir de forma más discreta mientras se ocultaba e incluso llevaba llamativos vestidos a rayas durante traslados «secretos». Sus atractivas y elegantes operativas crearon un servicio de mensajería que sacaba provecho de la cultura machista cubana. Celia organizaba los viajes de las chicas de modo que siempre fueran con hombres de negocios simpatizantes, consciente de que los soldados de los puntos de control nunca se atreverían a registrar a una joven en compañía de un caballero adinerado y mayor: habría supuesto una falta de respeto.

También organizó equipos de mujeres jóvenes para coser uniformes, escribir cartas de apoyo a los rebeldes o pedir donativos. Quizá lo más crucial fue una red de teleoperadoras en la compañía telefónica AT&T, que intervenían líneas del gobierno; en Manzanillo había incluso una chica que trabajaba ante una ventana que daba a la estación de policía y desde allí podía controlar sus movimientos. En una ocasión pudo avisar a Celia de que estaban a punto de irrumpir en su casa segura, lo que le dio tiempo de escapar con una cuerda hecha con sábanas desde una ventana elevada en la parte de detrás del edificio.

El aprendizaje de los guerrilleros no fue continuo; a menudo daban un paso adelante y dos atrás. A pesar de la modesta victoria obtenida en La Plata, el minúsculo ejército rebelde todavía tenía mucho camino por andar antes de convertirse en una amenaza seria para los que estaban al mando. «A nuestra columna le faltaba cohesión», se quejó más adelante el Che; no tenían espíritu de equipo ni «conciencia ideológica» (lo que, a su parecer, era peor). También eran tremendamente inexpertos. La propia carrera militar gloriosa del Che en la guerrilla estuvo a punto de terminar prematuramente cuando un nervioso Camilo lo divisó en la distancia ataviado con un casco del ejército que había tomado como botín de guerra en La Plata. Asumiendo que se trataba de una avanzada de una patrulla enemiga, Camilo intentó dispararle a bocajarro. Por suerte falló; su rifle se atascó y el Che pudo identificarse. En vez de hacerlos pasar a la acción, el sonido de los tiros hacía que todos los hombres se lanzaran de cabeza a los matorrales para esconderse.

La frágil confianza que habían conseguido pronto fue puesta a prueba. En la mañana del 30 de enero, los guerrilleros preparaban el desayuno en un hornillo, situados en un claro elevado, cuando oyeron el sonido de aviones que sobrevolaban la zona. Las bombas empezaron a silbar desde los B-26 cedidos por Estados Unidos; el paisaje entero empezó a estallar repentinamente alrededor de los hombres. El hornillo quedó partido por la mitad y los aterrorizados rebeldes se dispersaron por la jungla.

Tardaron varios días en reagruparse en la cueva que habían designado como punto de encuentro, donde pasaron rachas agónicas de hambre y sed que les volvieron a traer a la memoria los oscuros días posteriores al desembarco del *Granma*. Pero mirando el lado positivo, a pesar de la conmoción y la confusión todos consiguieron escapar con sus armas y reencontrarse sanos y salvos. Raúl y el Che habían asumido cada uno el comando de dos de los tres grupos dispersos; a estas alturas ya se les consideraba los dos líderes más capaces después de Fidel.

La precisión del bombardeo era sospechosa; casi parecía que los militares conocieran su ubicación exacta. El único motivo por el que pudieron ponerse a cubierto y evitar la catástrofe fue porque Fidel, guiado por un sexto sentido, había desplazado el campamento unos cuantos cientos de metros más arriba de la montaña esa misma mañana. Como el Che advirtió secamente, la fuerza aérea mostró «una exhibición única de puntería, nunca más igualada durante el resto de la guerra». Los rebeldes llegaron a la conclusión de que lo que debió alertar a los bombarderos que pasaban por ahí fue el humo del hornillo.

Encontrar a nuevos reclutas era otro problema. Los urbanitas quedaban invariablemente estupefactos ante lo dura que podía llegar a ser la vida en la sierra. De los nueve voluntarios que subieron andando desde Manzanillo para unírseles a principios de febrero, cinco se rindieron a los pocos días de hacer vivac en la selva; uno dio la excusa de haber contraído tuberculosis. Los campesinos resultaron más resistentes, pero las deserciones seguían siendo una plaga. El Che empezó a reconocer a los posibles renegados cuando veía «la mirada de un animal atrapado» en sus ojos. Un recluta acabó por desmoronarse por completo: empezó a soltar gritos enloquecidos de que «lo perseguían los aviones y no había ningún lugar donde esconderse, ni comida ni agua», y tuvieron que enviarlo de vuelta a casa.

Para mantenerlos a raya, Fidel soltó un discurso declarando que a partir de ese momento se aplicaría la pena de muerte por «deserción, insubordinación y derrotismo». Pero la deserción en la sierra ya contaba con sus propios peligros: un desafortunado recluta adolescente, Sergio Acuña, huyó de los rebeldes solo para caer en manos del ejército. Lo torturaron, le dispararon cuatro veces y lo colgaron. Cuando descubrieron el cadáver del chico, el Che comentó fríamente que «se trataba de una gran lección para la tropa».

Ya había corrido la voz por toda Cuba del ataque en La Plata, pero todavía no había pruebas definitivas de que Fidel estuviera vivo. El comandante decidió encargarse del asunto. Envió instrucciones a Celia para que llevara a las montañas, en secreto, a un periodista estadounidense para una entrevista; debía pertenecer a uno de los periódicos más importantes para que el mundo entero pudiera conocer la historia del engaño de Batista. Celia transmitió la orden a los agentes del M-26-7 en La Habana, donde el veterano del *Granma* Faustino Pérez había sido enviado para supervisar operaciones, y en pocos días la propuesta llegó a los medios.

En pocas horas, en la redacción de un periódico en el centro de Manhattan se tomaría una decisión que cambiaría el destino de la Revolución.

CAPÍTULO 12

Resucitado de entre los muertos

(Febrero de 1957)

A LAS 5:30 DE la tarde del viernes 15 de febrero sonó el teléfono en una *suite* del hotel Sevilla-Biltmore, situado en el centro de La Habana.

—Lo recogeremos en una hora —entonó la voz al otro lado de la línea en inglés, con un acento marcado—. Asegúrese de estar listo.

El invitado, el escritor del *New York Times* Herbert Matthews, había recibido instrucciones de vestirse como un turista estadounidense rico en un paseo de pesca; dado su seco talante académico, no le resultó demasiado difícil cumplir con la tarea. (Anthony DePalma, biógrafo de Matthews, lo describe como «un hombre alto, delgado, medio calvo, que vestía con sencillez, callado como una tumba, preciso como un reloj suizo»). Matthews, uno de los corresponsales de guerra más famosos de su generación, acababa de preparar su equipaje con botas de montaña, un abrigo, una mochila y una desenfadada gorra plana negra. Su mujer, Nancie, quien lo acompañaría durante

parte del viaje, no estaba demasiado contenta por la poca antelación del aviso. Se preparaba para teñirse el pelo y dijo que le
era imposible estar lista en una hora. Matthews le recordó que
no iban a un club de lujo sino que se trataba de un trayecto que
duraría toda la noche para reunirse con los revolucionarios. La
moda no era una prioridad.

Para irritación de Nancie, los agentes del M-26-7 no se presentaron en una hora ni en dos. Para matar el tiempo, el matrimonio se fue de paseo al bar que tenían al lado, el Floridita,
uno de los favoritos de su buen amigo Ernest Hemingway, para
disfrutar de un daiquirí helado.

Más tarde, al atardecer, un flamante Plymouth apareció al
fin con Javier Pazos al volante, el hijo activista de un banquero;
con él iba una pareja joven a los que presentó como Marta y
Luis. Más adelante Matthews supo que la atractiva y acica-
lada Marta no era otra que Lilian Mesa, otra celebridad social
convertida en simpatizante del M-26-7. («El extremo al que las
mujeres de Cuba se dejaban llevar en su pasión por la rebelión
era extraordinario», escribió Matthews más tarde, «puesto que,
como todas las mujeres latinas, han sido criadas para vivir vidas
protegidas, privadas y sin implicarse en política»). Luis era en
realidad Faustino.

Mientras el coche enfilaba la oscura y vacía carretera central
(la autopista central de dos carriles que recorre la isla de punta
a punta), los viajeros charlaban sobre el movimiento revolucionario y cantaban canciones cubanas. Matthews estaba emocionado por la aventura; Nancie, cansada e irritable.

El fin de semana siguiente acabaría convirtiéndose en uno
de los mayores puntos de inflexión de la revolución debido a las
tres importantes tramas que fueron desarrollándose de forma
paralela. La primera y más famosa fue la operación para hacer
llegar en secreto al reportero del *Times* a la sierra. Pero Fidel

también había aprovechado la oportunidad para invitar a los líderes del M-26-7, conocidos como el Directorio Nacional, para reunirse con él en las montañas y hablar de cómo lograr que la rebelión se recuperara tras un arranque tan desastroso. En Santiago, Frank País llevó su reluciente Dodge, el Amenaza Roja, hacia el aeropuerto para recoger a Haydée Santamaría y su nuevo esposo, el abogado Armando Hart, que llegaban en avión desde La Habana. Iban a encontrarse con Celia en Manzanillo y después subirían caminando sierra adentro juntamente con Matthews y Vilma Espín, una despampanante joven de una familia pudiente de Santiago que era ya la agente clandestina más importante después de Frank en la ciudad; hija de un abogado de Bacardí, el fabricante de ron, había estudiado Ingeniería Química en el Instituto Tecnológico de Massachusetts en Boston durante un año y podía desempeñar la función de traductora del inglés. El grupo, repleto de eminentes figuras, llevaba consigo cigarros, caramelos y jamón como regalos para la guerrilla, y como fachada, llenaron el maletero del Dodge con bebidas embotelladas y un pastel en una caja, para decirles a los soldados de los puntos de control que iban a una boda.

La tercera escena importante que tendría lugar ese trascendental fin de semana es la menos conocida: la guerrilla celebraría el primer juicio donde impartieron la «justicia revolucionaria» a un traidor.

EL VIAJE DE Matthews fue la recreación moderna del de Stanley a lo largo de África para encontrar a Livingstone. La compleja planificación logística había empezado un mes atrás, cuando simpatizantes del Movimiento tantearon el terreno con la única corresponsal permanente que vivía en La Habana, Ruby Hart Phillips, del *New York Times*. Phillips era una veterana reportera que fumaba como un carretero y hablaba a la velocidad del rayo; parloteaba con tanto nervio que parecía un personaje salido de *Ayuno de amor*, película de 1940 (aunque para eludir el machismo imperante en los años cincuenta firmaba como «R. Hart Phillips» para disimular su género, de modo que la tomaran en serio). El M-26-7 contactó con ella por conducto de un pilar de la clase dirigente cubana: Felipe Pazos, padre de Javier, exdirector del Banco Nacional y uno de los economistas más importantes del país. Pazos padre conocía bien a Phillips gracias a su pertenencia de décadas a las altas esferas de la economía y aceptó ayudar a su hijo con precaución.

Cuando se encontraron, Phillips casi desveló el secreto al momento, según relata DePalma en el libro *El hombre que inventó a Fidel*.

—¿Tiene contacto con Fidel Castro? —preguntó ella sin pensar delante de varios de sus asistentes, para horror de Pazos—. No me lo puedo creer.

La metedura de pata era especialmente peligrosa porque había un censor del gobierno en el *Times* a jornada completa, para controlar las llamadas telefónicas y los telegramas; por suerte, nadie advirtió el error.

Phillips sabía que ser la primera periodista que entrevistara a Fidel supondría un golpe maestro. Los reporteros modernos solo pueden añorar el poder que tenía la prensa en los años cincuenta, cuando las fuentes de información eran limitadas y los testimonios de testigos, distribuidos por el mundo entero, tenían un impacto enorme y podían cambiar el curso de la historia. Pero Phillips no quería escribir la historia, y no solo porque eso implicara una ardua caminata nocturna por el territorio más abrupto de Cuba: era una figura de referencia entre la comunidad extranjera en Cuba y tenía una cómoda casa en

La Habana, amigos locales y lazos familiares. Sabía que, si participaba directamente, la deportarían. En vez de implicarse en persona, envió un críptico telegrama a la oficina del *Times* en Manhattan pidiéndole con apremio a Herbert Matthews que saliera a toda prisa hacia La Habana.

Matthews, a pesar de su edad y de padecer problemas cardiacos, era la opción más evidente. Figura imponente de la edad de oro del periodismo, había cubierto casi cada historia importante del siglo xx. Luchó en la Primera Guerra Mundial, vivió en París durante los años treinta y fue reportero en la invasión italiana de Abisinia y en la guerra civil española, durante la cual se había implicado con pasión en la causa de los republicanos destinada al fracaso, del mismo modo que hicieron George Orwell y Hemingway. Durante la Segunda Guerra Mundial fue hecho prisionero en Italia, liberado y había vuelto a tiempo para cubrir la llegada de los aliados. Después empezó a viajar por toda Latinoamérica y desarrolló un raro interés por la política cubana. Fue Matthews quien escribió el editorial en el *Times* maravillándose ante la «locura» del desembarco del *Granma*.

Llegó a La Habana sin tener ni idea de lo que le esperaba. Cuando Phillips le explicó que tendría la oportunidad de entrevistar a Fidel en la sierra, dio un salto ante tal posibilidad como la última gran exclusiva de su carrera. A pesar de su carácter reservado, en el fondo era todo un aventurero y sentía la necesidad de brindar su apoyo a esta quijotesca «rebelión juvenil» (como la describió Phillips) contra Batista.

Javier Pazos quedó visiblemente atónito ante la edad de Matthews y su aparente fragilidad. Con su traje hecho a medida y una pipa entre los dientes, parecía más bien un serio catedrático de Princeton que un curtido corresponsal de guerra.

—¿Enviará a alguien para que venga de Nueva York? —preguntó Pazos educadamente.

—No —respondió Matthews, seco—. Iré yo mismo.

El trayecto desde La Habana hasta Oriente les llevó toda la noche, con paradas rutinarias para tomar café bien endulzado. Pasaron control tras control: los soldados los dejaban seguir con un solo vistazo a Matthews, enfundado en su traje de sastre y a la madura Nancie con su turbante blanco. Tan solo eran dos estadounidenses de viaje para hacer deporte con tres jóvenes amigos de aspecto respetable.

Pasaron la tarde descansando en una casa del Movimiento en Manzanillo, propiedad de dos maestros de escuela, donde Nancie iba a quedarse. Tras caer la noche, un *jeep* conducido por un campesino de confianza llegó para llevar a Matthews y Pazos al punto de partida del camino (Vilma y Lilian subirían por separado, con Frank y otros). Los soldados solo los detuvieron una vez más; en esta ocasión Matthews dijo ser el propietario de una plantación que venía de visita. Condujeron por una enmarañada red de carreteras de tierra sin señalizar, a través de silenciosos cañaverales. Llegaron al punto de salida a medianoche y empezaron a adentrarse en la húmeda jungla. Según el guía y conductor, Felipe Guerra Matos, mientras vadeaban un riachuelo Matthews resbaló con una roca y cayó.

—¡El americano se ha jodido! —gritó Guerra.

Corrió hacia él y le tendió la mano derecha, preocupado ante la idea de que se hubiera roto una pierna o torcido el tobillo. Pero Matthews se limitó a levantarse con una risa despreocupada y la pipa todavía entre los dientes. Por suerte, la mochila en la que llevaba su cámara compacta no había sufrido daños.

Cuando llegaron al punto de reunión no había nadie esperándolos. Los dos cubanos exploraron la zona durante dos horas, silbando suavemente para avisar a su contacto mientras Matthews esperaba sentado a oscuras, echando una cabezadita hasta que los mosquitos lo despertaban.

Finalmente salió de entre las sombras un nuevo guía y los acompañó durante el resto del camino. Eran las cinco de la mañana cuando llegaron a una granja, donde un pequeño grupo de guerrilleros esperaban a Fidel. El edificio se encontraba a mucha menos altura que otros escondites de la sierra y estaba mucho más expuesto; de hecho, a pesar de lo escarpado del terreno solo estaba a cuarenta kilómetros en línea recta de Manzanillo. Fidel había elegido esa arriesgada ubicación porque era accesible y el propietario era un partidario fiel del M-26-7; sus dos hijos se encontraban entre los primeros soldados voluntarios.

Los rebeldes tendieron una sábana en un claro para que Matthews pudiera descansar. Raúl recordaba la frase «*How are you?*» («¿Cómo está?») en inglés, pero no pudo entender la respuesta. Por suerte, Matthews todavía recordaba suficiente español de su época en la guerra civil española como para defenderse. Desayunando galletas saladas secas y café, ambos charlaron en susurros sobre sus vidas; Fidel ya les había instruido qué debían decirle al reportero. Un hombre explicó que se había ofrecido como voluntario porque los soldados sacaron a su hermano a rastras de su casa y lo mataron de un tiro.

—Prefiero estar luchando aquí para Fidel, que en cualquier otro lugar del mundo —declaró.

Fidel hizo una aparición teatral. Sin avisar, con los primeros rayos del alba, los matorrales se abrieron soltando una llovizna de rocío y se plantó en el claro a zancadas, ataviado con un uniforme militar nuevo y una gorra caqui, su querido rifle al hombro. Como presentación se puso a presumir ante Matthews de la mirilla telescópica de su arma, jactándose de poder darle al soldado que quisiera desde casi un kilómetro de distancia.

Matthews entrevistó a Fidel durante las tres siguientes horas, con Vilma como traductora de refuerzo. Con su distintivo talento melodramático, Fidel se acuclilló al lado de Matthews y le habló en susurros, con lo que cada palabra parecía una confidencia íntima y apremiante.

Había preparado cuidadosamente el espectáculo para la reunión. De hecho, de no haber sido un revolucionario, habría tenido una carrera estelar en el mundo de la publicidad. En concreto, Fidel quería dar la impresión de que el ejército rebelde era una fuerza mucho mayor y más organizada de lo que lo era. Los dieciocho maltrechos guerrilleros se habían lavado y acicalado lo mejor posible, aunque muchos todavía llevaban uniformes rasgados y botas sujetas con alambre; uno tenía que caminar de lado para que Matthews no viera que su camisa no tenía tela por detrás. En un último toque teatral, Raúl aleccionó a un mensajero para que llegara sin aliento e interrumpiera la entrevista con una misiva del «segundo frente», que no existía.

—Espérate a que acabe —ordenó tranquilamente el comandante.

Fidel habló con arrogancia de pelotones de «diez a cuarenta» guerrilleros que patrullaban por la sierra, lo que coincidía con los informes sobre una gran fuerza rebelde que Matthews había oído de boca de Ruby Hart Phillips y otras fuentes en La Habana.

Más adelante afirmó que había llevado a cabo un engaño todavía más atrevido, ordenando a sus dieciocho hombres que salieran del campamento y se cambiaran de uniforme antes de volver a entrar, para que el reportero tuviera una percepción inflada de su número real. Anthony DePalma, quien escribió el relato más detallado de la reunión, defiende la reputación de Matthews: considera tales artificios bastante «improbables» dada la topografía de la granja, aunque añade que solo Fidel conocía la verdad. Aun así, difícilmente resulta una historia increíble. Cuando Fidel declaró, por ejemplo, que contaban con cincuenta rifles con mirilla telescópica, Matthews aceptó la exageración sin cuestionarla.

Por lo que haya sido, la maniobra de Fidel funcionó. Matthews se llevó la impresión de que había cuarenta hombres en el campamento, más del doble de los que eran en realidad, y que la guerrilla contaba con unos doscientos soldados. En parte esto también pudo deberse a la propia disposición previa del periodista: el veterano estadounidense se sentía atraído por esta causa que llevaba las de perder, igual que le había pasado en la guerra civil española. (Tal como Fidel le confió más adelante al Che, «El gringo ha estado muy amable y no ha hecho ninguna pregunta complicada»).

CUANDO LLEGÓ EL momento de irse, Matthews sabía que necesitaría pruebas de que la entrevista había tenido lugar, así que le pidió a Fidel que firmara la última página de sus notas. Las palabras siguen en un trozo de papel recortado en el archivo de la Universidad de Columbia: una única línea, escrita cuidadosamente: «*Fidel Castro, Sierra Maestra, febrero 17 de 1957*». Después pidió a un soldado que le tomara una foto, con la cámara compacta, sentado junto al comandante.

Matthews fue escoltado de vuelta a Manzanillo, donde se reunió con Nancie para volar a La Habana. De vuelta en la ciudad cenaron con sus célebres amigos, Ernest y Mary Hemingway, en la casa de estos, Finca Vigía, en la periferia sureste. En el taxi hacia el aeropuerto, Matthews se preguntaba cuál podría ser la mejor forma de pasar sus notas por la aduana cubana. Si los agentes veían la firma de Castro, confiscarían las páginas y sería detenido. A Nancie se le ocurrió la idea de pasarlas escondidas en su faja. Tras el despegue, se metió en el baño del avión y se las sacó. Matthews empezó a escribir su historia directamente, durante el vuelo.

Algo antes, esa misma mañana de febrero, se había producido otra reunión que resultó igual de significativa para la guerra de guerrillas.

Poco después del alba Celia subía la ladera de una montaña con Frank País (ella, con una camisa blanca y pantalones de vestir; él, completamente preparado para la batalla con uniforme caqui, rifle y casco), guiados por dos mozos de granja. Flotaba una leve niebla por las húmedas montañas cuando entraron en un claro y se encontraron con Fidel y su guardaespaldas, Ciro Redondo. Era la primera vez que Fidel veía en persona a la famosa Norma, cuya milicia de campesinos le había salvado la vida. La suya fue una de las grandes colaboraciones revolucionarias de la historia, cuya importancia ha quedado un tanto a la sombra de otras como, por ejemplo, el bromance entre Fidel y el Che.

Por desgracia nadie registró la conversación entre Celia y Fidel, por lo que no hay ninguna indicación de si hubo una atracción inmediata. Aun así, ha sobrevivido una bonita fotografía de ese fin de semana donde se ve a Fidel mostrándole su rifle telescópico, la niña de sus ojos. Ella, también aficionada a las armas, lo mira con fascinación genuina. La esbelta y morena «hija del doctor» era en muchos aspectos la pareja perfecta para Fidel: siete años mayor que él, había crecido entre los campos, corriendo salvajemente de un lado a otro, y se sentía completamente cómoda viviendo en el exterior. Y, más importante aún, compartía la monomanía de Fidel por la causa.

LA REUNIÓN ENTRE Fidel y Celia no fue el único romance incipiente que empezó en ese pícnic. Raúl registró brevemente la presencia de una tal «V-A Espina», Vilma Espín, «la simpática santiaguera que tan útil ha sido al Movimiento 26 de Julio». Se habían conocido en un breve encuentro cuando ella hizo una visita a México, aunque la «cita» que acordaron para practicar tiro al blanco quedó en nada; desde entonces, Vilma fue ascendiendo entre las filas hasta convertirse en indispensable en Santiago.

Vilma, por su parte, estaba más intrigada por conocer al doctor Che Guevara, quien ella y los demás imaginaban que debía de estar en la cuarentena o cincuentena por los estudios que mostraba tener y por la amplitud de su experiencia revolucionaria.

—Déjame verte la cara —recuerda haberle pedido al argentino—. Ay... pero... ¡eres un chico muy joven! ¿Cuántos años tienes?

El Che le dijo que tenía veintiocho.

—¡Pero si todos nos pensábamos que serías un hombre mayor! No tienes acento argentino.

—Eso es porque soy internacional —bromeó él.

Vilma no pudo evitar fijarse en que los pantalones del Che se le habían descosido en la entrepierna, con lo que se le veía la ropa interior. Ella, Celia y Haydée pusieron manos a la obra y los zurcieron ahí mismo.

Bien avanzada la tarde, cuando Matthews ya se había ido del campamento, Fidel convocó a una cumbre del M-26-7 en una tienda improvisada levantada para la ocasión. A Celia, Raúl, el Che, Vilma y Frank se les unieron los demás cabecillas del Movimiento, incluidos Haydée, Faustino y Armando Hart. Muchos eran viejos amigos que no se habían visto desde México. «Abrazos apretados, alegría colectiva», apuntó Raúl en su diario. «Hemos pasado un día muy feliz comiéndonos los dulces que nos han traído». El Che comentó que las golosinas «provocaron, naturalmente, una serie de indigestiones». También escribió en su diario personal que había quedado impresionado ante el compromiso mostrado por Celia y Vilma, pero con una pésima falta de caballerosidad, desestimó a la famosa Lilian Mesa como poco más que una *groupie* de la guerrilla: era, a su parecer, «una gran admiradora del Movimiento que a mí me parece que quiere coger más que otra cosa».

Aunque la reunión fue apasionante, tanto Celia como Frank quedaron estupefactos por el estado en que se encontraba el ejército rebelde. Por lo que podían ver, la fuerza de dieciocho hombres estaba hecha un desastre y las posibilidades de que atraparan y asesinaran a Fidel en cualquier momento eran elevadísimas. Mientras comían estofado de pollo, arroz y raíz de ñame, la pareja intentó convencerlo para que abandonara la lucha armada y volviera a empezar de nuevo en México. Quedaron atónitos ante la respuesta de Fidel:

—Solo necesitamos unas cuantas miles de balas y unos refuerzos de veinte hombres armados —declaró—, y ganaremos la guerra contra Batista.

Los guerrilleros se encogieron de hombros (ya estaban acostumbrados a sus alardes), pero los líderes de la ciudad estaban desconcertados ante su confianza. Fidel argumentó que si dejaban la sierra ahora, perderían el empuje que ya habían ganado; tardarían años en poder volver a atacar y los cubanos perderían la fe que habían depositado en él. Frank y Celia aceptaron a regañadientes equipar a nuevos reclutas en Manzanillo y enviárselos.

Para sus adentros, ambos tenían ciertas preocupaciones. Fidel era desorganizado, caprichoso y dado a rabietas quisquillosas. Celia, en particular, se horrorizó al descubrir que se ponía a pisotear sus anteojos cada vez que se enojaba; el tremendo desafío logístico que suponía conseguirle unos de repuesto hacía que esta falta de autocontrol fuera grotescamente infantil. A Frank también le preocupaba la evidente falta de disciplina del ejército: hasta las armas estaban cubiertas de barro y grasa. Mientras charlaba con ellos, empezó a limpiarlas como quien no quiere la cosa, un regaño silencioso que los rebeldes se tomaron muy en serio. Pero lo más peligroso era la falta de juicio que podía llegar a mostrar Fidel. Confiaba demasiado fácilmente en las personas.

El tercer gran drama de ese trascendental fin de semana fue el juicio del guía campesino más importante de la guerrilla, Eutimio Guerra. Bajito, enjuto y rebosante de una alegría contagiosa, Eutimio había sido uno de los favoritos de Fidel y sus hombres desde que los acogió en su granja cerca del pico Caracas seis semanas atrás: los atiborró con cochinillo y café con coñac y miel, y los dejó dormir en el recinto donde celebraba peleas de gallos. Parecía la encarnación misma del «noble labriego» que llevaría a la revolución a la victoria, y pronto acabó convirtiéndose en su guía de montaña de tiempo completo. Demostró una capacidad casi sobrenatural para cruzar las líneas enemigas y volvía de incursiones solitarias a Manzanillo cargado de valiosos tesoros como latas de leche condensada, cajas de habanos y linternas que funcionaban.

Su aparición coincidió con una desconcertante ristra de situaciones desafortunadas en la sierra, incluido el bombardeo aéreo del 30 de enero que casi diezmó al ejército rebelde. Las sospechas de Fidel despertaron por accidente diez días después, cuando un granjero cargado de boniatos le informó de que había ciento cuarenta soldados reunidos cerca de ahí y añadió casualmente que Eutimio se encontraba con ellos. Incrédulo, Fidel interrogó a fondo al aldeano y advirtió que el ejército estaba peligrosamente a punto de rodearlos por completo. Aunque no lo quería creer, empezó a atar cabos hasta que dio con un patrón de la traición. Aun así, cuando transmitió sus sospechas a los demás, estos reaccionaron con escepticismo.

Usando la mirilla de su rifle telescópico, Fidel observó que, efectivamente, Eutimio estaba con una tropa enemiga en una lejana hondonada. Segundos después empezaron a silbar las balas a su alrededor: un recluta que estaba justo a su lado recibió un disparo en la cabeza y murió al instante. En la desesperada retirada posterior, el Che perdió sus medicinas, sus libros e incluso su rifle. La guerrilla se dividió en dos grupos y se dieron a la fuga, huyendo durante cuatro días. Solo consiguieron reunirse justo antes de la reunión con Matthews.

El camino de Eutimio a la traición había empezado a finales de enero, cuando el ejército lo apresó y lo puso entre la espada y la pared: o lo colgaban del árbol más cercano o le daban una recompensa de diez mil pesos en efectivo, unas tierras de cultivo excelentes y una posición en la Guardia Rural si los conducía hasta la guerrilla o asesinaba a Fidel. Ahora, la prueba de su traición arrojaba nueva luz sobre la reciente «mala suerte» de los revolucionarios. El ataque aéreo del día 30 había sido extrañamente preciso porque el propio Eutimio volaba en un avión de reconocimiento y señaló la ubicación exacta del campamento. (Los hombres se sintieron especialmente resentidos porque había pedido unos días libres para «visitar a su madre enferma» y Fidel, conmovido, incluso le dio dinero para el viaje). También había estado a poco de asesinar a Fidel. En una noche especialmente fría, durmió junto al comandante en la misma cabaña y compartieron manta; la pistola de Fidel descansaba a centímetros de su cabeza. Más tarde, el Che achacó a la «cobardía» de Eutimio el hecho de que no apretara el gatillo. Pero es más probable que llegara a la conclusión de que, si asesinaba a Fidel en un campamento rodeado de centinelas, no saldría de ahí con vida.

La tarde después de que Matthews se marchara, un guerrillero irrumpió en el campamento corriendo a toda prisa y gritando:

—¡El bicho! ¡El bicho! ¡Ahí está el bicho!

Eutimio se dirigía caminando hacia ellos, ignorante de que su traición había sido descubierta. Fidel instruyó a todos los hombres apostados en el camino que lo saludaran cálidamente y lo hicieran sentirse confiado hasta llegar más cerca. Entonces, el forzudo veterano del *Granma* Ciro Redondo le dio a Eutimio un abrazo de oso y se negó a soltarlo. Otro rebelde salió de entre los matorrales con una metralleta y lo desarmó.

—¿Pero qué pasa? —preguntó Eutimio—. ¿Se han vuelto locos?

Cuando lo cachearon y encontraron dos páginas dobladas en el bolsillo de su camisa, el granjero palideció.

—No lean eso —suplicó—. Denme un tiro, pero no lean eso.

Se trataba de salvoconductos emitidos por el ejército, de modo que pudiera cruzar las filas de un lado a otro.

Cuando fue llevado esposado ante la asamblea de la guerrilla para enfrentar la «justicia revolucionaria», cayó de rodillas suplicando que le dispararan para terminar ya con su suplicio, pero Fidel lo interrogó antes de dictar la sentencia de muerte. Después Ciro le soltó un sermón adoptando el tono de un amigo herido, enumerando los muchos favores que le habían dispensado y el dolor que les causó su traición. La muerte de su compañero por culpa de su alevosía negaba la posibilidad de mostrarle clemencia.

Los detalles completos del desenlace del juicio, nunca publicados en Cuba, solo se revelaron cuando Jon Lee Anderson, biógrafo del Che, pudo acceder a sus diarios sin editar. Las nubes se arremolinaban sobre los hombres, quienes de pie y con expresión lúgubre contemplaban a su antiguo amigo. Pronto la llovizna se convirtió en una tormenta con rayos y truenos. Fidel dictó su veredicto, pero no eligió al verdugo. En vez de ello, se limitó a escapar de la lluvia y se refugió bajo un árbol. Los demás rebeldes se quedaron plantados en medio de un incómodo silencio; nadie se atrevía a ejecutar la sentencia.

Fue el Che quien finalmente dio un paso al frente. «La situación era incómoda para la gente y él», apuntó en su diario, «de modo que acabé el problema dándole en la sien derecha un tiro de pistola .32». También añade, clínicamente, que el «orificio de salida» se hallaba en el «temporal derecho».

El sonido de la pistola se perdió entre el estampido de los potentes truenos. La ejecución, comenta Anderson, fue un elemento más que acrecentó el aura mística cada vez mayor que rodeaba al Che. Ya contaba con la reputación de tener una valentía que bordeaba la temeridad, como si quisiera compensar su asma. Ahora mostraba una visión tan clara como implacable de la revolución. A partir de ese momento fue él quien llevó a la práctica, a sangre fría, las decisiones más difíciles.

Pero estaba más alterado de lo que dejaba ver a los demás. En su diario registra lo que parece haber sido una alucinación: mientras intentaba quitarle un reloj atado con una cadena al cinturón de Eutimio, oyó que el muerto le decía: «Arráncala, chico, total...». El Che también describió cómo pasaron la noche: «Dormimos mal, mojados y yo con algo de asma». Fue el principio de un ataque respiratorio que le duró diez días. En público mostraba una fachada más dura. Como más adelante escribió sobre el incidente en el periódico clandestino de los rebeldes, la «etapa tímida de la revolución» llegaba a su fin.

El 24 de febrero, el relato de Herbert Matthews apareció en primerísima plana de la edición dominical del *New York Times*: VISITA AL REBELDE CUBANO EN SU ESCONDRIJO. La primera línea ya marcaba el tono de emoción que transmitía el artículo entero: «Fidel Castro, el líder rebelde de la juventud de Cuba, está vivo y luchando arduamente y con éxito en la escabrosa y casi impenetrable fortaleza de la Sierra Maestra...». Fue un rotundo éxito publicitario. Los lectores supieron que la flor y la nata del ejército de Batista estaban enzarzados en una «batalla que, por ahora, van perdiendo» contra la guerrilla. La historia iba acompañada de una foto de Fidel saliendo de la selva con su querido rifle, mirando al futuro con expresión de serena convicción. Matthews lo describió como «un hombre notable: de más de metro ochenta, cara redonda, tez olivácea», que mostraba una «elocuencia extraordinaria» y una «personalidad arrolladora». Destacó su juventud, sus «refulgentes ojos cafés» y su compromiso admirable con la destrucción del corrupto orden político de Cuba: una mezcla entre Pancho Villa y James Dean.

Matthews también presenta a Fidel como «moderado». Era, según él, un nacionalista cubano sin otra intención política: «Por encima de todo, estamos luchando por una Cuba democrática y por poner fin a la dictadura». También hablaba en tono conciliador sobre Estados Unidos. («Pueden estar seguros de que no guardan ninguna animosidad hacia Estados Unidos y los estadounidenses»). Pero la de Matthews tampoco era una descripción libre de crítica, constatando que Fidel contaba con poca comprensión de los problemas económicos, sus planes de gobierno eran vagos y tampoco es que lo presentara como un genio militar. Aun así, la conclusión era contundente: «A juzgar por el aspecto de las cosas, el general Batista no puede ser capaz de suprimir la revolución de Castro. Su única esperanza es que una columna del ejército se tope con el joven líder rebelde y lo barra de la faz de la tierra, cosa que difícilmente sucederá». Se trataba de un sorprendente impulso para un ejército de dieciocho hombres que solo sumaban una pequeña victoria y que, de hecho, casi habían sido erradicados por completo unos días antes.

La entrevista y los dos artículos de seguimiento supusieron un duro golpe para Batista, dejando en ridículo sus afirmaciones de que Fidel estaba muerto y de que la sierra estaba rodeada por un «anillo de acero» a través del cual ningún rebelde podría pasar, y mucho menos periodistas extranjeros de mediana edad. Los censores del gobierno se apresuraron a censurar la historia en Cuba: los empleados se dedicaron a recortar con tijeras todos y cada uno de los ejemplares del *Times* enviados a hoteles y puestos con periódicos en inglés. Pero la pieza había cobrado vida propia. Los viajeros estadounidenses trajeron consigo ediciones del periódico. Partidarios del Movimiento que estaban en Nueva York reunieron más de tres mil copias y las enviaron a cada entrada del directorio social de La Habana. Traducciones al español se leían con ansia y pasaban de mano en mano por todo el país, desde los pasillos de las universidades hasta las cocinas de restaurantes o gasolineras. Para coincidir con la publicación, el M-26-7 también hizo circular un panfleto escrito por Fidel en un llamado al alzamiento general del pueblo cubano. (El único guerrillero que quizá no estuvo demasiado emocionado por la historia del *Times* fue Juan Almeida, cuyo nombre fue escrito incorrectamente como «Ameida» y a quien se describió de forma poco halagüeña como un «negro bajo y fornido», con una «brillante sonrisa siempre a punto y ganas de publicidad». La historia del *Times* fue tan leída que una chica de la sierra profunda más adelante elogió a Almeida por ser más esbelto de lo que parecía en la descripción del estadounidense).

Lo siguiente que hizo Batista fue quedar todavía más en ridículo. Ordenó a su ministro de Defensa que declarara que el artículo se trataba de una completa farsa, tildándolo de ser «un capítulo de una novela fantástica». Como no se publicó ninguna foto de Matthews y Fidel juntos, la reunión nunca había tenido lugar. Al día siguiente, el *Times* imprimió una imagen de la cámara de Matthews donde se veía a Fidel encendiendo un habano al lado del periodista, que posaba, cuaderno en mano, con su gabardina negra y la gorra plana.

De golpe, tanto Fidel como su buena fortuna habían resucitado. A partir de entonces lo verían como el héroe romántico, el Robin Hood de Cuba, mientras que Batista fue retratado ya como estúpido y mentiroso. Más adelante, una revista de Nueva York publicó una caricatura de Fidel con uno de los eslóganes más famosos del diario: «Conseguí mi empleo gracias al *New York Times*».

La siempre detallista Celia le envió a Ruby Phillips, la corresponsal del *Times*, una nota de agradecimiento firmada por Fidel en una cesta tejida a mano con musgo y adornada con orquídeas.

CAPÍTULO 13

La viciosa Habana

(Primavera de 1957)

L A ATENCIÓN QUE Fidel recibió por la historia del *New York Times* a mediados de febrero supuso tanto una inspiración como una amenaza para el resto de los revolucionarios cubanos. Su aura de misterio implicaba que estaba destinado a convertirse en la cara pública de la resistencia contra Batista. Pero aunque Fidel y sus guerrilleros habían causado sensación a nivel internacional, seguían siendo solo una parte del rico panorama que formaba la oposición cubana. La isla era un hervidero de organizaciones revolucionarias clandestinas que trazaban sus propios planes para derribar al dictador, además de facciones rebeldes secretas dentro del ejército y grupos de exiliados cubanos en Estados Unidos. No había ningún tipo de coordinación entre ellos. La participación en varios de estos movimientos tampoco era necesariamente coherente. En Miami, el millonario expresidente Prío proporcionó dinero tanto al M-26-7 como a un grupo paramilitar rival para llevar a cabo invasiones anfibias. Por otro lado, el Partido Comunista de Cuba se mostró sorprendentemente indiferente al alzamiento de Fidel y lo desestimaron, tildándolo de «arriesgado».

También había una división básica dentro del mismo M-26-7. Los numerosos revolucionarios de la ciudad, a los que se los apodó como «el Llano», tenían una idea de cómo actuar muy diferente a la de los guerrilleros (a los que se llamaba «la Sierra»). Nadie creía en serio que la terca presencia de Fidel en las montañas fuera la forma más práctica de derrocar al gobierno. Para empezar, los guerrilleros dependían completamente de sus compañeros de la ciudad para casi todos sus fondos, provisiones, uniformes, armas y comunicaciones. La idea de que Fidel y su variopinto grupo pudieran tener un efecto más allá de lo simbólico sobre la política cubana parecía cuando menos disparatada. Era mucho más probable que una huelga general o una sublevación en las ciudades fueran lo que acabara por tumbar a Batista, pero incluso eso, desde el punto de vista de la cosmopolita ciudad, era una posibilidad remota.

Para el observador poco avezado, a La Habana no había llegado el descontento que bullía en el resto de Oriente. Cuba seguía fija en la imaginación del resto del mundo como un paraíso vacacional caribeño; los turistas estadounidenses acudían en manada, como nunca antes. La Habana en los años cincuenta se había convertido en sinónimo de hedonismo y placer erótico, similar a lo ocurrido con Shanghái en los años treinta o Berlín en los años veinte. Por lo que sabían los juerguistas empapados en ron, Fidel y sus hombres bien podrían estar en el Himalaya. Por sesenta y ocho dólares con ochenta centavos, los estadounidenses podían tomar un «vuelo fiestero» directamente desde Miami hasta La Habana con bandas de mambo en vivo y daiquirís rosas gratuitos a bordo; los autobuses los llevaban directamente desde el aeropuerto al animado club nocturno Tropicana para admirar a las diosas de la carne o a casinos propiedad de gente como Meyer Lansky, el Padrino Judío. Incluso un observador tan astuto como el novelista inglés

Graham Greene también se dejó engullir por la sórdida sensualidad de La Habana e ignoró la brutalidad y la horripilante corrupción del régimen. Greene era especialmente aficionado al lúbrico teatro Shanghái en el barrio chino, donde bailarinas de piernas largas se lanzaban a los brazos del público «como un campamento nudista que se ha vuelto loco». También había allí un actor conocido como Supermán, leyenda local por sus actos sexuales en el escenario y por alinear doce dólares de plata para medir su enorme miembro. Como la mayoría de los extranjeros, Greene nunca perdió el sueño por el esporádico sonido de las sirenas de la policía o de bombas explotando en medio de la noche.

La violencia política solo se entrometía en contadas ocasiones en estos idilios vacacionales. Poco después de que Fidel desembarcara, un alto mando del SIM fue abatido a tiros mientras abandonaba un concierto de Mario Lanza, y algunos turistas aterrorizados se lesionaron al chocar con los espejos del local en su huida frenética. En la víspera de Año Nuevo había explotado una bomba en el Tropicana y una joven perdió un brazo. (Es posible que fuera ella quien llevara el explosivo y que este se detonara por accidente). Pero el acto revolucionario más dramático acontecido en La Habana ocurrió a finales de marzo de la mano del principal rival de Fidel, un carismático estudiante de Arquitectura de veinticuatro años de la universidad de La Habana llamado José Antonio Echeverría. Para arrebatarle protagonismo al M-26-7 después de la publicación del artículo del *New York Times*, decidió llevar a cabo un atrevido plan: dirigir un ataque armado contra el Palacio Presidencial para matar al dictador. Esto no solo decapitaría al régimen, pensó, sino que también eliminaría el motivo por el que Fidel estaba en la sierra.

Echeverría era uno de los más sorprendentes revolucionarios cubanos. Con su figura jovial y rolliza, destacaba en el campus universitario por su devoto cristianismo y su sofisticado sentido de la moda. Sus sonrosadas mejillas le habían ganado el apodo de la Manzanita, pero sus compañeros estudiantes lo llamaban más a menudo, con gran afecto, el Gordo. La tarde del 13 de marzo, más de ochenta miembros de su grandilocuentemente denominado Directorio Revolucionario (entre los que había estudiantes universitarios, artistas, poetas y unos cuantos veteranos de la guerra civil española que les habían enseñado a usar las armas) subieron a sus coches rumbo al palacio: no resulta sorprendente que la situación fuera tan caótica como si una pandilla de doctorados de Princeton decidiera asesinar al presidente de Estados Unidos.

Uno de los asaltantes, Faure Chomón, recuerda que el mundo parecía moverse en cámara lenta mientras conducían entre el denso tráfico hacia abajo por La Rampa, repleta de cines y *boutiques* en su recorrido por el acomodado barrio de Vedado hasta desembocar en el océano. Le fascinó ver que los compradores y los turistas equipados con sus cámaras no les prestaban la menor atención, ajenos a la situación. Él y sus amigos llevaban rifles y granadas a plena vista, pero los peatones que los veían simplemente asumían que eran agentes del SIM. Dentro de un camión rojo con las letras ENTREGA URGENTE, otras dos docenas de hombres se apretujaban bajo un calor asfixiante. Echeverría, sudando a mares, se quitó su chaqueta favorita y bromeó que no quería verla agujereada por las balas.

Justo después de las tres de la tarde, los guardias que dormitaban a las puertas del Palacio Presidencial (un extravagante edificio neoclásico de 1920 cuyas decoraciones fueron creadas por la tienda Tiffany's de Nueva York) se vieron sorprendidos por gritos de «¡Larga vida al Directorio!», seguidos por una lluvia de balas. Los estudiantes irrumpieron en el marmóreo interior y empezaron a abrirse paso a disparos, intentando subir por la escalera dorada. El tiroteo duró casi dos horas. La mayoría de las armas de los estudiantes eran defectuosas y se atascaron. Algunas de las granadas que lanzaron no explotaron. Un estudiante había hecho bombas con siete cartuchos de dinamita, que «hicieron un ruido de escándalo», como recordó él mismo, pero causaron unos daños irrisorios. Una rebotó en una columna y cayó a sus pies, pero por suerte no llegó a estallar. Otro estudiante perdió los anteojos, pero consiguió agarrar una metralleta a pesar de todo y empezó a disparar a ciegas. Cuando sonó un teléfono, alguien respondió la llamada en medio de la batalla.

—Sí, es verdad, ¡el palacio fue capturado y Batista ha muerto! —gritó, esquivando las balas—. ¡Somos libres!

Pronto se oyó el traqueteo de los tanques que acudían al lugar: la policía y el ejército empezaban el contraataque. Los aterrorizados espectadores se dispersaron. Chomón recuerda que sintió «como si la mano de un gigante» lo hubiera lanzado por los aires. Le habían disparado en la cadera, pero su cinturón de granadas desvió la bala: «Me sentía sacudido, débil, como si estuviera hecho de papel».

A pesar del caos, el ataque estuvo muy cerca de tener éxito. Los estudiantes consiguieron llegar hasta el Salón de los Espejos, una réplica de la Gran Galería de Versalles, y se metieron a la oficina de Batista en la segunda planta. Sobre el escritorio del dictador, al lado de un busto de Abraham Lincoln, había una taza de café que todavía humeaba: se les había escapado por segundos. Tras oír los primeros tiros, Batista había tomado su escalera privada hasta la tercera planta con sus guardaespaldas y se había atrincherado ahí. A los estudiantes no les quedaba otra opción que la retirada. Muchos cayeron en el fuego cruzado; quince de ellos consiguieron escapar. «Solo sentía el olor de la pólvora, la sangre y la muerte», recuerda uno. «No pude deshacerme de ese hedor terrible hasta dos semanas después».

Echeverría mismo dirigía un segundo ataque para adueñarse de una popular emisora llamada Radio Reloj, cuya curiosa característica era emitir cada minuto noticias breves en rápidas ráfagas, para a continuación decir la hora. Calculó que contaría con tres minutos para hablar antes de que lo cortaran, así que ensayó un discurso de esa misma duración. «¡Pueblo de Cuba!», se oyó su alborozada voz al adueñarse del micrófono. «¡Acaba de ser ajusticiado [...] el dictador [...] en su propia madriguera [...] en nombre de la revolución cubana!». Terminó en el segundo 181, una proeza de cálculo que el poeta soviético Yevgeny Yevtushenko más tarde ensalzó en su poema *Tres minutos de verdad*.

Huía de la escena en un Ford cuando la policía lo interceptó en una callejuela; el estudiante murió en el tiroteo posterior. Más de treinta y cinco de sus seguidores habían muerto en el Palacio Presidencial. En los días siguientes, el SIM arrestó, torturó y ejecutó a una docena de sospechosos. Un respetado líder de la oposición fue abatido a tiros fuera de su casa.

El ataque fue otro sangriento fracaso en la lista de levantamientos fallidos de Cuba y elevó a la Manzanita, Echeverría, al poblado panteón de los mártires. También fue el primer impacto serio en la reputación de La Habana como alegre destino vacacional. Mientras los estudiantes intentaban escapar del palacio, la batalla campal con el ejército fue extendiéndose por las calles. Varios espectadores fueron heridos y Peter Korinda, un oficinista de Nueva Jersey de treinta y ocho años que estaba de vacaciones y observaba los sucesos desde su balcón, murió cuando fue alcanzado por una bala perdida. La cobertura de la prensa internacional supuso un marcado contraste con las imágenes usuales de playa y casinos. El *New York Times* lanzó una ofensiva en toda regla en su primera página, con noticias de que los vuelos a Cuba se habían cancelado, los clubes nocturnos estaban cerrados y las calles que rodeaban el palacio se hallaban teñidas de sangre. Más tarde, la revista *Life* mostró un reportaje fotográfico donde se veía a los civiles encogidos de miedo ante los tanques que pasaban, y a soldados heridos a los que transportaban en camillas por delante del famoso bar Sloppy Joe's.

Fidel, a quien no se había informado del ataque de antemano, se enteró de las noticias por medio de su pequeño radio en la sierra. Poco después, en una entrevista, denunció los hechos como un «derramamiento inútil de sangre» y repitió que se posicionaba en contra del terrorismo. La vida del dictador no importaba, era simplemente un hombre más: lo que él combatía era el sistema.

Aun así, aprovechando la mala publicidad, en Estados Unidos los miembros del M-26-7 imprimieron pequeños folletos donde pedían a los turistas que boicotearan a la isla. Los panfletos afirmaban que Korinda no había sido asesinado por una bala perdida sino (según afirmaba su compañero de viaje) por un vehículo blindado que había disparado de forma deliberada doscientas rondas contra la habitación donde se hallaban alojados. La explicación proseguía con la afirmación de que los soldados dispararon sobre los civiles de forma indiscriminada, incapaces de distinguir entre los estudiantes asaltantes y los espectadores inocentes. «Miles de personas están siendo aprisionadas y tiroteadas a diario sin contar con un juicio», resumía el folleto. «Este régimen de terror pronto tendrá que llegar a su fin».

Seis semanas más tarde Batista concedió una vanidosa e insolente entrevista a un periodista de Associated Press en su palacio marcado por las balas. Sentado tras un nuevo escritorio de caoba en una sala con ventanales y cortinas rojas y doradas, declaró en un inglés impoluto que él no era ningún déspota.

—Pienso que la única dictadura que hay aquí es la que mi amada esposa y mis cuatro hijos ejercen sobre mí —declaró, soltando una carcajada.

Se había visto forzado a suspender la constitución «para proteger al pueblo contra el terrorismo», explicó, y aprovechó la oportunidad para tildar a Fidel de «criminal nato» que solo estaba al mando de un puñado de hombres. («No comprendo por qué se lo ha comparado con Robin Hood en algunos periódicos»). Cuando el reportero le preguntó si tenía una pistola a mano tras el reciente ataque, el dictador rio.

—¿Y por qué no?

Sacó una pistola de su cajón y disparó cuatro veces. Cuando un alarmado asistente acudió a toda prisa, Batista reveló que se trataba de una pistola de juguete.

—Solo estaba practicando —soltó entre risitas.

CAPÍTULO 14

«Los días amargos»

(Marzo–abril de 1957)

Mientras, en la sierra, la guerrilla seguía pendiendo de un delgado hilo. Puede que hubieran alcanzado cierta fama en Estados Unidos, pero en las diez semanas que siguieron a la entrevista del *New York Times*, la pequeña banda solo había conseguido estar apenas un paso por delante del ejército, cambiando el emplazamiento de su campamento cada día, a menudo tras durísimas caminatas durante toda la noche. Andaban peligrosamente escasos de provisiones y con frecuencia no probaban bocado durante días. El hecho de que la frágil revuelta no hubiera sido extinguida del todo se debía en gran parte a los esfuerzos tras bambalinas de Celia Sánchez, quien volvió a Manzanillo con fuerzas renovadas tras su reunión con Fidel y se había metido de lleno en la tarea de hacer llegar provisiones a las montañas. Se convirtió en «el alma, el corazón y la vida de la rebelión», como describió uno de sus admiradores. Ansiaba convertirse en la primera guerrillera, siguiendo los pasos de las heroínas del siglo XIX que habían luchado contra los españoles, pero tenía claro que Fidel la necesitaba más en el pueblo. Los chicos estaban llenos de pasión e ímpetu, pero tenían una seria carencia de organización.

Su prioridad principal era ayudarlos a aumentar sus tristemente mermadas filas. Bajo las órdenes de Frank, consiguió superar la resistencia de los sexistas hombres cubanos, desacostumbrados a dejarse mandar por una mujer, y asumió la pesada responsabilidad de crear una base secreta de paso para los nuevos reclutas de todo Oriente. (Muchos eran operativos del M-26-7 a los que el SIM y la policía rondaban de cerca; Frank insistía en que debían ser «políticamente sofisticados»).

Tras varios días buscando disfrazada un lugar donde establecerse, Celia se topó con un inusual inmueble: una casa de hacienda abandonada en el extremo de una granja, con una transitada carretera a plena vista y a poco menos de medio kilómetro de una prisión militar. Del mismo modo que Frank se paseaba en su Dodge rojo pasión, volverían a ocultarse a plena vista. («Vamos a dejar que los soldados nos protejan», bromeaba Celia). El atractivo principal era una extensión de árboles espinosos: el mismo marabú que le había proporcionado refugio cuando meses atrás huía de la policía. Eran altos, densos y hostiles, atributos que suponían un aislamiento espléndido del mundo exterior. El lugar pronto acabó siendo conocido como el marabuzal: una masa de matorrales espinosos, y en jerga cubana, «un lío enmarañado».

Pronto empezaron con la remodelación. Trabajadores simpatizantes con el Movimiento ampliaron los senderos abiertos por los animales hasta dejarlos transitables y ampliaron pequeños claros para convertirlos en «habitaciones» espinosas donde podían colgarse hamacas bajo sábanas de plástico; el resultado fueron unas barracas que parecían salidas de la mente de Tim Burton. Por la noche, los murciélagos bajaban en picado sobre

el marabuzal mientras que el majá de Santa María, una boa marrón que podía llegar a medir tres metros de longitud, serpen-
teaba a través de los matorrales en busca de roedores. Al alba,
cientos de pájaros creaban una cacofonía. Dos pequeñas cámaras talladas a machete se convirtieron en puestos de centinela y
un claro de mayor tamaño servía como cantina, a la que se podía llegar mediante un camino lo suficientemente ancho como
para que pasara un caballo con un carro de comida caliente.

Celia misma se alojó en la mansión abandonada, donde se
dedicó a amontonar uniformes, comida enlatada y medicinas
en una aireada sala en el piso de arriba que bautizó como su
«almacén central». Aunque andaban habitualmente cortos de
armas, Frank consiguió pasar a escondidas treinta rifles, ocultos en la parte trasera de un camión cargado de naranjas y bolsas de arroz. Como si fuera una tienda mágica de excedentes
del ejército, las existencias que guardaba Celia iban cambiando
a partir de la correspondencia que recibía de la guerrilla. Las
cartas que han sobrevivido al día de hoy están plagadas de in-
trigantes detalles prácticos: en una ocasión, Raúl le pidió educadamente que se asegurara de que cualquier mochila que les
enviara tuviera correas de al menos 6,3 centímetros; de lo contrario acabarían por romperse bajo las pesadas cargas, derra-
mando balas y comida por toda la maleza.

El sistema de reclutamiento de Celia era surrealista, como
puede deducirse a partir de los vívidos recuerdos de Eloy Rodríguez. Una mañana a principios de marzo este activista novel del
M-26-7, de diecinueve años y que había participado en los ataques armados y sabotajes de Frank, llevaba a su gallo a una pelea
en su pueblo cuando un amigo le tocó el hombro y le susurró:

—¿Estás listo para ir a las montañas?

—Puedes contar conmigo —replicó.

Era claro de que no comprendía la urgencia del asunto.

—No te estoy preguntando si podemos contar contigo —repuso el amigo—. Tienes que irte ahora mismo.

La policía se había apostado en casa de Eloy y estaban preparados para arrestarlo.

Sin decir adiós a su familia, firmó una promesa de lealtad y lo metieron a toda prisa en un coche con tres silentes desconocidos; más adelante averiguó que la angelical y elegante mujer tras el volante era Vilma, quien con su altivez de clase alta consiguió engañar con total tranquilidad a los militares del punto de control que encontraron. (La deferencia caballerosa de los cubanos a menudo suponía una protección para Vilma; en una ocasión, cuando unos policías le quitaron el bolso donde llevaba sus fotos con Fidel y Celia en la sierra, los avergonzó para que se lo devolvieran sin abrirlo, diciéndoles que contenía cosas «íntimas de mujer»). Celia insistía en el secretismo absoluto durante el proceso de tránsito. A ninguno de los reclutas se les decía a dónde iban hasta el último minuto: una aventura angustiosa para los jóvenes provincianos como Eloy, que sabían cómo dinamitar puentes y destruir centrales eléctricas pero que nunca habían estado lejos de sus hogares.

Eloy esperaba que lo llevaran directamente a la sierra para presentarse ante Fidel, pero en vez de ello lo hicieron bajarse en una casa a las afueras de Manzanillo. Desconcertado, entró para encontrarse en una bulliciosa fiesta de cumpleaños con niños ahítos de azúcar, donde el ama de casa le ofreció alegremente pastel y refresco. Se trataba de la casa de Felipe Guerra Matos, mano derecha de Celia, que hacía fiestas para su hijo Pupi como fachada para las idas y venidas de los reclutas del M-26-7. A medida que aumentaba el número de voluntarios, el afortunado Pupi celebraba su cumpleaños hasta tres o cuatro veces a la semana; se trataba de una «fiesta inacabable», como descubrió Eloy, «donde los niños, sin conocer la situación que estaban ocultando, disfrutaban engullendo caramelos y bebidas».

Cuando anocheció, Eloy y otro joven recluta tan confundido como él se montaron en un *yipi* (*jeep* en jerga cubana) conducido por Guerra Matos hasta el marabuzal, que emergió de entre las sombras como un laberinto de pesadilla. En una antecámara llena de puntiagudas espinas, Celia se reunió con ellos al lado de una lámpara de queroseno y los vacunó contra el tétanos y el tifus. También los sermoneó con severidad, en susurros, sobre la difícil empresa que les esperaba:

—Ahora van a vivir como nómadas y quiero que sean conscientes de las dificultades que ello implica. Tienen que prepararse para lo peor.

Tras darles una manta, una hamaca y dos trozos de cuerda, los dejó solos para que se prepararan para dormir a oscuras. (Tenían que ser «silenciosos como ratones», les recordó. Incluso tenían prohibido fumar). Como las puntiagudas ramas les hacían cortes en las manos, decidieron dormir en el suelo. Eloy intentó combatir la añoranza que lo embargaba: «Era la primera vez que dormía fuera de la casa de mi familia y, encima, en el suelo y al raso».

Su mayor sorpresa fue al llegar un tractor cargado de comida a la mañana siguiente. Cuando recibió en su plato su ración diaria de cinco cucharadas de arroz, dos de picadillo (un revoltijo con huevo y jamón picado) y dos trocitos de yuca, al principio pensó que se trataba de una broma.

—Pues eso es todo lo que hay —rio el líder del pelotón—. En la sierra, comes cuando puedes.

El número de reclutas ocultos en el marabuzal fue creciendo hasta que los matorrales estaban cargados de hamacas. Fidel quería volver a aumentar sus filas hasta alcanzar el mágico número ochenta y dos del *Granma*. (El número contaba con tal aura mística que los veteranos del desembarco se presentaban a sí mismos como «uno de los ochenta y dos»). Pero el malogrado ataque al Palacio Presidencial del 13 de marzo en La Habana provocó una mayor represión por parte del ejército, con lo que la guerrilla se vio obligada a adelantar sus planes. Dos noches más tarde, en medio de un temporal, cincuenta y dos hombres con uniformes cosidos a mano, brazaletes del M-26-7 y boinas subieron en las cajas de dos camiones que se desplazaron pesadamente por caminos sin asfaltar, hasta que el barro les impidió seguir adelante. Guiados por Matos Guerra, avanzaron toda la noche a trompicones por oscuros senderos a través de la selva hasta que finalmente se encontraron con el Che en la granja de Epifanio Díaz, el mismo lugar accesible donde Fidel se había reunido con Herbert Matthews.

Al día siguiente, en un claro, el Che les dio su versión personal de la «formación básica de guerrilla» que había aprendido en México. Contaba con perlas como esta primera lección: «Lo más importante es dispararles y no dejar que te disparen», recuerda Guerra, lo que provocó las carcajadas de los reclutas.

Los elevados ánimos se vieron rebajados por la complicada marcha de diez días hasta el corazón de la sierra, y acabaron por caer en picado cuando finalmente conocieron al legendario Fidel y el grueso de sus fuerzas. La historia del *New York Times* había hecho creer a los voluntarios que se encontrarían con un fuerte ejército de doscientos hombres, pero eran solamente diecisiete guerrilleros, a cual más desharrapado. «Iban con el pelo largo, barbas, uniformes desgarrados, sacos en vez de mochilas», recordó Eloy. «Era una situación deplorable... Cuando los vimos se nos cayó el alma a los pies». Lo que era peor, Fidel les informó en su discurso de bienvenida que la guerra podría durar «cinco, diez, quince, veinte años». La mayoría de ellos pensaban que estarían ahí solo doce meses.

Los veteranos de Fidel tampoco estaban demasiado impresionados con los recién venidos, más verdes de lo que ellos estaban durante el desembarco del *Granma*. De los cincuenta y dos, solo trece llevaban armas. Llevaban las mochilas sobrecargadas con artículos «inútiles» como toallas, y se quejaban constantemente de las arduas caminatas y las incomodidades de la vida en la sierra. Muchos rechazaban su única ración diaria porque la consideraban incomible; uno de los platos insignia de la guerrilla, los plátanos verdes hervidos y revueltos con sal y mantequilla, era especialmente impopular.

En su diario, Raúl anotó con ironía que los nuevos hombres habían arribado justo a la vez que una novedad añadida a la vida de la guerrilla: las infestaciones de pulgas. Para los recién llegados, el ritual de cada tarde era sentarse, quitarse la ropa y empezar a buscar los bichos. Peores todavía eran las *macagüeras*, moscas cuya picadura se infectaba si se rascaba.

El Che y Almeida estaban impacientes por mantener el impulso que habían ganado tras la victoria en La Plata y pedían con urgencia un nuevo ataque sobre un objetivo militar; la sierra había quedado sumida en un silencio tal que un coronel del ejército declaró al *New York Times* a mediados de abril que la guerrilla se había rendido. Pero Fidel tenía la sensación de que los nuevos reclutas todavía estaban poco preparados. En este punto el objetivo del Ejército Rebelde (como lo denominaban ahora los hombres, con mayúsculas) era simplemente sobrevivir; con el aumento de los reclutas, la escasez de alimentos pronto empezó a ser un problema crítico. Las semanas siguientes fueron recordadas como «los días de vacas flacas», una referencia bíblica al periodo de hambruna de la historia de José y el faraón de Egipto.

Las preciadas provisiones funcionaban a modo de moneda: yuca a cambio de batata, chocolate por cigarrillos, leche por sardinas. La escasez repentina de un artículo u otro podía alterar la tasa de cambio. Manuel García recordó una ocasión en la que intercambió un caro cigarro por una sola piel de plátano, que sofrió y devoró acto seguido. Los oficiales y los soldados rasos compartían las mismas raciones, cosa que fomentó el espíritu de camaradería, aunque el sibarita Fidel montó en cólera cuando volvió tarde de los campos una noche y se encontró con que alguien ya se había comido el arroz y los frijoles que esperaba cenar. En otra ocasión se negó a comer un plato porque estaba demasiado mal cocinado y se retiró a su hamaca, como describió el Che, «con aire de ofendida majestad». Fidel le suplicaba a Celia que enviara más provisiones, «en especial la sopa de chícharos con jamón, de la que salen cuatro tazas de sopa espesa y deliciosa; he recibido seis paquetes y necesitamos en grandes cantidades». También pedía baterías nuevas para su radio de transistores, para poder seguir al corriente de las noticias.

Los nuevos reclutas progresaban lentamente. Mientras la columna avanzaba con dificultad, los hombres disparaban las armas sin querer, perdían municiones y discutían entre sí. Jon Lee Anderson compara el progreso del Ejército Rebelde con «una película muda de policías y ladrones». El Che podía criticar duramente a los hombres, pero él también pasaba episodios humillantes en el campo. En una ocasión se fue en una misión en solitario para capturar tres gallos de una granja y acabó perdiéndose. Tras vagar desorientado durante un día entero, unos campesinos muy amables le indicaron cómo volver al campamento. Sus ataques de asma también empeoraron. De hecho, las semanas siguientes a la reunión con Herbert Matthews a mediados de febrero fueron para él «los días amargos», como escribió más adelante. Le afectaban las pelusas de las hamacas, cosidas con tela de sacos. Se vio obligado a dormir en el suelo, cosa que solo hizo que su estado empeorara, hasta que Fidel cedió y le permitió una hamaca de verdad, de lona.

Mejoró considerablemente cuando un herbolario rural le proporcionó un remedio de la región: hoja seca de chícharo de olor, que al fumarla le abría los pulmones. Muchos de los colaboradores de los rebeldes también tenían plantíos de marihuana, incluido uno de sus guías favoritos, Molinero. Hacía mucho que esta droga formaba parte de la economía clandestina de la sierra, aunque no hay evidencia de que los rebeldes la usaran para escapar del aburrimiento durante las oscuras noches.

A finales de marzo recibieron a unos reclutas notables: tres jóvenes estadounidenses. Chuck Ryan, de diecinueve años, era el mayor de los tres adolescentes que, tras escapar de casa, se unieron a la tropa. La primera vez que vio a Fidel se le acercó y le preguntó en inglés, sin andarse con rodeos:

—¿Y dónde está el ejército?

Los tres eran hijos rebeldes de oficiales destacamentados en la base naval estadounidense en la bahía de Guantánamo; habían decidido saltarse la preparatoria para unirse a las filas de la revolución. Ryan, de Massachusetts, era el más veterano; los otros dos eran Mike Garvey, un quinceañero de Brooklyn que llevaba un copete a lo Elvis Presley, y Vic Buehlman, originario de Virginia con diecisiete años, descrito como «un joven alto y fornido». Habían oído hablar por primera vez del M-26-7 en conversación con unas chicas cubanas cuando merodeaban por un burdel cercano a la playa, frecuentado por los soldados de la base; las historias y el espíritu de la revolución los cautivaron. El primer y modesto acto de respaldo al Movimiento fue comprar armas en la tienda de deportes de Guantánamo y sacarlas a escondidas de la base en barriles de harina. Cuando supieron a mediados de febrero que Fidel estaba reclutando refuerzos, escaparon para unirse a la rebelión sin siquiera escribir cartas de despedida a sus padres. (Como recordó Garvey más adelante: «Simplemente salimos de la base y ya no volvimos más. Me daba todo igual»).

Frank y Celia supieron ver de inmediato su valor propagandístico. Se dio un trato especial a los adolescentes gringos; se alojaban en una casa cómoda e incluso les permitieron hacerse amigos de los jóvenes del lugar hasta que las fotos de búsqueda en las portadas de los periódicos locales los forzaron a pasar a la clandestinidad.

Cuando se encontró con ellos, Fidel ni se inmutó ante la pregunta directa de Chuck sobre el diminuto y deteriorado ejército. «Me dijo: "Este es el ejército"», rememoró Ryan. «Somos personas entregadas al principio de libertad o muerte». Eso fue suficiente para los chicos, que cayeron rápidamente bajo el hechizo del carisma y la pasión del líder: «Era un revolucionario que intentaba derrocar a un dictador malvado. De eso se trataba la revolución para mí. El bien contra el mal».

En pocos días, Fidel envió un paquete promocional al *Times* en Nueva York. En él había una fotografía de los adolescentes estadounidenses sanos y salvos, todos con uniformes y boinas del M-26-7 y empuñando sus armas con sonrisas de oreja a oreja. En una carta abierta, los chicos pedían al presidente Eisenhower que no les retirara la ciudadanía por unirse a un ejército extranjero e incluían un «juramento especial» algo forzado: «Me siento inspirado por los mismos ideales de libertad y democracia que impulsaron a los fundadores de Estados Unidos de América a declarar su independencia el 4 de julio de 1776». Se trataba de la misma «causa de libertad», añadían incisivamente, por la que el mismo Eisenhower había luchado al frente de los ejércitos de los Aliados en Europa «contra la tiranía del Eje Nazifascista (*sic*)». El juramento concluía así: «Actuando de este modo, serviré al destino de Cuba, de Estados Unidos y del mundo. Lo juro por Dios».

Durante las semanas siguientes, los famosos gringos fueron muy populares entre el Ejército Rebelde excepto para el Che, quien como médico se quejaba de que tenía que dedicar demasiado tiempo a tratar «sus muchas enfermedades». Según Ryan, Fidel solía tomarles el pelo para que se alejaran del Che, diciéndoles para que lo entendieran: «Muy malo. Muy malo. ¡Comunista!». Principalmente se encargaban de hacer guardia, ya que los mocosos de las fuerzas armadas estadounidenses eran demasiado valiosos como para ponerlos en peligro. Después de que el *Times* publicara una nota sobre ellos, su presencia captó el interés de muchos en su país, incluidos los directores de televisión de la CBS en Manhattan.

Los medios impresos ya empezaban a quedar anticuados: el «nuevo medio» de la televisión era el futuro y Fidel mostró tener un talento natural para ella.

CAPÍTULO 15

La revolución será televisada

(Abril–mayo de 1957)

HERBERT MATTHEWS NO era, ni de lejos, el único periodista en Nueva York que simpatizaba con la revolución; la CBS, en concreto, estaba llena de reporteros y editores progresistas que se sentían atraídos por la causa cubana. La presencia de los tres jóvenes estadounidenses era exactamente el gancho que el atrevido reportero televisivo Robert Taber necesitaba para convencer a sus superiores de que lo enviaran con un camarógrafo a la sierra. Con el engorroso equipo de grabación, se trataba de una expedición muchísimo más ambiciosa que la de Matthews y potencialmente más peligrosa: semanas antes, dos enviados de la NBC de Birmingham, Alabama, intentaron hacerse pasar por geólogos mientras trataban de contactar a Fidel y habían sido arrestados por el ejército cubano; solo fueron liberados tras la intervención de la embajada estadounidense. Pero el M-26-7 estaba decidido a conseguir que Fidel saliera en televisión. Las posibles ventajas propagandísticas eran tremendas, ya que la CBS podía llegar a más de sesenta millones de personas con cada emisión.

De todos los yanquis idealistas atraídos por la causa cubana, Taber, un enjuto hombre de treinta y siete años, contaba con la trayectoria más aventurera. De niño se había criado en los duros barrios de Chicago, entrando y saliendo constantemente del reformatorio hasta que finalmente escapó de casa, se montó en un tren y participó en una serie de atracos a mano armada en Cleveland. Pasó varios años en la cárcel estatal de Ohio y salió en libertad condicional para servir en la marina mercante durante la Segunda Guerra Mundial, todo esto antes de cumplir los veinte años. Para dejar atrás su pasado como delincuente juvenil, se fue a vivir a Nueva York y acabó trabajando como reportero *freelance* para el *Newsday*, el *Brooklyn Eagle* y el *Long Island Star Journal*; así combatía el aburrimiento durante el resto de su libertad condicional. Como corresponsal de guerra para la CBS a principios de los cincuenta, consiguió labrarse una reputación cubriendo conflictos postcoloniales en la África francesa mientras vivía en un hotel de lujo en Casablanca con su esposa, una elegante modelo de Manhattan, y su hijo pequeño. Se desilusionó de su país mientras trabajaba como reportero en el golpe de 1954 en Guatemala, donde vio que los aviones que sobrevolaban la plaza tenían marcas estadounidenses en las alas. El descarado respaldo de Washington para el derrocamiento de un gobierno electo democráticamente iba completamente en contra de los nobles ideales de la nación, un eco más del macartismo que causaba estragos entre sus amigos en su tierra natal.

Para Taber, la idea de filmar al idealista Fidel tenía un atractivo irresistible. A mediados de abril voló a La Habana con el camarógrafo Wendell Hoffman, un corpulento chico de metro noventa que se había criado en una granja de Kansas, autodidacta en la puntera tecnología del video. No había ninguna manera de escabullir sus casi setenta kilos de equipo por la aduana de Cuba, así que declararon a los oficiales que eran dos misioneros presbiterianos que grababan un documental sobre los feligreses rurales de la isla.

En esta ocasión Haydée Santamaría fue a buscarlos con un conductor y los acompañó en el viaje nocturno de dieciséis horas hasta Manzanillo, en un coche pensado especialmente para ocultar el equipo bajo los amplios asientos de vinilo.

En Manzanillo se encontraron con Celia y cargaron la voluminosa cámara Auricon y el trípode en una mula, aunque los reporteros tuvieron que llevar a cuestas el resto del material de sonido y grabación. El grupo de seis, incluidos dos guerrilleros armados, caminó doscientos cuarenta kilómetros hasta llegar al corazón de la sierra, un viaje que les llevó varios días. Andaban de noche para evitar las patrullas.

Unos cuantos días más tarde llegó a oídos de Fidel el rumor de que el ejército había rodeado la granja donde estaban alojados los periodistas, así que despachó a Camilo con un pelotón de hombres para rescatarlos «costara lo que costara». Los guerrilleros corrieron por caminos y lechos de ríos durante casi siete horas seguidas, pero resultó ser una falsa alarma. Cuando Celia y Haydée descubrieron a los rebeldes acercándose entre los árboles, estaban convencidas de que se trataba de soldados enemigos hasta que vieron la brillante sonrisa de Camilo. «Camilo tenía unos dientes preciosos», rememoraba Haydée. «No soy capaz de recordar otra cosa».

El mismo día que Celia llevó a los periodistas al campamento de Fidel se cumplió su sueño de convertirse en guerrillera. El Ejército Rebelde la aceptó formalmente: fue la primera mujer en recibir ese honor. A partir de entonces, podía marchar y luchar al lado de Fidel. (Haydée, asmática y con los con los pies rezumando sangre, era más bien una chica de ciudad).

Muchos de los soldados se quedaron de piedra al enterarse de que una mujer se les uniría a tiempo completo. El Ejército Rebelde seguía caminando entre diez y doce horas al día a través del barrizal de la jungla, cambiando el emplazamiento de su campamento casi cada noche. Celia era flaca como un palo, llevaba un peinado elegante, las cejas cuidadosamente depiladas y las uñas con una manicura perfecta; muchos asumieron que, a largo plazo, acabaría viviendo en un pueblecito con una familia de campesinos. (Como rememoró Dermidio Escalona: «No podíamos imaginarnos que alguien tan frágil como ella fuera capaz de soportar una vida tan dura»). Pero ella no se encogió en ningún momento. Con el tiempo, el ejército se tranquilizó al ver que Celia vivía entre ellos sin ningún esfuerzo. Además, su presencia y sus atenciones mejoraron infinitamente el estado de ánimo de Fidel, suavizando sus cambios de humor.

Dedicó sus habilidades organizativas, refinadas tras décadas de atenciones a su padre, a cuidar de Fidel. A simple vista, su papel parecía doméstico. Se levantaba a las cinco de la mañana para prepararle el café. Le zurcía la ropa y se aseguraba de que estuviera limpia. Le remendaba las botas y se aseguraba de que siempre tuviera anteojos de remplazo por si acaso le entraba una rabieta, además de tener siempre buenos cigarros a mano. Organizaba su correspondencia y sus citas, y solo se retiraba por la noche cuando él estaba listo para irse a dormir. Pero Celia era más que una asistenta, secretaria y amante. Comentaba cada detalle de la guerra con Fidel y muy pronto se convirtió en su confidente y asesora de más confianza. Fue uno de los primeros triunfos para la liberación de las mujeres en Cuba. Los bravucones guerrilleros pronto empezaron a advertir sus talentos y a hablar directamente con ella para tratar distintos problemas diarios. Sus órdenes tenían la misma autoridad que la de Fidel. Por su parte, Fidel creía que la presencia femenina de Celia y sus pequeños actos de atención a los demás hacían que los hombres se vistieran y comportaran mejor; también soltaban menos palabrotas e improperios.

Para cuando llegaron los periodistas, Fidel ya había conseguido su objetivo de estar al frente de ochenta y dos hombres, a pesar de que la mayoría de ellos fueran urbanitas a los que todavía les costaba la transición a la vida en plena naturaleza. Les dio instrucciones detalladas sobre cómo comportarse ante la cámara para Taber y Hoffman, y tras el primer día de grabación celebró repartiendo una ración extra de leche condensada, el popular equivalente cubano del trago de ron de la Marina Real británica. Decidió que Taber tenía que entrevistarlo en la cima del pico Turquino, delante del busto de José Martí que Celia y su padre habían acarreado hasta ahí en 1953. Fue una ardua caminata y el Che, resollando, fue el último en llegar, pero la vista panorámica de las costas cubanas era de película. El siempre curioso Fidel midió la altura del pico con su altímetro, que marcaba unos 1970 metros.

Hoffman se marchó poco después de la entrevista con la grabación, enterrando su cámara y baterías a un lado de una carretera para salvaguardarlas y no atraer atención indeseada en el aeropuerto. Taber se quedó más tiempo con los rebeldes para tomar fotos para la revista *Life*. Cuando finalmente se fue, Fidel le pidió que se llevara consigo a los dos adolescentes estadounidenses más jóvenes, que estaban sanos pero delgados por la dieta de la sierra. No los habían expuesto a nada más arriesgado que hacer guardia, pero Fidel tenía la sensación de que, si sufrían algún daño, la simpatía de Estados Unidos podría enfriarse rápidamente. Los guerrilleros les dedicaron una conmovedora despedida a los chicos, cantándoles el himno nacional y rompiendo a aplaudir. Aun así, el Che no estaba demasiado emocionado. Tenía la sensación de que los jóvenes gringos «no aguantaban los rigores de la vida de aquella época [en la campaña]». («Los vimos ir con afecto», escribió, «pero con alegría»).

Desde Guantánamo, los dos chicos fueron repatriados a Estados Unidos, caídos en desgracia, para que retomaran sus estudios. Antes de que se fueran, Camilo les pidió que visitaran a su mujer en San Francisco, cosa que Buehlman hizo sin decírselo a sus padres.

El domingo 19 de mayo de 1957, el documental de treinta minutos de Taber con el título *Rebels of the Sierra Maestra* (*Los rebeldes de la Sierra Maestra*) se emitió en Estados Unidos a las seis de la tarde. Las imágenes publicitarias fijas de guerrilleros gritando y enarbolando sus rifles habían ido causando expectación; seiscientos simpatizantes cubanos se reunieron para verlo en un hotel del centro de Manhattan y en Miami el expresidente Prío disfrutó de un pase previo. También se emitió en los televisores cubanos (la isla era la segunda en televisores per cápita, solo por detrás de Estados Unidos), y aprovechando un raro desliz en la censura, fue transcrito en la revista *Bohemia* poco después. El número fue tan popular que tuvo que hacerse una segunda edición; acabó llegando a casi un millón de cubanos, lo que supone una quinta parte de la población total.

El reportaje hablaba de Fidel de forma tan positiva que parecía que lo hubiera dirigido él mismo. Contaba con una dosis de las dificultades de la vida en la guerrilla, entremezclada con el idealismo revolucionario, y culminaba con la escena grabada en el pico Turquino, donde los guerrilleros prorrumpían en la cima a cantar el himno nacional cubano.

Peter, el hijo de Taber, recuerda cómo se regodeó en la atención que por extensión disfrutó a la mañana siguiente en su escuela primaria: «Yo estaba en cuarto grado y la mitad de los chicos del salón lo habían visto», relata. «Estaban fascinados». El reportaje especial tocó la imaginación de millones, y la imagen de Fidel con sus hombres montañeros, barbudos y vestidos de verde empezó a volverse icónica. De hecho, una foto fija del programa donde se les ve levantando las armas y gritando en ademán desafiante se convirtió en una de las imágenes clave de la revolución, reproducida en carteles e ilustrando la cabecera de los periódicos clandestinos.

El Ejército Rebelde ahora parecía más real en las noticias que sobre el terreno. Fidel decidió que había llegado el momento de poner fin a la inactividad y dar un golpe. El 18 de mayo un gran envío de armas llegó por barco a la costa de Oriente, la mayoría rescatadas de arsenales en La Habana después del ataque fallido al Palacio Presidencial. El cargamento incluía tres metralletas con trípode, diecinueve rifles M1 Garand semiautomáticos (los estándares del ejército estadounidense en la Segunda Guerra Mundial y la guerra de Corea, que recibieron el nombre de su diseñador) y seis mil balas: lo suficiente como para equipar a la mayoría de los ciento treinta y seis hombres con los que ya contaba el Ejército Rebelde. Celia se adueñó de uno de los nuevos rifles, para envidia de algunos combatientes. El Che recibió una subametralladora. Aunque siempre había llevado consigo un rifle, esto fue lo que lo elevó oficialmente de su papel de médico en la retaguardia a luchador de primera línea.

Fidel dio a los nuevos voluntarios una última oportunidad de irse a casa (cosa que nueve de ellos decidieron hacer) y empezó a avanzar con ciento veintisiete hombres. La batalla que se libró a continuación, como escribió más adelante el Che, fue «una de las de más impacto psicológico en toda la historia de la guerra».

CAPÍTULO 16

Los bautismos de fuego

(Mayo–julio de 1957)

Cuando el enemigo avanza, retrocedemos;
cuando acampa, lo hostigamos; cuando se fatiga,
lo atacamos; cuando se retira, lo perseguimos.
—ESCRITOS MILITARES SELECTOS
DE MAO ZEDONG

ANTES DEL ALBA del 28 de mayo, los equipos de la guerrilla se arrastraban a través de una niebla marina cerca del
pueblecito pesquero de El Uvero, sorteando una oscura plantación de azúcar y un almacén de madera para rodear unos
barracones del ejército. Dentro, protegidos por cuatro puestos
de guardia, unos sesenta soldados dormían, acompañados del
susurro constante del lejano oleaje. El Ejército Rebelde jamás
se había enfrentado a un número tan elevado de enemigos; a
pesar de contar con el doble de efectivos que los militares y de
tener el elemento sorpresa de su parte, la casi absoluta falta de
experiencia de los guerrilleros los hacía tener el corazón des-
bocado. Fidel se hallaba en una elevada colina que se alzaba
sobre el pueblecito, con Celia a su lado, entrecerrando los ojos y
observando a través de su mirilla telescópica para identificar el
telégrafo en el edificio principal. Tenían que conseguir cortar la

comunicación con los primeros tiros, de modo que los soldados no pudieran pedir refuerzos de las bases más cercanas.

Las barracas solo tenían una ventana abierta, que Fidel dedujo que era para ventilar el equipo telegráfico. Disparó la primera ronda de balas a las 5:15; sus tiros dieron en el blanco y neutralizaron la máquina, además de dar la señal a sus hombres para que iniciaran el ataque. Por desgracia, había disparado varios minutos antes del momento indicado. Los pelotones de la guerrilla todavía no llegaban a sus posiciones, y la oscuridad y la niebla les impedían ver con claridad. De hecho, solo pudieron identificar los puestos de centinela y las barracas por los destellos de los disparos aleatorios de los aterrorizados militares hacia la oscuridad.

Lo que sería un ataque relámpago sorpresa desembocó en una sangrienta batalla campal. Los rebeldes acribillaron los edificios del ejército e intentaron varias veces capturarlos sin éxito. Pronto empezó a haber una hilera de guerrilleros heridos que volvían cojeando a la retaguardia. Los asaltos principales fueron dirigidos por el Che, con total indiferencia por su propia seguridad. Juan Almeida recibió heridas en distintas partes: una bala casi letal acabó desviada por una cuchara de metal que llevaba en el bolsillo del pecho; otra impactó en una lata de leche condensada que llevaba en los pantalones, cuyo contenido pronto empezó a derramarse, mezclándose la blancura con el rojo de la sangre. En la colina, un hombre arrodillado al lado de Fidel y Celia, Julio Díaz, recibió una bala en el ojo y murió al instante. Chuck Ryan, el joven estadounidense, esquivaba las balas en el pelotón de Raúl.

Para cuando se hizo completamente de día, a las 7:30, los soldados seguían resistiendo. El comandante esperaba que la guerrilla se quedara sin municiones y se viera forzada a retirarse, o bien que algún avión que sobrevolara la zona o alguna embarcación de los guardacostas vieran los disparos. Pero cuando oyó la explosión de una granada, se asomó desde su puesto para evaluar la situación y recibió un disparo en la cabeza. Pocos minutos después su segundo al mando sacó un pañuelo blanco de los pantalones del cadáver y lo hizo ondear en señal de rendición.

Cuando los rebeldes finalmente entraron en los barracones, vieron que habían recibido tantos disparos que cinco de los siete loros de los soldados habían muerto en sus jaulas. Era una victoria con un precio muy alto. Media docena de rebeldes y catorce soldados habían muerto, y cada bando tenía treinta y cinco heridos. El Che tuvo que abandonar de golpe su papel como combatiente y pasar a ser cirujano de campo, una transición que hizo, según sus palabras, simplemente lavándose las manos. El ejército contaba con su propio médico, pero el conmocionado galeno rápidamente declaró que las heridas escapaban a su limitada experiencia y descargó toda la responsabilidad en el Che.

Las patrullas militares podían llegar en cualquier momento, de modo que los guerrilleros subieron a sus heridos a camiones requisados junto con catorce prisioneros del ejército. Los demás rebeldes se agarraron a los lados de los vehículos en marcha como buenamente pudieron; las capotas terminaron tan llenas que los conductores a duras penas podían ver la carretera que tenían delante. Abandonaron la ruta para meterse en la selva y montaron un hospital de campaña a poco menos de cien metros de la autopista costera principal. Los seis rebeldes muertos fueron enterrados en un claro cercano.

Dos guerrilleros heridos de gravedad tuvieron que ser abandonados en El Uvero. Se trató de una decisión durísima, dado que era muy posible que los militares los ejecutaran sumariamente a ambos. Un joven de apellido Cilleros había recibido un tiro que le atravesó el brazo y los pulmones antes de quedarse incrustado en su columna vertebral, cosa que lo dejó inmovilizado de la cintura para abajo. «Expresaba su convicción de que todo había acabado», escribió el Che. «Lo sabíamos también». Pero todos intentaron poner buena cara al despedirse, para no desanimarlos. El Che lo besó en la frente y le dijo que todo saldría bien, para «no amargar más sus últimos momentos». Murió poco después debido a las heridas, pero Leal, el otro, quedó a cargo del médico y el segundo al mando del ejército, a quien había atendido el Che. Ambos dieron testimonio del comportamiento decente de los rebeldes. Leal finalmente se recuperó de su grave herida en la cabeza y pasó el resto de la guerra en prisión.

Hoy, un monumento con un rifle dorado señala el lugar donde estuvo Fidel apostado sobre El Uvero, desde donde se pueden contemplar vistas caribeñas que cortan la respiración; conmemora la primera batalla real de los rebeldes. «Para nosotros fue [...] la victoria que marcó la mayoría de edad de nuestra guerrilla», escribió el Che más tarde. «A partir de ese combate, nuestra moral se acrecentó enormemente».

Durante las semanas siguientes, los participantes relataron los detalles del ataque y exageraron sus aventuras. «Aprendimos a ser invencibles», presumía Fidel. «¡Aprendimos a ganar!». A pesar de que la censura redobló sus esfuerzos, las noticias de la victoria se filtraron y causaron sensación. El *New York Times* informó del combate en detalle, añadiendo orgullosamente que Chuck Ryan, el joven guerrillero gringo, había «luchado bien y valientemente» y ya había sido «aceptado como un soldado de pleno derecho en las fuerzas rebeldes».

Dos días más tarde los prisioneros del ejército fueron liberados tras firmar una declaración escrita por Celia, donde daban testimonio del buen trato que se les había concedido. (Los guerrilleros incluso habían compartido sus raciones de comida). La mayoría de los rebeldes emprendieron a pie el camino de vuelta a la sierra, pero treinta hombres heridos, incluido Juan Almeida, se vieron forzados a quedarse atrás bajo el mando del Che.

La batalla de El Uvero fue un punto de inflexión más importante para el argentino que para el resto del ejército. No solo había mostrado una valentía casi suicida, sino que las secuelas de la batalla le permitieron sacar a relucir sus habilidades de liderazgo; a pesar de que Almeida era superior en rango, no estaba en condiciones de asumir el mando. Mantener a los heridos a salvo fue una proeza escalofriante. Los hombres tenían que cambiar de lugar para evitar las patrullas móviles, acampando donde pudieran, ya fueran húmedas cuevas o gallineros, y buscando comida a medida que avanzaban. Uno tuvo que ser transportado en una litera improvisada con hamacas colgadas bajo una rama de palmera. Tardaron un mes entero en sanar y llegar a un lugar seguro. Para cuando consiguieron volver a unirse al grupo principal de Fidel, iban más andrajosos que náufragos, pero no habían perdido a uno solo.

A partir de entonces, la confianza del Che en sí mismo aumentó. Dejó atrás su «complejo de extranjero», como lo denominaba (la sensación de que no era del todo un igual en la guerrilla y debía dejar a los cubanos encargarse de temas de política y estrategia), y su relación con Fidel se hizo todavía más intensa. Ambos eran intelectuales que dominaban profundamente el conocimiento adquirido gracias a sus lecturas, y se pasaban horas por las noches debatiendo sobre historia, literatura y política; el Che, más de izquierdas, intentaba convencer a Fidel de las virtudes del marxismo.

Finalmente, el 22 de julio Fidel reconoció las nuevas cualidades del Che con un ascenso, aunque fue de un modo informal y casi distraído. Tras dos meses en las montañas, Celia había sido enviada a Santiago en junio y tanto ella como Frank estaban bajo una enorme presión; Fidel quería mandarles una carta de apoyo firmada por todos los oficiales de la guerrilla. Cuando el Che estaba a punto de añadir su nombre, Fidel le dijo que escribiera «comandante». El Che se quedó atónito. Se trataba del mayor rango en el Ejército Rebelde, lo que le concedía un estatus justo por debajo del mismísimo Fidel; también implicaba que ahora sobrepasaba a Juan Almeida, su anterior superior. Más adelante, en un acto algo más ceremonioso, Fidel le entregó una pequeña estrella dorada para que la enganchara a su boina negra, que el argentino se había acostumbrado a llevar en vez de unos cascos requisados al ejército o un quepí. «La dosis de vanidad que todos llevamos dentro», escribió el Che, «hizo que me sintiera el hombre más orgulloso de la tierra ese día». Almeida, entre tanto, luchaba con la punzada de celos que sintió cuando vio que el otro lo superaba, ya que él llevaba mucho más tiempo con Fidel. Como escribió con sinceridad en su diario, le habría gustado disfrutar de ese ascenso, pero ¿qué le iba a hacer? Comprendía perfectamente la situación, así que le dio al Che un fuerte abrazo y ambos se despidieron.

Para el ejército, la derrota de El Uvero supuso un fuerte golpe psicológico. Sus comandantes se vieron forzados a admitir que los puestos de mando aislados no podían ser defendidos; durante las semanas siguientes cerraron muchos de sus emplazamientos, con lo que se inició una retirada militar de la sierra que con el tiempo se iría acelerando. La nueva táctica fue bombardear indiscriminadamente las montañas desde el aire con B-26 estadounidenses, a veces usando el agente incendiario de moda: el napalm. Arrasaron pueblos enteros en ataques que los observadores compararon con Guernica en una escala menor, pero no revistieron gravedad para la guerrilla: en la jungla, los árboles y el barro absorbían el impacto de los explosivos y limitaban su efecto a entre veinte y cuarenta metros. Frustrados, empezaron también a internar a la fuerza a los campesinos en campos de prisioneros en los muelles de Santiago, cuya mugre y ambiente de desesperación evocaban los campos de concentración creados por los españoles en el siglo XIX.

La brutalidad gratuita de la Guardia Rural no disminuyó. En una ocasión, los rebeldes encontraron el cadáver mutilado de su compañero Guillermo Domínguez, un fotógrafo de veinticinco años al que una patrulla del ejército capturó a principios de mayo cuando lo encontraron solo. Le habían propinado una paliza, lo desnudaron y le ataron las manos con el cinturón para después atravesarlo con las bayonetas; lo dejaron retorcerse un rato antes de volarle la cabeza de un disparo. En otra ocasión, los rebeldes salieron a investigar un horrible hedor cerca del campamento y se toparon con el cuerpo hinchado de un campesino. Horrorizados, cayeron en la cuenta de que se trataba de Ángel el Cojo, un granjero que les proporcionó comida en abundancia en abril; los militares lo habían secuestrado y torturado hasta la muerte.

Poco después de la batalla de El Uvero, el Ejército Rebelde se enteró de un trágico intento por imitarlos; veintisiete revolucionarios de un grupo de exiliados cubanos de Florida, financiados por el expresidente Prío, desembarcaron en una playa desolada de Oriente en un barco llamado *Corynthia*. Los lugareños traicionaron a los rebeldes y estos fueron interceptados por el ejército. Los ejecutaron en masa. Solo escapó un solo hombre y, al no tener otro lugar al que ir, se unió a la tropa de Fidel.

Las noticias de la victoria en El Uvero levantaron una oleada de euforia entre el cuadro urbano del M-26-7, entremezclada con un cierto sentimiento de envidia. A pesar de todas sus incomodidades, la vida de la guerrilla les parecía extrañamente tranquila a los revolucionarios urbanos que visitaban la sierra.

La jungla era fría, húmeda y estaba infestada de bichos, pero ahí la división entre amigos y enemigos era muy clara. Había incluso momentos de seguridad y calma, especialmente tras haber tendido las hamacas en el campamento al caer la noche. Las ciudades cubanas, en comparación, eran un turbio mundo de espías, tiroteos repentinos y redadas de la policía a medianoche que hacían que el Berlín de posguerra de John le Carré pareciera un paseo por el parque. No tenían un momento de descanso ante el peligro: según Haydée, las noches de los clandestinos se pasaban en un estado de tensión constante. Tenían que «dormir con los ojos abiertos». Esto era especialmente cierto en Santiago, que poco a poco acabó degenerando prácticamente en una zona de guerra (uno de los motivos por los que los guerrilleros enviaron su carta de ánimo a Celia y Frank). La zona contaba con un nuevo jefe de policía, enviado para aterrorizar a la población declaradamente anti-Batista, y la ciudad se convirtió en un polvorín.

Los puntos de control del ejército en las esquinas estaban protegidos con sacos de arena y alambre de púas; las patrullas pasaban retumbando en coches blindados y con metralletas. La violencia estallaba en el momento más inesperado. Los tiroteos dispersaban a los comensales que tomaban algo en las terrazas al aire libre. Se detenía a los transeúntes que paseaban por la ciudad y los metían sin miramientos en coches sin ningún distintivo oficial. Por la noche, los vehículos policiales peinaban las calles con reflectores, en busca de saboteadores. Las redadas del SIM concluían con el sonido desgarrador de los gritos de las madres viendo cómo montaban a sus hijos en la parte trasera de camiones.

Casi cada día aparecían cadáveres en las zanjas del alcantarillado. En una ocasión, la policía asesinó a dos chicos de dieciséis años. En otra, ejecutaron a un niño de catorce por poner un petardo en una botella de leche que por algún motivo los agentes confundieron con una bomba molotov. Otros sencillamente desaparecían: las mujeres vagaban por las prisiones de la ciudad preguntando por los hijos y maridos que no habían vuelto nunca a casa.

La repugnancia por Batista empezó a calar hondo en todas las clases sociales de Oriente. Frank organizó una red de empresarios de clase media (donde había contadores, carniceros, farmacéuticos...) llamada el Movimiento de Resistencia Cívica para donar dinero, repartir panfletos y ofrecer casas seguras. Se hacían entregas de armas en panaderías, ocultas bajo bolsas de bollos. Las amas de casa trasladaban dinamita en cochecitos de bebé o municiones ocultas en las muñecas de sus hijos. La ciudad estaba minada de escondites de armas. Vilma escribió que ella los tenía en paredes falsas, suelos falsos, sótanos, agujeros, jardines, patios traseros, muebles especiales, cisternas, almacenes, hospitales, farmacias, tiendas, escuelas y centros recreativos.

Los agentes del M-26-7 confiaban en el apoyo de los civiles. Si un hombre huía de la policía y se metía a toda prisa en una sastrería, el propietario le ponía una chaqueta y hacía ver que estaba tomándole medidas para ajustársela. Las familias santiagueñas dejaban las puertas abiertas para que los fugitivos pudieran entrar y esconderse. Mientras esquivaba patrullas policiales, Haydée recuerda que solía sentarse en cualquier establecimiento y pedir un vaso de agua o una taza de café, como si no pasara nada fuera de lo ordinario. Cuando ya no había peligro, se levantaba igual de tranquila y se despedía con un «Hasta otra, ¡gracias!».

Incluso en las situaciones más tensas el sentido del humor cubano encontraba su ocasión para brillar. En una ocasión, Vilma escapó a una redada en el apartamento de Haydée tras agarrar unos documentos confidenciales y saltar por un balcón trasero en camisón. Tras levantarse del suelo con el pelo mojado y despeinado, sus sorprendidos vecinos se rieron alegando que la Santísima Virgen había caído del cielo. Más tarde, le aconsejaron que llevara una redecilla para el pelo la siguiente vez que saliera al pueblo. «Si las cosas no acababan en violencia, terminaban en risas», rememoró ella. Los santiagueños solían bromear con que los únicos negocios en auge eran las funerarias, las agencias de viajes y la lotería nacional, ya que los lugareños o bien eran asesinados, abandonaban la ciudad o intentaban desesperadamente ganar el dinero necesario para escapar. Los farmacéuticos decían que lo que más se vendía eran los tranquilizantes.

La Resistencia Cívica fue tan popular en las ciudades que se convirtió en la base de un acuerdo que Frank negoció con Fidel y políticos moderados a mediados de julio: Fidel prometía que, tras la derrota de Batista, convocaría a elecciones democráticas dentro del plazo de un año. Este Manifiesto de Sierra Maestra fue decisivo para extender el apoyo a la rebelión, ya que todo tipo de grupos sociales y religiosos simpatizaron con el M-26-7, incluidos los rotarios, las asociaciones de médicos, grupos de teatro e incluso clubes de jardinería.

A pesar de la violencia, el querido carnaval de Santiago siguió adelante a mitad del verano; incluso alentó alguna que otra extravagancia revolucionaria. La noche del 26 de julio, para celebrar el cuarto aniversario del asalto al cuartel Moncada, Celia y su amiga Elsa inflaron globos rotulados «M-26-7» y los soltaron desde un tejado para que aterrizaran sobre el cuartel de policía de Manzanillo. Pero la sombría realidad pronto volvió a ser patente.

Vilma, como parte de la red de mujeres que había establecido en Santiago, usaba a las operadoras telefónicas para intervenir las conversaciones de la policía. La noche del 30 de julio, una de las chicas le informó de una conversación perturbadora:

—Óigame, jefe, ¿recuerda esos tres mil pesos que me prometió? —decía la voz de un oficial—. Pues ya estoy listo para cobrarlos.

Otra voz añadió:

—Ya lo agarramos, ese asqueroso... Ya está, le metimos una bala.

Eran las primeras noticias de que Frank País había sido asesinado por una recompensa de tres mil pesos.

Ese mismo año habían arrestado anteriormente al encantador joven del traje de lino, pero lo dejaron en libertad; de algún modo, su papel esencial en el M-26-7 seguía siendo un secreto. Pero en julio volvieron a perseguirlo, y a medida que se estrechaba el cerco se vio obligado a ir de una casa segura a otra casi cada noche. El SIM empezó a seguir a sus conocidos, con lo que era demasiado peligroso encontrarse con su madre o su novia. (Ambas acordaron ponerse en una esquina alejada de la calle, de modo que él al menos pudiera verlas con un catalejo). Su sensación de aislamiento aumentó drásticamente cuando su hermano Josué, de diecisiete años, murió en un tiroteo con la policía en una misión que Frank había ordenado. Ningún chico se atrevió a asistir al funeral por miedo a que la policía los identificara como simpatizantes del M-26-7. La mayoría de los dolientes eran mujeres de edad avanzada, aunque no por ello les faltaban ganas de luchar: cuando llegó un presunto informante, lo rodearon y lo golpearon con los tacones de sus zapatos.

Agotado y deprimido, Frank empezó a comportarse de forma errática. La noche del 29 de julio se trasladó a la casa de un miembro de la Resistencia Cívica que había aconsejado a los demás que no usaran debido a que solo contaba con una salida, la puerta delantera. Al mediodía siguiente recibió una llamada apremiante: la policía estaba acordonando el vecindario e inspeccionaban cada casa. Lo que pasó a continuación se ha podido deducir a partir de los relatos de testigos. Él y el propietario, Raúl Pujol, salieron a toda prisa a la calle. Frank, misteriosamente, rechazó meterse en el coche de un amigo, creyendo que sería más seguro mezclarse con los demás transeúntes. Pero uno de sus antiguos compañeros de clase, que colaboraba con las autoridades montado en un coche de incógnito de la policía, lo identificó. Detuvieron a Frank y a Pujol, los golpearon con las culatas de los rifles y los metieron en el asiento trasero del vehículo entre los gritos de la esposa de Pujol. Tras cruzar varias manzanas a toda velocidad, el coche se detuvo en un callejón y los policías, tras tirar a ambos hombres a la acera, les pegaron un tiro en la nuca. País tenía veintitrés años.

En pocos minutos una multitud rodeó el lugar del asesinato y, a medida que corría la noticia, Santiago quedó colectivamente conmocionada. Cuando la policía dio permiso para sacar los cadáveres de la morgue, su madre miró las heridas de bala y gritó:

—¡Mi hijo era un maestro, no un gánster!

En la Cuba tropical los entierros se hacen rápidamente, así que el funeral de Frank se celebró al día siguiente. Para el velatorio, vistieron amorosamente el cuerpo con un uniforme verde oliva de la guerrilla y una corbata negra; los dolientes subrayaban la «sagrada» serenidad que transmitía su cara. En los labios tenía dibujada una ligera sonrisa, al parecer resultado del *rigor mortis*.

El cortejo fúnebre fue seguido por sesenta mil personas, con escenas tan emotivas como las registradas en el de John F. Kennedy tras su asesinato. A la cabeza de la procesión iban seis maestros de escuela que habían estudiado con Frank, con coronas unidas por un lazo de seda. La gente lanzaba flores desde los balcones, coreando abiertamente «¡Muerte a Batista y su régimen!», y «¡Viva Fidel!». En una protesta espontánea, los comercios cerraron en todo Santiago. Los empleados de los bancos salieron a la calle, las salas de cine cerraron sus puertas y los escaparates quedaron vacíos. Los conductores de autobús dejaban sus vehículos a un lado de la carretera. Incluso las sillas de los limpiabotas estaban vacías.

La policía no intervino en la procesión, pero el resto de las manifestaciones políticas fueron reprimidas sin compasión. Casualmente, ese mismo día llegaba a Santiago el nuevo embajador estadounidense en Cuba, Earl Smith, en su primera visita oficial. Él y su mujer fueron recibidos por un desfile de mujeres enlutadas que sostenían carteles pidiendo el fin del respaldo a Batista por parte de Estados Unidos: se horrorizaron al ver que los bomberos barrían con el agua de las mangueras a las manifestantes y la policía antidisturbios las metía en coches patrulla. Smith convocó a una conferencia de prensa para expresar su desaprobación ante la fuerza «excesiva» y pidió que se dejara en libertad a las arrestadas. Así lo hizo la policía. El funeral seguía en marcha esa tarde cuando el embajador colocó una corona fúnebre en la tumba de José Martí. Se trataba de un acto sutil (Smith no era partidario de manifestaciones radicales), pero era una señal de que Estados Unidos podía estar replanteándose su actitud hacia el brutal Batista.

La huelga de protesta siguió durante cinco días en Santiago. Incluso en otras ciudades la gente cortó los cables eléctricos, incendió coches y los cuarteles de policía fueron bombardeados en una explosión de rabia que fue bautizada como «la última batalla de Frank». Solo en La Habana todo siguió como siempre.

A los miembros del M-26-7 siempre los atormentó el asesinato del atractivo y joven líder, quien había estado a la altura de Fidel como dirigente y contaba con una comprensión mucho más amplia de la política nacional. Un agente del Movimiento encontró y ejecutó rápidamente a Luis Mariano Randich, el antiguo compañero de clase que identificó y traicionó a Frank, pero esto no consiguió llenar el vacío que dejó. Vilma advirtió que había hablado tranquilamente por teléfono con él solo diez minutos antes de su muerte; no dio ninguna señal de sentirse en peligro. Celia, sobrecogida, recibió más tarde una carta de Frank que le había escrito el mismo día de su fallecimiento. En la sierra, la guerrilla oyó la noticia del asesinato por medio del minúsculo radio. El sentimiento de pérdida fue visceral, incluso entre aquellos que lo habían visto en una sola ocasión. A Fidel esta muerte le dejó un vacío tanto personal como organizativo. «¡Qué monstruos!», maldecía en una carta a Celia. «No saben la inteligencia, el carácter, la integridad que han asesinado». Se encerró en sí mismo durante una noche entera de inusual silencio. (Juan Almeida escribió en su diario: «Fidel está muy, muy mal. La noticia le ha afectado mucho; nunca lo había visto así»).

Ahora el Movimiento estaba sin timón en Oriente, y a la mañana siguiente Fidel tuvo que enfrentarse a la difícil misión de encontrar un suplente para la crucial posición de Frank. Celia, quien seguía en Manzanillo en una visita que debía de ser breve, se vio obligada a quedarse ahí para echar una mano.

En el transcurso de pocos meses Frank País y José Antonio Echeverría, las dos figuras más carismáticas de la resistencia aparte de Fidel, habían sido asesinados. La presencia de unos pocos rebeldes en las montañas parecía, para la mayoría de los observadores, poco más que una amenaza insignificante. Batista estaba más seguro que nunca.

CAPÍTULO 17

Las escenas del «Territorio Libre»

(Verano–otoño de 1957)

EL EJÉRCITO REBELDE había alcanzado los doscientos hombres a mediados del verano, organizados en media docena de pelotones en campamentos separados. La victoria de El Uvero llevó a los guerrilleros a sentirse cada vez más cómodos en la sierra y se habían afincado en un área de control segura alrededor del pico Turquino y el pico Caracas, zona a la que bautizaron como el «Territorio Libre». A pesar de que cambiaban cada noche la ubicación del campamento, el Ejército Rebelde creó una infraestructura embrionaria en la apartada región, con chozas fijas construidas como refugios regulares y acopios de comida enlatada y municiones enterrados en puntos estratégicos. Pronto montaron su propia panadería, un hospital de campaña e incluso una «fábrica de bombas», donde producían granadas y minas terrestres caseras con el TNT de proyectiles de aviones que no habían explotado, al que añadían esquirlas de latas de leche condensada como metralla. El siempre ingenioso

Fidel adoptó un papel práctico: utilizando un torno que habían capturado diseñó un mortero improvisado y después intentó desarrollar una «especie de bazuca» con proyectiles hechos a partir de lámina ondulada.

La guerrilla también se integró más en la sociedad de la sierra. La traición que habían sufrido en febrero hizo tambalear su confianza en los guajiros, pero el respaldo constante de las comunidades de la montaña pronto dejó claro que Eutimio había sido una excepción. Como escribió Fidel: «La palabra "gente", pronunciada tantas veces con un sentido tan vago y confuso, se ha acabado convirtiendo en una realidad viva aquí, en una cosa maravillosa. Ahora, al fin, sé lo que quiere decir "la gente"».

A su vez, el Ejército Rebelde se ganaba la confianza de los lugareños a medida que corría la voz sobre su forma de comportarse. La diferencia era abismal: mientras que la Guardia Rural dejaba a su paso un reguero de granjeros ejecutados y casas quemadas, los guerrilleros eran una banda caballerosa, con un respetuoso código de conducta. Pagaban religiosamente por la comida (de hecho, Fidel prefería pagar de más antes que regatear), mientras que los soldados de Batista se limitaban a confiscar lo que querían. Su estricto respeto por las mujeres locales caló hondo entre los campesinos, y sus acciones eran la retribución necesaria tras generaciones de injusticia. Con cada mayoral asesino que eliminaban (en ocasiones dejando un mensaje pintado a mano, EJECUTADO POR TRAICIONAR AL PUEBLO — M-26-7), su popularidad crecía. En agosto incluso dejaron las armas de lado y ayudaron con la cosecha del café.

Cuando los rebeldes se acercaban a un pueblo de montaña o a una granja eran recibidos con los brazos abiertos, sin rastro de miedo ni sospecha. El reportero gráfico Andrew St. George realizó cuatro viajes a la sierra y sus historias en la revista *Look* retratan con detalle ese periodo. Él fue quien consolidó la imagen de Fidel como un desgreñado Robin Hood, advirtiendo que allá donde iba los campesinos salían de debajo de las piedras «ofreciéndole una gallina o incluso un poema. Fidel habla con ellos sin parar sobre sus cosechas, su salud y sus familias». Como un político en plena campaña, se tomaba el tiempo necesario para explicar los objetivos de la revolución, preguntarles por las dificultades que pasaban y ganarse el corazón de cada lugareño.

El ejército todavía ponía precio a la cabeza de Fidel, aunque la cantidad podía variar: un aldeano dijo que le habían ofrecido tan solo trescientos pesos y dos vacas si asesinaba al líder, lo que quedaba muy lejos de los diez mil que le prometieron a Eutimio. Más adelante, ese mismo verano, Batista subió la apuesta considerablemente, con una recompensa oficial de cien mil pesos por Fidel. Pero a medida que 1957 progresaba, cada vez parecía más improbable que hubiera alguien dispuesto a cobrarla. Tras capturar un puesto de avanzada en el pueblo de Bueycito, la población llegó a sumarse a los rebeldes en su celebración por las calles, y el propietario de la tienda local abrió cervezas frías y refrescos para brindar por su victoria.

Los días de casi hambruna de la primavera fueron quedando atrás a medida que los campesinos aseguraban las líneas de suministro desde los municipios hasta la guerrilla: a un mulero se le dio el apodo de Rey del Condumio por su capacidad de atravesar las líneas enemigas con comida enlatada. Cada uno de los seis pelotones designó a un cocinero, quien hacía lo que podía con los limitados ingredientes a su disposición. Las creativas soluciones culinarias ahora incluían estofados con carne de caballo, cuyas sobras se curaban y se convertían en tasajo, que, tras rehidratarse, contaba con una textura similar a la de la carne encurtida. A los guerrilleros que habían crecido en la ciudad el caballo les pareció «exquisito», como afirmó el Che, pero los voluntarios campesinos se escandalizaron ante el plato. Para los granjeros, la idea de comerse a un animal de labranza era una traición y una tragedia: era como «estar cometiendo un acto de canibalismo, mientras masticaban al viejo amigo del hombre».

Pronto pudieron vengarse estos de los cosmopolitas cuando les enseñaron a comer una exquisitez de la sierra: las serpientes. En tiempos de hambruna, las boas a menudo acababan en las mesas de los campesinos. (La receta: primero se corta la cabeza a unos diez centímetros del cuello, y después se cuelga la serpiente por la cola en una rama para desangrarla. Se despelleja y destripa. Se corta en trozos de 15 centímetros, y se puede freír o asar clavada en palos sobre un fuego abierto. El resultado era una carne dura, fibrosa y llena de huesecillos, pero con sabor y repleta de proteína. Los verdaderos *gourmets* rebozaban antes los trozos de carne en harina, pero se trataba de un lujo pocas veces disfrutado en la sierra). Camilo, a quien le encantaba gastar bromas, ofrecía a los nuevos reclutas un poco que había cocinado en su pequeño hornillo de gas, diciéndoles que era «carne de gato» para ver sus caras de horror.

El único alimento básico que jamás se acababa era el café, disponible en cada choza, aunque la elaboración podía llegar a ser tan básica como unos granos filtrados con un calcetín.

Cuando se sabía que el ejército estaba lejos, las comidas alrededor de las hogueras podían estar acompañadas de música de los radios o el suave rasgueo de una guitarra, si había alguna a mano. Incluso hubo alguna que otra pequeña fiesta. Pasada la medianoche del 12 de agosto, unos cuantos veteranos de la sierra (Juan Almeida, Universo Sánchez y Guillermo García) fueron a brindar a la salud de Fidel, con motivo de su cumpleaños, con una botella de brandy.

El Ejército Revolucionario iba recibiendo a recién llegados de todas partes de Cuba, incluidas varias mujeres; la mayoría eran operativos urbanos del M-26-7 para los que la vida en la ciudad ya era demasiado complicada. Contaban además con un goteo incesante de voluntarios campesinos, aunque solo se aceptaba a aquellos que traían sus propias armas. (Hubo una excepción con un trío de jóvenes lugareños que se habían pasado un mes buscando a Fidel y este, impresionado por su perseverancia, les permitió unirse a pesar de no ir armados). Se creó una rutina para los novatos: en primer lugar se les sometía a un interrogatorio para comprobar que no fueran espías, se les daba algo de dinero en efectivo para que lo mandaran a sus familias y recibían unas cuantas horas de «formación política». Pasados un par de días, también se les ofrecía la oportunidad de irse. Para entonces, cualquier visión romántica de la vida de la guerrilla ya se había evaporado completamente tras las arduas caminatas y la sempiterna mojadura: el verano era ligeramente más cálido en las montañas, pero con él venía también la temporada de lluvias. Incluso las noches secas seguían siendo sorprendentemente frías y en ocasiones tan oscuras que los rebeldes tenían que buscar sus hamacas a la luz de brasas encendidas. Tras salir a hacer sus necesidades una noche, Juan Almeida encendió un cerillo para poder orientarse, pero cayó por un barranco de casi cinco metros. Estuvo a punto de morir y tuvo que pasar varios días recuperándose. Un grupo de amigos que se ofrecieron juntos como voluntarios habían declarado, henchidos de orgullo, que lucharían contra Batista «hasta la muerte», pero en cuanto oyeron la oferta de volver a sus casas, todos la aceptaron al momento. El riachuelo donde se rindieron fue bautizado irónicamente como «el arroyo de la muerte» por los veteranos más curtidos.

También hubo intentos más organizados de obtener refuerzos. En su visita a los llanos en junio, Celia envió a un segundo grupo de ochenta y ocho hombres desde la zona de Santiago pasando por su espinoso campamento, el marabuzal, incluido el sobrino de uno de los ministros de Batista y un exoficial del ejército. Resultaron mucho menos disciplinados que los primeros llegados en primavera. En su ruta hacia la sierra, devoraron sus raciones, se pelearon entre ellos y se perdieron. Quejándose de los veinte kilos que pesaban sus mochilas, empezaron a tirar las provisiones entre los arbustos, entre ellas latas de leche a medio terminar e incluso, de forma inexcusable, munición. (Cuando Fidel se enteró, escribió que se trataba de un hecho «monstruoso»). Solo veinte contaban con armas y estaban aterrados ante la idea de un ataque sorpresa del ejército. Pasadas dos semanas, el corpulento y veterano líder campesino Crescencio Pérez consiguió rastrear a los sesenta y seis que quedaban (el resto habían desertado ya) y enderezarlos un poco, pero los percances continuaron. Nada más llegar al campamento de Fidel, el exoficial del ejército disparó sin querer su arma, con lo que el grupo entero se vio obligado a cambiar de ubicación. Algunos sospechaban que se había infiltrado entre sus filas para revelar su paradero. El hombre habría sido ejecutado, explica el Che, de no ser por «su cara de consternación». (Los incidentes con armas de fuego continuaron hasta que se produjo lo inevitable el 10 de agosto, cuando un joven de dieciocho años llamado Enrique Somohano se disparó mientras limpiaba su rifle. La bala le atravesó el pulmón, y a pesar de recibir atención médica de inmediato, murió ese mismo día).

Para conseguir ponerlos en forma, Fidel los hizo subir el pico Turquino, un ejercicio de entrenamiento que también era un gesto patriótico; en la majestuosa cima, los que por primera vez llegaban escribieron emocionados en la base de la estatua de José Martí. Con su energía sobrenatural, el comandante en jefe desarrollaba una relación personal con cada voluntario y dedicaba cada minuto que pasaba despierto a preguntar a sus hombres qué opinaban sobre cada detalle. («¿Cómo te encuentras?». «¿Has dormido bien?». «¿Qué tal estaba la comida ayer?»). Al final de la marcha de cada día, sin importar lo dura que hubiera sido, soltaba un discurso analizando el paisaje que habían cruzado y explicaba su estrategia.

A medida que aumentaba el sentimiento de camaradería en el Ejército Rebelde, sus integrantes llevaron al extremo el amor de los cubanos por los apodos. Algunos eran simples diminutivos que reflejaban el afectuoso hábito de añadir «ito» a prácticamente cualquier nombre: Carlito, Juanito, Guerrita, y así con todo. Otros eran más originales. En la guerrilla pronto empezaron a oírse motes como Lalo y Yayo, Pepe y Paco, Chichí, Chicho, Chuchú y Chino. O, por ejemplo, Sabú, Vilo, Nano, Nandín o Kiko; Tano, Titín, Tita y Tatîn; Popo, Pepín y Pancho; o Quico y Quique. Un soldado rebelde recibió el apodo de Cantinflas, como el cómico mexicano, y a otro por motivos desconocidos lo llamaban Baby. Una mujer delgada era la Arbolito. Al estresado Guerra Matos, Celia lo llamaba el Agitado.

Una de las figuras más pintorescas era el Vaquerito, Roberto Rodríguez, a quien el nombre le venía de las llamativas botas de montar que Celia le había dado cuando llegó descalzo al campamento. En combinación con un sombrero de paja de ala ancha, parecía un vaquero mexicano. Famoso por su indiferencia ante el peligro, se convirtió en líder en el «escuadrón suicida» del Che, el cual se encargaba de las tareas más difíciles. El Vaquerito era querido por su eterno buen humor, casi infantil, y por lo mucho que adornaba la verdad. Sus amigos empezaron a llevar la cuenta de todas sus historias y llegaron a la conclusión de que debía de haber vivido el doble de los veinte años que contaba.

A pesar de esas graciosas peculiaridades, el Ejército Rebelde era un grupo variopinto cuyas filas estaban salpicadas de réprobos de aspecto temible, personajes turbios y chicos de la calle perseguidos por la ley. Pocos prestaban una mínima atención a la elegancia en el vestir, combinando sus uniformes andrajosos con atuendo guajiro, *jeans* y uniformes tomados del ejército. (El Che decía que parecían piratas). Casi todos los veteranos contaban ya con una barba (el lampiño Raúl era uno de los pocos que no conseguían dejarse crecer el vello facial) y parecían una cuadrilla de bárbaros; soltaban incesantes palabrotas y olían a sudor. Incluso el Che, el Chancho, admitió que la higiene personal era un problema, ya que sus cuerpos emitían un peculiar y ofensivo hedor que repelía a cualquiera que se acercara. Por la noche, las hamacas apestaban. Uno de los motivos por los que Celia llevaba flores mariposa en la sierra era porque su perfume disimulaba el olor corporal.

Las barbas se convirtieron en un identificador y los guerrilleros acabaron siendo conocidos en la sierra simplemente como los barbudos, un nombre que se extendería por toda Cuba y se sumaría a la leyenda de la rebelión. Fidel también lo veía como una ventaja práctica: como más tarde explicó al periodista español Ignacio Ramonet, afeitarse implicaba desperdiciar quince minutos al día. «Si multiplica los quince minutos del afeitado diario por los días del año, verificará que consagra casi cinco mil quinientos minutos a esa tarea. Como una jornada de trabajo de ocho horas representa cuatrocientos ochenta minutos, eso significa que, al no afeitarse, usted gana al año unos diez días, que puede consagrar al trabajo, a la lectura, al deporte, a lo que quiera». También suponía un ahorro de una fortuna en navajas y jabón. La única desventaja, admitió, era que las canas aparecían antes en la barba. «Por eso, algunos que la habían dejado crecer, cuando aparecieron pelos blancos se afeitaron rápido, porque sin barba se disimula mejor la edad que con ella».

Los guerrilleros instruidos siguieron enseñando a leer y escribir a las familias campesinas. También les ofrecían atención médica. Pocas veces había médicos en la sierra, y desde el principio de la revolución el Che montaba una clínica improvisada siempre que llegaban a un pueblo, donde atendía a los lugareños en la esquina de una cabaña con techo de paja. Le resultaba una experiencia desalentadora, ya que veía con regularidad las mismas enfermedades como consecuencia de generaciones de desnutrición, parásitos y trabajo excesivo. En una ocasión, escribió, una niña lo observó durante horas mientras daba consulta y entonces se quejó con su madre: «Mamá, este doctor a todos les dice lo mismo». Era cierto, admitió para sí el Che: «Las gentes de la sierra brotan silvestres y sin cuidado y se desgastan rápidamente, en un trajín sin recompensa».

La guerrilla misma estaba plagada por problemas dentales, especialmente Fidel, quien ya contaba con una mala dentadura para empezar. Dejar los cepillos de dientes en México había probado no ser una buena idea. Fidel se quejaba constantemente de dolor de muelas y le rogaba a Celia que le enviara un dentista de Manzanillo. («Estoy llegando al límite», bromeaba débilmente. «Ahora que tengo comida, no puedo comer. Después, cuando tenga los dientes bien, no tendré nada de comida»). A finales de junio, Celia les hizo llegar una bolsa con material de dentista y el Che asumió el cargo de «sacamuelas» del Ejército Rebelde. Como no tenía anestesia, tuvo que recurrir a las maldiciones y la intimidación para reprimir las quejas de los pacientes. (A esto lo denominó «anestesia psicológica»). Sus habilidades eran, como poco, cuestionables. En sus memorias el argentino recuerda que le fue imposible extraer un colmillo infectado a una infeliz «víctima»; el Che afirma que le habría hecho falta dinamita para hacerlo. Él mismo, sagazmente, no intentó aplicarse a sí mismo este tratamiento, ignorando sus propios dolores de muelas hasta el fin de la guerra.

Durante el verano, el Ejército Rebelde acabó recibiendo a otros doctores en sus filas, con lo que el Che quedó libre para concentrarse en sus responsabilidades militares, como él prefería. La profesión médica en Cuba había mostrado simpatía por los insurgentes desde los primeros días de la guerra. Los galenos se encontraban de forma regular con evidencias de tortura y brutalidad policial, pero si lo atestiguaban en un tribunal legal, el régimen los marcaba como objetivos. Aquellos que se vieron forzados a huir de sus hogares se refugiaron en la sierra. Tras conocerse su presencia, cada noche se producía un incesante desfile de lugareños enfermos hacia los campamentos de los rebeldes, que venían a ser, según Almeida, hospitales móviles. Anotó en su diario, asombrado, que había niños con diarrea y personas a las que tenían que sacarles muelas y atender infecciones, granos infectados o cataratas, con lo que los doctores se veían obligados a trabajar hasta bien entrada la noche. (Almeida descubrió que estas muestras de las penurias rurales no hacían más que avivar su celo revolucionario: el pecho le ardía ante tanta miseria humana. Le dolía que, en pleno siglo XX, tales cosas ocurrieran en Cuba. «¡No, y mil veces no!»).

Los doctores, por supuesto, también trabajaban en el frente; sus unidades de hospital quirúrgico móvil trataban a los heridos allá donde caían. Bromeaban diciendo que llevaban el hospital en la mochila y que sus ambulancias eran las mulas: las mesas de operación eran, a menudo, el suelo de la selva. Los lesionados pasaban por el bisturí en colinas desnudas, con vías de suero colgadas de los árboles. Cuando al Che lo hirieron en el pie, un amigo extrajo la bala con una cuchilla de afeitar.

Una nueva fase de la guerra de guerrillas empezó en septiembre, cuando el comandante Che salió con su propia tropa de cien hombres para crear una base independiente en un va-

lle al sureste de Fidel, llamado El Hombrito. La del Che era la
segunda «columna» del ejército, como empezaron a nombrar
a sus contingentes, pero Fidel decidió llamarla «la Cuarta Columna» para confundir al enemigo y exagerar el número de
los rebeldes. La idea de que el Che montara un campamento
permanente se debía en parte a que el movimiento constante
le provocaba ataques de asma. Se dedicó con entusiasmo a la
misión de crear su propia «sociedad extrarrevolucionaria» con
granjas de cerdos y gallinas, una fábrica de zapatos para re-
mendar las botas y un taller de sillas de montar, ya que había
adoptado la costumbre de montar en una pequeña mula para
aliviar sus cargados pulmones. El campamento imprimía su
propio periódico, *El cubano libre*, con el que colaboraba bajo el
seudónimo de «el Francotirador». Cuando el ejército encontró
las estructuras y las destruyó en diciembre, el Che las volvió a
construir en La Mesa y añadió un hospital de campo, un mata-
dero y una pequeña fábrica de habanos; el hábito cubano había
acabado por convertirse en una adicción que, además, resultaba
útil para deshacerse de mosquitos y malos olores.

En esta misión para crear una comunidad, el Che se apoyó
en otra mujer de férrea voluntad, Lidia Doce. Su reclutamiento
es uno de los hitos olvidados del feminismo cubano: tenía cuarenta y dos años, se había divorciado dos veces y era madre de
tres hijos, adultos ya cuando el Che la encontró trabajando en
un horno de pan en la minúscula aldea de San Pablo de Yao.
Uno de sus hijos, Efraín, era parte de la columna, y el Che le pidió a ella que lo ayudara a organizar el campamento. Puso rápidamente manos a la obra, lanzando órdenes a los hombres con
palabras cortantes (el Che la describía como «tirana»). Guevara
la envió con mensajes a Santiago, una misión peligrosa que ejecutó con tanto aplomo que fue elevada a la posición de confianza de «mensajera especial»; a partir de entonces se dedicó

a llevar los documentos de contenido más delicado, arriesgándose a la ejecución si la capturaban.

La columna del Che se volvió famosa por su estricta disciplina, reforzada por una unidad especial de policía que controlaba constantemente a los hombres. No se permitía que nadie llevara un diario; si el ejército los capturaba, estos podrían arrojar información crucial. (Solo el Che estaba por encima de esta orden). Únicamente se podía encender fuego tras caer la noche y debía haber un balde de agua cerca de cada hoguera, para apagarla en caso de que un avión sobrevolara la zona. Cualquier pequeño error al desempeñar tareas de guardia se castigaba duramente. Los hombres se mostraban recelosos del Che por su severidad, pero lo admiraban a regañadientes por su austeridad personal. Del mismo modo que Fidel, compartía cada peligro con sus hombres y no comía hasta que el último soldado recibía su porción. Incluso así, la tensión de luchar en su columna fue demasiada para algunos. Un teniente tomó su revólver y se disparó en la cabeza ante sus sorprendidos compañeros. Después de este incidente, Fidel decidió equilibrar la severidad del Che al nombrar al despreocupado Camilo como segundo al mando. Con su sempiterna sonrisa, Camilo, que más que un soldado parecía un bailarín de rumba de un club de La Habana, demostró ser el contrapeso perfecto para el Che, alegrándolo con sus chistes y bromas y soltando cada dos por tres frases de su libro favorito, el *Quijote*.

Con todo, al Che no le faltaba sentido del humor; era conocido por sus comentarios irónicos. Bautizó a los nuevos voluntarios en su columna como «los descamisados», igual que las masas de trabajadores defendidas por Evita Perón en su país natal. También bromeaba sobre su origen extranjero: «Róbale un dólar a un argentino y te matará», decía a menudo, «pero róbale la mujer y te cantará un tango».

El Che era cada día más extravagante. En una ocasión, Raúl se lo encontró a la 1:30 de la mañana a lomos de un caballo blanco a través de la jungla bañada por la luz de la luna, encabezando una comitiva formada por un *jeep* y un camión repleto de provisiones que habían capturado. No es sorprendente que los fotógrafos pronto buscaran al misterioso argentino casi tanto como a Fidel.

La victoria en El Uvero en mayo supuso el inicio de una nueva fase militar. A medida que el verano de 1957 daba paso al otoño y el invierno, los envalentonados guerrilleros empezaron a pulir sus improvisadas estrategias hasta convertirlas en un estilo distintivo de guerrilla irregular que más tarde sería emulado por el Vietcong en las junglas del sureste asiático. Seguían tomando inspiración de cualquier parte (Fidel afirmó que él había encontrado ideas incluso en *Por quién doblan las campanas*, la novela de Hemingway sobre el combate tras las líneas enemigas durante la guerra civil española) y aprendieron a acorralar a fuerzas muy superiores en número.

La guerrilla se lanzaba sobre los puntos débiles del enemigo antes de desvanecerse como fantasmas en la selva, solo para volver a atacar en otro lugar inesperado y desprotegido (táctica que Raúl denominó «muerde y huye»). Los soldados del régimen a menudo eran reclutas con una formación mínima dirigidos por oficiales que solo tenían preparación teórica, así que a los rebeldes se les ocurrieron tácticas diseñadas para desanimarlos. Tender múltiples emboscadas a la vanguardia del ejército podía derrotar a un batallón entero. Si colocaban minas terrestres de fabricación casera en el camino, conseguían dispersar a la primera patrulla, de cuyos miembros podían encargarse individualmente. Los francotiradores le disparaban a un soldado en la pierna, y cuando sus compañeros soltaban las armas para llevarlo a cubierto, los rebeldes emergían de entre la espesura y los capturaban a todos. Incluso si escapaban, los gritos y el caos desmoralizaban al resto, y las armas que dejaban atrás en su huida eran una fuente constante de reabastecimiento. La guerrilla, por lo tanto, llegó a la conclusión de que era mucho más efectivo herir a un soldado que matarlo. Al final los militares acababan negándose a tomar la delantera y, como comentó alborozadamente el Che, «sin vanguardia no puede moverse un ejército».

Los intentos por perseguir a la guerrilla después de estos ataques solían ser fútiles. Como conocían cada recoveco del entorno, los rebeldes escapaban «como el agua escurriéndose entre los dedos», según describió Fidel. Cada entrada a la sierra, presumía, era como la batalla de las Termópilas, donde una pequeña fuerza podía resistir a un rival cien veces mayor. Batista afirmaba públicamente que el ejército estaba llevando a cabo «una campaña de exterminio», pero obtenían pocos avances.

El Che escribió más tarde un manual clásico para los partisanos incipientes, *La guerra de guerrillas*, donde (además de sus útiles consejos sobre cómo colgar una hamaca o qué tipo de plato debía llevarse) exponía sus estrategias favoritas, cada una de las cuales aprovechaba la movilidad y la sorpresa. Estaba «lo que se denomina minué», una maniobra parecida al baile, donde unos veinte rebeldes se acercaban al enemigo desde los cuatro puntos cardinales. Cuando el primer grupo de cinco o seis abría fuego, los soldados se lanzarían contra ellos disparando a la selva sin ton ni son. Ese grupo se replegaba y se lanzaba un ataque desde otra dirección. «El ejército repetirá la acción anterior y la guerrilla también», instruye fríamente el Che. El resultado confunde, paraliza y desmoraliza al enemigo, haciendo que gaste su munición.

Esta táctica era especialmente efectiva al anochecer, cuando cundía más fácilmente el pánico entre los soldados. («[...] el guerrillero crece en la noche, y el enemigo ve crecer su miedo en la oscuridad»). A medida que aumentaban los efectivos de la guerrilla, el círculo que rodeaba al ejército podía cerrarse con más fuerza hasta estrangularlo, y grupos enteros terminaban rindiéndose.

Las armas pesadas no eran útiles en la sierra. Los tanques y vehículos blindados quedaban inmovilizados en las pocas y lodosas carreteras al quedar atrapados en agujeros camuflados, mientras que los túneles y búnkeres ofrecían protección a los rebeldes ante los morteros. Pero los hombres de Fidel siguieron experimentando con artillería casera de sus armerías con techo de paja. Su mayor éxito balístico fue un lanzagranadas llamado oficialmente M-26, cuyo pintoresco apodo era «Sputnik». El sólido aparato era una escopeta recortada montada sobre un bípode; la «granada» era una bomba molotov pegada a un palo cilíndrico. Con un cartucho vacío de escopeta, la botella llameante repleta de queroseno podía lanzarse hasta casi cien metros y explotaba como fuego romano. Se trataba de un arma de extraordinaria efectividad, como escribió el Che con alegría en su manual de guerrilla, y una visión aterradora para los defensores al aproximarse a ellos el proyectil que, como sugiere su nombre, se asemejaba al primer satélite soviético (lanzado en octubre), al que pudieron ver cruzar el despejado cielo nocturno.

La precaución se convirtió en algo vital para ellos. Los disciplinados rebeldes todavía hablaban solo en susurros, tanto de día como de noche, a diferencia de los soldados, quienes tenían la tendencia a gritarse entre sí y revelar su posición a la guerrilla. Cuando llegaban a un claro, los revolucionarios cruzaban de uno en uno, a intervalos, de modo que un avión que sobrevolara la zona pensara que se trataba solo de un campesino que andaba por ahí.

El demoledor desánimo de los soldados suponía un contraste cada vez mayor con la alegre bravuconería de los guerrilleros. Cuando el 17 de septiembre tres camiones del ejército fueron emboscados por los hombres del Che en Pino del Agua, la mayoría de los militares tiraron sus armas al suelo y huyeron dejando atrás a los heridos y a cuatro muertos, una actuación deplorable que llevó al comandante a la corte marcial por su cobardía. La insistencia de Fidel en tratar bien a los soldados apresados empezó a dar sus frutos. Los soldados, mal pagados, no tenían ningún interés personal en luchar por Batista. De hecho, muchos tenían más en común con los rebeldes que con sus propios oficiales, y a medida que la campaña avanzaba, las fuerzas rivales se rendían o incluso desertaban para unirse a Fidel.

Aun así, de cuando en cuando había lapsos en el código de la guerrilla. Después de que los hombres del Che capturaran los camiones en Pino del Agua, un campesino cuya familia había sido asesinada por la Guardia Rural ejecutó a uno de los heridos. Cuando el Che lo increpó por su comportamiento «bárbaro», otro soldado herido que fingía estar muerto alzó la voz para pedir que le perdonaran la vida. Cada vez que pasaba un rebelde, gritaba: «¡No me maten! ¡No me maten! El Che dice que él no mata a los prisioneros». Finalmente lo llevaron a un hospital de campo y en cuanto se recuperó fue liberado.

También hubo contratiempos. A finales de agosto, Fidel y sus hombres llevaron a cabo un asalto nocturno a un campamento cerca del río Palma Mocha, donde capturaron bazucas y otras armas. Pero al amanecer descubrieron con horror que había doscientos cincuenta soldados atrincherados en las colinas que los rodeaban. Varios guerrilleros murieron en la precipitada retirada que siguió. Mientras cargaba con la valiosa ametralladora calibre .50, el corpulento Pastor Palomares, de veinte años, recibió impactos en las piernas y la parte inferior del cuerpo. Tendido y moribundo junto al río, susurró al jefe de su pelotón que su mujer estaba embarazada, en un estado muy avanzado ya, y suplicó que Fidel criara a su hijo. Los rebeldes se vieron forzados a abandonar su cuerpo, pero los granjeros lo encontraron y enterraron pocos días después. Para entonces, le habían cortado la mano derecha. El ejército tenía la esperanza de que este personaje barbado y atlético fuera el mismo Fidel, y como no querían cargar con el cadáver entero, le arrancaron el dedo para tomarle las huellas dactilares.

CAPÍTULO 18

Una revolución por $300 al día

(Verano–otoño de 1957)

L A AVENTURA DE Celia con Fidel había florecido durante su estancia de dos meses con la guerrilla en la primavera; al menos tanto como se los permitía la acampada en plena montaña entre docenas de sudorosos guerrilleros deambulando de un lado a otro entre el barro. (Las imaginarias escenas de loca pasión sobre el musgoso suelo de la selva son poco probables, según la biógrafa Nancy Stout: «Siempre había guardaespaldas alrededor. Siempre»). Tampoco ayudó el hecho de que la «corta» visita de Celia a las tierras bajas en junio se alargara hasta el otoño mientras ayudaba al nuevo jefe del M-26-7 en Santiago, René Ramos Latour (su nombre en clave era Daniel), quien tomó las riendas tras el asesinato de Frank. Al verse forzada a ocultarse todavía más, acabó cambiando su propio nombre en clave, de Norma a Aly. («A Norma la conocían hasta los perros», bromeaba Celia). Esta nueva decisión parecía reflejar a propósito el alias de Fidel, Alejandro; no solo se trataba de su segundo nombre sino que suponía un guiño sutil a uno de sus héroes clásicos, Alejandro Magno.

Durante varios meses la relación fue de larga distancia, con el añadido que suponía la intensa presión de la vida clandestina. La correspondencia entre ambos que ha sobrevivido muestra una mezcla volátil de ternura y debates enérgicos (y a menudo quejumbrosos) sobre logística militar. Tras dirigirse cariñosamente a ella como «Querida novia», Fidel le suelta una andanada de exigencias que a Celia le parecían caprichosas y desconsideradas. No mostraba ninguna comprensión de los riesgos que corrían los luchadores urbanos, y se quejaba constantemente de la falta de apoyo que mostraban los del Llano. «[...] debe haber en este instante una consigna [...]: "Todas las armas, todas las balas y todos los recursos para la sierra"», despotricaba. A lo que Celia respondía, bruscamente, que no podía seguir sus órdenes: «Ya te he dicho que no tenemos armas grandes, así que no te podemos enviar ninguna». La insistencia de Fidel en su propia prioridad implicaba que él era el líder indiscutible del Movimiento, mientras que los clandestinos sentían que también debían participar en la toma de decisiones ya que estaban en primera línea, arriesgándose a diario a ser torturados y asesinados.

Celia también se impacientaba con el caótico estilo de liderazgo y las rabietas de Fidel. Sus elecciones en materia de personal la molestaban especialmente. Lo reprende, por ejemplo, por trabajar con un mensajero (según ella, un mentiroso y de lengua suelta) que resultó no ser de confianza. También por quejarse de sus dientes (diciéndole que tome tabletas de calcio y, en un momento dado, añadiendo que a ella también le duelen las muelas pero que no va quejándose por ello). Discuten incesantemente sobre el dinero. En respuesta a la exigencia de Fidel de que le envíen diez mil pesos al mes, Celia escribe secamente que le parece demasiado y que, además, no tienen tamaña suma. Otro mensajero chapucero se olvidó de llevarse unos sobres con dinero para él; Celia incluso llegó a encontrarse un fajo de mil pesos sin recoger en el comedor de alguien. En una ocasión, Fidel la acusa de gastar demasiado en sus compras personales, cosa que la enfurece: «Mis gastos siempre han sido pagados por mi papá y mis hermanos», responde airada, rebelde de clase media de pies a cabeza.

Las detalladas cuentas de Celia subieron durante este periodo. A diferencia de sus pulcras notas de inicio de año, ahora cubrían tres páginas dobles, garabateadas, tachadas y emborronadas. Con doscientos hombres en la sierra, la revolución se había convertido en algo mucho más complicado que la operación inicial con un apretado presupuesto de sesenta y cinco pesos al día para apoyar a los pocos supervivientes del *Granma*. Ahora la lista incluía equipamiento de montaña, materiales de oficina y artículos más caros, como un *jeep*. El total mensual de junio fue de 8.706,89: una revolución por casi trescientos pesos al día.

Aun así, a pesar de toda la tensión y las recriminaciones entre Fidel y Celia, había momentos de afecto: «¿Por qué no vienes por aquí en un viaje rápido?», escribió Fidel. «Piénsatelo y hazlo en los próximos días, días de observación y expectativa. Te envío un gran abrazo». A medida que el verano daba paso al otoño, la animaba a mantenerse a salvo. «¡Ten mucho cuidado! No sé por qué, pero me siento con confianza de que no te pasará nada. La pérdida que hemos sufrido con Frank ha sido demasiado grande como para que se repita».

De hecho, la vida de Celia corría cada vez más peligro. Con una diligencia fuera de lo habitual, el SIM había investigado las oficinas de una azucarera en Pilón y descubrió que el año anterior la hija del doctor se había llevado en préstamo varias cartas náuticas el año anterior, que resultaron ser las mismas que encontraron en el *Granma*. Era una prueba contundente de su papel en el M-26-7 y el sim pronto empezó a apretarle las tuercas al perseguir a su familia. Un sofocante día de agosto, soldados en camiones y *jeeps* convergieron en la casa de su anciano padre, el doctor Manuel Sánchez, irrumpieron en ella y empezaron a registrarla. Con la idea de intimidar al médico, tiraron muebles al suelo, hicieron añicos distintos objetos de decoración y examinaron sus archivos. Un oficial le mostró la carpeta con el mapa de Pilón y de forma perversa una faja de mujer, insinuando que Celia había sido violada.

Esto fue el inicio de meses de acoso. Cuando el doctor intentó subir a un tren hacia La Habana con el resto de sus hijas, fue arrestado y solo lo liberaron cuando el alcalde de Manzanillo y el sindicato de médicos intervinieron en su favor. Después los Sánchez huyeron hacia la casa que tenían en Cienfuegos, un puerto en la costa sur de Cuba, pero descubrieron que la ciudad estaba sumida en el caos al empezar un levantamiento naval en contra de Batista. La familia finalmente pudo encontrar refugio en el búngalo de un familiar cerca de La Habana. Aunque Celia le suplicó a su padre que actuara con discreción, se hizo amigo de la anciana madre de Fidel, Lina, cuando esta estaba de visita cerca de la casa. El doctor llegó incluso a escribirle una carta a Celia con una foto donde aparecían él y la señora Castro, y de forma algo irracional, sugería que ambos algún día viajarían juntos a visitar a sus famosos hijos.

El motín naval en Cienfuegos llevó a una purga en el ejército de toda Cuba que eliminó a los moderados y dejó como resultado a un cuerpo militar todavía más despiadado. El aumento de la presión convenció a Celia de que había llegado la hora de volver a unirse a Fidel a finales de septiembre, pero su ruta hacia la sierra se vio bloqueada por los innumerables bombardeos aéreos. Durante diez días se ocultó en una cueva con otros dieciocho fugitivos mientras Fidel, infructuosamente, enviaba una partida de búsqueda tras otra para intentar dar con ella. Al final algunos agentes del M-26-7 de Santiago se toparon con su lastimosa «caravana», como la denominaba ella, y se la llevaron a toda prisa de vuelta a las tierras bajas. Una noche de sábado, para el último trecho hasta Manzanillo, Celia llenó un coche con amigas leales al Movimiento y fingieron que volvían de una fiesta con un pastel para demostrarlo; coqueteaban con los guardias en los puntos de control y les ofrecían trozos.

Poco después Celia volvía a estar de nuevo al mando, enviándole a Fidel munición, una elegante chaqueta de cuero («Te he encargado una en verde oliva, muy ligera y calientica»), recortes de periódicos y notas sobre periodistas latinoamericanos que querían entrevistarlo. Se sentía abandonada en su claustrofóbica vida clandestina y se describía a sí misma como «Más que oculta... ¡enterrada en vida!». Otra carta terminaba con un toque vulnerable: «Por favor, ¡escríbeme!». Pero en lo referente a la logística revolucionaria, no dudaba ni un segundo en arremeter contra él. En una feroz carta de cuatro mil palabras lo critica por una amplia variedad de pecados: aceptaba a reclutas que no habían sido aprobados por el nuevo jefe del Movimiento en Santiago, como era el acuerdo que tenían con Frank. Lo reprendía por quejarse de falta de fondos cuando tenía pendientes de recoger alrededor de seis mil pesos repartidos en distintas casas seguras. «Esta es la locura que has causado», le dice. «Ya veo que todos mis esfuerzos durante los últimos dos meses no han servido de nada, visto el estado de caos que se ha creado». Pero al final tiende una ofrenda de paz, diciendo que espera que él comprenda ahora el estrés al que se ha visto sometida últimamente: «Por favor, lleguemos a un acuerdo, por tu bienestar y para mi tranquilidad».

Era la última vez que Celia tendría que reprender al comandante en jefe desde la distancia. En menos de dos semanas, el 17 de octubre, se fue hacia la sierra para luchar a su lado, determinada a no abandonarlo nunca más. Llegó la noticia de que la viuda de Pastor Palomares, el guerrillero muerto dos meses antes en la batalla del río Palma Mocha, había dado a luz a una niña: fue la excusa perfecta para que Celia acudiera a las montañas a toda prisa llevando prendas de bebé, igual que había hecho cuando era adolescente y trabajaba para su padre. Tras visitar el campamento emprendió la caminata con una escolta armada hasta la remota cueva donde había nacido la pequeña bajo el cuidado de su abuelo, un herbolario; también llevaba consigo leche enlatada, dado que la recién nacida se negaba a tomar el pecho. Se trataba de una misión precaria. En un momento dado, una patrulla del ejército pasó tan cerca que el abuelo se vio forzado a meter hojas de café en la boca de la bebé para sofocar sus chillidos.

Poco después se bautizó de forma oficial al primer retoño de la revolución cubana. Celia y Fidel aceptaron ser los padrinos y volvieron a la remota cueva con el «sacerdote de la guerrilla», el padre Guillermo Sardiñas, un clérigo radical que adoptó la costumbre de llevar una sotana teñida de verde oliva con una estrella roja bordada. (El diseño era de Camilo Cienfuegos, quien había puesto en práctica la experiencia que adquirió de joven en una tienda de ropa de La Habana). La desaliñada barba de Sardiñas, digna del Antiguo Testamento, y la mirada distante de sus ojos lo hacían parecer todavía más un monje guerrero.

La escena recordaba un ritual de los inicios del cristianismo. Dentro de una gruta, con las paredes cubiertas de follaje tropical, el oficiante consagró a la bebé (a la que llamaron Eugenia) con agua bendita. A un lado tenía a Fidel, quien llevaba una sarta de medallas católicas sobre el uniforme, y al otro estaba Celia, cuyo atuendo militar había adornado con una flor mariposa, emblema de la revolución. En esta capilla natural, la madre, su nuevo marido y el abuelo observaron la ceremonia desde las sombras y la «congregación», formada por guardias armados de la guerrilla (todos con barbas tan pobladas como la del sacerdote), estaba alerta ante cualquier indicio de una patrulla enemiga. Fidel y Celia juraron proteger a la pequeña Eugenia tanto durante la guerra como después de ella. Después la madre besó a la criatura y se fue con su marido para empezar una nueva vida en algún otro lugar de Cuba.

Cotidiano y extraño a la vez, el rito simbolizó la nueva sensación de estabilidad en la extraordinaria sociedad del Territorio Libre.

El padre Sardiñas era el más pintoresco de los tres presbíteros católicos que se habían presentado para cuidar del descarriado rebaño que conformaba la guerrilla. Raúl lo denominaba el Celestial por su tendencia a los olvidos y bromeaba con que ya habría caído por un precipicio si no fuera por el guardaespaldas que tenía asignado. Sardiñas llegó incluso a cargar a cuestas un pesado «altar portátil» para sus servicios religiosos hasta que Fidel le ordenó abandonarlo, pues retrasaba los movimientos del Ejército Rebelde.

Casi todos los periodistas que consiguieron llegar a la sierra dejaron constancia de las firmes convicciones católicas de la guerrilla. Igual que Fidel, todos llevaban encima medallas religiosas o rosarios concedidos por los sacerdotes y nunca se cuestionaban la fe en la que los habían criado. (Solo el Che, acérrimo marxista, era ateo; Fidel, a pesar de haber sido educado por los jesuitas, profesaba ser agnóstico, pero no se lo pensaba dos veces antes de colgarse adornos religiosos).

Las comunidades rurales de la sierra no eran estrictamente católicas (pocos sacerdotes españoles se habían molestado en viajar a las montañas durante el colonialismo) pero contaban con una mezcla de espiritismo, canalizadores, curanderos y adventistas del Séptimo Día, todo junto con santería africana. Incluso en los años cincuenta, los sacerdotes eran tan escasos en la región como los doctores. El bautismo de Eugenia marcó el inicio de una gran tradición: allá donde iban los rebeldes, los lugareños acudían al campamento a pedir a los tres sacerdotes que oficiaran bodas, ritos fúnebres o confesiones. Hubo docenas de bautismos más con Fidel como padrino y Celia como madrina. El ambiente festivo llegaba a niveles casi de carnaval cuando pasaba la guerrilla con sus médicos y presbíteros. Fidel repartía dulces entre los niños mientras multitudes de aldeanos se congregaban para vitorear a los barbudos, venderles comida y bebida o conseguir que los atendieran, física o espiritualmente.

El bautismo de octubre también marcó el retorno oficial de Celia a la sierra tras su larga y peligrosa temporada en las ciudades. A partir de entonces se quedó con Fidel como confidente, asistente y organizadora. De hecho, tras asistir a la ceremonia en plena naturaleza, Fidel y Celia se convirtieron, extraoficialmente, en la pareja dirigente de la revolución.

Tras su ausencia de cuatro meses, ella se lanzó de pleno a reforzar la estructura interna del Territorio Libre. Para mantener algo parecido al orden, los rebeldes habían empezado a imponer su propio sistema legal, y una de sus primeras tareas fue ayudar a organizar una serie de juicios formales. El vacío de poder tras la partida de la Guardia Rural había causado un «bandolerismo contagioso», pues los ladrones de ganado, atracadores ambulantes y desertores del ejército se aprovechaban de los granjeros a su antojo. En este ambiente caótico era muy fácil llevar a cabo cualquier engaño. Algunos bandidos se hacían pasar por guerrilleros y extorsionaban a los pobres aldeanos. En otra ocasión, treinta supuestos rebeldes violaron a las prostitutas de un pueblecito. Este tipo de farsas amenazaban con socavar la simpatía de los campesinos por la guerrilla y debían tratarse con severidad.

La actuación en los juicios era larga y concienzuda, con varios días de proceso y llevada a cabo con la formalidad de los juzgados de la Inglaterra del siglo XVIII. El fotoperiodista Andrew St. George estuvo en la sierra mientras se aplicaba la «justicia revolucionaria» y lo capturó en una serie de imágenes para *Look*. Los rebeldes arrestaron a una pandilla dirigida por un imponente campesino con un bigote ralo y de nombre Carlos Ramírez, aunque era conocido por el apodo Chino Chang dado el toque que le había conferido algún antepasado oriental. Durante tres días, los granjeros desfilaron por el campamento para testificar. Las fotos muestran a Fidel, metido en el papel de abogado, presidiendo el tribunal al lado de una atenta y perspicaz Celia (identificada como «la organizadora superior de los rebeldes») y otros tres jueces, incluido un abogado de La Habana que anteriormente había sido vicepresidente de la Asociación Interamericana de Colegios de Abogados.

El jefe de los bandidos fue declarado culpable y una apasionante serie de imágenes documenta su suerte. En la primera se ve cómo lo atan al «árbol de ejecuciones» ante un pelotón de fusilamiento de seis hombres dirigidos por Raúl. La siguiente (con el pie de foto «¡Fuego!») es un borrón por el humo que llena el aire. En la tercera se ve el cuerpo de Ramírez desplomado frente al árbol; finalmente, Raúl le da el tiro de gracia. En un juicio posterior, otro hombre que confesó una violación también fue enviado «al árbol». (El «puritano» Fidel, como comenta St. George, no toleraba ninguna «interferencia con mujeres»). En total hubo doce días de juicios, celebrados desde el alba hasta el anochecer. «Si no mantenemos el orden en nuestra zona liberada, la gente sufre», explicó Fidel. «Nuestra revolución se ve manchada».

El último juicio fue el de un inquietante personaje conocido como el Maestro, que se había hecho pasar por el Che. Se presentaba en aldeas remotas y pretendía realizar exámenes médicos a las mujeres para abusar de ellas. Antiguo profesor de escuela, era famoso por sus escandalosas mentiras, entre ellas que había luchado al lado de Fidel en el asalto al Moncada. (De hecho, huyó a las montañas tras robar dos vacas). Sin embargo les fue útil a los rebeldes por su fuerte físico: podía llevar pesadísimas cargas a cuestas, «como Hércules», recordó Fidel, a pesar de que su enorme barba lo hacía parecer «un orangután». En un momento dado acarreó con el asmático Che durante días. La mayoría de los campesinos únicamente conocían al Che por el nombre, así que el Maestro se podía hacer pasar por «el doctor». «"¡Tráiganme a las mujeres! Voy a examinarlas a todas"», recordaba Fidel. «¿Acaso se habrá oído algo tan intolerable? Acabamos pegándole un tiro».

Fuera de los juicios formales, los otros ejemplos de la justicia de la guerrilla no fueron tan meditados. En concreto, el Che se ganó una reputación de tremenda crueldad y sangre fría por ordenar la pena de muerte a la primera ocasión y dejar a su paso un reguero de «bandidos» ejecutados. Pero a menudo, en privado ponía en duda las decisiones que había tomado. En octubre sus hombres capturaron a un joven campesino desertor llamado Arístidio, quien vendió su revólver y afirmó que se pondría en contacto con el ejército. Mucho después de su ejecución, el Che seguía preguntándose si «realmente era tan culpable como para merecer la muerte». Pero el argentino se vio obligado a demostrar al pueblo que los guerrilleros eran «puros y sin mancha», aplicando castigos ejemplares a los infractores.

En otra ocasión ejecutó al líder de una banda criminal, pero se limitó a aterrorizar a un trío de adolescentes que se contaban entre los bandoleros. Fueron solemnemente condenados a muerte, vendados de los ojos y atados a árboles, pero el pelotón de fusilamiento disparó al aire. Cuando advirtieron que se les había perdonado la vida, «uno de ellos me dio la más espontánea demostración de júbilo y reconocimiento en forma de un sonoro beso, como si estuviera frente a su padre». Los tres se unieron a los rebeldes y se convirtieron en devotos acérrimos del Che.

Quizá el momento más desgarrador para el Che (uno que ha pasado a formar parte de la leyenda revolucionaria) fue el que implicó la muerte de un cachorro. Un perrito muy afectuoso se había convertido en la mascota no oficial de la columna, pero un día siguió al comandante y a su dueño, un rebelde llamado Félix, hasta una zona de combate, a pesar de todos los esfuerzos que hicieron por alejarlo. Cuando los hombres se ocultaban de una patrulla enemiga, el perro empezó a aullar en brazos de Félix. Tras repetidos intentos por silenciar al querido animal, el Che instruyó con gestos a Félix que lo estrangulara con una cuerda. El Che recordó cómo observó con tristeza que los alegres movimientos de su cola se transformaron en sacudidas frenéticas hasta quedar detenidos.

El incidente afectó fuertemente a toda la tropa. Esa noche alrededor de la fogata, mientras un hombre rasgueaba una sentida canción en una vieja guitarra, otro perro recogió un hueso que Félix había tirado y se los quedó viendo con una «mirada mansa, pero picaresca», rememoró el Che más adelante. La melancolía los embargó: «Junto a todos [...], observándonos a través de otro perro, estaba el cachorro asesinado».

CAPÍTULO 19

El amor en los tiempos de la diarrea

(Otoño de 1957)

ADEMÁS DE LAS dificultades físicas, la vida en la guerrilla también suponía un costo personal. El inédito diario de campo de Juan Almeida, el albañil negro de treinta años que también fue un prolífico poeta y letrista, ofrece una perspectiva íntima de las tensiones de esta fase nómada y precaria de 1957. Olvidado en la Oficina de Asuntos Históricos de La Habana, ni siquiera los historiadores de Cuba lo han citado, quizá debido a la sensación de confesión descarnada que transmite. Como jefe de pelotón, Almeida lideraba a unos veinte hombres por la sierra, desplazándose constantemente de un lado a otro durante meses, y sus apuntes, garrapateados furiosamente durante los momentos de calma al anochecer y amanecer en el campamento, están plagados de dudas e introspección. Había dejado atrás a una novia en la Ciudad de México, pero no había sabido nada de ella desde el desembarco del *Granma*. Embargado por la nostalgia y atormentado por la soledad, describía sin cesar sus sentimientos y componía desgarradores versos de amor. («¿Acaso te amé? ¡No lo sé!... ¿Temblé en tus brazos? Sí, como una hoja en la brisa»). Pero su anhelo romántico no siempre estaba dirigido a su distante novia: a medida que avanzaban fatigosamente de pueblo en pueblo, caía perdidamente enamorado de casi cada chica soltera que conocía. Dependientas, hijas de granjeros, hermosas voluntarias de la guerrilla... Todas eran posibles objetos de su afecto. Relatados con una sinceridad cautivadora, los vívidos encuentros se entretejen con entradas más prácticas sobre la vida en la guerrilla, similares a las que hay en los diarios del Che y de Raúl, incluida la obsesiva catalogación de comestibles y el registro de desórdenes estomacales.

Una semana Almeida se ve cautivado por dos jóvenes adventistas del Séptimo Día. («Pero no pasó nada. Nos dijimos adiós»). A la siguiente ya está flirteando con una bella adolescente que visita el campamento con su madre. («Vi en sus ojos algo precioso, como un atisbo de la sierra»). En agosto quedó cautivado por las tres primeras jóvenes que se unieron oficialmente a los rebeldes después de Celia, incluida Geña Verdecia, la joven con nervios de acero que había pasado dinamita de contrabando bajo la falda durante los peligrosos primeros días. («Sigue teniendo en mí el mismo efecto que cuando nos vimos por primera vez»). Una carta de su familia en La Habana, traída de forma clandestina, lo llena de nostalgia («La protejo como algo sagrado»), así como el recuerdo del cumpleaños de su hermana, cosa que no consigue aliviar ni siquiera una noche de amor con una campesina llamada Esperanza. («Debo confesar que hice el amor con ella porque me sentía solo, terriblemente solo»). Hay otro momento de distensión cuando celebran una fiesta espontánea en una bodega aislada, donde los aldeanos se unen a ellos para beber cerveza («Contacto con mujeres. Bonitas y feas»). Pero sus esperanzas de una aventura con una mulata llamada Xiomena se ven frustradas («Vaya decepción»).

El encuentro más prometedor es con una atenta chica llamada Juana, de la que Almeida se había enamorado mientras se recuperaba tras la batalla de El Uvero. Pensaba en ella a menudo, y escribía poemas sobre la joven. («¿Y por qué en mi tristeza me viene a la memoria la cara de esa mujer?»). A mediados de octubre finalmente volvió a pasar cerca del pueblo de su antiguo amor; estuvo tanto tiempo cortejándola en su casa que su pelotón se fue sin él y tuvieron que mandar a un mensajero a recogerlo. Pero para entonces su romántico idilio ya se había torcido: mientras estaban tumbados en la cama y escuchaban música, Juana había abierto la medalla de la Virgen de Guadalupe que él llevaba colgada al cuello y encontró una fotografía de su novia mexicana en el interior. «Ahora me trata de forma más distante... con un afecto parecido al de una hermana», suspira Almeida en su diario, a lo que añade, de forma poco convincente: «De todos modos, es mejor así».

Incluso el ascético Che tuvo que admitir que vagar interminablemente por la sierra tenía sus inconvenientes. En su manual *La guerra de guerrillas*, reconoce que también hay periodos de aburrimiento en la vida del luchador. La mejor forma de combatir los peligros del hastío, sugiere el argentino, es leer. Los visitantes a las montañas a menudo quedaban sorprendidos por la inclinación literaria de los rebeldes: era común en los campamentos de la jungla ver a los hombres inclinados sobre un libro.

El Che recomienda que los guerrilleros se lleven obras edificantes de no ficción, a pesar del incómodo peso que puedan suponer: «buenas biografías de héroes del pasado, historias o geografías económicas», de modo que la lectura los distraiga de vicios como el juego o la bebida. Uno de los libros favoritos en el campamento desde el principio, de forma singular, fue un tomo en español de *Reader's Digest* sobre grandes hombres de la historia de Estados Unidos, que Robert Taber, de la NBC, advirtió que iba pasando de mano en mano. Pero la ficción literaria también tenía su lugar, en especial si encajaba en el marco revolucionario. Un gran éxito fue *La piel*, de Curzio Malaparte, una novela que relata la brutalidad de la ocupación de Nápoles tras la Segunda Guerra Mundial. (Siempre convencido de su victoria, Fidel pensó que ayudaría a los hombres a comportarse correctamente cuando capturaran La Habana). Más sorprendente era el ansia con que devoraban un ejemplar maltrecho del *thriller* psicológico *La bestia humana*, de Zola, leída con una intensidad que impresionaría a los bibliófilos modernos. Raúl rememoró en su diario que estaba inmerso en el primer diálogo de Séverine con el secretario general mientras tendía una emboscada una mañana, y lo sobresaltaron los primeros disparos de la batalla a las 8:05. Para mantener la cabeza activa, también había proseguido con sus estudios de francés durante la guerra, primero con el Che como tutor y después, cuando se separaron, bajo la enseñanza del Francés, Armando Torres, que alguna vez había estudiado en París.

Los rebeldes mataban el tiempo por la noche escuchando historias. Dos poetas rurales se acostumbraron a competir para ver quién creaba los mejores versos, la versión de la guerrilla de un *slam* de poesía. Un campesino llamado José de la Cruz, Crucito, se autoproclamó «el ruiseñor de la Maestra» y componía baladas épicas en décimas guajiras sobre las aventuras de la tropa. Como un Homero de la jungla, se sentaba con su pipa al lado de la hoguera y soltaba sartas de cómica lírica denunciando a su rival, Calixto Morales, como el «guacaico [*sic*] de la Sierra». Trágicamente, la tradición oral se perdió para siempre cuando el trovador Crucito murió más adelante en combate; en el campamento no contaban con papel suficiente para registrar sus versos.

Pero la curiosidad más fascinante para los amantes de la literatura es la afirmación de Fidel, durante una entrevista con Ignacio Ramonet, de que había estudiado *Por quién doblan las campanas*, el clásico de Ernest Hemingway de 1940, en busca de ideas para la guerra de guerrillas. El tomo de Papa, explicó, le permitió a él y a sus hombres «*ver* esa experiencia [en la sierra] como lucha irregular, desde el punto de vista político y militar. [...] El libro se convirtió en algo familiar», añadió. «Y regresamos a él siempre, para consultarlo, para inspirarnos».

Ernesto, como se conocía de forma cariñosa al expatriado estadounidense en Cuba por aquel entonces, había escrito esa novela basándose en su experiencia como corresponsal de un diario durante la guerra civil española en 1937, y sus páginas estaban repletas de descripciones de combate irregular tras las líneas enemigas. Tecleó el manuscrito en una máquina de escribir Remington en la habitación 511 del hotel Ambos Mundos en La Habana vieja, sin imaginar nunca que una guerra similar podría empezar en su patria adoptiva. Aunque se publicó cuando Fidel y sus compañeros todavía eran niños, el grupo creció teniendo muy presente aquel *best seller*, y no digamos la película hollywoodense con Gary Cooper e Ingrid Bergman. Fidel la leyó primero cuando era estudiante y afirmó haberlo hecho al menos dos veces más en la sierra.

En lo referente a tácticas específicas de guerrilla (como, por ejemplo, el arte de la emboscada o cómo gestionar las líneas de suministro), *Por quién doblan las campanas* no ofrece demasiados consejos. Hay algunas ideas directas, como atar cuerdas al seguro de las granadas para hacerlas explotar a distancia, o cómo debe ser el escondite guerrillero ideal. Pero sí es un manual revelador sobre el elemento psicológico de la guerra irregular. El héroe, Robert Jordan, se ve forzado a moverse en un mundo complejo y ajeno a él, lleno de exóticas personalidades y posibles traiciones, de forma similar al modo en que vivían los hombres de Fidel en la Sierra Maestra. Trasladada a aquel entorno tropical, había varios paralelos entre la novela y la situación del Ejército Rebelde, desde la importancia de mantener una actitud positiva entre las tropas, hasta las reglas de Jordan para llevarse bien con la cultura latina: darles tabaco a los hombres y dejar en paz a las mujeres, mandamiento que reflejaba la regla inquebrantable de Fidel de nunca molestar a las chicas de los pueblos y los tenaces esfuerzos de Celia para mantener a los hombres bien provistos de cigarros decentes. (Por supuesto, se trata de una regla que Robert Jordan rompe en la novela. Su tórrida aventura con la seductora María incluye una detallada descripción de sus retozos en el bosque que debió impresionar a Juan Almeida, sediento de afecto).

AUNQUE SEGURO QUE Hemingway se sintió halagado de que los rebeldes cubanos leyeran su obra, el escritor guardó un insólito silencio respecto a la revolución en su país de adopción. El capitán de su barco pesquero, Gregorio Fuentes, alardeó más adelante de que él y Ernest introdujeron armas de contrabando para Fidel en el *Pilar*, pero parece que se trataba tan solo de un relato fantástico para engañar a los turistas. En privado, Hemingway se mostraba desdeñoso hacia Batista y en una carta lo llamó «ese hijo de puta». Pero su única protesta pública fue cuando donó la medalla de su Premio Nobel a la gente de Cuba: en vez de permitir que el gobierno la mostrara, la dejó en la iglesia de la Caridad del Cobre para que la resguardaran. (Todavía sigue ahí, expuesta en una vitrina).

Incluso a los propios servicios de inteligencia de Batista les resultó difícil creer que Ernesto era neutral, y en varias ocasiones los soldados registraron su mansión en La Habana en busca de armas mientras él estaba de viaje. En una ocasión, los intrusos fueron atacados por el perro favorito de Hemingway, un springer spaniel de Alaska llamado Black Dog; lo machacaron con las culatas de los rifles hasta dejarlo muerto ante las miradas horrorizadas de los criados. Black Dog fue enterrado en el «cementerio de mascotas» del jardín, al lado de la piscina, donde durante tantos años se había recostado a los pies de su dueño. Cuando volvió a La Habana, Hemingway irrumpió furibundo en la comisaría local para poner una denuncia, ignorando las advertencias de sus amigos locales. Seguramente cualquier cubano habría recibido una paliza, pero la fama de Hemingway lo protegió. Aun así, no hace falta decir que nunca se llevó a cabo ninguna investigación oficial del hecho.

Inspirados por Hemingway o no, a medida que avanzaba 1957 los métodos de la guerrilla siguieron afinándose. En noviembre se encargó a Almeida que ampliara la estrategia de los rebeldes, saliendo de la sierra por primera vez para quemar los campos de caña de azúcar. Fidel llevaba tiempo promoviendo la idea, pero se trataba de una medida controvertida: los primeros intentos aleatorios durante el año anterior casi los habían llevado a perder a su aliado más poderoso en las montañas, el corpulento patriarca Crescencio Pérez, quien objetó que la quema destruiría el sustento de los trabajadores rurales itinerantes que dependían de la zafra, la cosecha, para sobrevivir. El azúcar no era solo un elemento integral de la economía de Oriente, protestó Pérez, sino que formaba parte de su identidad cultural. Pero Fidel siguió insistiendo. Los impuestos por la cosecha suponían un gran apoyo para Batista, argumentó, le permitían comprar armas y pagar a los soldados, y el sabotaje económico siempre había sido un «acto de guerra» legítimo. («Durante la guerra, ¿acaso los colonos americanos no habían tirado té en el puerto de Boston como medida legítima de defensa?», le preguntó a Andrew St. George). Para mostrar su compromiso moral, Fidel ordenó que los primeros campos de caña en arder fueran los de su propia familia.

Se repartieron panfletos por toda Cuba pidiendo ayuda a cualquier pirómano en ciernes que quisiera colaborar. Según Fidel, la primera nueva cosecha tras el triunfo de la revolución sería una zafra de libertad y de amor. Sería la zafra del pueblo, no de Batista. En el otro lado del panfleto había una útil guía para crear dispositivos incendiarios, con dibujos al estilo de los cómics estadounidenses clásicos. La opción A recordaba un experimento de química de preparatoria: un tubo de goma lleno de sulfuro de carbono, un líquido volátil, y esquirlas de fósforo, que causan una reacción química lenta y estallan en llamas cuando entran en contacto con una capa de celulosa. («El fuego incontrolable empieza en cuarenta minutos»). La opción B era un método mucho más rudimentario: una esponja empapada en gasolina se ata con una cuerda de un metro a un hurón o a la cola de un gato, que saldrá aterrorizado a campo traviesa y sembrará el caos hasta por un kilómetro. («El animal generalmente sobrevive»). El plan C era incluso más básico, pero quizá más práctico: disparar directamente a los campos, con resorteras, bolas de fósforo rojo encendido, formadas con las cabezas de los cerillos. El rango suele ser a menudo de más de noventa metros, explica el panfleto, y las bolas quemarán durante media hora.

A mediados de noviembre, los guerrilleros fueron a infiltrarse en las plantaciones de azúcar. Se trataba de una excursión arriesgada: por primera vez se aventuraban fuera de la seguridad de la sierra y salían a campo abierto por las tierras llanas. St. George viajó para la revista *Look* con el equipo de cincuenta hombres. «Al atardecer, el horizonte estaba preñado de humo y resplandecía con un brillo morado, parecido al neón», escribió. Se encontraron con una resistencia militar sorprendentemente escasa. Los aviones ametrallaban las carreteras rurales, pero no llegó ninguna tropa para proteger los campos. Los rebeldes incluso pudieron requisar un autobús para volver a la sierra, cantando «la canción revolucionaria de Pancho Villa de su predilección, «Cama de piedra» («De piedra ha de ser la cama, / de piedra la cabecera, / la mujer que a mí me quiera...»).

Ahora que estaban constantemente juntos, la relación entre Fidel y Celia se hacía más fuerte con cada día que pasaba. Pero ni siquiera para ellos el amor de guerrilla era un paseo: los sentimientos personales de esta poderosa pareja siempre pasaban a un distante segundo puesto, cediendo toda su atención a las demandas de la revolución. De cuando en cuando Celia intentaba tener algún detalle romántico. Una noche en que la lucha les había dado un respiro, ambos se refugiaron en una granja abandonada para disfrutar de una acogedora escena doméstica que parecía salida de una pintura flamenca del siglo XVIII. Fidel leía ante la chimenea y Celia encargó un lechón asado (el equivalente cubano del *foie gras*) con una buena botella de vino español. Como sorpresa, también había invitado al campechano Raúl, a quien ella consideraba «la mejor y más afectuosa persona que cualquiera pueda imaginar». Pero cuando apareció en la puerta al caer la noche, luego de una caminata de todo un día, Fidel le dirigió una mirada y le espetó:

—¿Se puede saber qué haces aquí? ¿Por qué no estás con las tropas?

Raúl se limitó a dar media vuelta y se fue sin mediar palabra. La ilusión doméstica se desvaneció. Fidel volvió a su libro.

Tercera parte

LA RUTA REVOLUCIONARIA

CAPÍTULO 20

Las fiestas en los tiempos de guerra

(Invierno de 1957–1958)

*Este es el gran objetivo estratégico de la guerrilla:
crear «el clima de colapso», que debe ser
considerado como la clave de todo lo que hace.*
—ROBERT TABER, *LA GUERRA DE LA PULGA:
GUERRILLA Y CONTRAGUERRILLA* (1965)

PARA EL 2 de diciembre de 1957, cuando se cumplió el primer aniversario del desembarco del *Granma*, la invasión de Fidel había superado todas las expectativas y se convirtió en una presencia permanente. Los rebeldes se habían aposentado en la sierra como una constante infección tropical; una herida, pequeña al principio, que se niega a sanar, sin importar las veces que se limpie o bañe en antiséptico. Con el cambio de año, la irritación empezó a amenazar la extremidad entera.

En lugar de la serie de bombardeos que todo el mundo esperaba, el M-26-7 decidió celebrar el aniversario de una forma muy cubana, con una fiesta repentina por las calles. Pronto corrió la voz por toda la ciudad de Santiago, dividida por el conflicto de que los ciudadanos, en un acto de resistencia pacífica, llenarían el centro de la ciudad para celebrar una fiesta que «recordara los pasados días de libertad». Los santiagueños respondieron con júbilo. Desafiando la sensación general de estado de sitio, riadas de personas salieron de casas y oficinas y se dedicaron a visitar tiendas y a comportarse con «la alegría de otros tiempos» (como proponían los panfletos del Movimiento), todo bajo la perpleja mirada de los militares; después la muchedumbre descendió hasta el distrito de negocios de Santiago para compartir un enorme pastel de cumpleaños. Incluso para los revolucionarios, no podía haber fiesta digna en Cuba sin betún y velas.

La víspera de Año Nuevo siempre estaba cargada de simbolismo, y ese año en Cuba los contrastes se hicieron extremos. En el puesto de avanzada de La Mesa, en la Sierra Maestra, el Che Guevara, en un raro arrebato festivo, colgó un cartel pintado a mano en los árboles: «FELICIDADES 1958». Ese día se tomó la maravillosa foto de grupo del Che y veinte de sus hombres sujetando el cartel, sonrientes, desafiantes ante la cámara como si estuvieran en un campamento de verano, rodeados de una maraña de helechos y palmeras. (Como detalle algo más triste, en la foto el Che lleva la gorra de faena de su amigo Ciro Redondo, un veterano del *Granma* que había muerto de un disparo en la cabeza en una escaramuza el mes anterior).

Unos kilómetros más lejos, Fidel emitió un comunicado de Nochevieja, exhortando a los cubanos a boicotear esa noche las celebraciones para protestar contra la dictadura. Solo hizo una concesión a los festejos en la sierra: su orden del día para los jefes de cada pelotón fue distribuir cigarros entre los hombres en las líneas de combate.

No sorprende que el llamado de Fidel a no festejar cayera en saco roto en la hedonista Habana. Las calles estaban a rebosar de juerguistas y coches durante la noche. Ni siquiera una pequeña explosión en el Capitolio consiguió cerrar las cafeterías al aire libre, repletas de gente, que había en toda la avenida. En el

Tropicana, que también se hallaba fuertemente protegido tras la bomba del año anterior y lleno de informantes de la policía (a los que apodaban «treinta y tres», porque se les pagaban treinta y tres pesos con treinta y tres centavos al mes), la celebración siguió a todo ritmo para ofrecer los espectáculos más opulentos de todos los tiempos: *En un paraíso del Asia* y *Chinatown*. Los espectadores cenaban exóticos platos asiáticos mientras bailaban un tinikling javanés mezclado con *jazz* latino. Las sórdidas salas de baile, los espectáculos picantes y los prostíbulos suponían un negocio descomunal y creaban un ambiente de frenética decadencia que algunos historiadores han comparado con los últimos días del Imperio romano.

Mientras, Batista disfrutaba de una lujosa fiesta privada en la base militar del Campamento de Columbia, en La Habana, igual que cada año desde que subió al poder. Diplomáticos, jefes de policía, periodistas y miembros de la alta sociedad alternaban y bailaban despreocupadamente al son de una banda.

El punto más alto del frívolo narcisismo de La Habana llegó un par de semanas más tarde, cuando el programa *The Steve Allen Show* de la NBC superó los límites de la tecnología de telecomunicaciones para emitir en vivo desde el recién inaugurado hotel Riviera, a mediados de enero. De algún modo la grabación íntegra sobrevivió en los archivos de la NBC y hoy en día permanece como un recordatorio de tiempos pasados y un testimonio de las ridículas picardías de aquel entonces. En la cuadriculada sociedad estadounidense de los años cincuenta, Allen, enfundado en su esmoquin, era el presentador más moderno de la televisión y podía coquetear con provocativos contenidos sobre la mafia, el juego y la famosa moral distendida de la ciudad. «Aquí estamos en La Habana, hogar de la piña y Meyer Lansky», bromea tras un paseo coreografiado por el *lobby* a la última moda, entre esculturas abstractas e invitados con copas de champaña.

«Y es maravilloso estar aquí». En un carnavalesco y chabacano jolgorio, los bailarines de mambo con camisas llenas de volantes se ven interrumpidos por cursis anuncios del patrocinador Johnson's Wax, donde aparece la marioneta de una abeja. Los chistes y bromas sobre el juego y las apuestas abundan («¿En qué otra parte del mundo puedes llegar un lunes y levantarte el martes completamente arruinado?»). El humorista Lou Costello hizo unos cuantos chistes y la joven actriz Mamie Van Doren cantó «Sand in My Shoes» al lado de la piscina, mientras a su alrededor se zambullían hombres de cabeza como en una película de Busby Berkeley. Incluso un ventrílocuo festejaba aquel ambiente: «¿Qué has estado haciendo fuera toda la noche?», le pregunta el artista Edgar Bergen a su muñeco, el cual replica: «Es una larga historia… y bastante atrevida».

Los lazos con la mafia no hacían más que sumar atractivo a la libertina Habana. A los turistas estadounidenses les encantaba ver al diminuto Lansky, apodado Little Man (hombrecito), jugar al *gin rummy* al lado de la piscina. Su fama había aumentado tras el escandaloso asesinato de su exsocio, el gánster de origen siciliano Albert Anastasia, ocurrido en Nueva York tres meses atrás. En mitad de la mañana, dos pistoleros entraron tranquilamente en una barbería del centro mientras tenía la cara envuelta en paños calientes para afeitarse, y lo cosieron a balazos. En La Habana corrió el rumor de que Lansky fue quien encargó el homicidio porque Anastasia le exigía una parte muy grande de las ganancias de sus «negocios» en Cuba. Poco después de la emisión de *The Steve Allen Show*, el FBI lo visitó en Miami para interrogarlo; luego la policía lo arrestó cuando salía de un taxi en el aeropuerto de Nueva York, adonde había viajado para recibir atención médica para sus úlceras. Los detectives se quejaron de que Lansky no había querido colaborar: se negó a responder cualquier pregunta sobre sus negocios, cosa que no resulta sorprendente de un hombre que había informado a la agencia tributaria estadounidense que trabajaba como «jefe de cocina» en el hotel Riviera. Así que los policías le inventaron una imputación por vagancia, y pasó la noche en la cárcel de la comisaría. Cuando al día siguiente su abogado lo sacó bajo fianza, un alto oficial del gobierno cubano declaró, santurronamente, que no se le permitiría volver a La Habana mientras tuviera cargos criminales pendientes. Lansky ni se inmutó y el caso pronto se desestimó. Más adelante, el capo declaró: «Batista me gastó una pequeña broma. Y cuando volví a Cuba, él y yo nos reímos juntos sobre el tema».

EL PROGRAMA DE Steve Allen no hizo ninguna referencia a la guerrilla; Cuba seguía siendo el lugar idílico para vacacionar donde los estadounidenses podían disfrutar de una buena juerga. El puñado de variopintos barbudos que vivían en las lejanas montañas eran fáciles de ignorar: sus números habían aumentado hasta la pasmosa cantidad de trescientos, lo que era poco más que una ligera molestia en comparación con el ejército de cuarenta mil tropas de Batista (treinta y cinco mil soldados y cinco mil de las fuerzas aéreas y navales), el cual los superaba en más de cien a uno. Pero su mera supervivencia empezaba a tener una influencia desproporcionada en las mentes cubanas. Cada día que pasaba, ciudadanos de todas las clases sociales estaban cada vez más consternados por las acciones de Batista, quien en su mensaje de Nochevieja había prometido, sin pensárselo demasiado, que habría elecciones democráticas en seis meses. Solo los más crédulos, como el embajador estadounidense Earl Smith, creyeron que algo así sucedería. Incluso los cubanos moderados empezaron a buscar desesperadamente una forma de salir de la dictadura.

En pocas semanas la alegre fachada de La Habana empezó a resquebrajarse. De hecho, en los anales de la revolución, febrero y marzo de 1958 serían recordados como la «edad de oro» del sabotaje urbano clandestino. Al caer la noche se oía con frecuencia el ruido de explosiones, a menudo seguido de apagones (uno de los cuales duró tres días enteros), todo ello obra del M-26-7 y el Directorio Revolucionario, o DR, que se había recuperado tras ser casi barrido del todo en el asalto al Palacio Presidencial el pasado abril. («Ah, ahí van las bombitas» se convirtió en una frase habitual). Una refinería petrolera al lado del puerto ardió en llamas, con lo que más de un millón y medio de litros estuvieron humeando durante días. La noche antes de su inauguración, alguien le prendió fuego a un cine. Algunos ataques parecían intervenciones artísticas: dos hombres armados con pistolas entraron a un banco en el centro de La Habana y, en vez de llevarse dinero, ordenaron que todos los cheques cancelados se echaran a una hoguera en el vestíbulo; un acto de sabotaje indirecto destinado a demostrar que Batista no podía gestionar la economía cubana.

El momento culminante llegó el 23 de febrero, cuando iba a celebrarse el más glamoroso evento deportivo internacional, el Gran Premio de Cuba de Fórmula 1. Un desfile de periodistas extranjeros descendió sobre la ciudad para ver competir a los mejores pilotos del mundo en sus Maserati y Ferrari por el premio de diez mil dólares en una carrera diseñada para exhibir la prosperidad del país, con un recorrido que iba frente al mar por el Malecón, delante de los novísimos hoteles de estilo *art déco*. Se trataba del escenario perfecto para una treta poco complicada. Con solo unas pocas pistolas y vehículos de escape, el M-26-7 trazó un plan sencillo para adueñarse de las portadas de todo el mundo.

Justo antes de las nueve de la noche anterior a la carrera,

dos jóvenes agentes con revólveres ocultos en sus chaquetas de cuero entraron tranquilamente al hotel Lincoln, donde el piloto más famoso de la época (el apuesto Juan Manuel Fangio, de Argentina, tan seguido en aquel entonces como una estrella de *rock* hoy en día) charlaba con tres personas de su equipo. Mientras uno de los agentes cubría la puerta del hotel, el segundo enterró la pistola en las costillas de Fangio y lo hizo salir a la calle tras ordenar a los asombrados presentes que no se movieran hasta pasados cinco minutos. «Hay cuatro hombres con metralletas apuntando a la puerta», dijo Fangio; era mentira. Afuera, lo hicieron entrar a un coche (el piloto más adelante recordó que se trataba de un Plymouth verde de 1955) y desaparecieron en la oscuridad haciendo chirriar las ruedas.

El espectacular secuestro del cinco veces campeón mundial supuso una enorme humillación para Batista; apareció en la portada de periódicos de todos los países y provocó una desesperada búsqueda policial. Para los cubanos, esta incidencia en el Gran Premio tenía detrás un mensaje que la mayoría de los periodistas extranjeros fueron incapaces de captar: el máximo responsable de la carrera era el corrupto cuñado de Batista, quien, como comisionado de deportes, exprimía la Lotería Nacional, recibía un porcentaje de las máquinas tragamonedas de los hoteles y se quedaba con la mitad de los ingresos de los parquímetros (quizá el crimen que más odiaban los habitantes de La Habana, amantes de los coches).

El Gran Premio siguió adelante sin Fangio, pero en un accidente sin relación con los rebeldes, un coche perdió el control y se estrelló contra la multitud. Cuerpos, sombreros y zapatos salieron volando por los aires. Hubo siete muertos, docenas de heridos y la carrera acabó cancelándose.

Fangio fue liberado a la medianoche siguiente en un encuentro con el embajador de Argentina. En la rueda de prensa que ofrecieron, llena a rebosar, atestiguó que lo habían tratado de una forma muy decente, alojándolo en tres cómodas casas de clase media. Lo alimentaron con pollo, arroz, filete y papas, durmió a pierna suelta y lo dejaron ver parte de la carrera por televisión. Fangio se convirtió incluso en un converso de la revolución: mientras estaba en cautividad, el hombre de confianza de Fidel en La Habana, Faustino Pérez, fue a visitarlo en persona para explicarle los motivos de su secuestro y pedirle perdón por las molestias. Fangio se refería a sus gallardos captores como «mis amigos, los secuestradores», y declaró: «Si lo que los rebeldes hicieron fue por una buena causa, yo, como argentino, lo acepto». Fue un espectacular golpe de efecto. Los rebeldes no podrían haber esperado un mejor respaldo aunque el mismísimo Che hubiera escrito el guion. Batista no era capaz de mantener el orden ni siquiera en su propio terreno.

Jóvenes con principios, valientes y creativos: Fidel y su banda de duros aventureros ganaban diestramente la guerra de propaganda. Los revolucionarios eran casi famosos a escala internacional. En febrero, la revista *Look* publicó una entrevista que simpatizaba con la causa guerrillera, presentando a Fidel como el «ya legendario jefe rebelde»: «Sé que la revolución puede suponer un mal trago para muchos hombres de negocios», explicaba Fidel, razonable, «pero tras el choque inicial, les parecerá un gran bien: nada de recaudadores de impuestos ladrones, nada de caciques en el ejército que saquean al pueblo ni de oficiales en busca de sobornos para dejarlos sin un peso». En un raro arrebato de contención, infló los números del Ejército Rebelde a únicamente mil efectivos. Ese mismo mes, *Coronet* (una revista enormemente popular al estilo de *Reader's Digest*) subió la apuesta al publicar un ensayo escrito por el mismísimo Fidel con el título «Why We Fight» («Por qué luchamos»), acompañado de un retrato a tinta del barbudo comandante en jefe escribiendo pensativo en una choza, como un rey filósofo tropical. Ambas publicaciones incluían los puntos ya rituales de Fidel: declaraba sus intenciones democráticas, su aversión al comunismo y su afecto por el pueblo estadounidense, a la vez que protestaba por el hecho de que el gobierno de Estados Unidos proporcionara armas a Batista. (La política oficial de Washington era que solo se podía entregar armas para una «defensa hemisférica» en contra de fuerzas extranjeras, no para su uso contra los propios ciudadanos, propósito que el dictador prefería ignorar de forma patente).

Un fotoperiodista de la glamorosa *Paris Match* también se aventuró sierra adentro, y Fidel agració la portada de la revista francesa con una imagen donde practicaba con su revólver. Con un pie de foto que lo describía invariablemente como «el Robin Hood de la sierra». En el interior, las lujosas fotos a doble página lo mostraban con Celia, leyendo juntos a la luz de las velas en su campamento de montaña: la respuesta latinoamericana a Sartre y de Beauvoir. La hermosa Vilma también sonreía a la cámara con una flor en el pelo, anticipándose diez años al movimiento *hippie flower-power*. Mientras, Batista, con mirada esquiva y el pelo repeinado hacia atrás, comparece con su traje a medida de corte europeo en una conferencia de prensa, hablando de la economía cubana con una sonrisa codiciosa. Sus dos hijos, regordetes y malcriados, aparecen holgazaneando en el Palacio Presidencial, despreocupados; uno de ellos se hurga la nariz.

Las estilosas imágenes de *Paris Match* suponían un gran contraste con las horribles noticias locales; en una ocasión, por ejemplo, la policía de Santiago secuestró y asesinó a dos estudiantes de dieciséis años. El descubrimiento de los cadáveres, cosidos a tiros, llevó a boicots estudiantiles y de maestros alrededor del país. La universidad de La Habana ya llevaba meses cerrada; ahora casi todas las universidades de Cuba, las escuelas primarias y secundarias (privadas, públicas y católicas), cerraron sus puertas en protesta.

Tales historias acababan conociéndose a pesar de la férrea censura de Batista. El dictador ahora contaba con un pequeño ejército de trabajadores que recortaban a mano artículos de las publicaciones extranjeras. Cuando *Bohemia* volvió a publicar un reportaje fotográfico sobre la guerrilla, los agentes de Batista confiscaron veinticinco mil ejemplares en La Habana, mientras que los soldados en Santiago se vieron obligados a ir por la calle arrancando los que vieran en manos de cualquier persona. Entre tanto, Batista contrató a una empresa de relaciones públicas de Washington para que se encargaran de su propia propaganda. Aprovechando la obsesión que había en Estados Unidos por la Guerra Fría y el comunismo, siguió denunciando a Fidel como «una marioneta de Moscú», aunque las pruebas que mostraba (por ejemplo, que había asesinado a seis sacerdotes en Bogotá cuando era estudiante) fueron desmentidas fácilmente. Una nueva táctica era presentar al Che como un agente comunista extranjero. Las historias locales rozaban el nivel de la propaganda antialemana de la Primera Guerra Mundial, describiendo al Che como un asesino patológico al que le encantaba abrir en canal a los prisioneros con una bayoneta.

Por muy ridículas que fueran las afirmaciones de Batista, los investigadores de la CIA se pusieron a buscar indicios de comunismo entre el Movimiento en varias ocasiones, pero no encontraron nada. A mediados de 1957, tras reunirse con Vilma y otros simpatizantes de clase media, los agentes volvieron a Washington convencidos de que Fidel no tenía ningún interés real en la política radical. La realidad era que la relación del M-26-7 con el partido comunista local, el Socialista Popular, era cuando menos fría; ambos grupos se consideraban rivales.

Batista simplemente se limitó a inflar el nivel de falsedad de las noticias. En enero, una revista inglesa «informó» solemnemente del desembarco de tropas soviéticas por medio de un submarino en la costa de Oriente para unirse a los rebeldes. Fidel se burló del ingenuo reporte: «La revista está muy mal informada», escribió. «Los refuerzos rusos están llegando montados en misiles intercontinentales teledirigidos». Y además, añadió, Laika, la perrita espacial del Sputnik 2 soviético, vivía con ellos en la sierra «y en la revista ni siquiera lo mencionan».

Para contrarrestar este cenagal de noticias de dudosa veracidad, Radio Rebelde hizo su primera emisión desde la Sierra Maestra la misma noche en que Juan Manuel Fangio fue liberado. El Che ya había creado una unidad de medios de comunicación para imprimir su diario *El cubano libre* en un mimeógrafo. Ahora había encontrado a un técnico que pudo sintonizar el transmisor de radio del campamento, que llevaba meses en desuso. «Aquí Radio Rebelde», empezó el primer programa de veinte minutos, frase que se convirtió en la marca familiar de la emisora. («Aquí Radio Rebelde, la voz de la Sierra Maestra, transmitiendo para toda Cuba en la banda de veinte metros, diariamente desde las cinco de la tarde a nueve de la noche…»). Los rebeldes ya contaban con una voz para esquivar la cortina de censura del régimen.

CAPÍTULO 21

«La cagada»

SEGUÍA HABIENDO MUCHOS recordatorios de que la cantidad de efectivos y armas de la guerrilla era tremendamente inferior a los que poseía el ejército. El primer ataque del año, dirigido por el Che el 16 de febrero sobre la guarnición del aserradero llamado Pino del Agua, acabó en un costoso tiroteo en el que Camilo fue herido dos veces mientras intentaba rescatar una ametralladora que había caído. (Una bala le atravesó el muslo y la otra el abdomen, aunque milagrosamente no tocó ningún órgano vital). Justo cuando el Che estaba a punto de encabezar otro peligroso asalto contra los soldados atrincherados, recibió una nota de Fidel para refrenarlo. «[...] no creo que deba hacerse nada suicida», escribió. «Te recomiendo, muy seriamente, que tengas cuidado. Por orden terminante, no asumas posición de combatiente». Fidel sabía que el Che nunca atacaría sin él mismo participar; el argentino, reacio, se replegó con sus hombres hasta una posición segura. Unas pocas semanas más tarde, una brusca misiva de Fidel preguntando sobre munición que había desaparecido, transmite la sensación de que con frecuencia, las cosas estaban a duras penas bajo control: «Esto es una tremenda cagada». Se trataba de una frase que Fidel tendría oportunidad de emplear en sobradas ocasiones en los meses si-

guientes. El M-26-7 estaba a punto de jugarse el sorprendente
éxito que tenía hasta el momento en un plan para derrocar a
Batista de un plumazo.

Dejando a un lado los errores militares, todo lo demás parecía ir a favor de la revolución. Los informes que llegaban desde
La Habana eran tremendamente alentadores. Al secuestro de
Fangio lo siguió un espectacular acto de sabotaje tras otro. Encendió la indignación popular la horrible tortura del SIM a una
maestra de cincuenta años, madre de tres hijos, que fue violada
con un soldador eléctrico. Tras denunciar al régimen desde su
habitación de hospital, la policía llegó para llevársela de nuevo,
pero fueron detenidos por un corrillo de monjas que rodeaban
la cama. El gobierno de Batista parecía empezar a sufrir sacudidas, incapaz de responder ante cada una de estas situaciones.

La confianza de los rebeldes creció y flotaba «un ambiente
de ilusión, la ilusión de la victoria». En resumidas cuentas, el
M-26-7 empezaba a creerse su propia propaganda.

La primera buena noticia de la que Radio Rebelde pudo informar fue una expansión de la guerra de guerrillas. El 10 de
marzo, en el sexto aniversario del golpe de Batista en 1952, Raúl
se fue con sesenta y cinco hombres para establecer un nuevo
centro de operaciones en la Sierra Cristal, una cordillera al no-
reste de Oriente, no lejos de la granja familiar de los Castro.
Gestionar este «segundo frente» suponía una tremenda responsabilidad para el joven de veintiséis años, y su despedida
fue muy emotiva. «Caramba, hermano», bromeó con Fidel, «me
siento como un niño que ha dejado los brazos de su padre y empieza a caminar por sí solo». Junto con Camilo y Juan Almeida
fue ascendido al rango de comandante, al mismo nivel que el
Che, y sus tropas recibieron flamantes rifles nuevos que habían
llegado en avioneta desde Costa Rica, otra novedad para los rebeldes. «Para mí, para todos nosotros, la partida de Raúl fue

muy triste», admitió Celia, y no solo porque el afable hermano menor de Fidel supusiera un respaldo emocional para ella. «Con nosotros se quedaron algunos buenos oficiales», pero «Raúl se fue con los mejores capitanes y los mejores hombres, elegidos por él, además de las mejores armas». El peligroso trayecto de casi doscientos kilómetros incluía un trayecto en camiones requisados por una sección de carretera abierta: era la primera vez que los revolucionarios usaban vehículos motorizados.

Del mismo modo que se dividen las células, empezó a formarse un nuevo «Territorio Libre» en la Sierra Cristal. Las fuerzas de Raúl superaron fácilmente a los pocos puestos aislados del ejército en la remota región y pronto empezaron a aparecer carteles pintados a mano en las barricadas, declarando el lugar como «Territorio Libre de Cuba; prohibida la entrada». Se puso a crear escuelas, hospitales y juzgados rebeldes; aplicó impuestos e incluso se implicó en la promoción de los productos agrícolas de las granjas. La Sierra Cristal estaba más densamente poblada que la Sierra Maestra y Raúl empezó a aplicar mejoras sobre el modelo de Fidel: sus hombres se establecieron de forma permanente en cabañas y disfrutaban de una estabilidad casi doméstica, con una flota de vehículos a su disposición e incluso teléfonos. «Ellos disfrutan de una vida mejor que la que tenemos aquí», le escribió Celia con envidia a su padre tras saber que se habían instalado cómodamente. «Siempre duermen en casas y camas...». Empezó a soñar también con una base más segura.

La segunda buena noticia fue una sorpresa. El día después de que Raúl llegara a la Sierra Cristal, Washington detuvo uno de sus envíos de armas a Batista, una remesa de mil novecientos cincuenta rifles M1 Garand, y decidieron que todas las ventas futuras estarían sujetas a revisión. Este cambio era para protestar ante la suspensión de la constitución que había declarado Batista otra vez, luego de forzar a un juez incorrupto a desestimar los cargos por asesinato en contra de uno de sus matones. Pero, de hecho, dentro del gobierno estadounidense ya hacía meses que corrían rumores de preocupación acerca del vergonzoso dictador. Gracias al bombardeo de propaganda, Fidel había ganado muchos seguidores en el Departamento de Estado e incluso la CIA parecía tener debilidad por esta pandilla de rebeldes que llevaban las de perder. Como lo describió más tarde el jefe de operaciones en el Caribe: «Toda mi plantilla y yo éramos fidelistas». A mediados de 1957, la agencia incluso había empezado a tantear el terreno para organizar una reunión con el comandante en jefe que finalmente nunca tuvo lugar. En vez de ello, según el biógrafo Tad Szulc, la CIA envió cincuenta mil dólares en fondos secretos al M-26-7 durante el año siguiente: Estados Unidos quería asegurar su jugada.

La suspensión de los envíos de armas fue un bofetón para un viejo aliado como era, a pesar de que podía encontrar fácilmente armas en cualquier otro lugar. (Gran Bretaña no perdió ni un segundo en ofrecerle aviones de combate Sea Fury, y los dictadores de Centroamérica se mostraron más que dispuestos a negociar). El mensaje era claro: Estados Unidos estaba perdiendo la paciencia con Batista y el Departamento de Estado esperaba que un embargo armamentístico lo empujara a reformar sus métodos homicidas.

Aquí fue donde Fidel empezó a creer en la retórica del Movimiento. Animado por agentes de La Habana que creían que la situación les era propicia, emitió un ultimátum en Radio Rebelde: el M-26-7 declararía «guerra total» el 1 de abril si Batista no había abdicado para entonces; se produciría una huelga general acompañada de una insurrección armada que arrasaría a fuego el país entero. Se trataba de una proclama digna del mismo Olimpo, dado que no contaba con más de trescientos hombres en la sierra, pero ahora la revolución parecía a punto de estallar en las calles.

En retrospectiva, la idea para el alzamiento de abril parece sacada de las clases de historia sobre el asalto a la Bastilla. Cuadros armados en La Habana tomarían emisoras de radio a la fuerza y declararían la huelga; habría asaltos en las armerías y cortes con camiones en las calles que daban al casco antiguo. Los trabajadores se quedarían en casa, los jueces abandonarían sus cargos y los legisladores se negarían a trabajar. Viendo a todo el pueblo unido en contra del «tirano», habría deserciones en masa en el ejército. En esta visión Cuba entera se levantaba unida, y obligaba a Batista a huir.

Si era un plan disparatado, en aquel momento no parecía del todo imposible. A medida que se acercaba la fecha para la «guerra total» de Fidel, Cuba empezó a verse invadida por una sensación de crisis. En Oriente, el transporte quedó paralizado por los saboteadores: tras detener a los autobuses los quemaban, e hicieron lo mismo con un tren entero. Cada día ardía en llamas un almacén o una destilería de ron. En La Habana, el 16 de marzo fue bautizado como la Noche de las Cien Bombas debido al increíble número de explosiones que hubo. Los agentes de policía recibían disparos. Cuando el coche de un ministro corrupto se detuvo ante un semáforo, recibió varios disparos de hombres armados.

Los periodistas extranjeros también se dejaron contagiar por el ambiente, hablaban del inminente «enfrentamiento» entre Fidel y Batista como si se tratara de una pelea en el cuadrilátero. («Hace ya tiempo es obvio que la lucha en Cuba se centra en estos dos decididos y valientes antagonistas», expresó el *New York Times* en un editorial apasionado y sin firma titulado «*Cuba in Torment*» [Cuba atormentada], que es casi seguro que escribió el antiguo fan de Fidel, Herbert Matthews. «La batalla parece acercarse a su clímax»). La sensación de crisis aumentó a medida que más grupos cívicos exigían la marcha de Batista. El Colegio de Abogados y la Federación Médica de Cuba denunciaron al dictador y a «la barbarie que se ha adueñado de nuestro país». Incluso la Iglesia católica se volvió contra Batista y se ofreció a mediar, para consternación del dictador.

En un arrebato de entusiasmo el M-26-7 repartió panfletos por toda la capital, ofreciendo a los ciudadanos útiles instrucciones sobre cómo convertirse en insurgentes en un abrir y cerrar de ojos: «Tengan provisiones listas para varios días. Cuando llegue la orden de empezar la huelga, saboteen el lugar donde trabajan. Abandonen el trabajo. No vuelvan hasta que el gobierno haya caído». La lista seguía: «Obstruyan todas las calles con muebles viejos y botes de basura. Preparen bombas molotov».

El inconveniente de toda esta teatral anticipación fue que Batista tuvo tiempo de prepararse para lo peor. En La Habana se redobló la seguridad y los coches de policía, siempre en pares, patrullaban incesantemente la ciudad. Se preparó a los esquiroles. El dictador declaró que los trabajadores leales tenían permiso para llevar armas de fuego; no se presentarían cargos contra nadie que matara o hiriera a un huelguista. Anunció que se despediría a cualquier empleado del gobierno que se uniera a la huelga; incluso los trabajadores privados podrían enfrentarse a seis meses de prisión. El pánico se adueñó de los ciudadanos y las tiendas se quedaron sin velas, queroseno y comida enlatada («Cuba, atemorizada, espera el conflicto», informó el *Times*). Nadie sabía la fecha exacta del levantamiento ni lo fuertes que eran los rebeldes.

La huelga, que llegó el 9 de abril, fue una humillante debacle que sacudió la confianza del Movimiento en sí mismo. La llamada a la acción por radio llegó a las once de la mañana, «una hora donde solo las amas de casa están escuchando», admitió más tarde un avergonzado Faustino Pérez. En La Habana, pocos trabajadores se fueron a sus casas. Ni una sola fábrica ni negocio se vieron obligados a cerrar durante más que unas pocas horas; a media tarde, incluso los conductores de autobús volvieron al trabajo. De todos modos, la mayoría de los sindicatos estaban controlados por Batista; otros estaban dirigidos por los comunistas que, tras intentar unirse a la huelga, fueron rechazados por el M-26-7. Los pocos ataques de comandos que se llevaron a cabo, mal planeados, causaron algunos breves apagones, pero la mayoría de los asaltantes cayeron como moscas ante la policía. Tampoco ayudó el hecho de que los agentes que en teoría debían bloquear las calles de La Habana vieja tenían órdenes de actuar a mediodía y el cambio de planes los pilló desprevenidos.

En Santiago las cosas fueron solo un poco mejor, con fuegos en las calles y disturbios que continuaron durante dos días. Pero el único negocio de gran tamaño que llegó a cerrar fue la destilería de ron Bacardí, donde mil doscientos empleados recibieron órdenes de quedarse en casa porque su presidente, Pepín Bosch, ya se había exiliado debido a su simpatía por la causa de Castro. También quedó claro que el ejército cubano no tenía ningún interés en ponerse a las órdenes de la revolución.

Las fuerzas de seguridad de Batista estaban listas para caer sobre los rebeldes. El SIM barrió las calles y eliminó a los activistas del M-26-7 con una eficacia inusual. En La Habana, las células clandestinas, los abogados simpatizantes y los miembros de la Resistencia Cívica fueron todos capturados para torturarlos y ejecutarlos bajo las órdenes del coronel Esteban Ventura, el jefe de policía del centro de la ciudad conocido como «el asesino de traje blanco» por sus conjuntos de lino hechos a medida, aunque los agentes también lo denominaban «el Himmler de

Cuba». Un visitante a su cuartel general lo describió «como uno de los círculos del infierno. Había gente tirada en las celdas con las piernas rotas, sangrando, gimiendo y pidiendo ayuda». Uno de sus comisarios, Pilar García, decía sin tapujos a sus hombres: «No quiero a ningún hombre herido ni a ningún prisionero; solo quiero muertos». No se trataba de una amenaza sin fundamento. Los periodistas oyeron que un policía que había capturado a un rebelde recibía la siguiente orden: «Déjate ya de evasivas. Mátalo». Un abogado que fue a una comisaría a defender a compañeros capturados fue secuestrado y apaleado hasta morir.

Más tarde el Movimiento calculó que la huelga, que no produjo ningún resultado tangible, había cobrado la vida de doscientos de sus miembros. Fidel intentó poner buena cara («Toda Cuba hierve y arde en una explosión de ira contra los asesinos, bandidos y gánsteres», despotricó en Radio Rebelde), pero la situación supuso un asombroso revés y un ridículo espantoso. La llamada de Fidel a la «guerra total» ahora parecía absurda; los levantamientos habían estado mal planeados y atrajeron poco apoyo popular. La lealtad del ejército siguió siendo hacia el gobierno. Como explicó el *Times* en una afirmación que se quedó muy corta: «Batista ha ganado, sin duda, el primer asalto». Para echar más sal a la herida, esto iba acompañado de una foto de Fidel tumbado al sol, leyendo perezosamente un libro.

Poco después, la revista *Life* declaró que la huelga había «quedado en nada» (según ellos, los rebeldes eran «*amateurs* sin mano dura» y Fidel mostraba una lamentable «debilidad en capacidades de organización práctica»). En un fotorreportaje, Batista actuaba como si no tuviera nada de qué preocuparse. Describía, con un cierto tono de admiración, su día laboral de diecisiete horas, empezando con un café con su esposa a mediodía en su casa de campo y tomándose el tiempo necesario para celebrar el octavo cumpleaños de uno de sus hijos junto con una multitud de familiares y conocidos. (Todo el mundo cantó «Happy Birthday» en inglés, y Batista donó quince mil dólares a un orfanato en honor a su hijo). De golpe empezó a parecer que Fidel y la rebelión se verían destinados al olvido. El *Times* pronto informó que, tras el «débil intento» de huelga, el soporte a Fidel se estaba «desvaneciendo». Cuba no solo desapareció de la portada de los periódicos sino de las noticias. Las recriminaciones y una sensación de desolación se apoderaron del M-26-7.

«Hemos perdido una batalla, no la guerra», dijo Fidel a sus seguidores, añadiendo que la revolución se había recuperado de desastres en muchas otras ocasiones. El Movimiento se había dado por muerto después del Moncada, del desembarco del *Granma*, de la emboscada en Alegría de Pío y del asesinato de Frank País; y cada vez había resurgido «más fuerte, más necesario, más invencible».

En privado le confesó a Celia que este fracaso significaba un «durísimo golpe a la moral», y se reprochaba amargamente por dejar que los cuadros urbanos se hubieran encargado de la estrategia. «Se supone que soy el líder de este Movimiento; tengo que asumir la responsabilidad de la estupidez de otros ante los ojos de la historia y soy una mierda que no puede decidir nada». Como notó Carlos Franqui, «la falsa sensación de victoria fue seguida por una falsa sensación de derrota».

Batista estaba encantado. Con fuerzas redobladas, decidió seguir adelante con un plan para exterminar a los molestos guerrilleros de una vez por todas.

CAPÍTULO 22

Shangri-la en la Sierra

(Primavera de 1958)

L A TRAUMÁTICA DERROTA en las ciudades vino acompañada de desalentadoras noticias para la Sierra. Los informantes de Fidel dentro del ejército indicaron que Batista había ordenado una ofensiva en toda regla contra las montañas al inicio del verano, con un movimiento de más de diez mil tropas, respaldadas con soporte aéreo y aterrizajes anfibios; un ataque relámpago diseñado para barrer de la faz de la tierra a los trescientos rebeldes de una vez por todas. Parecía que la heroica historia de la insurgencia desde el desembarco del *Granma*, donde los valerosos rebeldes se hacían más fuertes con cada mes que pasaba, acabaría cambiando del todo. Si les hubieran preguntado a los corredores de apuestas del circuito hípico de La Habana, habrían calculado que las posibilidades de que el Ejército Rebelde sobreviviera a esa temporada eran muy, muy escasas.

Con un mes para preparar la defensa, Fidel decidió que el Territorio Libre necesitaba un cuartel permanente. Tras quince meses de existencia itinerante, la guerrilla empezó a echar raíces. Fidel convocó al talento rural que tenía a su disposición (los campesinos que conocían cada recoveco del paisaje) y les pidió que eligieran la ubicación más secreta y defendible. Así, se decidió que el nuevo puesto del comando general estaría oculto en las laderas del pico Turquino, accesible por un único camino tan empinado y resbaloso que casi era necesario usar equipo de escalada para subir. Conocida como la Comandancia de La Plata, se convirtió en la espectacularmente bella capital de la república independiente de la selva.

La construcción del puesto siguió un método de ensayo y error, al más puro estilo de Tom Sawyer. El primer intento fue una burda casa de madera para Fidel. Los granjeros, bajo la supervisión del locutor de radio Ricardo Martínez (que no tenía ninguna experiencia como carpintero), eligieron árboles de distintos puntos para que los agujeros entre las copas no fueran perceptibles desde el aire. Tras volver de una misión, Celia le echó un solo vistazo a la torpe estructura, que a duras penas era más que una cabaña de niños, y declaró de inmediato que pasaría a encargarse de las funciones de arquitecta, diseñadora de interiores y jardinera. Orden a orden, escritas en pequeñas hojas de papel rosa, hizo traer al sitio a artesanos más competentes, incluido un hábil constructor de botes que conocía en Pilón. Pronto se erigieron dos docenas de edificios de madera, cada uno situado de modo que fuera invisible desde el aire, con los techos de paja disimulados con varias capas de ramas retorcidas. (El campamento obedecía la directiva de Hemingway en *Por quién doblan las campanas* de que un escondite partisano debía estar tan escondido como «una cueva de osos»). Los chaparrones casi diarios convertían en un peligroso lodazal casi cada centímetro del lugar, de modo que Celia hizo que los caminos se cubrieran con ramas y que se instalaran barandas para moverse de forma fácil incluso bajo el más tremendo aguacero tropical. Los terrenos arados con frutas y verduras quedaban escondidos bajo salientes de la selva. El campamento, integrado con el paisaje al punto de ser una extensión viva de él, tenía una estética completamente basada en la madera: parecía salido de un libro de Tolkien.

Para amueblar el sitio, Celia mejoró el sistema de transporte en mula hasta convertirlo en un servicio de carga en forma, con equipos de docenas de mulas que recorrían hasta cien kilómetros a lo largo del Territorio Libre. Este FedEx de la sierra contaba con muleros pagados a tiempo completo y almacenes ocultos en casas en puntos estratégicos por todo el camino. Junto con las armas, las municiones y los uniformes, enviaban herramientas, sillones y generadores eléctricos de gasolina; sus triunfos logísticos incluyeron armazones de cama de hierro, colchones de hospital y un frigorífico. Seguía siendo un trabajo peligroso a causa de las patrullas del ejército y los bombardeos de los aviones que sobrevolaban la zona. Una noche el Che encontró, en un claro bañado por la luna llena, una comitiva de mulas ejecutadas junto con el arriero que las guiaba; la escena le pareció una emboscada india de una película del salvaje oeste. Otro guía seguía oculto todavía entre los matorrales: aterrorizado, le hizo una seña de reconocimiento al Che y se fue sin decir palabra.

Para finales de abril, un visitante que subiera a la cima de la montaña habría salido a trompicones del escarpado camino, cubierto de sudor por la humedad de casi cien por ciento, para toparse con un complejo militar rústico que se extendía casi 2,5 kilómetros cuadrados por la jungla. El primer edificio era el hospital de campo (HOSPITAL MARIO MUÑOZ, como indicaba un cartel pintado a mano, llamado así por el doctor que murió en el Moncada), con un interior eficiente y bien iluminado, dos hileras de camas con sábanas de un blanco inmaculado, y su propia farmacia. Había una clínica aparte para el dentista del campamento, un barbudo profesional llamado Luis Borges que usaba una fresa de pedal cuando no luchaba en el campo de batalla. (Celia estuvo entre sus primeros pacientes, lo que animó al cariado Fidel). El camino seguía hacia las casas de la administración (donde se celebraban los juicios y se calculaban los impuestos), un taller de costura y la sala de prensa donde se producía a mano *El cubano libre*, el periódico rebelde.

La estructura más alta, a la que se llegaba tras otro arduo ascenso, se llamaba Casa de la Montaña. Esta edificación se convirtió en el nuevo hogar de Radio Rebelde, que emitía con una antena que podía quitarse y ponerse sin que fuera visible desde el aire. Sus comunicaciones llegaban cada noche a simpatizantes en Venezuela, y desde ahí se reenviaban a toda Cuba con una señal más fuerte. El agudo Carlos Franqui, anteriormente periodista en La Habana, se convirtió en el jefe de estación formal y animó los noticiarios al invitar a una familia de músicos locales, los Medina, para que tocaran canciones; a menudo improvisaban utilizando el punto cubano, creando letras adecuadas para cada información. Poco después la actriz Violeta Casal se abrió paso hasta la sierra. Amada en La Habana por sus papeles en diversas obras teatrales, incluidas *Medea* y *Un espíritu travieso* de Nöel Coward, se convirtió en la primera locutora de Radio Rebelde y le aportó un toque de glamur gracias a su condición de estrella.

La atracción principal en la Comandancia era la Casa de Fidel, una amplia estructura de dos habitaciones diseñada por Celia. El refugio, un sueño para cualquier amante de la naturaleza, descansaba sobre unos soportes por encima de un burbujeante riachuelo; las grandes ventanas abiertas, detenidas con varas, dejaban pasar una brisa refrescante. El comedor tenía una bonita mesa de cocina y un refrigerador de gasolina, decorado con agujeros de bala recibidos mientras lo transportaban en mula, donde se guardaban las medicinas. El dormitorio tenía dos cómodas sillas con descansabrazos y una amplia cama matrimonial con un colchón decente; desde la cabecera, la vista a través de las ventanas era de exuberante vegetación y alegres flores mariposa, como un cuadro de Rousseau. Pero este aire de lujo no era solo para la comodidad personal de ambos. A Celia le parecía importante que los visitantes vieran al líder rebelde bien establecido y seguro; actuando, de hecho, como si la guerra ya estuviera ganada. Cuando venían invitados les ofrecía coñac, cigarros y café, incluso aunque alrededor retumbaran los bombardeos al azar de los aviones enemigos.

Al lado de la casa había un claro donde Fidel podía escuchar los informes que llegaban por radio, leer los periódicos y trabajar en una pequeña mesa con una silla de mimbre. El lugar se convirtió en la plaza central de la base rebelde, donde la guerrilla celebraba sus reuniones y recibía órdenes. Aun durante el día, todo el mundo seguía hablando en susurros; al ponerse el sol, el silencio se adueñaba del puesto entero. El momento más probable en que un intruso podía introducirse en el campamento era durante la noche; en vez de animadas conversaciones, el único ruido que se oía era el croar de las ranas y el rítmico golpeteo de la lluvia sobre las hojas.

Al estar situado en un lugar permanente, Fidel pudo dedicarse por completo a planificar estrategias defensivas contra el inminente asalto del ejército. Se construyeron fortificaciones a lo largo de la cadena montañosa, con búnkeres para ocultarse ante el fuego de mortero. En las zonas bajas, más desprotegidas, se excavaron trincheras. Todos los senderos de la selva estaban sembrados de trampas: los explosivos, hechos a mano con latas de leche, se colgaban en guirnaldas que pendían de las ramas y podían hacerse explotar a distancia con detonadores eléctricos. Fidel le contó al Che, a quien había retirado del frente para que entrenara a los reclutas en una escuela militar que instalaron cerca, que los experimentos con estas «granadas aéreas» fueron «magníficos»: enviaban proyectiles hacia abajo y a todos lados como si fueran un aspersor, y podían acribillar con fragmentos letales a un árbol a cuarenta y cinco metros. Fidel retiró un cable de doscientos metros de una antena de televisión abandonada y descubrió cómo hacer estallar tres bombas a la vez. En sus cartas se imagina el efecto que puede tener una serie de granadas de hojalata que explotan a la vez, con un mismo detonador, sobre una columna enemiga que avanza.

A medida que se acercaba la fecha de la ofensiva, algunas de las ideas de Fidel empezaban a ser amenazantes: en un momento dado le pidió a Celia que le consiguiera provisiones de cianuro y estricnina, ya que, según sus palabras, tenía algunas «sorpresas» preparadas ante el ataque del enemigo. (No hay ningún registro de cuál sería esa «sorpresa»; posiblemente quería envenenar las fuentes de agua si lo forzaban a desalojar la Comandancia, pero abandonó el plan para no dañar a los granjeros). Celia se centró en una tarea más práctica: instalar un sistema de teléfono. Sus ayudantes le enviaron cables de telefonía y teléfonos de baterías, probablemente robados de los caminos de las plantaciones rurales. (Había postes con teléfonos para que los conductores de camiones pudieran avisar a las azucareras de que iban en camino, ya que las carreteras eran demasiado estrechas y complicaban la circulación). La primera línea oculta llegaba hasta Vegas de Jibacoa, un pueblecito directamente debajo de la Comandancia, que era el punto clave de la defensa. La instalación era rudimentaria, pero supuso un drástico avance en las comunicaciones que resultó ser una enorme ventaja táctica.

Celia decidió incluso crear su propio archivo histórico. Siempre había estado muy convencida del valor de los documentos: mientras estaba en Manzanillo, Raúl le envió las cinco primeras libretas de su diario de guerra con un mensajero para que las pusiera a buen recaudo. Ella las selló en un recipiente de cristal y las enterró en el campo de arroz de un granjero, de donde más tarde las recuperaron intactas. (La segunda tanda fue menos afortunada: el vidrio se resquebrajó y la humedad empapó las páginas, con lo que la tinta acabó corriéndose. En los ochenta se enviaron a la Unión Soviética los fragmentos que consiguieron salvarse para intentar restaurarlos, sin éxito; recientemente algunos conservadores cubanos han empezado a emplear una luz de alta capacidad para resucitar el manuscrito, seguramente algo fútil).

Ahora, desde la Comandancia, ordenó a los guerrilleros que hicieran copias de su correspondencia y se las entregaran a ella, para guardarlas a futuras generaciones. La mayoría quedaron desconcertados: Celia guardaba todos estos documentos bajo el suelo de la cabaña de Fidel, lo que parecía un riesgo de seguridad innecesario en caso de que las tropas de Batista llegaran a tomar posesión del conjunto. El mismo Fidel tampoco se mostró demasiado entusiasmado con la idea, pero cedió ante el peculiar deseo de Celia.

Un feliz efecto de esto es que hoy en día contamos con copias de las notas enviadas entre los dos amantes revolucionarios cuando Celia viajaba a otros puestos; sirven para ver lo mucho que Fidel se apoyaba en ella. En una carta de principios de mayo, le pide una estilográfica, ya que odiaba estar sin una. (Tenía dos lápices, pero Fidel se quejaba de que estos rasgaban el papel: le era imposible usar esa «basura»). Unos días más tarde le explica que está comiendo muy mal, ya que le preparan la comida sin ningún cuidado. Por lo tanto decide no seguir escribiendo, porque está de un humor de perros. Le pide analgésicos, un cepillo de dientes. Necesita grasa para el rifle, gasolina. El 17 de mayo le escribe, quejumbroso, para decirle que no tiene tabaco ni vino, ni nada. Recuerda que dejaron una botella de vino rosado, «dulce y español», en la granja de alguien. «¿Dónde está?».

La atención de la prensa estadounidense se había disipado tras el fracaso de la huelga, pero enérgicos periodistas latinoamericanos consiguieron abrirse paso hasta la Comandancia. A menudo estaban en un peligro mucho más grave que los estadounidenses, que podían salir de la prisión con solo una palabra de su embajada. Un ecuatoriano de veintitrés años, Carlos Bastidas, pasó varias semanas en la sierra e incluso participó en emisiones de Radio Rebelde bajo el seudónimo Atahualpa Reccio, una referencia al antiguo líder de la resistencia inca. Cuando volvió a La Habana, en mayo, estaba sentado en el bar Cachet del Paseo del Prado cuando un agente de policía conocido como Gallo Ronco empezó a insultarlo, lo tumbó al suelo de un puñetazo y lo mató de un tiro ante la mirada horrorizada de los demás clientes. El asesinato nunca fue denunciado y el cadáver de Bastidas habría terminado en una tumba sin nombre si la Asociación de Reporteros de La Habana no hubiera reclamado el cuerpo tres días más tarde.

Más o menos por aquel entonces un joven argentino llamado Jorge Ricardo Masetti llegó a la sierra para grabar las primeras entrevistas de radio exhaustivas con los líderes rebeldes (la primera con su compatriota, el Che) que se emitieron en toda la región. Consiguió dar con Ricardo Rojo, uno de los antiguos amigos del Che, en el café La Paz, el punto de encuentro de los bohemios de Buenos Aires, para que le hiciera una carta de recomendación. (La nota iba dirigida a su «Querido Chancho» y firmada como el Francotirador, apodo que el Che había adoptado también como seudónimo). Masetti advirtió que el Che hablaba con un raro desapego acerca de sus experiencias, declarando que su tierra natal no era solo Argentina sino toda América. Los padres del Che quedaron encantados cuando oyeron la entrevista: su hijo no solo estaba vivo y bien, además era famoso y, como dijo Ernesto padre, luchaba por una causa «reconocida como justa». Masetti grabó un saludo de Guevara para su familia y ayudó al padre a recaudar fondos para la lucha cubana mediante la organización de bailes.

La esposa del Che, Hilda, también oyó las transmisiones de Masetti en Lima, Perú, donde vivía con su hija Hildita (la Pequeña Mao) y reunía recursos. Estar casada con un guerrillero de la Sierra Maestra terminó por ampliar la definición de «relación a larga distancia». Consiguieron enviarse alguna que otra carta de forma clandestina, pero cuando Hilda le escribió en febrero que estaba lista para ir a la sierra (Hildita ya contaba con dos años y podía quedarse con la familia de ella), la respuesta se demoró meses y cuando finalmente llegó, el Che le dijo que era demasiado peligroso.

El motivo real por el que quizá no quería tener a su esposa por allí puede haber sido que al final sucumbió al atractivo de una aventura amorosa con una campesina de dieciocho años y tez oscura llamada Zoila Rodríguez. Joel Iglesias, su ayudante de campo y testigo presencial de su primer encuentro, describió a Zoila como una «chica negra, o mejor dicho mulata, con un cuerpo realmente bello... Muchas mujeres estaban locas por él, pero el Che era siempre muy estricto y respetuoso en ese aspecto... [aunque] esa chica sí que le gustaba». La propia Zoila recordó más adelante una ocasión en que el Che llegó a su granja a las cuatro de la tarde para que le herraran la mula; el padre de Zoila no estaba, así que se encargó de hacerlo ella misma. Advirtió que la miraba mientras trabajaba, con una «mirada algo pícara». Se tomaron un café mientras él le preguntaba sobre su vida; en aquel entonces ella era madre soltera. «Como mujer, me encantaba ese hombre, sobre todo su mirada: tenía unos ojos preciosos, y una sonrisa tan tranquila que emocionaría a cualquier corazón y a cualquier mujer». Durante las semanas siguientes se topó cada vez en más ocasiones con él mientras ayudaba a los rebeldes, hasta que terminó aceptando vivir de forma permanente en su rústica escuela militar en Minas del Frío, trabajando en la cocina y el hospital del campamento. A menudo hablaban de pájaros y plantas. «En mí brotó un bello y enorme amor y me comprometí con él, no solo como luchadora, sino como mujer».

Tras bambalinas, Fidel volvió a demostrar de nuevo su asombrosa capacidad para hacer que un revés acabara jugando a su favor. Mientras que muchas de las complicadas luchas internas del Movimiento no tuvieron más repercusión que los resultados electorales de décadas atrás en un pueblo perdido en las montañas (puede ser agotador seguir la letanía de ampulosos manifiestos y extrañas alianzas), el desastre de la huelga general de abril llevó a una reunión secreta que definiría el futuro entero de la revolución. Fidel nunca había querido compartir su poder con el Llano y terminó irritándose por la interminable competencia por los fondos, armas y estrategia. Ahora contaba con argumentos para afirmar que él y los guerrilleros eran la única esperanza real de la revolución.

El 3 de mayo, once líderes principales del Llano y la Sierra del M-26-7 fueron caminando a un caserío en Los Altos de Mompié para una tensa cumbre maratónica. Entre ellos se encontraban Celia, Haydée, Vilma, Faustino Pérez, de La Habana, y René Ramos Latour, cabeza del Movimiento en Santiago. Como reflejo de su nuevo prestigio, el Che también fue invitado, aunque no contara con ninguna posición oficial. Raúl, sin poder alejarse de la Sierra Cristal, participó con una carta donde afirmaba que debía terminar el «divorcio» en el Movimiento.

La información de la reunión se guardó prácticamente en secreto hasta que el Che la reveló en la revista militar cubana

Verde oliva unos seis años más tarde. La «exhaustiva y muchas veces violenta discusión» empezó a las seis de la mañana y prosiguió durante dieciocho horas bajo constantes tormentas hasta las dos de la mañana siguiente. El Che se encargó del discurso de apertura arremetiendo contra la incompetente planificación de la huelga, y Fidel prosiguió con un análisis inmisericorde. Vilma recordó después que el humo de los cigarrillos y los habanos le irritaba los ojos y casi la ahogaba, pero no quería salir ni siquiera un segundo para respirar porque no quería perderse una sola palabra de Fidel. Tras acaloradas e inacabables discusiones, Faustino y Ramos Latour, líderes urbanos caídos en desgracia, fueron despojados de sus puestos y remplazados por las decisiones personales de Fidel. Fidel mismo se convirtió en secretario general del Movimiento y el indiscutible jefe de operaciones. A partir de entonces, como escribió el Che, solo habría un liderazgo con autoridad, la Sierra, y en concreto un solo líder, un comandante en jefe: Fidel Castro.

Este golpe interno acabó de forma tan decisiva con el conflicto entre la Sierra y el Llano que la memoria de la lucha clandestina urbana casi se ha perdido. La victoria de Fidel fue tan absoluta que los conspiracionistas incluso sugieren que saboteó la huelga de abril en su favor. Esto es bastante improbable, dado que su angustia por el suceso fue genuina. Pero a partir de aquel punto, las miles de personas que arriesgaban sus vidas en las ciudades quedaron bajo el control directo de Fidel.

Como resultado de la reunión, Vilma volvió al frente de la lucha en Santiago como organizadora, una de las posiciones más peligrosas del Movimiento en la clandestinidad. (Hallarse en la Sierra era más parecido a estar «de vacaciones», afirmó). Recordó haberse sentado bajo un árbol para ver el amanecer tras la reunión, maravillándose ante la jungla recién bañada de lluvia y la luz del sol centelleante sobre una fina línea de océano azul en el horizonte. Mientras meditaba, henchida de emoción y paz, tuvo una visión de sí misma cuando subió a las montañas nueve meses antes con Frank País para conocer a Fidel y a Herbert Matthews, el periodista del *Times*. Mientras cruzaban un río, Frank declaró, sin que viniera a cuento de nada: «Hemos elegido sacrificarnos a nosotros mismos». Fue como si hubiera predicho su propia muerte. Ella misma estaba ahora solo un paso por delante del SIM. Había perdido su escondite favorito y ahora dormía allí donde estuviera al caer la noche, siempre a punto de ser traicionada. Lo único que le había permitido seguir con vida era la suerte.

A mediados de mayo los ataques aéreos se intensificaron sobre la Sierra. Un pueblecito, Cayo Espino, fue completamente aniquilado. Algunas de sus casas estaban tan llenas de balas que «parecían coladores», como describió Celia tras acudir a toda prisa a la escena para ayudar; habían desaparecido barrios enteros. Aparecieron patrullas armadas de avanzadilla, cometiendo atrocidades con completa arbitrariedad. Entonces, el 25 de mayo, la ofensiva de Batista empezó de verdad. Fidel escribió para pedir que les enviaran municiones y cartuchos del tipo que fuese ya que se les venía encima una legión de «casquitos», usando el término despectivo con que se referían a los soldados. Ahora se trataba, en sus propias palabras, de un asunto urgente, de vida o muerte, donde la supervivencia de la revolución dependía de cada arma. El mayor movimiento de tropas en la historia de Cuba acababa de empezar.

CAPÍTULO 23

Operación «Fin de Fidel»

(Verano de 1958)

EL EJÉRCITO HABÍA intentado en tantas ocasiones desalojar a la guerrilla sin éxito que la situación se convirtió en una humillación profesional. Pero esta vez iban a conseguirlo de una vez por todas, ya que Batista cayó sobre la Sierra Maestra con todo el peso militar de Cuba en su conjunto. Para asegurarse de que los oficiales del ejército entendieran bien cuál era el objetivo, la invasión se bautizó como Operación FF o «Fin de Fidel».

Era uno de los encuentros más desiguales en toda la historia militar. El plan era que diecisiete batallones invadieran la sierra en un asalto en tres frentes, incluido un desembarco anfibio en la costa sur, para atenazar a los rebeldes. Los diez mil soldados contaban con el apoyo de tanques y helicópteros; los bombardeos aéreos y navales conseguirían someter a los simpatizantes civiles. La operación completa estaba dirigida por el comandante más competente del ejército, el general Eulogio Cantillo. Ante esta arremetida de proporciones bíblicas, el Ejército Rebelde envió a doscientos ochenta hombres que, entre todos, contaban con poco más de doscientas armas. De estas, solo una fracción eran modernas: la mayoría, fusiles M1 Garand de fabricación estadounidense que habían capturado del ejército. El resto, escopetas de dos cañones, rifles de caza de bajo calibre, antiguos revólveres españoles y fusiles Winchester que habrían estado mejor en un museo. Cada rebelde recibió unas cincuenta balas. Algunos de ellos iban sin botas, e incluso el uniforme de Fidel estaba hecho jirones: «¡Sigo pareciendo un mendigo!», se quejaba con Celia. Rápidamente llamó a los pelotones móviles de Almeida y Camilo para reforzar sus frágiles líneas, con lo que el Ejército Rebelde consiguió alcanzar la cifra total (como se calculó más adelante) de trescientos veintiún hombres. Fidel, con su amor por las referencias clásicas, comparó las posibilidades que tenían con la resistencia de los trescientos espartanos ante las hordas persas, aunque la historia bíblica de David y Goliat seguro que también le vino a la mente.

Nada más empezar la invasión, Fidel recibió un cortés mensaje del general Cantillo donde le sugería que se rindiera. Cantillo era famoso por ser más humano que otros oficiales, de modo que Fidel replicó en un tono civilizado, dejándole claro que lo tenía en alta estima y que apreciaba sus nobles sentimientos hacia los rebeldes puesto que, al fin y al cabo, eran sus compatriotas y no sus enemigos; según Fidel, no se trataba de una guerra en contra de las fuerzas armadas sino de la dictadura. Incluso llegó a sugerirle a su vez que intercambiaran ideas sobre cómo colaborar para ayudar a Cuba tras la guerra, para irritación del Che. Pero, a pesar de toda esta educación, no se pudo evitar la violencia.

A este intercambio siguieron setenta y dos días seguidos de lucha. La guerrilla estuvo a punto de ser aniquilada por completo en diversas ocasiones. Debido a la férrea censura, el mundo exterior no tenía ningún modo de saber qué pasaba a no ser que sintonizaran Radio Rebelde, con lo que la mayoría de los cubanos creían que la revuelta estaba disolviéndose sin demasiadas estridencias en las montañas.

La situación parecía desesperada, pero los rebeldes usaron cada truco que tenían en la manga para ralentizar la invasión. Las minas y trampas aterrorizaban a las tropas que intentaban avanzar. Los francotiradores mantenían a raya a cientos de soldados que tenían que ir en una hilera por tramos estrechos. El inquebrantable respaldo de los campesinos suponía una «inteligencia de combate» instantánea. Más adelante se decía que los hombres de Batista no podían avanzar un metro sin que llegara corriendo a toda prisa un mensajero sudoroso al campamento para informar de ello, mientras que los soldados tenían que marchar a tientas. Todo esto suponía un golpe durísimo a los débiles ánimos del ejército. Dos tercios de los casquitos eran reclutas sin ninguna experiencia y que a menudo no llegaban a la veintena; incluso la mayoría de los oficiales solo contaba con formación teórica. La ventaja numérica del ejército quedaba desaprovechada por su ineficacia, con bombardeos repetidos sin ningún sentido, salidas en falso y movimientos de tropas mal informados en un círculo vicioso. En comparación, los rebeldes utilizaban sus recursos de forma obsesiva, repartiendo las balas una a una y llevando a toda prisa su única metralleta pesada de un punto a otro, con tal rapidez que el ejército creía que tenían tres o cuatro.

Fidel y Celia viajaban juntos en un *yipi* (*jeep*) a lo largo de los estrechos caminos tallados en los acantilados, corriendo de una crisis a otra para animar y convencer a los hombres y respaldar las maltrechas defensas. Por la noche conducían sin faros, guiados por la luna tropical y usando solo una linterna de mano para cruzar los ríos. Los acompañaba un conductor pero en contadas ocasiones iban con guardaespaldas, ya que ahora confiaban completamente en la seguridad del Territorio Libre.

Los bolsillos de Celia estaban repletos de documentos y cartas, ya que Fidel podía ponerse a dictar en cualquier momento.

Su papel como organizadora de sus impetuosos pensamientos ya era parte aceptada de la cadena de mando, así que cualquiera de sus mandatos se interpretaba como una orden directa del comandante en jefe. Celia había instalado una segunda línea telefónica que resultó crucial, pero los pelotones más apartados todavía tenían que valerse de montones de notas garrapateadas, a menudo en páginas arrancadas de libros de texto, y mapas dibujados a mano. Muchos fragmentos de estos intercambios urgentes han sobrevivido en los archivos de La Habana. Una nota típica de Fidel a Ramón Paz, uno de sus tenientes de confianza, empieza así: «¡Cuántos mensajes te he enviado hoy! Y, como siempre, antes de que las instrucciones te lleguen, la situación vuelve a cambiar...». La misiva termina con un esbozo rudimentario de valles, ríos y trincheras que parecen una tela de araña caída.

El Che era ahora el comandante indiscutible en el campo, el único en cuyas decisiones Fidel confiaba por completo, a pesar de que todavía lo doblaban los ataques de asma y a menudo tenía que inyectarse él solo en el fragor de la batalla. El propio Fidel se vio obligado a quedarse lejos de la lucha. En febrero, cuarenta veteranos firmaron un ruego para que se retirara del combate activo, ya que era demasiado valioso para la revolución como para perderlo. «Hazlo por Cuba», le suplicaron. Ahora se sentía irritado por no estar en la primera línea; en su correspondencia se muestra inquieto ante la idea de que sus hombres puedan estar malgastando munición mientras no está con ellos y afirma estar dispuesto a ceder sus botas a cualquier seguidor descalzo. «Echo de menos esos días en los que era realmente un soldado; me sentía mucho más feliz de lo que soy ahora», se queja a Celia. «Esta lucha se ha convertido en una mísera y ruin tarea burocrática para mí». O, en otra ocasión: «Estoy jodido... Tengo veinte pequeños problemas por resolver». No le faltaba razón al describirlos como «pequeños»: «Mañana haz que recojan el queso. Hoy traerán miel; es para el postre. Habrá que racionar el azúcar. La caja tiene que durar al menos dos semanas».

Más tarde Fidel escribió ochocientas cincuenta páginas donde relata los altibajos de esta operación de diez semanas, describiendo con gran detalle treinta batallas. Junio fue el mes más desalentador. Las fuerzas rebeldes actuaban a menudo de forma caótica, con escenas que quedaban lejos de lo heroico. El desastre de la huelga de abril había hecho mella en su confianza y, a medida que la guerrilla empezaba a comprender la magnitud de la ofensiva de verano, empezaron las deserciones y los casos de insubordinación. Las normas improvisadas no eran de fiar. Las minas no saltaban, las granadas no explotaban.

El peor momento llegó el 19 de junio, cuando algunos rebeldes que defendían el estratégico poblado de Vegas de Jibacoa, un punto clave para acceder a la parte baja de la sierra, soltaron las armas y salieron huyendo a todo correr, dejando atrás un valioso cable detonador y una bomba. Se trataba de un desastre en potencia, ya que se podía seguir el sendero desde allí hasta la mismísima Comandancia. El Che le escribió con amarga ironía a Fidel explicándole que la orden suprema de ahorrar balas se había cumplido con la indecente retirada. Fidel estaba más que furioso ante la «vergonzosa» noticia y redobló las órdenes de defender «cada centímetro» de las Vegas.

Estaba dispuesto a ceder terreno de modo que más adelante pudiera volver a atacar desde una posición fuerte. Pero ahora los rebeldes solo controlaban una zona de unos diez kilómetros cuadrados y ya no podían retroceder más. En el momento más desesperado de la guerra, asignó a cuarenta guerrilleros para que defendieran las Vegas de Jibacoa, ubicación estratégica clave en la sierra. Una y otra vez los soldados intentaron cruzar el río Santo Domingo, unos cien metros abajo, solo para caer abatidos por el fuego de los francotiradores, dirigido por Fidel, quien observaba al enemigo a través de unos binoculares. Al caer la noche probó suerte con la guerra psicológica, instalando altavoces desde los que retumbaba el himno nacional entre devastadores discursos donde pedía a los soldados que no murieran por un régimen corrupto para el que sus vidas no tenían la menor importancia: los militares estaban dispuestos a morir por treinta pesos al mes, mientras que Batista y el resto de sus compinches se llevaban millones.

Consiguieron defender la cresta de la montaña, pero el 27 de junio los rebeldes finalmente tuvieron que abandonar las Vegas. El Che entraba en el pueblecito montado en su mula, felizmente ignorante del peligro que corría, cuando fue interceptado por el último rebelde que huía; pudo salvarse de ser capturado solo por unos minutos.

Para Celia, este oscuro momento de inminente derrota fue todavía más duro debido a una pérdida personal. Tres días antes había oído por radio la noticia de que su amado padre había muerto en La Habana; perdió la batalla contra el cáncer de pulmón. El Che oyó la misma emisión y le envió una tierna misiva, cuya economía poética podría estudiarse como ejemplo para escribir notas de pésame: «Celia: Supongo que ya te habrás enterado de la muerte de tu padre. No quisiera ser yo el portador de malas noticias. Entre nosotros no hay espacio para condolencias formales; solo quiero recordarte que siempre puedes contar conmigo. Un abrazo fraternal del Che».

Mucho después Celia se enteró de que agentes del SIM se habían infiltrado en el funeral de su padre en La Habana, pensando absurdamente que ella podría presentarse. Fue un desperdicio de personal que reflejaba los bombardeos sin sentido en la sierra. Cuando los invitados llegaron a la funeraria al pie del Habana Hilton (extrañamente situada al lado del restaurante polinesio), quedaron horrorizados al ver que había francotiradores apostados en los tejados cercanos. La policía pidió documentos de identidad en la puerta y la multitud que asistió estaba rodeada por corpulentos hombres a los que nadie había invitado y que claramente eran matones de Batista. Un rico magnate azucarero de Oriente, uno de los amigos más cercanos del fallecido, llamó enojado al número personal del dictador y le dijo que la presencia de todos esos agentes era una falta de respeto a la familia Sánchez:

—Le estaría muy agradecido si pudiera encargarse de la situación —le soltó, y colgó sin esperar respuesta.

Minutos más tarde entró un oficial del SIM, dio dos palmadas y todos los desconocidos abandonaron el funeral.

El Che había celebrado su cumpleaños treinta dos semanas antes, el 14 de junio, durante el grueso del conflicto, presidiendo el juicio de un oficial acusado de comportamiento abusivo. (El Che lo despojó de su rango. Otros no tuvieron tanta suerte: un desertor al que atraparon robando un revólver fue ejecutado en el acto). A comienzos del verano había podido hablar unos pocos minutos por radio con su madre que estaba en Argentina, pero la comunicación se cortó. Más o menos por esos días le llegó una afectuosa misiva de ella, repleta de noticias domésticas de sus hermanos y hermanas, sus hijos y los familiares que lo echaban de menos en su tierra natal. En un conmovedor pasaje le hablaba sobre su propia soledad y lo distante que el Che le había parecido en la llamada reciente. («Yo no sé cómo escribirte, ni qué decirte; he perdido la medida... Tantas cosas que te quería decir, mi querido. Tengo miedo de empezar a soltarlas. Dejo que las imagines»). Es de suponer que aquí Ernesto sintió una punzada de nostalgia por su hogar.

Aun así, Jon Lee Anderson, biógrafo del Che, nota un aumento en su devoción por la causa. Siguió lanzándose a la primera línea de batalla y se criticaba a sí mismo por su instinto de supervivencia: «Personalmente, noté algo que nunca había sentido antes: la necesidad de vivir», escribió tras una escaramuza que casi resultó fatal. «Será mejor que corrija eso para la próxima oportunidad». Este instinto de supervivencia era un fallo que él criticaba en otros: de ahí surgían la debilidad, los errores, la cobardía y la deserción. Tenía que conseguir extirpar cualquier rastro de esto que pudiera encontrar en sí mismo.

CAPÍTULO 24

Raúl se va por su cuenta

(Julio de 1958)

S I BILLY WILDER hubiera decidido escribir una comedia ligera sobre una crisis con rehenes, puede que el resultado se pareciera a lo que acabó produciéndose en el «Segundo Frente». Mientras Fidel y sus hombres intentaban sobrevivir en la Sierra Maestra, Raúl consiguió ganarse a pulso un lugar en todas las portadas a finales de junio cuando ordenó a sus hombres que apresaran a cincuenta ciudadanos norteamericanos en la Sierra Cristal.

El drama empezó al alba del 26 de junio, cuando los comandos de Raúl se introdujeron en los terrenos de la mina de níquel de Moa y ordenaron educadamente a doce ejecutivos e ingenieros (diez estadounidenses y dos canadienses) que subieran a un autobús. Después salieron quemando el asfalto con diecinueve vehículos de la empresa cargados de comida y suministros médicos, incluido un valioso lote de camas de hospital con armazón de metal. Antes de irse, un guerrillero se dirigió amablemente a la mujer de un ingeniero y le dijo:

—Los trataremos bien y volverán en pocos días.

El motivo del secuestro, añadió, fue que Estados Unidos, a

pesar de sus promesas, seguía proporcionando armas en secreto a Batista e incluso reabastecía de combustible a los bombarderos en la base naval de la bahía de Guantánamo.

La crisis se disparó a la noche siguiente, cuando vientiocho marines y marineros estadounidenses de Guantánamo dormitaban en su autobús tras un día de descanso y ocio, todos vestidos de civil y algo achispados tras visitar los bares y prostíbulos. A las 9:30 de la noche, el conductor cubano iba a toda velocidad por la estrecha carretera cuando la luz de los faros iluminó a un grupo de hombres barbados ante una barricada que cortaba el paso. Los guerrilleros subieron al vehículo y le ordenaron al conductor que virara hacia el este, en dirección a la Sierra Cristal; los marines, alegremente beodos, ni siquiera se dieron cuenta de que los habían secuestrado hasta que empezaron a transferirlos a unos camiones que los esperaban. Capturaron a diez estadounidenses más de otras minas de la región y de la azucarera de la United Fruit Company, con lo que la cuenta de los rehenes subió hasta los cuarenta y ocho ciudadanos estadounidenses y dos canadienses.

La «Operación Antiaérea», como Raúl denominó al plan de secuestro, fue un recurso desesperado. Sus hombres estaban bajo el fuego constante de los bombarderos cubanos desde mayo y la situación comenzaba a ser desesperada. A pesar de que su parte del ejército guerrillero había ascendido hasta los doscientos hombres gracias a los luchadores urbanos que huyeron de Santiago tras la huelga fallida, estaban aislados y casi se les había agotado la munición. Como describió Vilma más adelante: «Estábamos perdidos». Raúl sintió que la única forma de detener los bombardeos era atraer la atención sobre la intervención de Estados Unidos en la sanguinaria maquinaria de guerra de Batista. Frustrado, declaró que todos los estadounidenses corrían el mismo riesgo que los que ya habían capturado. Entonces, después de los secuestros, invitó a los periodistas de ese país a visitarlo en la sierra para que vieran la situación con sus propios ojos. Como escribió más adelante Ruby Hart Phillips, la corresponsal del *Times*, se trataba de «una idea brillante».

Ernest Hemingway, quien estaba en La Habana cuando se produjo el secuestro, fue uno de los que supieron ver el lado cómico de la situación. Llamó a algunos amigos en la embajada y preguntó cuándo iban a empezar a secuestrar también a los agentes del FBI, bromeando con que Castro terminaría reuniendo a más estadounidenses el 4 de julio que el mismísimo embajador.

No todo el mundo se tomó la situación con tanta ligereza. Las reuniones iniciales entre los guerrilleros y los secuestrados estadounidenses fueron bastante tensas. Manuel Fajardo, el doctor de la guerrilla y mano derecha de Raúl, recordó que «esos caballeros creían que los cubanos éramos unos salvajes». Un hombre «obeso» se quejó: «Mis hijos se estarán preguntando dónde está su papá, ¡y su papá está en la selva de Cuba!». Otro le preguntó a Fajardo qué harían si simplemente salieran andando de la base de la guerrilla, ya que solo había un puñado de guardias vigilándolos. «Le respondí que no me planteaba retenerlos solo con un cubo de agua», explicó Fajardo, y les advirtió que todas las carreteras y caminos estaban plagados de trampas. Como prueba, vendó a un rebelde y les dijo a los estadounidenses que había pisado una mina («Así es como conseguimos que se quedaran en el campamento»). Dos ejecutivos azucareros escaparon de todos modos, pero un granjero los trajo de vuelta al campamento cuando se acercaron a pedirle agua.

La tensa relación se relajó rápidamente cuando los estadounidenses vieron que estarían protegidos y rodeados de rústicas comodidades. Se alojaron en «casas de invitados» con sábanas limpias, blandos colchones y comida sana de granja;

los que tuvieron más suerte terminaron en la hacienda de un cafetal, atendidos por sirvientes y un chef privado que les preparaba filete y papas fritas. Además, contaban con amplias reservas de cerveza y ron para todos. El ambiente pasó a ser tan jovial que, como describió más tarde un marine, estaban todos «de amigotes».

Para que no decayeran los ánimos, los cubanos llevaban a los rehenes a nadar y a hacer caminatas por la jungla. Como bien había predicho Hemingway, los rebeldes montaron una fiesta el 4 de julio, con una barbacoa de cerdo y disparos para simular los fuegos artificiales. Un partido de beisbol se vio interrumpido por un avión de Batista que sobrevoló la zona, aunque el marcador ya no dejaba demasiadas dudas sobre cuál sería el posible resultado: rebeldes, diez; «invitados», cuatro. Aparte de ofrecerles diversión, los guerrilleros llevaron a los estadounidenses en desgarradores recorridos por los pueblos bombardeados, donde los hospitales estaban repletos de civiles heridos. A un grupo les mostraron el cadáver de un niño de tres años. Raúl tenía una caja de fragmentos de bombas; en uno de ellos podía leerse la frase PROPIEDAD DE LA FUERZA AÉREA DE ESTADOS UNIDOS.

Fidel se enteró de los secuestros por la radio. Según se cuenta, al principio no lo podía creer. Luego la incredulidad dio paso a la ira: con esa decisión unilateral Raúl ponía en peligro su imagen en Estados Unidos, que con tanto cuidado había ido puliendo durante los últimos dieciocho meses. Ahora existía la posibilidad, bastante grave, de que los agentes de Batista atacaran a los estadounidenses y culparan a los rebeldes. (Puede que Fidel también se sintiera irritado por el hecho de que Raúl le robara protagonismo; los periodistas solían enfatizar que el territorio del hermano menor era diez veces más grande que la castigada área bajo el dominio de Fidel). Incluso el temerario Che pensó que la maniobra era una muestra peligrosa de «extremismo». Dentro de Estados Unidos ya se empezaban a oír peticiones airadas para que el Congreso mostrara «las agallas de los yanquis» y enviara a los marines. Pero el presidente Eisenhower, en su primerísima declaración sobre la revolución cubana, afirmó que no iba a hacer «nada temerario». La sensación de impotencia era una premonición de la que se viviría durante la crisis de los rehenes en Irán en 1979–1981. El objetivo no era arremeter con todo, explicó pacientemente Eisenhower a la prensa, sino «recuperar a los estadounidenses con vida».

En público Fidel se comportó muy diplomáticamente. El 3 de julio declaró en tono comedido por Radio Rebelde que, mientras que la acción de Raúl era «comprensible», debía liberar de inmediato a los rehenes. En secreto envió a un mensajero con una nota privada hacia la Sierra Cristal, aunque tardó casi diez días en llegar. En ella explicaba que, aunque estaba convencido de que Raúl manejaba el asunto con gran tacto, debía tener en mente que, en los asuntos que pudieran tener consecuencias de peso para el Movimiento, su hermano no podía actuar por iniciativa propia.

A pesar de aconsejarle precaución, el mismo Fidel tampoco era inmune a la ira ante los bombardeos respaldados por los estadounidenses. Solo unas pocas semanas antes, el 5 de junio, vio cómo los aviones destruían las granjas de uno de sus amigos y le escribió a Celia una furibunda carta que contiene uno de sus pasajes más citados: «Al ver los cohetes que tiraron en casa de Mario, me he jurado que los americanos van a pagar bien caro lo que están haciendo. Cuando esta guerra se acabe, empezará para mí una guerra mucho más larga y grande: la guerra que voy a echar contra ellos. Me doy cuenta de que ese va a ser mi destino verdadero». Pero escribió aquello dejándose llevar por la rabia; parecía sinceramente convencido de que los estadounidenses no comprendían la situación en Cuba.

A pesar de la petición de su hermano, Raúl no tenía ninguna prisa por liberar a los cautivos: para él, los secuestros eran una situación donde todo eran ventajas. Los estadounidenses eran el escudo humano perfecto. Los bombardeos de la fuerza aérea cubana se detuvieron casi de inmediato en toda la Sierra Cristal, lo que supuso un respiro crucial que le permitió reorganizar y volver a armar a sus maltrechas fuerzas. El alto al fuego efectivo duró tres semanas enteras: Raúl bromeaba que cada yanqui era tan valioso como una metralleta antiaérea del calibre .50.

Incluso Fidel pronto tuvo que admitir que el secuestro tenía otro beneficio: los rebeldes hábilmente habían vuelto a atraer la atención mundial. Tras la fallida huelga de abril, los pocos reporteros internacionales que quedaban habían sugerido que los rebeldes ya eran «agua pasada». Ahora, de la noche a la mañana, unos treinta periodistas estadounidenses volaron hasta Cuba para aceptar la invitación de Raúl. La carrera por conseguir la exclusiva llevó a soluciones creativas. Los dos partidarios incondicionales y entusiastas de Fidel, Robert Taber y Andrew St. George, fletaron su propia avioneta en Florida. Su astuto plan era lanzarse en paracaídas sobre el cuartel general de Raúl, pero mientras sobrevolaban la sierra se toparon con tormentas tropicales y terminaron perdiéndose. Cuando finalmente se quedaron sin combustible, el piloto realizó un aterrizaje forzoso en un claro. Los guerrilleros les gritaron, desde la selva, que el campo estaba sembrado de minas. «Los rebeldes estaban contentos de vernos», recordó más adelante St. George, «pero a la vez se veían claramente decepcionados de que sus minas no hubieran explotado. Nos preguntaban: "¿Por qué no han salido volando por los aires?"».

Otros reporteros menos alocados viajaron por tierra desde La Habana, guiados por los agentes del M-26-7 por agotadoras carreteras secundarias para atravesar clandestinamente el cerco del ejército. Acabaron en un polvoriento villorrio de montaña de cuatrocientos habitantes, llamado Las Calabazas. El puesto parecía un poblado del salvaje oeste: caballos atados a los postes, niños desnudos que jugaban con gallinas y una falta total de un sistema de alcantarillado y fontanería. Entre los corresponsales había desde importantes reporteros de famosas revistas nacionales como *Life* hasta un redactor del *Battle Creek Inquirer* de Michigan, mucho menos conocido. (De los treinta, solo once consiguieron llegar a su destino. Los demás cometieron el error de seguir la ruta oficial y entrar por la bahía de Guantánamo, donde fueron «retenidos en contra de su voluntad», según se quejaron, por la armada de Estados Unidos, que cumplía con la orden de Batista de impedir la entrada a los periodistas en Oriente. Se vieron forzados a cubrir toda la situación desde atrás del alambre de púas).

Tras permitirles entrevistar a los rehenes, los rebeldes también llevaron a los reporteros por el mismo recorrido de pueblos bombardeados y paradisiacos lugares donde zambullirse. Allá donde fueran los seguían guardaespaldas a quince metros («por su propia seguridad»), aunque se les permitía andar a sus anchas, con sus propios *jeeps* y conductores. Pronto se les unieron informadores europeos y latinoamericanos, hasta que hubo tantos que cada movimiento de la guerrilla era seguido por el chasquido de las cámaras. Para encargarse de toda esta multitud, Armando Torres fue nombrado «encargado de prensa» de Las Calabazas. Del mismo modo que Raúl, insistió en referirse a los rehenes como los «invitados especiales» y los «testigos internacionales» de los daños causados por las bombas de Estados Unidos.

La presencia de tantos reporteros significa que se conservan muchos detalles de estos testigos oculares sobre el peculiar interludio en Las Calabazas. La llegada desde Santiago del negociador de Estados Unidos, el cónsul Park F. Wollam, provocó una primera oleada de expectación. El aguerrido oficial del Servicio Exterior desde la Segunda Guerra Mundial se embarcó en un atrevido viaje en *jeep*, sin más escolta que un guía guajiro y un conductor armado con una escopeta. En un momento dado, el vehículo quedó encallado en un agujero tan grande que tuvo que ser remolcado por un buey. Más adelante se vio obligado a tirarse dentro de una pocilga para cubrirse ante la metralla que un avión de la fuerza aérea cubana roció sobre la carretera. Observó que soltaba una bomba cerca de una iglesia bautista, con lo que vio confirmadas las declaraciones de los rebeldes acerca de que la aviación de Batista disparaba a cualquier cosa que se moviera, así que escribió a toda prisa un mensaje para sus superiores: «¡¡¡¡Díganles que detengan el fuego!!!!». Poco después, un guía de la guerrilla le señaló una bandada de pájaros que pasaba por ahí:

—Mire, la fuerza aérea rebelde —dijo entre risas.

Salpicado de barro y magullado, Wollam se irritó cuando descubrió que Raúl ni siquiera estaba en Las Calabazas aún. Tras instalarse en una casa de madera que bautizó como el «Calabash Hilton», aceptó de buena gana las invasiones de mosquitos al caer la noche y el canto del gallo nada más amanecer, y se unió a los periodistas estadounidenses en sus escapadas a las bodegas con suelo de tierra para tomarse la ocasional copa de ron. Era tan informal y se adaptaba con tanta facilidad que los reporteros lo bautizaron como «el cónsul de camiseta». Su vicecónsul, Robert Wiecha, excoronel del ejército y agente encubierto de la CIA, era más quisquilloso. Viajó por separado, llegó a un campamento a las tres de la mañana y, altanero, se negó a detenerse para pasar la noche, con lo que los guerrilleros le informaron bruscamente que estaba arrestado.

—Esto es muy grave —rugió—. ¿Son conscientes de lo que están haciendo?

La tensión se disipó cuando alguien sacó una botella de ron Bacardí. Todos se sentaron bajo una lámpara para charlar de política (conscientes de la obsesión estadounidense, le aseguraron a Wiecha que no eran comunistas) y al día siguiente lo llevaron a visitar las escuelas dirigidas por los rebeldes. Wiecha quedó tan impresionado por lo que vio que más adelante, cuando volvió a Santiago, envió a los rebeldes quinientos cuadernos y lápices para los niños de las escuelas.

Raúl finalmente hizo su entrada triunfal entre el rugido de los motores de su comitiva de *jeeps* de vivos colores (confiscados a las empresas mineras), los vítores de sus hombres y la cacofonía de los disparos de las cámaras de los periodistas. Por aquel entonces había desarrollado su propio estilo, con una melena que le llegaba a los hombros, un fino bigote y un alto sombrero texano («como un Buffalo Bill latino», lo describió el reportero de Montana). Aunque acababa de celebrar su veintisiete cumpleaños, se había convertido en un líder indiscutible y mostraba una tremenda confianza en sí mismo, bromeando con sus soldados mientras caminaba.

—Ahora me ven así, alegre y libre —le confió a Lee Hall, de *Life*—. Pero cuando esté con el cónsul de Estados Unidos seré muy, muy serio.

A su lado estaba Vilma, su «atractiva» (como notó Hall) asesora política, formada en el Instituto Tecnológico de Massachusetts, quien había viajado desde Santiago para fungir como traductora. La joven pareja, ambos armados, andaba de un lado a otro con aires de Bonnie y Clyde.

Los dos oficiales estadounidenses esperaban en el Calabash Hilton, en una mesa de tablones sin pulir y rodeados de un enjambre de moscas. Cuando entró, Raúl saludó con una reverencia teatral y un ampuloso «Buenos días, señores» en español. Las negociaciones se extendieron durante días, a menudo con

el ruido de fondo de los niños jugando a sus pies y la lluvia repi-
queteando sobre la lámina ondulada del techo. El cónsul le presentó una carta de John Foster Dulles, el secretario de Estado,
donde negaba que Estados Unidos ayudara a Batista. Pero los
agentes de Raúl habían obtenido fotos de los bombarderos cubanos reabasteciendo en Guantánamo, mientras que un simpatizante en la embajada estadounidense les había reenviado una
carta donde se confirmaba el envío de trescientos cohetes con
cabeza explosiva. (Más adelante, Washington afirmó que estos
cohetes eran remplazos por embarques «defectuosos» que se
habían comprado anteriormente).

—¿Y cómo sé que cumplirán con su palabra? —preguntó Raúl
en un momento dado, disfrutando claramente la situación—.
Quiero que algún funcionario de alto rango venga a Las Calabazas y me dé una garantía sólida de que no se entrometerán en
«nuestra» guerra.

A pesar de la discusión formal, los periodistas presentaron a
la guerrilla con simpatía. Raúl envió una conmovedora disculpa
a «padres, esposas y novias» de los rehenes, y los reportajes presentaron a los cubanos como anfitriones encantadores y atentos. En las fotos se veía a estadounidenses y rebeldes charlar
con camaradería. Muchos de los guerrilleros incluso llevaban
insignias de los marines en sus gorras y brazaletes del 26 de
Julio los estadounidenses, tras un intercambio amistoso de ac-
cesorios. Un piloto de la armada llamado Thomas Mosness, de
Iowa, apareció en *Life* tumbado en un porche, disfrutando de
una apacible siesta. Lo habían secuestrado el día de su veintidós
cumpleaños, explicó, pero se lo estaba pasando en grande:

—La verdad es que siempre había querido estar aquí. Soy
como uno más. Me tratan muy bien.

Los rebeldes incluso le habían dado una pistola y lo apodaron Vaquero porque llevaba baja la funda colgada en la cadera.

El comandante de las fuerzas navales en Guantánamo se quejó en público de que los prisioneros estadounidenses no deberían estar por ahí tirados, tomando cerveza. Según él, Mosness se lo pasaba «demasiado bien» y más le valía volver a la base «para enderezarse». El marinero trabó tal amistad con los rebeldes que Raúl le sugirió que se uniera a su ejército (lo cual fue uno de los motivos por los que el cónsul se aseguró de que fuera el primer militar en irse). La idea de un guerrillero yanqui no era tan descabellada: uno de los guardias del campamento, Charles «Charlie» W. Bartlett hijo, era un marinero de California de veintidós años que había desertado en Guantánamo y ahora estaba con los rebeldes.

Obedeciendo con reticencia las órdenes de Fidel, Raúl empezó a liberar pequeños grupos de rehenes, empezando por cinco civiles casados. Se creó un ritual diario: sin contacto por radio, Wollam tendía dos líneas de materiales de color morado en un campo como señal a las patrullas aéreas para que enviaran un helicóptero de rescate. (Un avión estadounidense de reconocimiento pasaba a las diez de la mañana, al mediodía y a las cuatro de la tarde cada día). El primer helicóptero que llegó atrajo a toda la población de Las Calabazas. Aquello se convirtió en un espectáculo cotidiano; los pilotos navales luchaban contra los fuertes vientos de la sierra, la lluvia torrencial y la amenaza de los buitres, que podían estamparse contra los parabrisas. Después, los rebeldes formaban una «guardia de honor» para ofrecer una cálida despedida a los cautivos que partían. Había apretones de manos y abrazos, y los estadounidenses daban a los guerrilleros su papel higiénico y pasta de dientes sobrantes como regalos. Al día siguiente aparecían fotos de los prisioneros liberados en los periódicos estadounidenses, a menudo posando con camisetas de algodón y sonriendo de oreja a oreja, con frecuencia deshaciéndose en alabanzas hacia los cubanos. Un encargado de una plantación declaró: «He vivido como millonario sin un centavo en el bolsillo». Otro: «¡Esta gente está luchando por la libertad!». El comentario más sucinto fue: «Este Raúl Castro es un tipo estupendo».

Los rehenes fueron tratados con una «cortesía y amabilidad que en otras circunstancias habrían resultado hasta graciosas», comentó el *New York Times*. Ninguno de ellos tenía prisa por irse.

—Bah, unos pocos días más no le harán daño a nadie —soltó entre risas un ejecutivo cuando le preguntaron si le molestaban los retrasos en la liberación—. Todos simpatizamos con los rebeldes igualmente.

Raúl se demoró en entregar a los últimos marines cautivos, confesándole a Robert Taber que sabía que en el momento en que liberara a sus escudos humanos, los harían «pasar por un infierno». El tiempo obligado sin hacer nada llevó al cónsul a volver en helicóptero a Guantánamo para darse una ducha caliente y proporcionó a los periodistas más tiempo para observar «el extraño mundo de Raúl Castro», como lo describió Hall en el segundo fotorreportaje de la revista *Life*. («Para mí, Raúl era en parte heroico, en parte melodramático y en parte siniestro»). Mostró especial interés por las «consortes» de Raúl, como se refería condescendientemente a las mujeres en la guerrilla. Vilma aparecía en una imagen con un subfusil bajo la alegre descripción: «Además de haber estudiado en Estados Unidos, también sabe de armas». Su mezcla de feminidad y radicalismo era sorprendente para los cincuenta: «Con pantalones capri, camisa a cuadros y un pañuelo rojo atado alrededor de su espesa cabellera oscura, parecía más bien una consejera en un campamento occidental para niñas», comentaba Lee; aun así, su intelecto, pulido en el Instituto Tecnológico de Massachusetts, era apabullante. Podía comentar minuciosamente los detalles de la extracción del níquel y después debatir sobre filosofía con Raúl o de política exterior con los periodistas.

—Lo único que le importa a Estados Unidos son los negocios —le espetó en una ocasión a Hall—. Es Wall Street, en resumidas cuentas.

Hall, decepcionado, llegó a la conclusión de que no había ningún incipiente romance entre el ejército mixto de la sierra. En su habitación en la granja que hacía de cuartel general, Raúl colgó en la puerta un cartel pintado a mano: «Favor de no entrar. Gracias. Comandante en jefe». Vilma contaba con su propia pieza; ante su puerta se apelotonaban las hamacas de cuatro rebeldes. «Para la compañía femenina que tienen Raúl y sus compañeros, lo mismo daría que se hubiesen vuelto monjes», suspiró Hall. Pero sin que él lo supiera, Raúl y Vilma intimaban cada vez más tras bambalinas. Según contó Vilma más adelante, durante la crisis de los rehenes empezaron a «ir juntos por ahí».

Formaban una pareja algo extraña. Raúl, de profesión rebelde, se había criado a lo salvaje en la granja de Birán; Vilma era la mimada hija del principal abogado de la empresa de ron Bacardí y creció entre la alta sociedad de Santiago. Tras su primer encuentro durante los días en la clandestinidad en la Ciudad de México (tanto Raúl como Fidel la recibieron en el aeropuerto con una orquídea), ambos habían coincidido de vez en vez en las reuniones del Movimiento en la Sierra Maestra. Pero ella admitió que casi no se había fijado en el más joven de los hermanos Castro hasta que fue al cuartel general del Segundo Frente en 1958 y lo encontró al mando. La pareja nunca habló de los detalles románticos, pero cuando llegó el momento de que Vilma volviera a Santiago, Raúl se lo prohibió. Ya le había enviado una carta a Anita, su compañera de operaciones, diciéndole que la ciudad resultaba demasiado peligrosa: «Cuando pienso que si Frank hubiera hecho lo mismo [huir a la Sierra] aun lo tendríamos luchando a nuestro lado, insisto cada vez más en que la rabilarga (mote de Vilma que hacía referencia a un pájaro cubano de alas azules y larga cola) venga para acá. Si la agarran, la van a descuartizar, tú te morirás de remordimiento y el Movimiento habrá perdido a dos grandes compañeras».

El instinto de Raúl estaba en lo cierto. Poco después, mientras ella estaba en la sierra, telefonistas de Santiago oyeron a dos agentes del SIM decir que la organizadora del M-26-7 con el nombre en clave Deborah y la profesora de escuela Vilma Espín eran la misma persona, y que debían capturarla. Estaba quemada: su identidad había quedado al descubierto. A partir de entonces se volvió la asistente permanente de Raúl, por lo que pronto cambió su camisa a cuadros por un uniforme militar, un brazalete rojo y negro y una boina negra.

Vilma se sintió profundamente aliviada al escapar de la tensión casi inaguantable de vivir en la clandestinidad, con el riesgo constante de «morir descalza», como se solía decir, en una celda de prisión tras un arresto a medianoche. Su fachada quedó hecha añicos de forma mucho más notoria cuando salieron los dos números de *Life* en Estados Unidos, con fotografías suyas por todas partes. Los agentes de Batista recortaron las páginas y fueron repartiéndolas entre los oficiales del ejército, con instrucciones de identificar a cualquier persona o edificio para tomar posibles represalias.

Raúl consiguió exprimir el último golpe de efecto propagandístico del drama de los rehenes con la ayuda del periodista Jules Dubois. El veterano reportero latinoamericano del *Chicago Tribune*, de cuarenta años, cometió el error de intentar entrar a Cuba de la forma oficial, pero consiguió escapar a la restrictiva base de Guantánamo simplemente saliendo por la puerta principal: le dijo al centinela que quería una Coca-Cola de un puesto de refrescos en el exterior y se metió a un taxi conducido por los rebeldes. Acabó convirtiéndose en un viaje mucho más movido de lo que esperaba cuando su *jeep*, rebotando de un lado a otro sin frenos por «carreteras por las que no pasaría ninguna mula que se respetara», acabó encallando en un tramo muy empinado y cayó hacia atrás. Dubois salió despedido contra un árbol y quedó inconsciente; cuando finalmente despertó, buscó su linterna a tientas y vio que el vehículo estaba destrozado y que las medicinas que llevaba quedaron desparramadas. Tenía cortes en la cara, la nariz rota y el hombro dislocado.

En otro *jeep*, siguió avanzando por la noche con una única parada para beber agua de un arroyuelo de la montaña. Tras atiborrarse de analgésicos en un hospital de campo, tuvo una cena de dos horas con Raúl y Vilma donde les sugirió que liberaran a los últimos rehenes porque la flota estadounidense del Atlántico estaba en combate en Oriente Medio:

—Estoy seguro de que no querrán que los estadounidenses piensen que ustedes son hostiles y quieren ser un obstáculo en esta crisis —le dijo a Raúl, según su relato (algo forzado).

—Creo que se trata de una muy buena idea —repuso Raúl, al parecer—. Escribiré la orden de inmediato.

—Sería un gesto perfecto —añadió Vilma—. Supondría el broche de oro para cerrar este episodio.

Raúl, exhausto, se tumbó en una cama del hospital junto a Dubois y se quedó dormido con las botas puestas. Los últimos rehenes fueron liberados al día siguiente, el 18 de julio. El orgulloso titular del diario del reportero decía: «Hombre del *Tribune* ayuda a liberar a los yanquis en Cuba».

Unos pocos días después, Raúl escribió en su libro de contabilidad: «mil cuatrocientos dólares para los americanos», para cubrir gastos como arroz, frijoles y cerveza.

CAPÍTULO 25

El retorno

(Julio–agosto de 1958)

UN EFECTO SECUNDARIO inesperado de la crisis de los rehenes fue que la presencia de tantos periodistas también atrajo las miradas sobre la apocalíptica ofensiva castrense en la Sierra Maestra. La censura de Batista había impuesto un bloqueo completo de las noticias excepto por los usuales comunicados de prensa falsos, que narraban victorias militares y muertes de rebeldes a los que nadie prestaba atención. (En el más descarado, el ejército indicó que habían muerto doscientos guerrilleros mientras que solo uno de sus elementos fue herido; los cubanos bromeaban con que Batista tenía un «ejército a prueba de balas»). Pero para julio Radio Rebelde anunció que la invasión masiva comenzaba a encontrar problemas. Unos pocos reporteros fueron llevados ante Fidel en su bastión del puesto de mando; uno de ellos era Morton Silverstein, productor de la NBC, quien se llevó uno de los mapas de batalla dibujados a mano por Castro para publicarlo en el *New York Times*. Incluso el ejército pronto tuvo que admitir que algo iba muy, muy mal en la olvidada guerra contra la guerrilla.

El plan de Fidel de replegarse hasta estar listo para el contraataque empezó a dar resultados el 28 de junio, cuando se dio la primera victoria clara de los rebeldes. En el río Yara, una patrulla del ejército fue engullida por una explosión de treinta kilos de TNT a la que siguió una lluvia de balas. La emboscada se convirtió en una desbandada general cuando los soldados huyeron y dejaron atrás armas, heridos y muertos. Los rebeldes se llevaron a veintitrés prisioneros además de treinta rifles, municiones y (un elemento que acabó siendo incluso más valioso) un transmisor de radio con un libro de códigos. Los cautivos fueron transferidos a un campamento de contención bautizado como Puerto Malanga, un juego de palabras con el nombre de la prisión más famosa de Santiago, Puerto Boniato.

Aunque el ejército se había apoderado en junio de parte del territorio llano alrededor de las Vegas de Jibacoa, la sierra profunda era mucho más complicada. Cada vez que las patrullas intentaban adentrarse en la densa selva y en los barrancos, se arriesgaban a quedar aisladas y separadas del resto. Tras meses en esta tierra salvaje y desconocida, los reclutas en las dos ofensivas principales empezaban a mostrar signos de agotamiento. Pero a principios de julio surgió una amenaza mucho más seria en la costa sur, donde las montañas daban directamente a rocosas playas en el Caribe. Respaldados por una lluvia de bombas desde navíos, mil soldados invadieron la costa y empezaron a avanzar tierra adentro para terminar de rodear a los rebeldes.

La coincidencia quiso que el asalto anfibio fuera dirigido por uno de los antiguos compañeros de Fidel en la carrera de Derecho en la Universidad de La Habana, el comandante José Quevedo. Sin pensárselo dos veces, Fidel le escribió una amistosa nota que empieza con formalidad, pero termina tuteando al militar: «Estimado amigo: Era difícil imaginar, cuando usted y yo nos veíamos en la universidad, que algún día estaríamos luchando el uno contra el otro...». Así concluía: «Te he escrito estas líneas sin pensarlo, [...] solo para saludarte y desearte muy sinceramente buena suerte. Tu amigo, Fidel Castro». Quevedo más tarde admitió que había quedado perplejo y desconcertado ante la amable misiva.

La operación de Quevedo, que sería conocida como la batalla del Jigüe, acabó por convertirse en el Stalingrado de Batista, el encuentro decisivo de toda la ofensiva. Los hombres de Quevedo se abrieron paso a golpe de machete por encima de una alta cresta, pero tras una encarnizada batalla se vieron forzados a retirarse hacia el valle de un río, donde los rebeldes los rodearon. Fueron quedándose sin provisiones y la situación pronto se tornó desesperada. La fuerza aérea intentó lanzar comida con paracaídas, pero la guerrilla los interceptó en la selva. Fidel usó el transmisor de radio capturado para sembrar la confusión, ya que el alto mando (con una incompetencia que rozaba lo extravagante) no había atinado a cambiar los códigos secretos. Ordenó que uno de sus reclutas con más talento teatral, Braulio Coroneaux, transmitiera falsos informes en un tono desesperado, diciendo que había hombres a punto de morir de hambre en las montañas, que los rebeldes seguían en su campamento... y que, ¡por Dios!, enviaran refuerzos, puesto que había muchísimos heridos. La estratagema dio resultado y la fuerza aérea bajó en picado para rociar a sus propios hombres con napalm. Fidel se regocijaba diciendo que ahora los guardias salían corriendo como alma que lleva el diablo cada vez que oían un avión.

Quevedo intentó salir en dos ocasiones, pero en ambas fue derrotado. («Ahora sí que no pueden moverse, porque los controlo por completo», presumió Guillermo García el 17 de julio. «Creo que les va a tocar tener que cagar en sus trincheras»). Por la noche, los altavoces retumbaban con los acordes locamente alegres de mariachi de «La cucaracha», seguidos por un insulso anuncio que decía algo así como: «Han escuchado una bonita melodía. La batalla se reanudará ahora». (Como admitió un oficial, el efecto sobre los soldados, apelotonados en la oscuridad, era devastador). Otras noches los guerrilleros se quedaban ocultos en silencio, haciendo parecer que se habían ido; en cuanto los soldados intentaban escapar, una lluvia de balas volvía a caerles encima, como surgida de la nada.

Cuando los soldados de Quevedo ya estaban medio muertos de hambre, Fidel le ofreció a su antiguo compañero (esta vez en un comunicado formal donde lo trataba de «usted») una rendición honorable y digna. El mismo comandante estaba al límite, seriamente desnutrido. Fidel le envió algo de comida para que estuviera en condiciones de negociar, pero acabó vomitándolo todo. Cuando llegó, montado a caballo, Fidel lo saludó como a un antiguo amigo y empezó a charlar sobre sus días como estudiantes. El oficial quedó estupefacto; su primera reacción fue pensar que Fidel estaba loco. Según recordó, fue el peor momento de su vida; enfermo, humillado, y Fidel se comportaba como si estuvieran en la cafetería de la universidad. Celia, indiferente a una bomba que cayó cerca, llevó al grupo hasta una cueva para negociar los términos de la rendición. Según lo prometido, a Quevedo se le permitió llevar encima su pistola e incluso pudo visitar en persona a sus hombres en Puerto Malanga, «como un caballero». Quedó prisionero en la Comandancia, con comida y habanos de calidad durante meses, hasta que se rindió y se unió a los rebeldes.

Los últimos ciento cincuenta soldados depusieron las armas el 21 de julio. Fidel le ordenó al Che que intentara tener comida preparada para la rendición. También quería un registro del histórico momento: «No hemos tomado ni una sola foto de nada. ¿Podrías hacer algo al respecto? ¡Es una pena no tener nada!».

La caída de Quevedo fue un revés impactante para el ejército y los censores de Batista intentaron evitar que se difundieran las noticias.

Una enorme cantidad de armas y munición había caído en manos de los rebeldes, y ahora doscientos cincuenta y tres hambrientos prisioneros se recuperaban en Puerto Malanga; una cuarta parte de ellos estaban heridos. Eran muchísimos más de los que los rebeldes podían manejar, así que Fidel contactó a la Cruz Roja internacional para que ellos se encargaran de negociar el retorno de los cautivos. No pidieron un trueque, ya que no había guerrilleros con vida que pudieran entregarles a cambio.

La mensajera elegida para acordar el alto al fuego (una peligrosa y delicada misión que implicaba cruzar las líneas enemigas a solas) fue Teté, una vivaz guerrillera de diecisiete años. Delsa Esther Puebla contaba con experiencias que le otorgaban una madurez muy superior a la correspondiente a su edad. Solo tenía quince años cuando se unió a la red clandestina en el pueblecito de Yara; participó en ataques de sabotaje y transportó dinamita bajo su vestido de crinolina con una faja especial a la que llamaban «la engañadora», como una canción de moda en aquel entonces. Se vio forzada a huir a la Sierra Maestra en julio de 1957 con otras dos jóvenes, Eugenia Verdecia (Geña, el Ángel, que había ayudado a la guerrilla desde sus comienzos) e Ileana Rodés. Cuando llegaron, uno de los hombres preguntó:

—¿Qué hace esta mocosa aquí?

El apodo se le quedó a Teté por mucho tiempo.

Pero Fidel estaba genuinamente encantado:

—¡Llegaron las mujeres! —declaró—. Ahora sí que están creciendo las fuerzas de la guerrilla.

En los doce meses que pasaron desde entonces se unieron muchas más a los revolucionarios, pero el papel de Teté como mensajera implicaba un peligro mucho mayor. El Che, encargado de la improvisada prisión, razonó que si un hombre se encargaba del trabajo, los soldados de Batista, siempre dispuestos a pegarle un tiro a alguien, se limitarían a dispararle. Una guerrillera tenía más oportunidades de sobrevivir. Aun así, se sentó con ella para prepararla:

—Muy bien, Teté, aquí pueden pasar tres cosas —le dijo—. Puede que acepten la tregua y entonces todo irá bien. O puede que te maten. O puede que te hagan prisionera y te lleven a Bayamo.

La última opción podía implicar tortura, violación y la ejecución. Pero, a pesar de este discurso dudosamente motivador, ella decidió aceptar la misión.

Al alba del 24 de julio se soltó la melena rubia oscura para que no la confundieran con un hombre, montó en una mula y partió hacia el campamento militar; desarmada, iba de uniforme, con un brazalete del M-26-7 y una bandera blanca atada a un largo palo. La misión solo debía suponerle unas pocas horas, pero los retrasos empezaron de inmediato cuando los bombardeos aéreos la forzaron a abandonar el camino. Cuando al fin llegó, los centinelas se mostraron desconcertados y recelosos al ver a una mujer de uniforme, pero incapaces de pensar en cualquier otra acción, la dejaron pasar. A medida que avanzaba por el enlodado puesto, los soldados dejaban lo que estaban haciendo para quedarse mirándola. El comandante Durán Batista intentó intimidarla. Primero le dijo que se quitara el brazalete: cuando se negó, amenazó con arrestarla. Según relata Teté, se puso a insultarla y a preguntarle cómo una chica tan bonita podía estar con tal banda de zarrapastrosos y miserables. Pronto se hizo evidente que lo que más le preocupaba era que sus propios hombres no se enteraran de la derrota en el Jigüe, para que no decayera la moral. Quería que creyeran que los prisioneros entregados eran guerrilleros capturados, no sus propios compañeros de armas. Pero en última instancia vio que no le quedaba alternativa y aceptó a regañadientes la oferta de un alto al fuego para el día siguiente.

Cuando Teté llegó al campo de los rebeldes al atardecer, Fidel, el Che y Camilo la esperaban, inquietos. Al ver que volvía sana y salva, los invadió el alivio y se pusieron a pasearla a hombros por todo el campamento. Aquella misma noche tuvo que volver en mula con la confirmación del alto al fuego. El comandante Durán la hizo dormir en su propia tienda para que no hablara con los demás, pero en cuanto se quedó dormido, ella se escabulló y explicó a los perplejos soldados en las trincheras lo que realmente ocurría. Los rebeldes, declaró, preferirían pegarse un tiro antes que rendirse, porque se enfrentaban a la tortura y la ejecución.

A la mañana siguiente llegó el Che con los doscientos cincuenta y tres prisioneros marchando en fila. Era, como recuerda Teté, «una extraña comitiva». Los hombres llevaban bastones o muletas hechas con varas; los heridos más graves iban en hamacas colgadas de ramas. Los aldeanos salieron a contemplarlos con una mezcla de «pena y alegría». Durante el trayecto, rebeldes y cautivos charlaban amistosamente; en la procesión incluso había hermanos y primos que luchaban para distintos bandos.

El ejército de Batista quedó tan fascinado con la visión como cuando había llegado Teté. Fidel lo recordó así: «Si alborotadora fue la presencia de una mujer guerrillera, Teté Puebla, entre los guardias, más revuelo aún causó la sorpresiva llegada del Che. [...] Ya el Che había comenzado a convertirse en leyenda, y los guardias no desestimaron la oportunidad de poder ver al comandante guerrillero argentino».

El Jigüe había inclinado la balanza de la ofensiva. En un informe confidencial para Batista, el humillado general Cantillo supuso que los guerrilleros sumaban entre mil y dos mil hombres de primera clase, bastante bien armados. (Además, explicó que casi cada habitante de la zona alta dominada por los rebeldes, hombre, mujer o niño, era un confidente, mensajero o informante). También admitía que la mayoría de sus propias tropas eran incapaces de luchar en el agreste terreno; quizá una estrategia más prudente podría ser atraer a los guerrilleros a campo abierto. El miedo a los barbudos se propagó por todo el ejército: empezaron a oírse rumores de que los soldados de La Habana saltaban de los camiones cuando les comunicaban que serían destinados a Oriente.

El Ejército Rebelde empezó a recuperar el terreno perdido. Para enorme satisfacción de Fidel, el pueblecito estratégico de las Vegas de Jibacoa volvió a ser capturado a finales de julio, seguido por el resto del Territorio Libre. Hubo algunos momentos cómicos en medio de la lucha. Cuando Camilo aceptó la rendición de una tropa que agitaba un pañuelo blanco atado a un rifle en Las Mercedes, resultó ser el pelotón del Che. Camilo, la alegre contraparte del arisco argentino, estaba encantado con la situación.

—¡El Che es mi prisionero! —iba cantando por ahí—. ¡El Che es mi prisionero!

Siempre se mostraba extremadamente dispuesto a contar la historia de cómo había «capturado» accidentalmente al Che.

Los rebeldes también consiguieron adueñarse de un tanque Sherman, recompensa que pudo ser fabulosa de no haber estado, desafortunadamente, atrapado en el lodo. Ningún intento por sacarlo de la zanja tuvo éxito. Finalmente, soñando con poder cruzar la sierra a bordo de un tanque como el general Patton, Fidel contrató a varias yuntas de bueyes para que lo rescataran, pero la dirección del vehículo se rompió y quedó así completamente inservible. («Anuladas las esperanzas», escribió Fidel. «Hacía tiempo que no me hacía tantas ilusiones vanas»).

Cuando otros ciento sesenta soldados se rindieron, el ejército de Batista empezó a retirarse de Las Mercedes; para el 7 de agosto abandonaban por completo la Sierra Maestra.

Era una derrota completamente sorpresiva. Las memorias que más adelante escribió Fidel acerca de esa campaña empiezan así: «Dudé sobre el nombre que le pondría a esta narración, no sabía si llamarla "La última ofensiva de Batista" o "Cómo trescientos derrotaron a diez mil", que parece un cuento de *Las mil y una noches*». (Acabó decidiéndose por el título *La victoria estratégica*). En los setenta y cuatro días de lucha incesante solo hubo treinta y una muertes en la guerrilla; las bajas del ejército fueron diez veces ese número, además de mil heridos. El Ejército Rebelde había capturado un total de cuatrocientos cuarenta y tres prisioneros y quinientas y siete armas, incluidos dos tanques, diez morteros, varias bazucas y metralletas del calibre .30. Radio Rebelde presumió con euforia: «La ofensiva ha sido liquidada. El más grande esfuerzo militar que se haya realizado en nuestra historia republicana concluyó en el más espantoso desastre que pudo imaginarse el soberbio dictador, cuyas tropas en plena fuga, después de dos meses y medio [de] derrota en derrota, están señalando los días finales de su régimen odioso». El Territorio Libre era ahora permanente: «La Sierra Maestra está ya totalmente libre de fuerzas enemigas».

Solo entonces decidió Ruby Hart Phillips, corresponsal del *New York Times*, que tenía que comprar un radio de onda corta decente para estar al corriente de los informes de los rebeldes. Tenía que escucharlos en secreto: la policía contactaba con los vendedores para seguir el rastro de los compradores. Phillips y su asistente cerraban todas las puertas y ventanas, y ponían el aire acondicionado a máxima potencia.

El 13 de agosto Celia celebró una fiesta sorpresa para Fidel por su cumpleaños treinta y dos, y lo tomó completamente desprevenido en una loma selvática con algunos amigos más. En su quizá más extravagante victoria logística, hizo traer un pastel de helado desde Manzanillo en una mula, bajo el abrasador calor del verano, protegido con hielo seco. Fidel estaba contentísimo.

A pesar de todas las satisfacciones que conllevó la victoria rebelde, el triunfo fue agridulce debido a la pérdida de algunos de sus miembros más importantes. Fidel le confesó a Celia en una carta: «En medio de la alegría por las victorias que son la culminación de tantos sacrificios y esfuerzos, me siento triste». El incondicional Beto Pesant, que rescató a Celia tras el desembarco del *Granma*, murió cuando por accidente le estalló en las manos un proyectil antiaéreo. El Che salió despedido por la explosión y Zoila, su amante, corrió hacia Beto, horrorizada. Zoila recuerda que le gritó:

—Beto, no te mueras, no te mueras.

El Che la llevó a un lado.

—Zoila, está muerto —le dijo.

La mujer de Pesant llegó más tarde para el funeral. «Todos lloramos y cuando miré a Guevara tenía los ojos llenos de lágrimas». Daniel, René Ramos Latour, recibió metralla de mortero en el estómago durante los últimos días de la ofensiva. El Che salió corriendo a toda prisa hacia la clínica, pero al llegar solo encontró su cadáver. La herida era bastante profunda, se lamentó, pero de proporcionarle atención médica inmediata habría podido ser salvado.

Pedro Miret tuvo suerte y consiguió escapar a una herida

mortal cuando una bala perdida de un avión le dio en el pecho pero no consiguió atravesarle el esternón.

La entrega del último prisionero también fue un asunto cordial. Ante la fascinación de Fidel por el helicóptero Sikorksy del ejército, de fabricación soviética, el coronel encargado de las negociaciones se ofreció a darle una vuelta en él. Ante el asombro de los guardaespaldas, Fidel, el Che y Celia subieron a bordo y salieron a hacer un recorrido aéreo de la sierra, disfrutando del día despejado y reconociendo puntos clave desde arriba. Su asistente de campo más adelante se limitó a decir que se trataba de una forma de actuar típica de Fidel.

Tras dos días de reuniones en una cabaña de ladrillo en Las Mercedes, rodeados por la desolación del campo de batalla, los prisioneros fueron intercambiados por medicinas y plasma por valor de diez mil pesos. El coronel, Fernando Neugart, concedió magnánimamente que Fidel quizá se había adueñado de las montañas, pero lo desafió diciéndole que lo esperaría en los valles.

No hay ningún registro de cuál fue la respuesta de Fidel, pero él ya contaba con otros planes.

CAPÍTULO 26

Las mujeres en uniforme

(Septiembre de 1958)

No fueron solo los soldados de Batista los que pusieron los ojos como platos al ver a Teté con su uniforme. *Paris Match*, *Life*, la NBC, el *New York Times*... desde el principio, los medios de comunicación de todo el mundo quedaron fascinados ante las mujeres del Ejército Rebelde. Todos los periódicos y noticieros estaban plagados de imágenes de las guerrilleras empuñando armas; incluso hoy en día resulta sorprendente la marcada diferencia entre las amazonas de la sierra cubana y la publicidad de la década de los cincuenta junto a las fotografías, con anuncios que mostraban a amas de casa ideales lavando platos y puliendo pisos. El Ejército Rebelde iba adelantado a su tiempo, abriendo camino para el incipiente movimiento feminista un año antes de que Simone de Beauvoir publicara *El segundo sexo* en Francia y a cinco de que *La mística de la feminidad* de Betty Friedan popularizara el concepto «liberación femenina».

El efecto fue incluso más poderoso dentro de la misma Cuba, donde la cultura latina tradicional afirmaba la santidad del matrimonio y el papel de la mujer en el hogar. Proclamadas a los cuatro vientos por Radio Rebelde, las guerrilleras tenían un impacto que iba más allá de sus números: su propia existencia creaba una sensación de que la población entera se movilizaba para expulsar a Batista.

Aunque al principio se prestó mucha atención a las mujeres en los rangos más elevados (con imágenes de Celia presidiendo un juicio revolucionario, Haydée andando hasta la cima del pico Turquino, Vilma empuñando su metralleta), había muchas otras revolucionarias. Del mismo modo que Celia y Vilma, la mayoría fueron reclutadas en las ciudades y trabajaban en las secciones clandestinas del Movimiento hasta que fueron descubiertas y se vieron forzadas a huir a la Sierra. La mayoría eran jóvenes y solteras, pero algunas estaban casadas con guerrilleros. Varias tenían hijos, a los que dejaron con sus familias durante la revolución.

La llegada a cuentagotas de mujeres durante los primeros tiempos del Ejército Rebelde se convirtió en un flujo estable en 1958, hasta que hubo suficientes como para formar una brigada completamente femenina. Aunque suponían un pequeño porcentaje de las fuerzas totales (la estimación que hacían los visitantes es que había una por cada veinte guerrilleros), fueron pioneras que allanaron el camino para las que participaron en ejércitos irregulares décadas más adelante en Nicaragua, El Salvador y Colombia, y finalmente en las fuerzas armadas convencionales en países del Primer Mundo. (No fue hasta 1976 que fueron admitidas en West Point y otras academias militares estadounidenses).

Cuando llegaban a la Sierra, a menudo tras agotadores viajes nocturnos en coche y días de caminata, las primeras combatientes de la resistencia no se encontraron precisamente con un paraíso feminista en la guerrilla: tuvieron que luchar contra la cultura machista latina de los hombres y el arraigado sexismo de los líderes. Tras haber sido tratadas más o menos como iguales en las ciudades, ahora se encontraban relegadas a papeles de respaldo doméstico como cocineras, enfermeras o remendonas de uniformes. Las que contaban con más formación enseñaban en las escuelas rebeldes, ayudando a los compañeros analfabetos a escribir cartas y a leer las que llegaban. El Che resumió la actitud masculina general cuando escribió que «[Una mujer] puede desempeñar sus tareas habituales de la paz y es muy grato para el soldado sometido a las durísimas condiciones de esta vida el poder contar con una comida sazonada, con gusto a algo». Sigue explicando pomposamente que «los trabajos de índole civil son despreciados» por los voluntarios varones, pero que ellas sí los toleraban. La excepción a esta regla, concedió, era que las mujeres, como Lidia Doce, su asistente, eran mejores mensajeras que los hombres (aunque fuera solo porque se aprovechaban del machismo imperante): podían «transportarlo [el mensaje] usando de mil artimañas y contando que, por más brutal que sea la represión, por más exigentes que sean los registros, la mujer recibe un trato menos duro que el hombre».

Pero estos roles anticuados empezaron a quedar erosionados ante la realidad de la vida en la guerrilla, especialmente en tiempo de crisis. La ofensiva de verano fue un momento crucial: cuando el pueblecito de Santo Domingo estuvo a punto de ser invadido, Teté entregaba en una mula comida y armas a las tropas y alguien le dio una pistola, que ella empezó a disparar acto seguido. Las mujeres ayudaron a cavar trincheras y soportaron bombardeos aéreos; mantuvieron las líneas telefónicas en funcionamiento y transportaron mensajes directamente al frente de batalla. Tres escaparon a la muerte por poco cuando sobre una cabaña que servía como cantina cayó un proyectil de mortero pocos minutos después de que ellas se fueran; murieron dos soldados y el cocinero.

La frustración femenina llegó a su punto máximo durante la calma que siguió a la retirada de los militares de la Sierra, cuando los hombres se reafirmaron en sus roles y ellas volvieron a quedar relegadas a posiciones no combatientes. Tres se ofrecieron para ir con el Che en una peligrosa misión de combate, pero las rechazaron sin rodeos y las enviaron directamente a la Comandancia. Teté, quien arriesgó su vida durante el alto al fuego, se quejó diciendo que ya habían demostrado que las mujeres lo podían hacer casi todo. Soportaban los bombardeos, entregaban armas y estaban en los lugares donde sucedían las batallas. Pero, aun así, no las dejaban luchar.

Una docena decidieron apelar directamente a Fidel. Gracias a su afición a la historia cubana, era muy consciente de que las guerrilleras habían jugado un papel importante en las guerras de independencia contra los españoles, cosa que Celia le recordaba deliberadamente siempre que tenía ocasión. Con el respaldo de Celia, Fidel decidió convocar una mesa redonda para el 4 de septiembre, avisando a los hombres que iba a sugerir algo que a la mayoría de ellos no les gustaría y con lo cual no estarían de acuerdo.

La reunión se celebró en el hospital, donde la declaración de Fidel de que pretendía formar un pelotón completamente femenino hizo que los hombres quedaran consternados. El debate prosiguió durante casi siete horas. Los contraargumentos que presentaron son una enciclopedia del machismo. Algunos estaban sorprendidos de que Fidel se planteara siquiera armarlas, dado que todavía no contaban con suficientes rifles para todos. Uno protestó, confundido, que si las mujeres luchaban, los hombres se verían obligados a quedarse cocinando y remendando. El doctor Vallejo fue el crítico más disonante: según él, las mujeres perderían su «feminidad» si se convertían en «leonas» y añadió que, desde el punto de vista biológico, tenían un ciclo que las debilitaba. Sus instintos maternales también harían que se detuvieran y se quedaran ayudando a los soldados heridos en vez de luchar. Incluso esgrimió como argumento la idea de que no estaban acostumbradas a ver sangre: una sugerencia absurda, dado que la mayoría de ellas habían luchado con él en el mismo hospital, como enfermeras.

«Mujeres, si son capaces de ganar esta lucha, podrán ganar cualquier cosa», bromeó Fidel. Pero a la una de la mañana se acabó creando el pelotón femenino Mariana Grajales en la oficina de Radio Rebelde. Proclamando su histórica significatividad, el pelotón recibió su nombre por la indómita madre afrocubana del general Antonio Maceo, quien viajó con las tropas rebeldes en la década de 1890, levantó hospitales de campo y entró en el campo de batalla para recoger heridos; perdió a nueve de sus once hijos en la guerra. Fidel incluso eligió la fecha de la reunión, el 4 de septiembre, por su importancia. Se trataba del veinticinco aniversario de la «revuelta de los sargentos» que llevó a Batista al poder en 1933. Explicó que mientras los soldados disparaban borrachos sus armas para celebrar la fecha, los rebeldes estaban creando un nuevo futuro para las cubanas.

Teté recuerda que Fidel las llevó aparte. «Muchachitas, ya han visto lo mucho que he tenido que discutir para que ustedes pudieran luchar. Ahora no me hagan quedar mal».

La mayoría de las Marianas tenían entre dieciséis y diecinueve años. Con sus treinta y seis, la mayor de todas, Rita García, era una madre viuda de seis hijos a la que las demás denominaban en broma «abuelita», a pesar de que caminaba tan velozmente que las demás casi tenían que correr para mantener su ritmo. La más joven, Norma Ferrer, contaba catorce años y empezó a luchar para el Movimiento grafiteando eslóganes revolucionarios en las paredes y los costados de los autobuses en Manzanillo. (Huyó a la Sierra, según explicó, para tener un papel en la sociedad: «Encontré un motivo para vivir y encontré un motivo para morir»). Venían de distintos trasfondos raciales y sociales. Teté había crecido en una choza con suelo de tierra, en una familia campesina de izquierdas. Isabel Rielo fue estudiante de Química y la llamaban «doctora». Por otro lado, a Angelina Antolín no le quedaba otro lugar al que ir: después de que su marido se uniera a la guerrilla, la Guardia Rural empezó a acosarla y se vio obligada a huir, dejando atrás a sus tres hijos pequeños con unos parientes.

El día después de formar el pelotón, Fidel las llevó a hacer prácticas de tiro con los rifles y declaró que la que mejor puntería tuviera se convertiría en la líder. Clavó una moneda de veinte centavos en un árbol y todas intentaron darle desde una distancia de veintisiete metros. Isabel Rielo ganó y recibió el mando del grupo; Teté, aunque tenía más experiencia, quedó en segundo lugar. Equipadas con rifles M1 Garand, relativamente ligeros, Fidel las nombró sus guardaespaldas personales en la Comandancia y, como declaración de la igualdad de las mujeres, las enviaba como avanzadilla cuando hacía viajes por la sierra. Los demás estaban descontentos, como recordó Teté: «Algunos de los hombres decían cosas como: "Si el enemigo les tira un lagarto, las mujeres soltarán los rifles y saldrán corriendo". Pero lo que pasaba era que, simplemente, nos tenían envidia, porque Fidel solía decirles que éramos mejores soldados que ellos».

Las Marianas entraron en acción por primera vez el 27 de septiembre en Cerro Pelado, una larga batalla donde las atacaron duramente con fuego de mortero y tanques Sherman. No dispararon ni un solo tiro, pero fueron capaces de soportar la intensa presión y estuvieron «tan cerca que pudieron ver a un soldado fumando un cigarrillo». Incluso tras demostrar su valía en batalla, el sexismo no quedó atrás. Las mujeres descubrieron que se esperaba de ellas que lucharan durante el día y se encargaran de las tareas domésticas por la noche: cocinar, limpiar y cuidar a los heridos, además de levantarse con el alba para hacer café. («Casi ni dormíamos», suspiró Teté). Eddy Suñol, uno de los críticos más firmes del pelotón femenino, estaba casado con una de las Marianas, Lola Feria. Casi le da un ataque cuando Fidel le dijo que tenía que llevarse a cuatro (entre las cuales estaban Isabel, Teté y Lola, su mujer) en una expedición a los llanos. Su primera respuesta fue «No, no, no y no». Teté dijo que «en aquel momento, lo quería matar». Solo después de que Fidel amenazara con cancelar su misión por completo, Suñol aceptó de mala gana. («Me las llevaré» dijo con pesar. «Pero acabarán todas muertas»).

Las primeras semanas de la campaña fueron las más difíciles, ya que las mujeres pasaron de lleno a vivir el estilo de vida de la guerrilla nómada. Cada una perdió nueve kilos; incluso después, cuando ya abundaba la comida, ninguna llegó a pesar más de cuarenta y siete kilos. Con solo una muda de ropa, también terminaron acostumbrándose a estar casi siempre empapadas. Solo tenían un trozo de nailon para todas y tenían que dormir debajo para no mojarse. Muchas tuvieron que enfrentarse a sus propias costumbres conservadoras. Teté recordó la incomodidad de tener que tratar con «necesidades» personales: «Lo único que podíamos hacer era pedirles a los hombres que se dieran la vuelta». Varias pactaron llevar encima una bala que usarían con las demás si estaban heridas y a punto de ser capturadas. «Todas acordamos que nunca nos íbamos a rendir», recordó Teté. «Íbamos a morir luchando».

El momento decisivo llegó el 21 de octubre, cuando las Marianas formaban parte de un contingente sorprendido por dos camiones repletos de soldados que las rodearon. En la dura lucha que siguió, sufrieron una baja grave cuando Flor Pérez Chávez recibió un tiro en el muslo y pasó semanas recuperándose;

una bala silbó tan cerca de la cabeza de Isabel que la chamuscó. Los rebeldes consiguieron vencer al ejército y capturaron once rifles. «Después de eso, el asunto se dio por zanjado», recordó Teté. Suñol envió un mensaje a Fidel donde se disculpaba por su oposición anterior. «Cuando se dio la orden de avanzar, algunos de los hombres se quedaron atrás, pero las mujeres estaban delante, en la vanguardia», escribió. «Su coraje y calma merecen el respeto y la admiración de los rebeldes y de todos los demás». Diez días más tarde, en Los Güiros, Suñol mismo fue herido lejos de las líneas de suministro y fueron las Marianas quienes le buscaron un doctor local para que le curara las heridas, forzándolo a salir de su casa a punta de fusil.

A pesar del miedo de que las combatientes se convirtieran en una distracción para los guerrilleros sedientos de sexo, Teté recuerda que la relación era normalmente respetuosa, donde todo el mundo trabajaba «como hermanos y hermanas». Las Marianas se vieron atraídas por la intensa camaradería de la guerrilla, donde un solo cigarrillo podía fumarse entre veinte personas y un trozo minúsculo de comida podía partirse y compartirse. Con todo, hubo embrollos románticos. Como explicó la líder Isabel: «Siempre que se juntan hombres y mujeres pueden surgir sentimientos amorosos». Las Marianas tenían su propio campamento, donde estaba prohibida la presencia de hombres si no los había invitado una de las chicas. Pero, como recordó Isabel, «las mujeres son mujeres, y los hombres, hombres. Aun así, surgieron historias de amor y algunas acabaron en boda». Evita Palma hizo buenas migas con Gonzalo Camejo hasta que se convirtieron en inseparables, «como tortuguitas», según los describían. La adolescente Norma se enamoró de un joven recluta que le prometió que, cuando la guerra terminara, la paseará por ahí en un carruaje negro con un ramo de flores. Más adelante se enteró de que el chico murió bajo fuego de mortero.

El padre Sardiñas, ataviado con sus hábitos verdes, con un éxito relativo se paseaba por la Comandancia ofreciéndose a convertir las aventuras esporádicas en relaciones legales. Un puritano visitante indició que la vida de hombres y mujeres mezclados terminaba por llevar a la «desintegración moral», aunque concedió que probablemente no sería peor que lo que sucedía en los ejércitos regulares. Muchos de los romances se hicieron definitivos: Teté más adelante se casó con un soldado al que conoció durante la campaña.

La formación del pelotón femenino en las montañas no remplazó las aportaciones esenciales de las mujeres en las ciudades, donde las estudiantes estaban implicadas en la lucha clandestina en todos los niveles, corriendo riesgos tan graves como cualquier hombre (o incluso peores). La primera muerte entre ellas fue la de Urselia Díaz Báez, de dieciocho años, que se ató una bomba al muslo para introducirla al cine América de La Habana a principios de septiembre de 1957. La joven voló por los aires cuando intentaba ajustar el temporizador en el baño y el explosivo detonó.

Los revolucionarios clandestinos llevaban mucho tiempo aprovechando la convicción de los cubanos de que las mujeres eran frágiles y apolíticas, pero para 1958 el SIM ya desataba su particular brutalidad también sobre ellas. En junio dos jóvenes hermanas, María y Cristina Giral, parte de la Resistencia Cívica de La Habana, fueron atrapadas en una redada policial tras el asesinato de un compinche de Batista. Cuando no se presentaron a trabajar, sus hermanos y uno de sus jefes las buscaron por los hospitales. Finalmente, los cuerpos semidesnudos de las muchachas se encontraron en la morgue de la ciudad; tenían los ojos morados y disparos en el pecho, con indicios claros de abuso sexual. La policía declaró que, tras llevar a cabo un registro del apartamento de las chicas, encontraron pistolas, panfletos y «un libro de León Trotski». Con la intención de atraer la atención internacional hacia el espantoso crimen, Jules Dubois, del *Chicago Tribune*, organizó un encuentro entre el jefe de las chicas, José Ferrer, y el embajador estadounidense, Earl Smith, quien ingenuamente le preguntó si había ido «a la policía para poner una denuncia».

—¿Qué policía? —replicó Ferrer—. ¿La misma que mató a las chicas?

Según Ferrer, Smith repuso:

—¿Y qué pretenden que hagamos? ¿Enviar a los marines?

Los peligros para las mujeres se hicieron todavía más patentes solo una semana después de formarse el pelotón de las Marianas, cuando las queridas «mensajeras ejecutivas» del Che y de Fidel desaparecieron en La Habana.

Lidia Doce, la intrépida mensajera de mediana edad del Che que antes de la revolución trabajaba en una tienda, llevaba varias semanas en la capital. Su última comunicación con él fue una alegre carta en la que le preguntaba si había recibido algunos utensilios de cocina que le envió y le decía que cuando volviera le llevaría un cachorrito que había comprado para regalárselo: «Estoy [...] disgustada pues aquí no tengo a mi comandante que me manda», bromeaba. «¡Pero por Dios, mándeme a buscar pronto! Pues deseo verlo y darle un fuerte abrazo como usted merece aunque yo no lo merezca». (Su devoción al argentino era tal que ella se autodenominaba *cheísta*).

La noche antes de volver a la sierra salió a tomarse un helado con algunas mujeres que también participaban en la revolución clandestina; pidió una «copa Lolita», un descarado homenaje a Nabokov con dos flanes coronados por pequeñas bolas de helado rosa. Después se fue a reunir con su homóloga, Clodomira Acosta, la mensajera ejecutiva de Fidel, con la cual había viajado a La Habana. Clodo rompía con el molde de las activistas educadas de la ciudad: era una joven tímida de la parte más remota de la Sierra Maestra y sin ningún aspecto característico; solo tenía veintiún años, pero parecía que tuviera dieciséis. A pesar de su posición de responsabilidad Clodo era completamente analfabeta, pero poseía una memoria casi fotográfica. A veces se sentaba en un árbol encima del hospital de la Comandancia y garabateaba en una libreta, haciendo parecer que escribía. Su diminuta estatura ocultaba una tremenda fuerza física, y había escapado de prisión en dos ocasiones. (En una ocasión la policía le afeitó la cabeza; Isabel dijo que «parecía Yul Brynner»). Antes de su primera misión en La Habana, preocupada por la posibilidad de que el estilo guajiro de la provinciana la delatara, Celia le dijo a una amiga de Santiago que le hiciera un cambio de imagen: «Llévate a Clodo a un dentista y haz que le arreglen los dientes; después llévatela a un salón de belleza».

La agradable reunión de Lidia y Clodo tomó un sombrío giro al caer la noche, cuando un informante del SIM apodado el Joyero fue asesinado y el elegante jefe de policía Esteban Ventura ordenó una redada. Nerviosas por la actividad, ambas se refugiaron en una casa segura en Regla con otros cuatro agentes. Fue una desafortunada decisión. Uno de los operativos arrestados, Popeye, confesó bajo tortura y dirigió a la policía hasta la puerta de la casa. En el baño de sangre que siguió murieron cuatro policías y los agentes masculinos del M-26-7 fueron ejecutados de inmediato. Después metieron en un coche a Clodo y a Lidia malheridas, y las llevaron a una comisaría encima del puerto. Nunca más se las volvió a ver.

Muchos meses después, un agente de policía que trabajaba allí ofreció el relato más aceptado del destino de las mujeres, que fue incluso peor de lo que se temía. Ambas cayeron en las garras del capitán Julio Laurent, el implacable jefe de inteligencia naval que ejecutó a muchos de los hombres de Fidel tras el desembarco del *Granma*. Las palizas empezaron de inmediato tras meterlas en una celda. Lidia quedó inconsciente por un golpe que le propinaron en una de las heridas de bala que había recibido; Clodo, al verlo, empezó a golpear y arañar a los agentes. («Esa chica era una bestia de verdad», dijo el oficial, y le enseñó al entrevistador una cicatriz de un mordisco que le quedó en el hombro). Después las metieron en sacos y, atadas a una cuerda, las bajaron al mar. Lidia se ahogó en la tercera inmersión. Clodo estaba moribunda cuando le pegaron un tiro. Después llenaron ambos sacos con piedras y las volvieron a lanzar entre las olas.

EN ALGUNAS OCASIONES todavía se podía sacar partido del machismo de los soldados cubanos. Una de las operaciones más atrevidas de la revolución sucedió unas pocas semanas antes, durante el verano, cuando los agentes descubrieron que uno de los prisioneros de mayor rango del Movimiento, Carlos Iglesias Fonseca (apodado Nicaragua) iba a ser transferido en un tren nocturno para enfrentarse a un nuevo juicio en Santiago. Raúl decidió preparar un asalto al ferrocarril al más puro estilo del salvaje oeste cuando pasara cerca de la Sierra Cristal, con la ayuda de varias agentes clandestinas.

En pocas horas trazaron un plan sin más instrumento que las mujeres. Una joven agente de La Habana con aspecto inocente, Martha Correa, se puso a mirar por las ventanas del tren, como si buscara a un amigo, y determinó dónde estaba Nicaragua, esposado y rodeado de guardias. En la Sierra, el capitán Raúl Tomassevich fue puesto al mando del golpe. (El atrevidísimo Tomassevich había escapado dieciocho meses atrás de la cárcel de Boniato. Tras robar una pistola de debajo del cojín de un guardia dormido, él y otros seis prisioneros encerraron a los carceleros, se pusieron ropa de civil y salieron como si nada por la puerta delantera. «Quizá nos hubieran capturado de haber planeado una escapada típica, cavando un túnel, subiendo por una pared o hinchando un zepelín en el tejado», recordó To-massevich, «pero hicimos lo que las autoridades jamás habrían podido imaginar»). Organizó a cuatro agentes del Movimiento para que subieran secretamente al tren en una parada de la ruta y se sentaran cerca de Nicaragua; una de ellos, Nancy Ojeda Miranda, de dieciocho años, llevaba dos pistolas pegadas al ab-domen. Cinco guerrilleros también se ofrecieron voluntarios para afeitarse, cortarse el pelo y vestirse con ropa de civil para infiltrarse en el tren. Los dos equipos clandestinos no se habían visto nunca, así que para identificarse les dieron palabras clave («Frank», a lo que tenían que responder «País») y ataron cintas rojas y negras a sus revólveres. Todos tenían órdenes de atacar en un solitario cruce rural donde treinta guerrilleros, ocultos en zanjas, habían bloqueado los rieles.

A medida que el ferrocarril avanzaba por la campiña, mu-chos de los guardias se emborracharon con ron barato. Aun así, cuando subieron al tren la joven Nancy y sus tres acompañantes fueron registradas; la recatada chica abrió sus bolsas con una sonrisa apocada y los guardias no pensaron en cachearla para ver si llevaba algo bajo la blusa suelta. Los aseados guerrilleros, que subieron en dos grupos poco después, no tuvieron tanta suerte. Un soldado rápidamente encontró el revólver en el cin-turón de uno de ellos, con la acusadora cinta del M-26-7. Se produjo un tiroteo de inmediato; esquirlas de cristal volaban por los aires y los pasajeros, gritando, se metían debajo de los asientos. Segundos después el caos se adueñó del tren entero cuando el conductor se detuvo ante una señal y los guerrilleros ocultos en las vías empezaron a disparar a las ventanas. Nancy entregó las pistolas a los agentes clandestinos, quienes también abrieron fuego; los vagones repletos de soldados empezaron a llenarse del humo de granadas y bombas molotov. Entre la confusión, Nicaragua consiguió liberar una de sus manos de las esposas y escapó del tren, no sin antes hacerse de un rifle automático. Cuando intentó unirse a la lucha, el mismo Tomassevich tuvo que arrastrarlo, enojado, hasta ponerlo a salvo.

Para cuando terminó la escaramuza, había once soldados muertos; los demás se pusieron ropas de civil y se ocultaron entre los pasajeros. Fue una victoria muy costosa. Murieron cinco guerrilleros, incluidos tres de los cinco voluntarios que aceptaron afeitarse. Los pasajeros, sudorosos y aturdidos, empezaron a salir de abajo de los asientos cubiertos de trozos de cristal. Milagrosamente solo uno de ellos había muerto: cuando el tren se detuvo, un soldado le ordenó a un anciano que hablara con el conductor, y al negarse lo mató de un tiro. Mientras los guerrilleros volvían a subir a sus *jeeps* y salían a toda velocidad hacia las montañas, Tomassevich se volvió para mirar hacia el tren: «La imagen más gratificante del día», explicó, «fue ver todas las manos que se alzaron para despedirnos, acompañadas de afectuosas sonrisas, como si una delegación patriótica nos felicitara».

Meses más tarde, Martha Correa y Nicaragua se casaron.

CAPÍTULO 27

La temporada de huracanes

(Agosto–octubre de 1958)

LA RETIRADA TOTAL del ejército de Batista de la Sierra Maestra superó las fantasías más alocadas de los rebeldes. La mayoría de los espectadores del conflicto asumieron que los guerrilleros se tomarían un merecido descanso y se dedicarían a reparar el caos sembrado por la ofensiva sobre su república en las montañas. En vez de ello, Fidel decidió enviar al Che y a Camilo inmediatamente a la ofensiva. Ordenó que cada uno de ellos se llevara a una columna de voluntarios para descender sobre los llanos, intentando pasar desapercibidos mientras abarcaban Cuba de una punta a otra. Ambas fuerzas se encontrarían en el punto medio geográfico (en la barriga del cocodrilo, hablando de forma figurada), donde otra cordillera, el Escambray, se alzaba al sur de la ciudad de Santa Clara, dividiendo Cuba en dos. Como resumió el biógrafo Tad Szulc, «a todo el mundo debió de parecerle un plan demencial». Por primera vez dejarían atrás la seguridad de las sierras orientales, con sus defensas naturales y sus redes de soporte adaptadas a todas sus necesidades, y avanzarían en la incertidumbre total de los llanos, donde Batista contaba con unos cuarenta mil hombres preparados para el combate. No había demasiados voluntarios para las nuevas misiones, posiblemente debido a que el Che declaró que esperaba una tasa de mortalidad de cincuenta por ciento; su franca advertencia de que cualquiera que se fuera con él debía esperar ataques diarios y condiciones durísimas además de escasa o nula comida, era bastante desalentadora. Pero los comandantes de la misión nunca parecieron dudar del triunfo que les esperaba al final. Camilo partió con su modesta fuerza de ochenta y dos hombres el 21 de agosto, menos de un mes después de que los últimos prisioneros fueran devueltos al ejército; el Che salió diez días más tarde con otros ciento cuarenta y ocho hombres.

La última noche en la Comandancia, el sibarita Camilo se hizo de una buena botella de vino e intentó encontrar a Fidel para un brindis de despedida; acabó bebiéndosela con Carlos Franqui y dejando una alegre nota. El Che tuvo que despedirse de Zoila, su amante, antes de partir. Esta le suplicó que la dejara ir con él en la expedición, pero era demasiado peligroso y se dijeron adiós en el pueblecito de El Jíbaro. Aquel fue el fin de su amorío. Como consuelo el Che le dejó su querida mula Armando, que ella había herrado en su primer encuentro («Lo cuidé como si fuera un cristiano de verdad», recordó ella).

El optimismo del Che y de Camilo fue puesto seriamente a prueba. El trayecto a pie de quinientos sesenta kilómetros durante la temporada de ciclones, que les tomó siete semanas a los hombres del Che y seis a los de Camilo, fue una de las experiencias más duras de toda la guerra, rivalizando con las privaciones que sufrieron tras el desembarco del *Granma*. Castigados por las fuertes lluvias, los hombres se vieron forzados a marchar de noche para evitar las patrullas aéreas, a menudo por parajes pantanosos y extenuantes, con una población de la que no se podían fiar y con el ejército pisándoles los talones. A pesar de las precauciones que tomaban, los aviones seguían disparándoles balas y bombas cuando los encontraban en campo abierto. Y durante gran parte del tiempo simplemente estuvieron perdidos.

La naturaleza salvaje del Caribe tuvo un papel inesperado en ambas expediciones.

Camilo llevaba fuera unos diez días cuando el huracán Ella cayó sobre el este de Cuba; el Che se preparaba para salir y se llevó la peor parte de la tempestad. Las lluvias empezaron a caer varios días antes de que la tormenta propiamente dicha llegara a Santiago el 2 de septiembre e inundara la costa y los llanos. Los vientos huracanados llegaron a los ciento ochenta y cinco kilómetros por hora y atacaron de lleno la Sierra Maestra, arrancando los techos de paja de la Comandancia. El río Bayamo se desbordó y se llevó veinticinco casas; cuatrocientos granjeros fueron evacuados y al menos seis personas se ahogaron, además de cientos de cabezas de ganado. El viento empezó a ceder a partir del día seis, pero dio paso al huracán Fifi, algo más débil. Durante el resto del mes fueron llegando Gerda, Helene e Ilsa a intervalos regulares, descargando fuertes lluvias sobre el territorio. (El Che, con su acostumbrado pragmatismo, usó los nombres de las tormentas para enseñar las letras del alfabeto a los hombres que no sabían leer ni escribir).

Por devastadora que fuera, la lluvia torrencial acabó jugando a favor de los rebeldes: la mayoría de las tropas de Batista se quedaron en sus barracas. Se suspendieron las búsquedas aéreas. Camilo y el Che pudieron desaparecer por las campiñas durante varios días cruciales al principio de la misión.

Camilo recordó la expedición en términos bíblicos de cuarenta días y cuarenta noches de hambruna. Las primeras dos semanas recorriendo la costa sur fueron «desastrosamente malos», admitió en su informe oficial para Fidel. Los hombres intentaban avanzar con todas sus fuerzas por las marismas y pantanos, con agua y barro que les llegaban a las rodillas. Durante el primer mes que pasaron empapados, solo comieron once veces; en un momento dado, tras cuatro días sin probar alimento, devoraron a uno de los caballos de carga, «crudo y sin salar». Sus sesenta unidades de «caballería» pronto tuvieron que ser dejadas atrás. Cuando consiguieron apropiarse de unos cuantos camiones, quedaron atascados en el barro tras recorrer solo una corta distancia.

Para cruzar un río de aguas embravecidas tuvieron que construir unas balsas; en otro, tendieron una cuerda y avanzaron colgados de ella de una ribera a la otra, con un caudal crecido que les llegaba hasta el pecho. («Cuando llegué a la otra orilla, besé el suelo», comentó Camilo). Avanzaron en círculos por el llano y desconocido territorio, con solo una brújula para guiarse. Les costó mucho encontrar guías confiables entre la huraña población; algunos de ellos se perdieron también o resultaron ser informantes de la policía que intentaron hacerlos caer en trampas. Tuvieron un golpe de suerte cuando capturaron a un cabo del ejército con una memoria excelente, quien les reveló la única ruta a través del laberinto de emboscadas militares. A medida que avanzaban hacia el oeste, Camilo se sintió animado al descubrir que las pocas patrullas militares que detectaban a los rebeldes intentaban evitarlos. («Se trata de una prueba notable de que el ejército de Batista no quiere luchar y de que cada vez tienen los ánimos más bajos»). Aun así, seguía habiendo alguna que otra escaramuza. Un teniente, Senén Mariño, no fue tan afortunado y lo capturaron y torturaron hasta la muerte, pero «se comportó como un verdadero revolucionario y no reveló nuestra posición al enemigo».

Fue una hazaña de resistencia digna de los exploradores vic-

torianos en África. Tres de los ochenta y dos hombres de Camilo murieron en el trayecto; cinco abandonaron la misión por
agotamiento físico. Fidel estaba contentísimo. «No hay palabras
con qué expresar la alegría, el orgullo y la admiración que he
sentido por ustedes», le escribió de vuelta a Camilo.

El Che fue igual de franco al informar también de su «realmente horrible» viaje. Su columna de ciento cuarenta y ocho
hombres era un manojo dispar: estaba el extravagante «escuadrón suicida» del Vaquerito; un estadounidense fanático llamado Herman Marks, que afirmaba haber servido en la guerra
de Corea, y un estrafalario personaje llamado Lázaro, el Negro,
un afrocubano descomunal que acarreó durante toda la expedición una silla de cuero por si encontraba un caballo que pudiera montar. (No halló ninguno). El mal afamado escuadrón
disciplinario también fue con el Che, para mantener el orden
y tratar lo que el Che denominaba *apendijitis*. (La severidad
espartana del argentino no había retrocedido un ápice. Varios
meses antes, algunos adolescentes empezaron una huelga de
hambre por la terrible comida que se servía en sus campamentos. Al principio amenazó con pegarles un tiro a todos; solo
después de comentar el asunto con Fidel cedió y les ordenó
quedarse en ayunas y sin beber durante cinco días, «para que
supieran lo que era pasar hambre de verdad»).

El Che habría preferido comenzar la misión montados en
jeeps y camiones, pero el ejército interceptó su gasolina y las
lluvias del huracán Ella hicieron intransitables las carreteras,
así que decidió atravesar con algunos caballos los llanos inundados. «He tenido barro y agua para el resto de mi vida», informó pronto a Fidel. Con su usual economía poética, el Che
resumió la travesía: «El hambre y la sed, el cansancio, la sensación de impotencia frente a las fuerzas enemigas que cada vez
nos cercaban más y, sobre todo, la terrible enfermedad de los

pies conocida por los campesinos con el nombre de *mazamorra* (que convertía en un martirio intolerable cada paso dado por nuestros soldados), habían hecho de este un ejército de sombras. Era difícil adelantar, muy difícil. Día a día empeoraban las condiciones físicas de nuestra tropa y las comidas, un día sí, otro no, otro tal vez, en nada contribuían a mejorar ese nivel de miseria que estábamos soportando». Nadaron desnudos por ríos crecidos; para esquivar a una patrulla enemiga huyeron por una laguna poco profunda pero repleta de plantas espinosas, lo que destrozó los pies de los que no tenían botas.

La falta de apoyo local supuso un marcado contraste con la sierra. El ejército hizo correr la voz de que el Che y sus hombres eran comunistas, lo que puso a muchos granjeros aislados en su contra. Los revolucionarios empezaban a sentirse paranoicos, como tras el desembarco del *Granma*: «En cada campesino veíamos un presunto chivato». Incluso los grupos locales del M-26-7 se mostraban desconfiados, y cuando les pidieron comida, respondieron que o bien el Che enviaba una solicitud por escrito, o podía irse al infierno. A finales de septiembre llegó el desastre cuando uno de los capitanes cayó en una emboscada. Había requisado dos camiones y él y sus hombres, imprudentemente, conducían de noche por territorio desconocido. Hubo una delación al ejército y los rebeldes fueron interceptados a las dos de la mañana. Murieron dieciocho hombres, once más fueron heridos y los llevaron a un hospital hasta que llegó un oficial de Batista de La Habana para ponerse al mando de la operación. Tras entregar mil pesos a los soldados (Batista quiso recompensar el inusual éxito militar), ordenó que se volviera a transportar a los guerrilleros heridos hasta los camiones dañados para después lanzar granadas al interior: así parecería que habían muerto en batalla.

Otro golpe más sutil para el sentimental Che fue perder la

gorra de lona al estilo del Afrika Korps que había pertenecido a su amigo Ciro Redondo, muerto diez meses antes, así que volvió a su boina negra con una estrella dorada.

Finalmente apareció su objetivo, la sierra del Escambray, envuelta en una niebla morada, recortándose contra el horizonte como si se tratara de El Dorado. Pero los hombres del Che, famélicos y exhaustos, solo habían llegado a un mundo de anarquía a duras penas reprimida. Aquel territorio salvaje al sur de Santa Clara no resultaba atractivo únicamente para el M-26-7. Ubicado apenas a un día de distancia en coche de La Habana, durante el año anterior se había convertido en el refugio de otras tres guerrillas con puntos de vista políticos radicalmente distintos, incluida una que dirigía el DR (el Directorio Revolucionario; los estudiantes que atacaron el Palacio Presidencial) y otra encabezada por el PSP, los comunistas locales, que terminaron por involucrarse en la rebelión armada. Algunos líderes actuaban como señores de la guerra afganos, extorsionando a los granjeros con «impuestos» y robándoles el ganado. En este embrollo de intereses en conflicto, el Che usó su autoridad como emisario de Fidel para conseguir un acuerdo entre todos los grupos donde se comprometieron a dejar a un lado sus diferencias políticas y trabajar juntos bajo su mando. No fue tarea fácil. En un momento, un cuadro resentido se negó a dejar pasar al Che porque no conocía la contraseña. Casi hubo un tiroteo cuando doscientos hombres del DR que querían unirse al Che recibieron la orden de sus superiores de deponer las armas. Incluso después de redactar un «acuerdo operacional» con el DR, su líder se sintió insultado porque el argentino se limitó a firmar como «Che», cosa que consideró una falta de respeto. («Este es un documento formal; no es lugar para apodos», protestó).

Pero el Che tenía una autoridad que los demás no podían resistir. Los hombres del Escambray lo miraban con una mezcla de admiración y miedo: era un misterioso personaje de culto de otro mundo que había descendido mágicamente del este, rodeado de soldados adolescentes que le profesaban una devoción fanática. De nuevo empezó a formar su propia pequeña sociedad en el Escambray, con sus propios tribunales revolucionarios, hornos de pan, fábricas de bombas y un periódico, aquí denominado *El miliciano*. Para detener la embriaguez general, ordenó que se rompieran todas las botellas de ron que se encontraran en las bodegas, de modo que los hombres no se vieran tentados a emborracharse. También continuó con su lectura obsesiva: devoró con tal intensidad un monumental compendio histórico del Imperio romano (evidentemente la *Historia de la decadencia y caída del imperio romano* de Gibbon) que sus asistentes tenían que avisarle cuando había un ataque aéreo.

Las anécdotas del Che durante este periodo bordean lo irreal. Una glacial noche sin luna, un activista del M-26-7 llamado Enrique Oltuski llegó a su campamento y quedó sorprendido al descubrir que la macilenta figura del argentino no se parecía en nada a la imagen que mostraban fotos y periódicos. El Che estaba de pie al lado del fuego con su boina negra, el pelo largo y la barba fina y rala, con una capa y la camisa abierta hasta la cintura. «Las llamas de la hoguera y el bigote, que le caía a cada lado de la boca, le conferían un aspecto chino. Me recordó a Gengis Kan». Más adelante, el mismo atento observador quedó horrorizado y fascinado a partes iguales por los hábitos de higiene del Che. Lo observó sentarse al lado del fuego para comer carne podrida de cabra, arrancando pedazos verdes con los dedos mugrientos. «Viendo el gusto con el que se comía eso, parecía saberle a gloria», recordó Oltuski. Después se fumó un cigarro rancio y barato, resollando todo el rato. («Fumaba y tosía, con una tos húmeda, como si todo él estuviera mojado por dentro»).

El Chancho empezaba a superar su propia reputación. «Olía muy, muy mal», añadió Oltuski. «Apestaba a sudor podrido. Era un olor penetrante y yo lo combatía con el humo del tabaco». Pero aun así no podía evitar admirar al extraño argentino, como confesó a un amigo: «Sabe lo que quiere mejor que nosotros. Y se entrega a ello en cuerpo y alma».

Lo que es claro es que un poco de olorcillo y mugre no hicieron desistir a otra admiradora que visitó al Che por aquel entonces, la joven Aleida March, de veinticuatro años. En los anales del romance revolucionario, su extraña relación en la primera línea de batalla ocupa un puesto especial: aunque sabemos relativamente poco de los detalles íntimos del cortejo entre Fidel y Celia o Raúl y Vilma, Aleida escribió una escrupulosa memoria de sus días juntos, *Evocación: mi vida al lado del Che*, donde también muestra de paso los desafíos de la vida como mujer en el Ejército Rebelde.

Sus primeros encuentros no parecieron demasiado favorables. Como una de las agentes de más confianza en la ciudad de Santa Clara (era maestra y llevaba trabajando para el Movimiento desde la adolescencia), Aleida recibió la misión de llevarle al Che en Escambray un dinero muy necesario en un sobre que se pegó al torso con cinta adhesiva para salvaguardarlo. Era la única mujer en un grupo que viajaba a pie y a caballo, y sufría cada vez más por la cinta adhesiva y por tener que aguantar el acoso sexual de sus compañeros. Cuando llegó al campamento la rodearon los guerrilleros, anhelantes (una atractiva joven de veinticuatro años era una visión poco frecuente), y «algunos de los más lanzados del grupo se atrevieron a preguntarme si era la novia de alguno de los recién llegados».

Cuando finalmente le presentaron al legendario Che, su primera reacción fue de sorpresa ante lo distinto que parecía a los carteles de búsqueda y captura. Aparentaba muchos más de los treinta años que tenía; era un hombre consumido, solitario y delgado, aunque Aleida admite que su «mirada penetrante era bastante intrigante». Una abogada que estaba con ella le comentó al Che «que tenía unas manos preciosas, algo que no había advertido en aquel momento, pero sí que vi más adelante». El Che tenía una actitud desdeñosa hacia la remilgada y conservadora provinciana; su primera impresión, como admitió más tarde, fue la de que ella era «una chica algo regordeta y rubita». De hecho, la evitaba tanto como podía, convencido de que la habían enviado desde Santa Clara para controlarlo.

Otros guerrilleros fueron más entusiastas en su recibimiento. Cuando Aleida le preguntó al Che si podía ayudarla a retirar la cinta adhesiva de su abdomen, «al momento surgieron varios voluntarios dispuestos». La atención acabó por resultar molesta. «Constantemente estaba rodeada de varios guerrilleros que intentaban charlar conmigo», recuerda. Al final se hizo amiga de algunos de los menos lujuriosos, como Rogelio Acevedo. A ella le parecía que su larga melena rubia lo hacía parecer una chica, y a veces mataba el tiempo trenzándole los bucles.

Las tensiones con el Che crecieron cuando descubrieron que Aleida no podía volver a Santa Clara. El SIM la había descubierto a partir de sus seudónimos, Cara Cortada (por una pequeña cicatriz que tenía en la mejilla derecha, causada por la mordida de un perro cuando era pequeña) y Teta Manchada (por una marca de nacimiento en la parte superior del pecho izquierdo). Mientras Fidel formaba el pelotón de las Marianas en la Sierra Maestra, el Che no se mostraba tan entusiasmado ante la idea de tener mujeres en el campamento. A regañadientes la dejó quedarse como enfermera, ignorando su insistencia en que merecía luchar como guerrillera. Aunque se había labrado una reputación de valiente en las varias operaciones de sabotaje en que participó, allí se pasaba el tiempo haciendo tareas domésticas y quitándose de encima a sus enamoradizos compañeros. Las cosas llegaron a un punto crítico cuando iba en un *jeep* con tres hombres sentados detrás de ella. Cuando uno se puso a tocarle la espalda, dice Aleida, «reaccioné tan violentamente que ninguno volvió a atreverse a tocarme jamás».

La abrasiva dinámica entre ambos cambió cuando ella tuvo que quedarse inesperadamente con el Che mientras resistían una ofensiva del ejército en el pueblo de El Pedrero a finales de noviembre. Fue una escena de película. Aleida estaba sentada en una acera con su bolsa justo antes del amanecer, cuando él pasó por delante en un *jeep* y frenó de golpe.

—¿Qué haces aquí? —le preguntó, según explica ella.

—No podía dormir.

El Che le dijo que él iba a atacar Cabaiguán y la invitó a acompañarlo para «pegar unos cuantos tiros».

Aleida no se lo pensó dos veces: aceptó y se montó en el *jeep*. «Y ahí empezó todo», recuerda. «En un sentido, ya nunca más me volví a bajar de ese *jeep*».

Uno de los más allegados al Che, Oscarito, advirtió que «de repente, Aleida acompañaba al Che allá donde este fuera. Iban por ahí juntos en el *jeep*; ella le llevaba los papeles o le lavaba la ropa». (Quizá consiguió mejorar ligeramente su higiene; hay una fotografía donde se la ve mostrándole al Che un inusual trozo de jabón que había encontrado).

Aun así, la relación fue muy al estilo de los años cincuenta, a un ritmo lento, más en la línea de un recatado romance que de un *thriller* sensual. Aleida explica que su amorío no se consumó hasta mucho después, y no solo por la falta casi completa de intimidad. Al principio, ella lo veía como un hombre mayor que la «protegía de los avances de los demás compañeros». A medida que diciembre avanzaba y tras convertirse en la asistente de tiempo completo del Che, Aleida detectó que «había química» entre ellos, pero no tenían demasiada oportunidad de explorar esa atracción mutua.

Reservado y distraído, el Che elegía momentos improbables para expresar su afecto. Una noche, mientras ocupaban una fábrica tabacalera, se puso detrás de ella y empezó a recitarle un poema; por primera vez, Aleida pudo ver más allá de la fría fachada del argentino. Durante las semanas siguientes perdió algo del temor reverencial que sentía hacia él y empezó a sentirse más cómoda al expresar su opinión, pero ambos estaban demasiado exhaustos o hambrientos como para analizar lo que ocurría. Mientras preparaban un ataque importante, él se puso a hablarle de su mujer peruana, Hilda, y de su hija Hildita, diciéndole (alterando ligeramente la verdad) que cuando se embarcó en el *Granma* «ya se habían separado». Como siempre, Aleida tuvo que limitarse a hacer conjeturas sobre qué habría querido decir el Che con eso mientras ambos corrían hacia el fragor de la batalla.

Mientras el Che y Camilo sudaban sangre cruzando barrizales infestados de sanguijuelas, la vida en la Comandancia de La Plata era casi idílica. La casa colgante de Fidel y Celia ahora contaba con un generador permanente de electricidad, y un nuevo cocinero que había renunciado a su puesto en uno de los mejores restaurantes de Cuba. Fidel podía leer, escuchar música y entretener a sus invitados: políticos, periodistas, directores de diarios, abogados... Todos recorrían el trayecto hacia su cabaña, hasta que el tránsito a pie creció tanto que impedía el paso a las caravanas de mulas cargadas de suministros. Celia organizaba la agenda de Fidel, servía café y coñac a los invitados y emitía órdenes en sus trozos de papel rosa mientras las Marianas montaban guardia, atentas. Al salir, los visitantes pasaban por una granja protegida donde los afeitaban, les planchaban la ropa y les lustraban los zapatos para que ningún detalle delatara que habían estado en la sierra. Después se montaban en un *jeep* recién lavado que los llevaba de vuelta a Santiago.

Karl E. Meyer, un redactor cosmopolita del *Washington Post*, fue uno de los que emprendieron el peregrinaje hasta el «nido de Castro», en su mayor parte a caballo. Quedó consternado cuando advirtió que le tocaría hacer a pie el último trecho del día: «El camino es demasiado escarpado y traicionero [incluso para las bestias de carga]... La lluvia deja una pátina resbaladiza sobre las rocas, y el último tramo es una escalada que te destroza las espinillas por una ladera inacabable plagada de ortigas». Finalmente, tras alcanzar «el reino rebelde», encontró a Fidel tumbado en la cama como un pachá, rodeado de montones de libros a medio leer y notas garabateadas; lo saludó con el habano en la mano, desprendiendo confianza en sí mismo por cada poro.

—Bienvenido a la Cuba libre —le dijo—. Aquí puede ver todo lo que quiera e informar de lo que le apetezca. ¿Batista puede permitirse hacerle la misma oferta?

Declaró despreocupadamente que en tres meses, tres cuartas partes de la isla quedarían bajo el control de los rebeldes. Cuando Meyer le preguntó si realmente sería capaz de llevar la lucha hasta las fortalezas de Batista, Fidel declaró que tenía «muchas sorpresas» preparadas.

Minutos más tarde llegó un regalo triunfal a la cabaña: una foto enmarcada de Fidelito Castro, de diez años, recién aseado y peinado de raya en medio, como un recuerdo de confirmación. Fidel «agarró la foto», escribió Meyer, «la miró con ansia y explicó, henchido de orgullo, que ese era su hijo». Fidelito re gresaba apenas a La Habana después de pasar un año en Nueva York con su madre, donde había asistido a la escuela pública número veinte de Queens.

Las cosas empezaban a cambiar en Cuba. El ejército estaba perdiendo la fe en sí mismo; los ánimos decrecían lenta pero inexorablemente, como arroz en un saco roto. La inesperada victoria rebelde durante el verano trajo consigo un repentino aumento en el respaldo público, alimentado por un acuerdo moderado entre los líderes de la oposición (denominado el Pacto de Caracas), que se centraba en el único objetivo con el que todos podían estar de acuerdo: eliminar a Batista. Un respetado juez en el exilio, Manuel Urrutia, fue elegido como presidente provisional, y la clase media y los empresarios empezaron a enviarle donaciones. Fidel también dejó de quemar campos de caña y decidió aplicar un impuesto del quince por ciento sobre cada bolsa de ciento diez kilos; incluso las plantaciones de propiedad estadounidense lo pagaban, con lo que el M-26-7 acabó nadando en dinero. Una nueva oleada de voluntarios empezó a llegar a los campamentos de Fidel, entre los cuales había varios desertores del ejército. Incluso comenzaron a formar una pequeña fuerza aérea rebelde, pilotada por aviadores horrorizados por la orden de bombardear a sus compatriotas. Las «condiciones de colapso» empezaban a ser cada vez más concretas.

CAPÍTULO 28

Armados y dispuestos a viajar: Los guerrilleros gringos

(Otoño de 1958)

Cuando el Che empezaba a aproximarse al Escambray, decidió despedir a su recluta más incómodo, el estadounidense Herman Marks. Originario de Milwaukee, con el aspecto barrigón y apocado de un oficinista mediocre antes de dejarse la barba al uso, había llegado a la Sierra Maestra seis meses antes y ofrecido sus servicios como supuesto veterano de guerra del ejército de Estados Unidos. La primera mención de su presencia la hizo Raúl, quien en una carta a Fidel del 9 de marzo de 1958 le explicaba que se les había unido un gringo, «un tipo de unos veintiséis años que luchó en la guerra de Corea. Es valiente en la batalla y les da formación militar a los chicos»; ayudaba a los nuevos reclutas a fabricar lanzagranadas Sputnik y les explicó cómo detonar bombas con una batería de coche y cables. Más tarde se descubrió que el historial de guerra de Marks era una completa invención: de hecho era un evasor del servicio militar, arrestado treinta y dos veces en su país por delitos como atraco a mano armada, robo y estupro. Había adquirido su talento con las armas durante la preparación de sus golpes.

Nadie en el Ejército Rebelde se puso a comprobar que fuera quien decía ser. Marks, que había pasado a la columna del Che, fue ascendido a capitán tras su excelente desempeño durante la ofensiva de verano de Batista, pero cuando se ofreció como voluntario para acompañarlo en su expedición por la isla, su verdadera naturaleza empezó a salir a la superficie. Tras caminar a través de los barrizales durante seis semanas, fue uno de los ocho hombres a los que se les pidió que abandonaran la compañía, «en un intento de sacar a la escoria de la columna». El Che informó a Fidel que el estadounidense se había herido el pie y cayó enfermo, pero el motivo real era que «básicamente, no encajaba en el grupo». Otro guerrillero, Enrique Acevedo, explicó que era «valiente y loco en el combate, pero tiránico e imprevisible durante los momentos de calma en el campamento». Su ansia por participar en las ejecuciones (y en especial sus ganas de dar el tiro de gracia) bordeaba el sadismo y resultaba perturbadora para el resto de los hombres.

Para entonces, los mercenarios estadounidenses ya habían empezado a aparecer por toda Cuba. Pocos días después de echar al perverso Marks, el Che se topó con un soldado gringo todavía más sorprendente en las profundidades del Escambray: William Morgan, de Toledo, Ohio, quien pronto ganó fama internacional como el «comandante yanqui» de Fidel.

Los estadounidenses sentían fascinación por las historias que llegaban de Cuba sobre sus compatriotas que se unían a la guerrilla. Según las estimaciones de la embajada, a finales de 1958 había unos veinticinco jóvenes yanquis que participaban en la lucha armada contra Batista. Estos Lafayettes modernos eran un grupo variopinto: una mezcla de expresidiarios, inadaptados y espíritus libres a los que irritaba la pesada conformidad de la sociedad durante la Guerra Fría. Algunos, como el embotado Marks, son difíciles de idealizar, pero sí es fácil sentir empatía por el anhelo que muchos otros sentían de escapar a las limitadas opciones que ofrecía la vida estadounidense de los años cincuenta. Empezaban a aparecer grietas en la fachada de perfecta domesticidad de la época: *Aullido*, de Allen Ginsberg, se publicó el mes anterior al desembarco del *Granma*, y *En el camino*, de Jack Kerouac, apareció en septiembre de 1957 y se convirtió en un *best seller* de la noche a la mañana. Por la misma época, Martin Luther King Jr. organizaba el boicot a los autobuses de Montgomery en Alabama. Los barbudos cubanos eran otro símbolo del indefinido descontento con el gris conformismo de la era: los sesenta, en cierto sentido, estaban gestándose a finales de los cincuenta.

Después de los quince minutos de fama de los tres adolescentes prófugos de la bahía de Guantánamo en el especial de televisión de Robert Taber en la NBC, una oleada de jóvenes estadounidenses comenzaron a trazar vagos planes para enrolarse como voluntarios en la guerrilla. (Sabemos que, por ejemplo, una docena de estudiantes de la UCLA planeaba ir en *jeep* desde Cayo Hueso hasta La Habana). Aunque los chicos de Guantánamo se hicieron famosos, la mayoría de los voluntarios yanquis son figuras fantasmagóricas cuyas aventuras solo pueden ir reconstruyéndose a partir de referencias sueltas en memorias y periódicos; algunos han quedado en el anonimato. Raúl menciona a un «experto en demoliciones» gringo que guardaba un cierto parecido con el Robert Jordan de Hemingway; la corresponsal del *Times* Ruby Hart Phillips conoció a «un chico de Iowa» que estaba con Fidel en el verano de 1957; *Life* mencionó a un hombre de Chicago de tez macilenta y con polio que hacía de guardia. No todos los potenciales voluntarios estadounidenses consiguieron su objetivo. Hay un informe sobre un fontanero de Miami, de nombre Bill Leonard, que entró en una comisaría en Oriente y pidió un «pase» para entrar en la sierra y «visitar a su amigo Chuck Ryan». Los asombrados agentes lo cachearon, encontraron un cuchillo y una pistola de gas lacrimógeno, y tras dejarlo un tiempo en las celdas y consultarlo con el cónsul estadounidense, decidieron meterlo en un tren de vuelta a La Habana.

Muchos de los que sí consiguieron llegar se rindieron ante las dificultades de la vida en la guerrilla. Durante la crisis de los rehenes, los periodistas conocieron a Charlie Bartlett, el maquinista californiano de la armada que a sus veinte años decidió desertar de Guantánamo para unirse a Raúl tras ver las palizas que propinaban los hombres de Batista a los civiles. Aunque el vicecónsul Wollam había intentado persuadirlo sin éxito para que se uniera de nuevo al servicio, Bartlett pronto volvió a la base naval, donde se le sometió a un consejo de guerra. Aún más inútil resultó Edward Bethune, un mercenario de Knoxville, Tennessee, que caminó hasta la Comandancia y fue aceptado por Fidel en el Ejército Rebelde, pero que decidió partir luego de pocos días porque le dolía un diente. (Quizá no se veía capaz de enfrentarse a la silla de pedal del dentista de la guerrilla).

Otros voluntarios yanquis tuvieron más entereza para quedarse. Quizá el más agradable fue Neill Macaulay, un graduado en Historia de veintitrés años, originario de Carolina del Sur, que acabó escribiendo una picaresca memoria sobre sus aventuras en la guerrilla, *A Rebel in Cuba* (*Un rebelde en Cuba*), el equivalente militar del viaje a dedo de Kerouac. Su relato muestra lo fácil que era presentarse como voluntario en el Ejército Rebelde: en el verano de 1958 encontró la dirección de la oficina del M-26-7 en Manhattan en un periódico de habla hispana y se presentó en el antiguo edificio de arenisca en 305 Amsterdam Avenue en el Upper West Side, donde una bandera negra y roja colgaba de una ventana del segundo piso. Repleta de antiguos retratos de héroes cubanos y montañas de panfletos, el simpático y caótico despacho era dirigido por un antiguo campeón de básquetbol, José Llanusa. El personal estaba formado por pulcros y adinerados cubanos que habían ido a estudiar a Nueva York porque las universidades de la isla se hallaban cerradas. Los dicharacheros activistas contaban con un flujo constante de voluntarios bienintencionados (muchos de ellos estudiantes de las universidades de Columbia y Nueva York que solo querían luchar durante las vacaciones de verano), a los que respondían educadamente que bajo las leyes de neutralidad de Estados Unidos solo podían aceptar donativos financieros.

Macaulay había estado en Corea durante dos años como empleado del correo en el ejército, pero consiguió exagerar su historial militar de modo tan convincente que le proporcionaron el nombre de un contacto clandestino en La Habana y una palabra clave. Tras un vuelo de diez dólares desde Cayo Hueso que, evidentemente, abordó con sus armas, entró en La Habana como el típico turista que piensa que el mundo gira a su alrededor. Fue a la playa, se encontró a antiguos compañeros de escuela, pescó una «buena resaca» de cubalibres en el Tropicana y terminó en un prostíbulo barato (donde no participó en ninguna actividad, explica, puesto que se había casado hacía poco). Macaulay finalmente conoció a su contacto clandestino, una «esbelta morena» con estudios en la Escuela de Negocios de Harvard. Esta le consiguió un lugar donde dormir: en el suelo, junto a una pareja de agentes clandestinos.

Un nuevo alzamiento empezaba en la provincia de Pinar del Río, el corazón agrícola de Cuba, con paisajes que quitan el aliento y a solo una hora de la capital. Macaulay fue llevado en taxi a conocer a su nuevo líder, el joven capitán Claudio, de veintiún años, antiguo estudiante de Escultura en la Escuela de Bellas Artes de La Habana. («Si acaso era un devoto del arte», comenta Macaulay, «no mostró ninguna indicación especial de serlo, aparte de escuchar con interés cuando le hablé sobre algunas obras de Miguel Ángel que vi en Roma»). La madre de Claudio le dio una bolsa de papel marrón con un uniforme y un brazalete; sus zapatos puntiagudos, comprados mientras servía en Corea y fabricados en Hong Kong, causaban la admiración de todos. Fue un revolucionario instantáneo.

En sus memorias dice que los guerrilleros esperaban que fuera el estereotipo del estadounidense: «hambriento, fuerte, agresivo, valiente, listo, jovial, instructivo y divertido», así que hizo todo lo que pudo para estar a la altura de esta imagen. Su español macarrónico hacía que sus compañeros se doblaran de risa, igual que sus historias sobre el Llanero Solitario y Speedy Gonzales. Su confusión entre el mote cubano para las granadas de mano, «piñas», y «pinga» (pene), era una de las anécdotas favoritas entre la tropa.

En los meses que pasó en el campamento vivió encuentros bárbaros y viscerales. Hubo sangrientas escaramuzas y emboscadas en el maravilloso paisaje alrededor de Soroa, famoso por sus protuberancias de roca caliza llamadas mogotes. Hubo muchas ejecuciones, a menudo en la horca (para ahorrar munición): chivatos, un oficial del SIM, fugitivos recapturados, y la más difícil de todas, tres desertores con edad de estar en la preparatoria. Siempre que mataban a un soldado, el ejército se vengaba ejecutando al doble de campesinos, elegidos al azar. Hubo noches de borrachera en las que aprendió a soltar palabrotas en español («Me cago en tu madre» era un clásico cubano de Claudio con el que enmudecía a cualquiera). Puede que su mejor momento fuera cuando un comandante lo alabó describiéndolo como «un americano con cojones».

Muy pocos rebeldes estadounidenses tenían alguna noción de política más allá de un vago deseo de ser «luchadores por la libertad»; imaginaban el campamento de Fidel como una versión latina del de George Washington. Uno que tenía una comprensión más profunda del tema era Don Soldini, un chico malhablado de Staten Island que venía de una familia de radicales: su abuelo había sido un *wobbly* (miembro del sindicato militante Industrial Workers of the World), y en la familia de su madre había contactos con el Ejército Republicano Irlandés. Don iba de Estados Unidos a Cuba y viceversa a un ritmo frenético, metiéndose en líos en cada parada. Soldini se ganó la confianza de los rebeldes cuando soltó un aluvión de panfletos castristas por todo el estadio de los Yankees durante un partido televisado de la Serie Mundial. Con dieciocho años se unió a los disturbios anti-Batista en Santiago tras el asesinato de Frank País; a la primavera siguiente consiguió entrar en la columna de Raúl en la Sierra Cristal, donde participó en varias acciones hasta que lo hirieron en el cuello. Tras recuperarse en Estados Unidos, empezó a hacer contrabando de armas. Llevaba encima cartas de Lidia, la hermana de Fidel, cuando el SIM lo capturó en La Habana: tras propinarle una paliza, le dieron una pala y le ordenaron que cavara su propia tumba ante los faros de un coche patrulla. (Recordó que los agentes le ordenaban: «Camina, puta»). Pero en vez de ser asesinado, fue deportado. Afirma que se salvó porque repetía de forma incesante que su tío tenía un restaurante italiano en Nueva York y era un amigo cercano de Batista.

De nuevo en la oficina del M-26-7 en Manhattan, al incontenible Soldini se le ocurrió un nuevo plan cuando los agentes le mostraron la «avalancha» de cartas de estadounidenses que querían unirse a la guerra a finales de 1958. Invitó a setenta de los candidatos más prometedores a Miami, donde los puso en pensiones y empezó a organizar su propia «columna gringa», algo parecido al batallón Abraham Lincoln en la guerra civil española. La mayoría de los voluntarios eran vagabundos o soñadores. «En realidad no eran más que una panda de cretinos», le dijo más adelante al historiador Van Gosse; el único criterio para formar parte era que se pudieran pagar sus propios gastos. Igual que el propio Soldini, se sentían atraídos por una rebelión cuyos objetivos parecían describirse en términos de blanco o negro: «Me encantó. Me encantó de verdad», dijo refiriéndose a su tiempo en Cuba en una entrevista con Gosse en 1992. «Incluso con todas las privaciones: hambre, sed, disentería... O sea, esto era puro idealismo, pura pasión. Batista era el malo, Fidel el bueno: yo estoy de parte de los buenos, ¿qué más podía querer?». Tristemente, la «columna gringa» nunca salió de Miami.

Un voluntario que sí luchó en la guerra de Corea era Richard Sanderlin, un imponente exmarine de veintidós años de Norfolk, Virginia. Lo apodaron Capitán Rex en los marines y el mote se le quedó en Cuba, en parte porque, como chiste, se alojó en el hotel Rex de Santiago mientras intentaba contactar con el Movimiento. Tenía una idea algo confusa de la política; en una ocasión tildó a Batista de comunista. Sin embargo, Fidel necesitaba de forma urgente a hombres experimentados durante la ofensiva del verano. En julio estaba ya en la Sierra Maestra formando a reclutas con lo que aprendió en los marines: cómo montar las armas en la oscuridad, técnicas de reconocimiento, la necesidad de contar con zonas de reunión al replegarse durante una retirada o cómo una unidad podía contener a otra para que otra más pudiera avanzar. Además de saber luchar con cuchillos, Rex era experto en combate sin armas; hacía demostraciones de pisotones que podían partirle el cuello a un hombre y golpes letales como el «empujón recto» y el «golpe de trasero horizontal».

Rex pasó al Segundo Frente de Raúl en la Sierra Cristal, donde recibió el mando de un pequeño pelotón y lo dirigió en nueve batallas. No tuvo tanta suerte en la décima, cuando intentó invadir un nido de ametralladora en el pueblo de Cueto; cosido a balazos, recibió impactos en el pecho, la barbilla y varios puntos del brazo izquierdo. Lo metieron en un *jeep* y lo llevaron a toda prisa a un hospital de campo donde su amada, una chica pueblerina llamada Sara, trabajaba como enfermera. El doctor consiguió salvarle el brazo y cuando recuperó la conciencia, le pidió a Sara que se casara con él. Nunca acabó de recuperarse de sus heridas y se retiró para llevar una vida campesina en Cuba.

Pero la historia ha dado especial prominencia a otro soldado gringo del rebaño de Fidel: William Morgan. Gracias a dos biografías, un artículo del *New Yorker*, un especial televisivo de la PBS y una película en ciernes con George Clooney, Morgan se ha hecho tan famoso hoy en día como en 1958, cuando los periodistas de su país empezaron a denominarlo «el comandante yanqui»; durante un tiempo fue tan famoso como el mismísimo Che. Sus fotografías con el uniforme rebelde lo hacían parecer elegante. Como describe David Grann, «con su mandíbula marcada, nariz prominente y el cabello rubio y desaliñado, parecía el gallardo aventurero de una serie de televisión, sacado de una era anterior». Un periodista, impresionado por su forma de hablar sin tapujos, lo bautizó como «Holden Caulfield con una metralleta».

Una referencia quizá más precisa habría sido Jay Gatsby, ya que la historia de Morgan es el arquetipo de la reinvención estadounidense. Se trataba de un alma perdida: nacido en el Medio

Oeste, fracasó en todo lo que emprendió hasta que decidió embarcarse hacia Cuba. Con formación de *boy scout* en un hogar de clase media de la provinciana Toledo, en Ohio, pudo haberse convertido en un sólido pilar de la comunidad; en vez de ello, su impetuosidad, su inquietud y sus sueños de aventura lo empujaron a robar coches en su adolescencia, a huir de casa y a ir de trabajillo en trabajillo, siempre rozando la ilegalidad. Tras servir en Japón como soldado, desertó para visitar a su novia local y después escapó de la prisión militar. Pasó tres años en trabajos forzados y después recibió la baja deshonrosa; una desgracia para su familia en aquella época tan patriótica.

A partir de este punto, su biografía empieza a volverse difusa y a tomar tintes de fantasía. Trabajó como tragafuegos en un circo de Florida y ahí se casó con la domadora de serpientes, con la que tuvo dos hijos; durante aquel tiempo también se dedicó a cultivar sus contactos con los gánsteres de Miami. Pero a la edad de veintinueve años decidió deshacerse de su vida anterior como si se tratara de una piel vieja. El día después de la Navidad de 1957 huyó de nuevo, esta vez para unirse al Ejército Rebelde cubano. Su camino hacia la reinvención estuvo plagado de mentiras. Paseándose por La Habana vieja, disfrazado de turista rico con su traje de lino blanco y zapatos relucientes, se inventó atractivos cuentos sobre su heroica actuación en la guerra (en algún momento llegó a afirmar que fue paracaidista durante la Segunda Guerra Mundial) y anunciaba que quería vengar a un amigo asesinado por Batista por contrabandear armas. Morgan era un hombre rollizo, tatuado y en baja forma; además, a duras penas sabía decir cuatro cosas en español. Aun así, un agente del DR aceptó llevárselo para unirse a sus fuerzas en el Escambray, que estaba a solo un día en coche.

La tropa de treinta guerrilleros que encontró no era más que una banda de chicos casi adolescentes, con poca o nula experiencia en combate. Su líder, un esquelético antiguo estudiante con anteojos llamado Eloy Gutiérrez Menoyo, intentaba estar a la altura de su rica historia familiar: uno de sus hermanos mayores había muerto en la guerra civil española; otro, dirigiendo el ataque al Palacio Presidencial de La Habana; y un tercero había colaborado con la resistencia francesa. Al principio, los cubanos contemplaron al regordete «veterano» estadounidense con sospecha. Para poner a prueba su compromiso lo sometieron a brutales caminatas diarias, tras las cuales resultaba quemado por el sol, exhausto y cubierto de heridas por la maleza hostil. («¡No soy una mula!», rugió finalmente). Morgan perdió quince kilos, pero siguió firme; ya lo habían echado de un ejército, así que no iba a abandonar este. Poco después ya daba a la inexperta tropa lecciones de tiro, judo, lanzamiento de cuchillos (talento que había aprendido en el circo, no en el ejército) y trucos de los Boy Scouts, como usar un junco para ocultarse bajo el agua.

Su rudimentario español casi hizo que muriera el grupo entero cuando disparó antes de tiempo sobre una patrulla del ejército. El líder, Gutiérrez Menoyo, instruyó a los hombres que se ocultaran hasta que diera la orden, pero nadie tradujo para el estadounidense y los guerrilleros a duras penas consiguieron escapar. Tras prometer que mejoraría su vocabulario, empezó a apuntar a cada objeto que veía y preguntaba: «¿Cómo se llama en español?». Su siguiente encuentro tuvo muchísimo más éxito. Cuando detectaron a doscientos soldados enemigos que iban en fila, Morgan ayudó a organizar una emboscada, disponiendo a los rebeldes en formación de «U» para rodear a los primeros que pasaran. En la lucha que se desató a continuación infundió valentía a los hombres que vacilaban: se levantó y avanzó solo, con su rifle escupiendo fuego a lo John Wayne. («Pensamos que estaba loco», admitió más tarde uno de sus compañeros). Los soldados huyeron en desbandada dejando atrás una docena de muertos y heridos, además de un montón de valiosas armas. Fue una victoria crucial que levantó los ánimos e impresionó a los campesinos de la región. Morgan se convirtió en un miembro querido dentro de la disfuncional familia de la guerrilla y empezó a escalar entre sus filas.

Cosechó victoria tras victoria y pronto empezaron a correr los rumores acerca del guerrillero gringo. Como le preocupaba que pudieran quitarle la ciudadanía estadounidense, escribió una desatada declaración titulada «Por qué estoy aquí», dirigida a Herbert Matthews, del *New York Times*. «¿Que por qué he venido aquí, lejos de mi hogar y mi familia?», reflexiona. «Estoy aquí porque lo más importante que pueden hacer los hombres libres es proteger la libertad de los demás». Añadió que en Cuba había encontrado cosas maravillosas e inspiradoras: «Aquí lo imposible sucede cada día. Aquí un chico de diecinueve años con el pie roto puede marchar durante doce horas al día por escarpadísimos terrenos, como los de las Montañas Rocosas, sin quejarse. Aquí se fuma un cigarro entre diez hombres. Aquí unos lo pasan sin agua para que otros puedan beber». El *Times* reordenó y publicó la carta justo antes de su cumpleaños treinta, junto a una fotografía suya con otros rebeldes. Matthews describió a Morgan de forma positiva, como un «joven estadounidense duro y sin educación formal». Pronto adquirió cierta fama, lo que lo convirtió en un personaje relevante, un contrincante.

En julio fue ascendido al rango de comandante, el único extranjero aparte del mismo Che en alcanzar esa posición. El Americano se convirtió en una figura tan importante en la leyenda del Escambray que Batista le puso un precio de veinte mil dólares a su cabeza.

Cuando finalmente el Che llegó al Escambray, su relación

Armados y dispuestos a viajar   363

con Morgan fue cuando menos gélida. Igual que otros líderes de la guerrilla, el estadounidense se sentía molesto porque el Che había asumido que tomaría el mando de las distintas fuerzas independientes. Eran polos opuestos y Morgan, el despreocupado pueblerino que apenas tenía estudios, desconfiaba del monástico intelectual. El Segundo Frente de Escambray, como se autodenominaba el grupo, era políticamente conservador, y sus líderes discutían acaloradamente con el intruso marxista sobre temas espinosos como la reforma agraria. En una interesante nota del *Miami Herald* se cuenta que el Che y Morgan se enfrentaron en un claro en la montaña con sus tropas a ambos lados, desafiándose uno al otro a «desenfundar», al más puro estilo del oeste. Tristemente la escena parece más bien una fantasía. Lo más cercano a un enfrentamiento físico entre los dos fue cuando Morgan envió una carta exigiendo la devolución de unas armas, lo cual el Che ignoró. Guevara se refería a los del Directorio Revolucionario como «comevacas» que se aprovechaban de los campesinos indefensos, y no se tomaba en serio el rango del estadounidense; bromeaba diciendo que había más comandantes en el Segundo Frente que soldados rasos.

Quizá lo único que tenían en común fue que los dos se enamoraron de guerrilleras de Santa Clara. Una agente clandestina llamada Olga Rodríguez se vio obligada a huir a la sierra cuando la policía empezó a buscarla enseñando una foto suya; se cortó bien el pelo, se lo tiñó de negro y se vistió con ropa de hombre y una gorra, como heroína shakespeariana. Por si acaso, también se escondió una pistola en la ropa interior. Trabajaba como enfermera cuando vio al fornido yanqui entrar al campo en una yegua blanca, silbando el tema de *El puente sobre el río Kwai*. Según Grann, se acercó a Olga y en tono de broma, arrastrando las palabras, le bajó la gorra y le dijo:

—¡Eh, muchacho!

Olga más adelante confesó que se sintió impresionada por el idealista gringo con su bravuconería despreocupada, aunque su español todavía dejara muchísimo que desear: Morgan al principio la llamaba «Olgo», no «Olga», hasta que ella le explicó que los nombres femeninos terminan en «a».

Un día, de improviso, él le tomó la mano. Según explicó en entrevistas posteriores, ella le dijo, tartamudeando:

—Pero si no te conozco. ¡No sé nada sobre ti!

—El pasado es el pasado —replicó.

—Pero ahora no es ni el momento ni el lugar. Estamos en una guerra.

Su resistencia no duró mucho. Él le envió montones de flores silvestres y cartas de amor: «Cuando te encontré, encontré todo lo que se puede desear en este mundo», escribió. «Solo la muerte nos podrá separar». El español de Olga, rápido como una metralleta y plagado de jerga, se hizo más lento para que Morgan la pudiera entender y lo ayudó a mejorar sus propias habilidades; se abrazaban durante los bombardeos y se susurraban uno al otro: «Nuestros destinos están unidos». Pero la guerrilla se movía constantemente de un lado a otro. Olga lo describió así: «Nunca íbamos a estar en paz. Desde el principio ya tuve la horrible sensación de que las cosas no podrían acabar bien». Ha sobrevivido una fotografía de los dos en el Escambray, ambos armados con rifles y abrazándose con naturalidad con el brazo que les quedaba libre; Morgan tiene una densa barba y Olga se dejaba crecer el pelo a lo salvaje.

En noviembre llegaron órdenes para él de dirigirse hacia los llanos. Olga se vio obligada a quedarse atrás. El día antes de la separación se escaparon a una granja para casarse. Habían lavado su ropa con antelación; ella se bañó por primera vez desde hacía meses y Morgan se afeitó (Olga quedó conmocionada, a duras penas lo reconoció sin la barba). Los propietarios de la granja sacaron fruta para el festín y le prestaron a ella una blusa limpia.

En uno de los momentos más enternecedores del romance revolucionario, Morgan hizo un anillo de boda con una hoja. Recitaron juntos los votos: «Prometo quererte y honrarte todos los días de mi vida, hasta que la muerte nos separe». Los distintos presentes aplaudieron. Después se fueron a un campo iluminado por la luz de las estrellas y consumaron su matrimonio. Él se fue poco después. «Apenas tuvimos tiempo de besarnos», recuerda Rodríguez. Mientras llegaban las noticias de las duras luchas en los llanos, Olga tuvo que quedarse esperando en las montañas. Como regalo de bodas, Morgan le dejó un loro al que había enseñado a decir cosas como «*We*-liam» y «*I love you!*», pero para gran disgusto de Olga, el pájaro escapó. No era un buen augurio.

PUDO HABER MUCHÍSIMOS más yanquis en los frentes cubanos si algunos de los alocados planes de «invasión» en apoyo a Fidel hubieran triunfado. Una sucesión de grupos paramilitares *amateurs,* inspirados por el desembarco del *Granma,* intentaron unirse a la rebelión desde el sur de Estados Unidos. El 28 de marzo, por ejemplo, un avión de los guardacostas detuvo a un barco camaronero que abandonaba Brownsville, Texas, y lo abordó: encontraron a treinta y cuatro hombres vestidos con uniformes y brazaletes del M-26-7, además de descubrir que el casco estaba cargado de armas por valor de veinte mil dólares. Los milicianos eran neoyorkinos con edades entre los diecisiete y los cincuenta y dos años; había algunos cirujanos e incluso un capellán. Estaban bajo las órdenes de un extrabajador de la construcción llamado Arnold Barrow; el propietario de una tienda de deportes de la Ciudad de México que les había

proporcionado las armas también iba a bordo. Como ciudadanos estadounidenses, todos fueron arrestados bajo las Leyes de
Neutralidad. «Siento que se están infringiendo nuestros derechos», declaró el líder. «Estamos luchando por la democracia
de Cuba, y Estados Unidos debería ayudarnos». En el *New York
Times* apareció una foto donde se les veía sentados en un muelle
con sus uniformes y gorras, saludando alegremente a la cámara.
Todos pasaron la revolución en prisión.

Parecía que cada ciudad estadounidense contaba con su
propia célula pro-Fidel. Se descubrió a bandas que fabricaban
bombas en Brooklyn y Chicago y atraparon a un grupo con
metralletas en Los Ángeles. El precio por entonces para enviar
armas en un barco pesquero desde Carolina del Sur, lugar prominente dentro de la cultura armamentística estadounidense,
era de dos mil dólares. Muchos decidieron que el transporte
por avioneta era mucho más eficiente. En el otoño de 1958, Fidel contaba con diversas pistas de aterrizaje en las secciones
más lisas de la sierra; Raúl tenía al menos otras siete.

El punto principal de apoyo era, por supuesto, Miami. En el
otoño de 1958 la ciudad era un hervidero de actividad, como una
Casablanca *art déco*. A pesar de su fachada turística, se convirtió en el «campo de juego de los conspiradores», como explicó
Time en septiembre: «Una colmena de revolucionarios… donde
apenas pasa un día sin que se cocine un nuevo complot». Su comunidad latina, de más de ochenta y cinco mil personas, estaba
metida en toda una mezcolanza de alzamientos nacionalistas;
nicaragüenses, haitianos y dominicanos planeaban secuestros
y vendían y compraban armas. Pero los cubanos eran los exiliados más activos e imaginativos, y la noticia de la sorprendente victoria de Fidel durante el verano en la Sierra Maestra
animó a sus simpatizantes como nunca. Provenían de todas las
clases sociales (se decía que una célula estaba dirigida por un

ayudante de camarero de un restaurante) y corrían riesgos tremendos, dado que Miami también estaba repleta de agentes del FBI, espías de Batista e informantes. Si pescaban a un cubano que contrabandeaba armas, podían retirarle la visa y deportarlo para que enfrentara a la policía asesina de Batista; por suerte, los jueces de Florida se mostraban compasivos y a menudo se negaban a enviar a los activistas a una muerte segura.

Haydée había llegado allí en abril para supervisar la colecta de fondos para el M-26-7 luego de meterse disfrazada en un vuelo de Cubana de Aviación con la ayuda de un empleado del aeropuerto de La Habana. Detestaba la «ciudad mágica» de Florida: «Este es el lugar más desagradable de la tierra», le escribió a Celia; «hay tanta soledad... A veces tengo tantas ganas de estar en casa que tengo que controlarme para no salir huyendo». (Casualmente, el joven Che Guevara tuvo una reacción negativa similar cuando debió permanecer en Miami seis años antes, al final de sus viajes de aventura para ver toda Latinoamérica. Se alojó en casa de un amigo y trabajó aquí y allá como conserje y lavaplatos; cuando encontraba a otros argentinos en la playa les pedía alguna cerveza o papas fritas, pero quedó absolutamente horrorizado por la segregación racial y se sintió ofendido por el hecho de que la policía pareciera sospechar de él por sus opiniones políticas).

A pesar de lo poco que le gustaba el lugar, Yeyé mostró tener mucha mano a la hora de reunir fondos, organizando conciertos de guitarra española clásica y funciones teatrales de jóvenes dramaturgos cubanos. Los exiliados más pudientes abrían sus chequeras y ofrecían generosos donativos; los menos acaudalados compraban retratos de Fidel por un dólar. A mediados de 1958, los fondos provenientes de la comunidad en el exilio llegaron a ser entre doce mil y quince mil dólares al mes. Gran parte de este dinero acabó en manos de los traficantes de armas repartidos por toda la costa de Florida, aunque no siempre eran de fiar: algunos vendían granadas de mentira o cajas de morteros rellenas de cartón. El dinero también podía desaparecer. En una ocasión, un mensajero con diez mil dólares en efectivo a entregar en Cuba se fugó con su mujer a Venezuela y jamás lo volvieron a ver.

Miami tenía varios elementos que la hacían perfecta para los conspiradores: una costa repleta de pantanos e islas, docenas de pistas de aterrizaje privadas y policías más que dispuestos a aumentar su sueldo de trescientos dólares al mes. Los cubanos descubrieron que por un módico precio los agentes de la ley podían hacer la vista gorda. El sur de Florida se convirtió en un hogar tan fértil para los traficantes de armas como lo había sido durante la época de los piratas. Apenas pasaba un día en Miami sin que se interceptara un avión, hubiera un tiroteo o se produjera una persecución en coche a campo traviesa.

Los maleteros de los automóviles iban repletos de armas; los armarios de las casas de veraneo estaban a rebosar y se enterraban acopios en playas remotas. El complejo de apartamentos Trade Winds, propiedad de un simpatizante rebelde, se usaba como almacén de dinamita; cuando la policía hizo una redada en el sitio, encontraron novecientos cartuchos y cuatro mil trescientas balas. En el ferry entre Cayo Hueso y La Habana se atrapó a una banda de diez hombres que enviaba armas ocultas en depósitos de gasolina falsos y dentro de las puertas de coches Ford y Chevrolet de segunda mano. El FBI no era tan tolerante como la policía local y vigilaba la «neutralidad» estadounidense acosando a los activistas del M-26-7 mientras dejaban bastante en paz a los agentes de Batista. En febrero llegaron incluso a arrestar a una figura tan destacada como el expresidente Prío por financiar expediciones armadas a Cuba; elegantemente vestido, fue llevado con esposas desde su *penthouse* en el hotel

Vendôme de Miami Beach hasta la comisaría, donde pasó una noche en una celda y finalmente le impusieron una multa de nueve mil dólares. Los latinoamericanos se indignaron ante el humillante trato que le dispensaron, en especial porque Estados Unidos acababa de conceder asilo al sanguinario dictador militar de Venezuela. Al parecer, era otro ejemplo más de la hipocresía de los estadounidenses.

No hay ningún registro de la cantidad de embarcaciones que consiguieron escapar a la vigilancia de los guardacostas. La revista *Time* indicó que fueron interceptados quince envíos a Cuba con materiales por valor de doscientos mil dólares únicamente en el mes de septiembre, pero un rebelde alardeó de que aquello solo suponía «un diez por ciento» del tráfico total. (Se trataba de una ligera exageración; Herbert Matthews calculó que los guardacostas y el FBI consiguieron detener casi sesenta por ciento de los envíos para Fidel). Uno de los casos más famosos en los que los rebeldes se salieron con la suya fue el del barco *Thor II*, que en enero de 1958 llevó a los primeros quince hombres y una mujer del DR hasta la isla Racoon Cay, al norte de Cuba, desde donde caminaron cientos de kilómetros hasta el Escambray para ayudar a comenzar la revuelta desde ahí. El *Harpoon*, de dieciocho metros, no tuvo tanta suerte y fue interceptado por los guardacostas al salir de Miami en septiembre. Cuando el capitán metió el barco en un manglar y quedaron varados, los treinta y dos hombres a bordo se resistieron. Uno intentó disparar una ametralladora, pero esta se trabó. Otro perdió un dedo cuando quiso lanzar una granada de mano defectuosa.

Dada la dificultad de llegar a Cuba en barco en una pieza, no cuesta demasiado comprender que los contrabandistas acabaran prefiriendo las avionetas. El tráfico aéreo atrajo a un variopinto grupo de personajes de dudosa reputación. Uno de los varios pilotos estadounidenses involucrados, Walter «Jack» Youngblood, explicó que llevó a unos simpatizantes de Fidel a conocerlo en la sierra, pero que mientras repostaban en Bayamo durante el regreso, arrestaron al grupo entero. Todos los cubanos fueron ejecutados; Youngblood fue deportado porque el agente a cargo admitió que no tenía la autoridad necesaria para matar estadounidenses.

Las historias de otros de ellos jamás serán conocidas. Cuba era un lugar sin ley. Don Soldini dijo que el personal de la embajada le pidió ayuda para identificar a compatriotas muertos que le enseñaban en fotografías. «A dos los habían quemado vivos... Rociados con gasolina en una zanja; era algo común».

CAPÍTULO 29

La campaña relámpago

(Diciembre de 1958)

Cuando se acercaba el segundo aniversario del desembarco del *Granma*, Fidel pudo celebrarlo dos días antes de la fecha. El 30 de noviembre, tras una batalla de diez días, una fuerza militar de doscientos hombres abandonó Guisa, un pueblo estratégico en las tierras bajas de Oriente, para dejarlo en manos del Ejército Rebelde. Vitoreados por los pueblerinos, los barbudos inundaron las calles sin iluminar y fueron directo a una bodega, donde Fidel compró todas las existencias para sus hambrientas tropas. Sentado sobre un arcón de madera, iluminado por la luz de las velas, devoró dos latas de atún español con los dedos y lo acompañó de jugo de fruta enlatado. Como siempre, Celia estaba a su lado en la fiesta improvisada, con una bolsa de nailon al hombro repleta de documentos y cartas. El día exacto del aniversario, el 2 de diciembre, Fidel pasó horas respondiendo las preguntas escritas de varios periodistas sobre la repentina aceleración de la guerra. Los rebeldes estaban haciendo lo que nadie hubiera esperado: llevar la lucha contra Batista a los llanos. Entre los creyentes en la santería empezaron a correr rumores de que los rebeldes utilizaban vudú para que las balas rebotaran en sus cuerpos. Los casquillos usados podían comprarse por diez pesos como amuletos para la buena suerte.

A lo largo del mes anterior los guerrilleros habían bajado de las montañas. Raúl y Juan Almeida encabezaban las tropas de la Sierra Cristal. El Che y Camilo habían hecho incursiones desde el Escambray para afectar las elecciones amañadas de noviembre (el candidato de Batista aseguró su triunfo con boletas falsas que la fuerza aérea distribuyó por toda Cuba), y ahora volvían a descender para rodear la ciudad clave de Santa Clara. Finalmente, el propio Fidel se despidió de las comodidades de la Comandancia y bajó a los llanos. La ofensiva de verano supuso un aumento sustancial de las armas capturadas, con lo que sus fuerzas habían pasado de trescientos soldados a ochocientos. Aunque pocos de ellos contaban con experiencia en combate, aparecieron en Guisa de la nada y fueron capaces de enfrentar a fuerzas hasta cuatro veces más numerosas.

Cinco integrantes del pelotón femenino Mariana Grajales se unieron al ataque, aunque cedieron sus rifles: del mismo modo que los nuevos reclutas, se esperaba que consiguieran un arma capturándola del enemigo. Una de ellas, Bella Acosta, tenía un revólver viejo y con la ayuda de la quinceañera Norma Ferrer consiguió ordenarle a un soldado acobardado que se rindiera. Más tarde rememoraron la escena, que pasó a formar parte de la historia del feminismo cubano, y explicaron que el soldado rezongó:

—Si hubiera sabido que eras mujer, jamás me habría rendido.

—¡Pues devuélvele el rifle y que pelee contigo por él, Bella! —repuso Norma.

El soldado rectificó rápidamente:

—¡No, no! Ahora ya da igual; ya me he rendido de todos modos.

Lo llevaron cautivo por tres kilómetros hasta volver a la retaguardia del ejército.

Entre las tácticas necesarias para este combate a mayor escala (incluidas cavar trincheras larguísimas y usar minas hechas
a mano contra los tanques Sherman), los guerrilleros refinaron
su capacidad para atormentar al enemigo con altavoces durante
la noche. Con voces almibaradas se burlaban de los casquitos, y
los llamaban traidores y bobos. Tras una descarga de fuego de
rifle que podía durar quince minutos, se oía una canción popular espantosamente desafinada: «Ahorita va a llover, ahorita va
a llover. Ay, el que no tenga paraguas, el agua lo va a coger…». Ya
la primera noche el teniente Reinaldo Blanco, oficial principal
del ejército a la madura edad de veinte años, suspiró:

—Aquí van a acabar volviéndonos locos.

Tras otra andanada de fuego desde la oscuridad volvió a oírse
la terrible cancioncita: «¡Ay, qué calor! Ahorita va a llover…».
Luego de ocho noches, el deprimido Blanco recibió la orden de
retirarse: «Quemen el pueblo, maten a los prisioneros y al ca-
rajo con todo». (De hecho, el teniente retiró sus tropas de forma
pacífica y dejó libre al único preso, un acto honorable por el
cual Fidel le mandó una carta de agradecimiento).

A medida que el año llegaba a su fin, las noticias iban de mal
en peor para Batista. Cuba entera empezaba a subirse al barco
del fidelismo. La Iglesia y los grupos cívicos le rogaban que di-
mitiera para que el baño de sangre terminara de una vez. Ciudadanos respetables de clase media se declaraban abiertamente
pro-Castro. El M-26-7 recibía sin cesar donativos de las azucareras y el sector industrial. Incluso la conservadora Asociación
Nacional de Hacendados de Cuba le suplicó al dictador que se
hiciera a un lado, como gesto patriótico, para salvar la próxima
cosecha de azúcar. Los más altos niveles del gobierno empezaron a verse invadidos por el derrotismo y la impotencia.

El ejército se enrocó en una parálisis defensiva tras replegarse a cuarteles fortificados y ciudades en vez de tomar la iniciativa. Los puestos de avanzada rurales ahora estaban aislados y vulnerables, y los rebeldes rondaban libremente alrededor de ellos. Empezó a producirse un efecto dominó. Los prisioneros de los cuarteles capturados eran entregados a la Cruz Roja, que los enviaba a la siguiente fortaleza. Los antiguos cautivos convencían al resto de los soldados para que se rindieran, explicándoles lo bien que los habían tratado, y la nueva horneada de prisioneros era enviada a su vez al siguiente cuartel maldito. En comparación, en cada pueblo liberado se instalaba un ambiente festivo y los oriundos posaban con los rebeldes para tener una foto como recuerdo; se agasajaba a los barbudos con suculentos banquetes que suponían un marcado contraste con los días flacos en la sierra. Manuel Fajardo, médico convertido en guerrillero, le escribió una carta a Celia donde se deshacía en alabanzas al inolvidable desayuno que le habían servido: jugo de naranja recién exprimido, dos huevos fritos, pan con mantequilla y café con leche. Se maravillaba de que sus hombres pudieran disfrutar de tres comidas completas al día, «con postre y todo». Era una cornucopia culinaria: «La leche y la carne son buenas y abundantes. Cada barrio tiene tiendas bien abastecidas y no hay que irse demasiado lejos para encontrar ropa nueva».

De la mano de la legendaria Dickey Chapelle, la primera fotógrafa de guerra estadounidense, nos llega una perceptiva visión de aquella volátil etapa en la guerra, después de pasar tres semanas en el frente a principios de diciembre. Veterana de la guerra en el Pacífico, Argelia y de la revolución húngara (donde había pasado dos meses en una prisión rusa), Chapelle, dura como el acero, entró de forma subrepticia a Santiago desde Miami disfrazada de turista despistada, ataviada con tacones de aguja, largos aretes, amplia falda azul cielo y acompañada por una «mensajera» de enormes pestañas. (La chica más tarde fue capturada y asesinada, explicó Chapelle). Al principio un policía se negó a permitirle abandonar el aeropuerto:

—Aquí no hay nada para usted, nada.

Cuando se inventó la historia de que iba de camino a una aventura amorosa con un marine, el oficial cedió y la dejó pasar «con un lascivo repaso de arriba abajo». Se pasó un día entero en busca de equipo fotográfico (les dio sus Leica a los agentes del M-26-7 para que las transportaran, pero habían desaparecido) y después salió con unos guías hacia el campo, a pesar de que otros periodistas extranjeros acabaron por renunciar a la historia que tenía lugar en Cuba. En Santiago se encontró con Andrew St. George, que volvía a casa para las fiestas navideñas, y este le dijo que la ofensiva de Fidel se encontraba «parada». «Probablemente yo estaba en el lugar y el momento equivocados», se lamentaba ella.

Como feminista pionera, Chapelle tenía sobrados motivos para quedar fascinada con las Marianas en cuanto las encontró en batalla. «Nunca me sentí más orgullosa de ser mujer que cuando marché con la guerrilla cubana de Fidel Castro», escribió más adelante en la revista *Coronet*. «Vi a integrantes de mi sexo llevar a cabo impresionantes actos de valor, como colarse entre las barricadas enemigas con diez granadas en el cinturón y luchar junto a las tropas fidelistas con rifles de cinco kilos en las manos sin manicura». Ella misma era famosa por su distintiva forma de vestir, con ropa de combate, anteojos de ojo de gato y aretes de perla incluso en la durísima batalla de Iwo Jima. En Cuba se sintió especialmente identificada con la pulcra Celia, quien, según advirtió, «podía disparar morteros como un hombre, pero sin perder su feminidad», y había diseñado su propio uniforme de «pantalones de vestir de sarga verde y una sobrecamisa con cuello en "V"». También quedó encantada con Vilma (ambas habían estudiado en el Instituto Tecnológico de Massachusetts), pero por otros motivos: «Mientras los francotiradores intercambiaban disparos, ella y Raúl se dedicaban a besarse en las trincheras», escribió. «Aun así, casi nunca la vi sin un rifle automático, y prácticamente quedó embobada cuando Raúl le trajo un nuevo fusil europeo de paracaidista, con una culata plegable especial». Ni Vilma ni Celia dudaban en aconsejar a los hombres sobre la estrategia que debía seguirse en batalla, descubrió con agrado.

Sus tres semanas con la guerrilla resultaron repletas de acción. Para empezar, tuvo un accidente cuando falló el embrague del *jeep* en el que iba; como el vehículo no tenía frenos, cayó por una colina y volcó cuando el conductor saltó fuera, presa del pánico. Uno de los pasajeros murió por un tonel de gasolina que salió disparado, pero la fotógrafa escapó milagrosamente con tan solo un tobillo torcido. Tras rescatar a los demás heridos y transportarlos a caballo, Chapelle se dedicó a capturar el hospital de campo, montado en un cobertizo que anteriormente se destinaba al secado del café, hasta que se recuperó por completo.

Estuvo presente en la «reunión familiar» de Fidel y Raúl cuando estos se reencontraron luego de nueve meses separados. Cualquier diferencia de estatus entre los hermanos había quedado atrás gracias al enorme éxito de Raúl en la captura del norte de Oriente. «Fidel, imponente incluso con el uniforme mojado y enlodado, reía con una risa profunda mientras se balanceaba en una hamaca. Raúl hablaba de sus victorias sin parar, estridentemente». Celia, mientras, «iba de aquí para allá, delgada y febril», mientras Vilma sonreía y acariciaba su metralleta. Descubrió que la «tensión emocional» nunca desaparecía alrededor de Fidel: constantemente agarraba el transmisor de radio y se paseaba arriba y abajo, ladrando órdenes. («Era casi imposible fotografiarlo»). Sus elogios eran abrazos hercúleos y palmadas en el hombro; los inconvenientes eran recibidos con «tremenda cólera». «Reaccionaba con ira descomunal cuando le informaban de cualquier muerto o herido», recordó, y él insistió en que fotografiara a nueve hombres que murieron en Jiguaní, «para que su martirio no fuera olvidado por el mundo». Opinaba que la «incisiva mente» de Fidel estaba en conflicto con su incesante sed de confrontación, opinó, lo cual formaba parte de su «temperamento psicópata». Chapelle, originaria del Medio Oeste estadounidense, consideraba que la atmósfera de caos perpetuo alrededor de él era agotadora, y descubrió que el único modo de hacer que alguien la escuchara era fingir una furia «latina».

«Batalla tras batalla, veía que el muy superior ejército de Batista (el cual, "según la teoría militar desde Aníbal... seguía estando en ventaja") se derrumbaba cada vez que enfrentaba a los rebeldes». El motivo que dio Chapelle en un largo artículo técnico en la *Marine Corps Gazette* era la determinación de acero de la guerrilla, que quedaba demostrada en su táctica de disparos ininterrumpidos. Los rebeldes, que ahora nadaban en munición, disparaban sobre el enemigo constantemente, fuera cual fuera la situación. Los soldados, nada dispuestos a morir por Batista, huían ante la «lluvia de plomo incesante», aunque fueran capaces de ganar con solo un pequeño esfuerzo. Cuando se rendían, Raúl les soltaba un sermón y los entregaba a la Cruz Roja con la promesa de que, aunque volvieran a alzarse en armas contra él, los liberaría de nuevo sin hacerles daño. «El completo menosprecio por la capacidad de lucha de los derrotados tenía un impacto casi físico. Algunos incluso se encogían al escuchar sus palabras».

A medida que la situación en La Habana iba degenerando, empezaron a correr rumores de que Batista estaba mentalmente trastornado. A duras penas aparecía en público, y subía a un Cadillac negro blindado (cuya matrícula ostentaba el número 1) para ir desde el Palacio Presidencial (donde mandó cubrir todas las ventanas de su oficina con placas de acero para detener a cualquier francotirador) hasta su lujosa finca de Kuquine, con muros de piedra coronados por alambre de púas y por cuyo cuidado césped patrullaban guardias con metralletas.

Ni siquiera los asistentes más cercanos al presidente tenían demasiada idea de qué le pasaba realmente por la cabeza. El dictador conservaba la fría y serena expresión que tan útil le había sido desde que subió al poder. Como describió más adelante su secretario de prensa, con quien se reunía a diario, los hábitos de Batista eran cada día más compulsivos. Dejaba los asuntos de Estado de más peso en manos de sus subalternos, y se dejaba llevar por raras obsesiones; consumido por detalles insignificantes, pasaba horas pensando en la puntuación correcta de una carta oficial o se quedaba ante el espejo, anudándose la corbata una y otra vez. Los informes de prensa afirmaban que trabajaba diecisiete horas al día, pero en realidad era más bien lo contrario: se pasaba días enteros escuchando conversaciones telefónicas grabadas tanto de enemigos como de amigos, intentando discernir un significado oculto; a veces sus asistentes le leían los detalles más importantes de las transcripciones, relacionados con las vidas privadas de políticos y famosos: ellos lo denominaban «la novela». Sus criados lo veían engullir tremendos festines para después ir al jardín, donde vomitaba espasmódicamente tras un árbol. Las películas de terror seguían siendo su distracción favorita; casi siempre tenía en la pantalla a Boris Karloff y cualquier filme de Drácula. Pasara lo que pasara, seguía invitando a sus conocidos a jugar canasta con él cada noche de domingo. Aunque las apuestas no eran demasiado elevadas, de entre diez y cincuenta pesos, Batista hacía trampa; los camareros le revelaban las cartas de sus contrincantes con señales secretas, como en la cinta *El golpe*. Estas partidas a menudo se alargaban horas y horas mientras decisiones militares cruciales esperaban sus órdenes. De hecho, afirmó más adelante su secretario de prensa con amargura, el mayor aliado de Fidel fueron las partidas de canasta.

Todavía trabajaba en el palacio, rodeado de estatuas de Abraham Lincoln, por quien sentía afinidad debido a que ambos tenían en común un origen humilde. (El vicepresidente Nixon, en una ocasión, llegó a brindar por él y lo llamó «el sucesor moderno de Lincoln»). Sus asistentes bromeaban en secreto sobre el hecho de que solía empezar las conversaciones con visitantes estadounidenses con las siguientes palabras: «El otro día estaba en la cama, leyendo el libro *The Day Lincoln Was Shot* (*El día que le dispararon a Lincoln*), y me puse a pensar...».

A pesar del caos en Oriente, el dinero seguía entrando a borbotones. Los hombres de Meyer Lanksy le entregaban un maletín rebosante de billetes cada lunes al mediodía. Su secretario de prensa afirmó que recibía un millón doscientos ochenta mil dólares al mes de casinos y burdeles. Complementaba esta gran suma con dinero de la Lotería Nacional y cada comandante de regimiento del ejército le entregaba quince mil quinientos pesos, recaudados de la extorsión a comercios locales, lo que suponía otro millón mensual. (Nadie pudo confirmar jamás la cifra exacta que Batista consiguió esconder fuera del país, en bancos de Miami y Zúrich, pero se ha calculado entre doscientos y trescientos millones). Sus gastos también eran desorbitados: cuatrocientos cincuenta mil pesos se destinaban únicamente a «publicidad». Cada día La Habana se veía inundada de sobres marrones repletos de dinero para sobornar a los periodistas cubanos, para que escribieran que las elecciones de noviembre habían sido justas o que la guerrilla no era más que una amenaza insignificante.

Con todo esto, Batista vivía en un mundo de fantasía. Estaba escudado de la realidad por su propia censura, e incluso los oficiales de su ejército le ocultaban la verdad. El dictador, que libraba sus batallas como si viviera en una época anterior, parecía más un antiguo caudillo hispano, como Cortés o Bolívar, que un presidente moderno. Siguió la ofensiva de verano en un viejo mapa de la Sierra Maestra que todavía tenía espacios en blanco, aun cuando disponía de otros más actuales, y en cierto modo nunca se había tomado en serio al joven Fidel y sus arribistas. Mientras tuviera su legión de tanques bien dispuestos en el cuartel de Columbia, se sentía seguro; le preocupaba más que se produjera un golpe en el palacio que una insurrección.

La noche del 17 de diciembre Batista se topó de golpe con la dura realidad cuando accedió a una reunión secreta con su partidario más fiel, el embajador estadounidense Earl Smith. Tras la primera tormenta invernal, Smith fue en su limusina hasta Kuquine y lo llevaron a la biblioteca, donde al dictador todavía le gustaba reunirse con sus invitados entre bustos de mármol de Benjamin Franklin, Gandhi, Churchill, Juana de Arco, Dante y el mariscal Montgomery. Una edición muy rara de las memorias de Napoleón, de 1822, tenía su propia mesa de exhibición.

Durante los dieciocho meses pasados, Smith había hecho todo cuanto estaba en su mano para ayudar a Batista, cabildeando ante el Departamento de Estado para que se reanudaran los envíos de armas y denunciando a Fidel como comunista. Para su frustración, el dictador se hacía odiar más con cada día que pasaba; se negaba a hacer reformas, a conceder más libertad a la prensa o a refrenar a su brutal policía. (Un ejemplo de esto, entre muchos otros, fue un suceso que tuvo lugar unas semanas antes: el SIM capturó a cuatro agentes del M-26-7 heridos tras un espectacular tiroteo en el centro de La Habana, y se llevaron a los tres hombres a rastras para torturarlos y ejecutarlos; a la mujer le perdonaron la vida cuando descubrieron que estaba embarazada). Ahora Smith tenía instrucciones de informarle que Estados Unidos ya no lo respaldaría más y tampoco a Rivero Agüero, la marioneta a quien había designado como sucesor, elegido en las fraudulentas elecciones de noviembre y objeto de burla entre todos los cubanos. En sus memorias, Smith recuerda que intentó darle la noticia con cuidado, repitiéndole incesantemente que había sido un buen amigo de Estados Unidos, mientras el dictador seguía tan inexpresivo como siempre. Era «como aplicar vaselina antes de insertar el palo». Entonces le dio la mala nueva, con el cruel añadido de que Washington «vería con escepticismo» la idea de que quisiera seguir viviendo en Cuba. Le pareció oír un cambio en la respiración de Batista, que soltó un resoplido «como un hombre herido». Lo que era aún peor, su retiro a Daytona Beach ya no era una opción viable. Quizá lo mejor para él sería irse a España. Washington tal vez no podía forzarlo a dimitir, pero sí que podía darle un fuerte empujón.

Unos pocos días después, Batista pidió al oficial que actuaba como enlace con el ejército y que era de su confianza, que redactara una lista de personas a las que habría que avisar «en caso de tener que irnos».

El joven oficial, el general de brigada Silito Tabernilla, hijo del jefe de las fuerzas armadas, quedó atónito.

—¿Y por qué no luchamos hasta con el último hombre? —preguntó.

Al fin y al cabo, los rebeldes apenas controlaban una pequeña porción de la isla y todavía no se habían adueñado de una sola ciudad.

—Silito —suspiró Batista, desviando la mirada—. Eso no es posible.

Se prepararon tres aviones que estaban listos en todo momento en el aeropuerto militar: el Guáimaro (el avión personal del presidente) y dos DC-4 de Aerovías Q, una aerolínea en gran parte propiedad de Batista. Eran ciento ocho asientos en total. Paseándose de un lado a otro en su oficina (echando de cuando en cuando miradas a fotografías de sus mayores triunfos: el golpe de 1933, la elección presidencial de 1940, el golpe de 1952), el tirano dictó de memoria una retahíla de nombres. Era de vital importancia que la lista fuera secreta, afirmó. De saberse siquiera que el presidente se planteaba escapar, todo se derrumbaría. Al salir de su despacho, Batista le dio a Silito un sobre marrón.

—Para ti —sonrió.

Adentro estaban quince mil dólares en efectivo.

La Navidad llegó antes de lo esperado para los rebeldes en La Habana. El 23 de diciembre, una importante azucarera que tenía una estrecha relación con Batista decidió jugar sobre seguro y empezó a pagar el «impuesto de guerra» de Fidel al azúcar. En La Habana vieja colonial, un joven abogado que trabajaba para los rebeldes clandestinos fue escoltado hasta una elegante oficina, donde un anciano barón del negocio lo esperaba con un maletín repleto de billetes. Tras la pésima huelga de abril, los rebeldes solo habían conseguido reunir setecientos pesos mensuales en donativos de toda La Habana. En noviembre recibieron treinta mil. Ahora el joven abogado tenía ante sí montoncitos de billetes de cien, apilados en fajos de diez mil. Los subalternos del ejecutivo contaron delante de él la desorbitada suma: cuatrocientos cincuenta mil pesos. El hombre explicó cuidadosamente que con aquella «contribución» hacía «lo correcto en el momento correcto». Después le pidió al abogado un recibo.

Para los demás habaneros, la Nochebuena siguió adelante en

un ambiente de normalidad, a pesar de los confusos rumores que llegaban del este. Los grandes almacenes combinaban imágenes de Papá Noel al estilo estadounidense, que llega el día de Navidad, y de la tradición española de los Reyes Magos, que traen sus regalos el 6 de enero. Para la cena navideña, el Tropicana ofrecía pavo relleno con salsa de arándanos o lechón asado cubano por ocho dólares.

Tras la cortina de la censura, muchos de los habitantes de La Habana solo tenían un conocimiento vago de lo que pasaba en Oriente: los periódicos venían repletos de noticias falsas («cuarenta rebeldes y cinco soldados muertos, según el ejército», «Forajidos rurales expresan su remordimiento por alzarse en armas») y las calles comerciales estaban bajo tal control policial que los visitantes podían disfrutar la ilusión de que todo discurría como siempre. El *New York Times* acababa de publicar un alegre artículo sobre la siguiente temporada turística invernal que parecía escrito por la mismísima cámara de comercio. El hotel Nacional preparaba una renovación de dos millones y medio de dólares, los cruceros estadounidenses tenían la misma planificación de siempre y Frank Sinatra y varios magnates de Hollywood financiaban un nuevo concepto de alojamiento para La Habana: un *resort* todo incluido llamado Monte Carlo. Sería un mundo en miniatura con seiscientos cincuenta y seis habitaciones de hotel, casino, puerto privado, canales interiores, campo de golf y helipuertos.

En Santiago el ambiente era mucho más tenso: corrían rumores de un ataque rebelde inminente y la escasez de comida hacía imposibles las fastuosas cenas de Navidad. Los rebeldes estaban en todas las montañas que rodeaban a la ciudad y habían cortado todo el transporte. Al anochecer del día de Nochebuena se desplegó una gigantesca bandera rojinegra del M-26-7 en una colina cercana, claramente visible para todos los residentes, los que salían y se quedaban mirándola, incapaces de creer a sus propios ojos. Los soldados estaban cada vez más nerviosos. Para Santiago, que había respaldado a la guerrilla desde sus primeros días, era un momento cargado de emociones. Pronto llegaría la hora de ajustar cuentas.

Tenían tal control sobre la campiña, que Fidel y Celia se sintieron lo suficientemente tranquilos como para pasar la Navidad con la madre de Fidel y su hermano mayor, un rebelde que no participó en la guerra, en la casa familiar de los Castro en Birán. La señora Ruz rompió a llorar cuando volvió a ver a su famoso hijo, quien gastó mil pesos en ternera para los habitantes de la aldea.

—Ay, ¡qué fiesta tuvimos aquella noche! —rememoró más adelante.

A Celia la acompañaron ese día dos de sus hermanas más jóvenes, Griselda y Acacia, ambas vestidas con sendos uniformes. Habían llegado durante la batalla de Guisa, pero Griselda se vio incapaz de soportar el ruido. Para escapar a los bombardeos se ocultó en una cueva, pero envió postales a sus amigos en La Habana como si se hallara de vacaciones.

Las fiestas resultaron más dramáticas para Camilo. Su avance quedó detenido abruptamente en Yaguajay, un pueblecito sin particularidad alguna, situado al lado de un pantano de la costa norte, donde un cuartel se les oponía con tenacidad. Un oficial chino-cubano seguía resistiendo día tras día contra los sesenta hombres de Camilo, y el rebelde terminó sintiéndose tan frustrado que diseñó una «máquina de guerra» que parecía inspirada en su novela favorita, *Don Quijote de la Mancha*.

Apodado Dragón I, el invento fue considerado entre los guerrilleros como una de las ideas más creativas de la guerra. El día de Nochebuena hicieron traer un tractor Caterpillar de catorce toneladas de una plantación de azúcar y los habilidosos del lugar rodearon la cabina del conductor con sacos de arena y placas de metal. Después instalaron dos ametralladoras pesadas y la cereza del pastel, un «lanzallamas» improvisado: una pistola de fumigación que al principio llenaban con gasolina, aunque las pruebas pronto mostraron que una mezcla de aceite de motor H-30 y diésel podía dispararse más lejos. El formidable vehículo de asalto, que arrancaba con manivela, era un cruce entre un tanque de la Primera Guerra Mundial y una máquina de asedio de la Edad Media. (Su impresionante nombre «contradecía en buena medida su diseño, bastante rudimentario», comentó Aleida March cuando lo vio).

El Dragón I, conducido por tres hombres, tuvo resultados ambivalentes. En su primer ataque sorpresa avanzó lentamente en la oscuridad, a las cuatro de la mañana, y roció el terreno con un chorro de llamas que alcanzaba los diez metros: una visión espectacular e intimidante que al parecer llevó a algunos soldados adolescentes a gritar: «¡Es un monstruo! ¡Que viene el monstruo!». Aun así, el pesado vehículo tuvo que dar media vuelta ante la intensa lluvia de balas que lo recibió. Tras volver con un blindaje reforzado, hizo un giro demasiado pronunciado y el motor se paró. Los soldados consiguieron darles de lleno con una bazuca; los conductores no resultaron heridos pero se vieron forzados a dar marcha atrás.

El impacto principal del Dragón I fue psicológico, sumándose a la acostumbrada tortura con altavoces. Para su emisión de Nochebuena, los rebeldes se chupaban los dedos y se relamían ante la comida que habían conseguido tras capturar los envíos en paracaídas destinados al ejército. «Nos estamos comiendo su cena y está deliciosa», decían. «Ay, ¿qué es esto? ¿Una pata de cordero? Y mira, aquí hay arroz. Y frijoles negros. Y cerdo asado. ¡Y mira lo que hay de postre!». (Mientras, los hambrientos soldados estaban rodeados de «olor a sudor rancio, a muerte y a heces», ya que estaban atrapados con letrinas sin vaciar y cadáveres en descomposición). El asedio siguió adelante hasta que la matrona del prostíbulo del pueblo llegó a prometerles a los rebeldes una noche gratis si asaltaban el cuartel de una vez. Mientras reparaban el motor del Dragón I, a Camilo se le ocurrió otra brillante idea: cargó unos pequeños carros con dinamita y dejó que bajaran por las vías hasta las puertas del cuartel, pero al parecer el fuego de las balas estropeó los detonadores.

El oficial al mando, el capitán Alfredo Abon Lee, tardó toda una semana más en rendirse. No hay registro de que alguien llegara a diseñar un Dragón II.

Batista se paseaba como un león enjaulado y miraba películas de Drácula; Camilo creaba su monstruo mecánico y Fidel se preparaba para asediar Santiago. Pero al final el futuro de Cuba quedó decidido por el Che. Tras bajar del Escambray y adueñarse de un puesto avanzado tras otro, ahora descendía sobre Santa Clara, una ciudad provincial modesta y llana, pero situada estratégicamente en el punto medio geográfico de la isla y centro neurálgico de sus redes ferroviarias y de carreteras. Si Santa Clara caía, Cuba quedaría dividida en dos, aunque el que esto pasara era enormemente improbable. El Che solo contaba con trescientos cuarenta hombres, incluidos unos pocos veteranos del DR como el estadounidense Morgan, y su armamento pesado se reducía a una sola bazuca. Se enfrentaban a tres mil quinientos soldados con una docena de tanques, atrincherados en una amplia ciudad de ciento cincuenta mil personas, diez veces mayor que cualquier pueblo del que se hubieran adueñado los guerrilleros. El argentino no pareció pensárselo dos veces. De hecho, en vez de hacerlo por la noche, el Che decidió atacar audazmente a plena luz del día.

Llegó al alba del 27 de diciembre y convirtió la universidad en su base; lo guiaba Aleida, que había crecido en la ciudad y estudiado en ese mismo campus. Un profesor de geografía les proporcionó mapas. Según Jon Lee Anderson, una compañera de estudios de Aleida llamada Lolita y su padre llegaron a darles la bienvenida y quedaron conmocionados al descubrir lo «sucios y destrozados» que estaban los legendarios guerrilleros. El hediondo Che tenía el brazo roto; había tropezado al saltar una valla mientras intentaban evitar un bombardeo de B-26, y ahora llevaba un cabestrillo negro hecho con una bufanda de Aleida. El padre de Lolita susurró:

—¿*Estos* hombres son los que van a tomar Santa Clara?

Un joven rebelde le preguntó a Lolita cuántos efectivos tenía el gobierno en la ciudad para combatir contra ellos. Lolita calculó que al menos había cinco mil. El guerrillero se encogió de hombros.

—Perfecto, con nuestro jefe eso no es problema.

Lucharon por Santa Clara manzana a manzana. El Che pidió por radio a los ciudadanos que lo ayudaran volcando coches para hacer barricadas y preparando bombas molotov para lanzarlas desde sus ventanas. Ordenó a sus hombres que se introdujeran en los vecindarios más densamente poblados, lo que limitó los movimientos y el alcance de los tanques, ya que los artilleros intentaban no herir a los civiles. (La fuerza aérea no fue tan considerada y bombardeó y disparó sobre la población al azar). Los locales estaban completamente del lado de los guerrilleros y les abrían las puertas cuando aparecían tanques en las calles estrechas, de modo que pudieran ponerse a cubierto.

A medida que la batalla se iba extendiendo, los heridos empezaron a acudir a los hospitales de campo, ya fueran civiles, militares o rebeldes. Un clásico «momento del Che» sucedió cuando visitó una clínica y reconoció a un joven recluta a punto de morir. Unos pocos días antes le había arrebatado el rifle por disparar un tiro sin querer y le ordenó («en mi usual forma seca») que volviera al frente de batalla y consiguiera otra arma, si es que podía. El hombre le dijo orgullosamente al Che que había vuelto a unirse a la lucha en Santa Clara antes de que lo hirieran, y tuvieron una breve conversación. «Murió unos pocos minutos más tarde y me pareció que estaba contento de haberme mostrado su valentía», afirmó el Che. «Así era nuestro Ejército Rebelde».

De nuevo, una sola acción creativa resultó trascendental. Temprano por la mañana, el 29 de diciembre, el Che requisó dos tractores amarillos del departamento de Agricultura de la universidad y los envió a romper las vías del tren que pasaban por el centro de la ciudad. (Aleida, a quien encargaron la tarea de encontrar los vehículos, recordó un cómico momento, pues el Che usó la palabra *Caterpillar*, en inglés, para referirse a la marca de los vehículos, y ella apuntó lo que creyó haber oído en español: «catres, palas y pilas». La confusión no se aclaró hasta que al cabo de un rato el Che miró la libreta de Aleida. La frase «catres, palas y pilas» se convirtió en un chiste entre los dos a partir de ese momento).

El objetivo era el famoso Tren Blindado del ejército, una fortaleza sobre ruedas de veintidós vagones, repleta de armas y munición. Durante los dos meses anteriores había rugido por toda la isla, llevando suministros a los militares como si se tratara de una creación de Jules Verne. El Che envió al Vaquerito y a su escuadrón de élite a atacarlo allá donde estaba detenido: los aterrorizados soldados se apelotonaron para subir al convoy a toda prisa y salir huyendo, con lo que se metieron de lleno en la trampa del Che.

La locomotora y los tres primeros vagones descarrilaron en un caos de hierros retorcidos y gritos de soldados heridos, los cuales cayeron rápidamente prisioneros de un puñado de guerrilleros. Aunque los demás intentaron refugiarse y combatir desde dentro de los vagones descarrilados, los rebeldes los obligaron a salir con una lluvia de bombas molotov. «El tren se convirtió, debido a las placas de blindaje, en un verdadero horno para los soldados», escribió el Che. Los más de trescientos pasajeros del tren se rindieron y entregaron la enorme cantidad de equipo militar que transportaban: para los guerrilleros, cada vagón era como una cueva de Aladino repleta de armas, entre metralletas, bazucas y baterías antiaéreas por estrenar, además de un millón de balas; gran parte de todos estos pertrechos todavía seguían en sus cajas originales, marcadas «EJÉRCITO DE ESTADOS UNIDOS». Por primera vez, los guerrilleros tenían más armas de las que podrían usar.

De nuevo, el golpe psicológico jugó el papel más importante en la victoria. La captura del Tren Blindado pareció simbolizar la guerra entera, con un anticuado y pesado vehículo inutilizado por un golpe limpio e inteligente. Una oleada de desánimo empezó a extenderse desde Santa Clara hasta los más altos mandos militares de La Habana.

Aun así, durante los dos días siguientes siguieron librándose durísimas batallas en cada calle. La lucha dio lugar a conmovedoras escenas. El día 30, el Che y Aleida quedaron paralizados al ver al Vaquerito llevado a cuestas entre cuatro de sus amigos; su larga melena goteaba sangre. Había estado dirigiendo al «escuadrón suicida» por los tejados para capturar una comisaría cuando un francotirador le disparó en la frente. El Che se inclinó sobre él y ordenó que lo llevaran derecho a la clínica. «Le pregunté si estaba muriéndose», recordó Aleida, «porque el pobre chico convulsionaba». Seguía respirando y su pulso era muy débil, pero el Che supo que no había ninguna posibilidad de que se recuperara. Soltó una maldición.

—Acaban de matarme a cien hombres.

Fue en medio de aquel baño de sangre cuando el Che cayó en la cuenta de que estaba enamorado de Aleida. Ella tuvo que cruzar a toda prisa una calle cuando de la nada apareció un coche blindado y el Che fue presa del pánico hasta que volvió a verla. El argentino le confesó sus sentimientos cuando tuvieron un segundo en privado, cosa inusual. Por supuesto, según explicó Aleida, «no era exactamente el momento ideal para una confesión de ese tipo». Quizá no fue coincidencia que el Che le diera cariñosamente a Aleida su primer rifle en Santa Clara, un M1 Garand, el equivalente revolucionario de un anillo de compromiso.

Entre los civiles atrapados en esta caótica lucha estaban los viajeros que habían tenido la mala suerte de estar de visita en Santa Clara durante las festividades. En el Gran Hotel de la plaza central se dio una situación llena de tensión cuando el edificio fue invadido por los militares, ya que gozaba de unas vistas tácticas privilegiadas sobre el centro de la ciudad. Diez francotiradores del SIM se instalaron en el *penthouse* de la décima planta y consiguieron evitar que los rebeldes avanzaran por varias manzanas a la redonda. Además, los militares montaron una barricada con muebles en la escalera del quinto piso, con lo que dejaron atrapados a docenas de huéspedes.

Mientras la lucha proseguía abajo en las calles, algunos civiles jugaban al póker y otros bebían en silencio reunidos en el bar; un empleado adolescente llamado Guillermo Domenech racionó la comida de la que disponían. Al caer la noche del día 31, llegó una llamada de un teniente rebelde para explicar que había conseguido llegar al *lobby* del hotel y que necesitaba apoyo para detener a los francotiradores. Pidió a los huéspedes que le ayudaran a retirar silenciosamente los muebles en las escaleras o tendría que quemar la barricada.

Ninguna de las dos tácticas dio resultado. Los muebles no

cedieron y lo único que consiguieron con el fuego fue llenar las plantas superiores de humo. El gerente tenía miedo de que se produjeran tiroteos por los pasillos del hotel o que los hombres del SIM utilizaran a los huéspedes como escudos humanos para abrirse paso y escapar.

El electricista del hotel tuvo entonces una idea. Recordó que una de las habitaciones del quinto piso daba a un cine adyacente, a solo un metro y medio de distancia; si conseguía ponerse de pie sobre la unidad de aire acondicionado, quizá podría salvar la distancia de un salto. El precario apoyo demostró ser firme: el electricista abrió a patadas una ventana del cine y cruzó a quince metros de altura el callejón de concreto que había debajo. En silencio, los huéspedes se pusieron en fila para sentarse sobre el aparato de aire acondicionado y cruzar al otro lado, empezando por la oronda suegra del gerente («Si el aire acondicionado la aguanta, ya nos aguantará a todos los demás», le susurró Domenech a un vendedor de chorizos). También pasaron de un lado a otro a un bebé dormido, envuelto en una manta. El joven empleado fue de los últimos en salir: cuando se metió en la sala de proyección del cine, se topó con un sonriente barbudo, el primer rebelde que había visto.

De pronto todos se dieron cuenta de que era Nochevieja. Era momento de celebrar.

Cuarta parte

LA LUNA DE MIEL CON EL CHE

CAPÍTULO 30

Los barbudos contra los mafiosos

(Nochevieja, 1958)

L A ESCENA QUEDÓ tan vívidamente retratada en *El Padrino II* que acabó formando parte de la cultura popular. La víspera del Año Nuevo de 1959, algunos cubanos y estadounidenses, incluido un grupo de mafiosos dirigido por Michael Corleone y su hermano Fredo, se reúnen en el Palacio Presidencial vestidos con sus mejores galas para festejar con Batista y su familia. Suenan las campanas de medianoche, la champaña corre como el agua, la multitud derrocha alegría. Afuera empiezan a estallar fuegos artificiales y los cubanos más pudientes disfrutan de la fiesta como si no hubiera nada en el mundo que pudiera preocuparles. Pero entonces Batista pide silencio en la sala para un sombrío anuncio: ha decidido abandonar el país. Los rebeldes han ganado. La gente empieza a abandonar la sala incluso antes de que el dictador deje de hablar. Cuando la noticia llega a las calles, las celebraciones se convierten en disturbios y la airada multitud empieza a saquear casinos y a romper los parquímetros. A medida que el pánico se extiende por la ciudad, los cubanos ricos agarran las maletas e inundan los puertos de yates y el aeropuerto en un intento desesperado por escapar de La Habana antes de que lleguen los rebeldes.

Lo que en realidad pasó aquella apocalíptica noche fue un poco distinto, e incluso más apasionante. Sí es cierto que Batista escapó de La Habana como el villano cobarde de un cómic, lo que tomó por sorpresa a muchos de sus confidentes más cercanos. Pero después los detalles de lo que sucedió se embrollaron tanto y se mezclaron de tal modo con el relato de Coppola, que para poder relatar lo que pasó durante las doce horas más dramáticas de la historia de Cuba hace falta explicar los hechos cronológicamente.

10:00 p.m.: La sensación de preocupación que embargaba a toda La Habana prometía una víspera de Año Nuevo como ninguna otra. Los rebeldes habían asignado a la noche el código «03C»: *cero cine, cero compra, cero cabaret.* El boicot subversivo se había publicitado bajo las narices de las autoridades gracias a una ingeniosa campaña publicitaria: durante días habían aparecido anuncios en los periódicos sin otro texto que estas tres misteriosas letras. Los pagó un empresario estadounidense simpatizante con la rebelión, y dijo a los ingenuos censores que se trataba de un anuncio para un nuevo tónico capilar; «03C» significaba «*cero calvicie, cero caspa, cero canas*».

Radio Rebelde se encargó más tarde de ofrecer una explicación al misterio: «¿Qué es 03C? ¿Qué es 03C?», preguntaba retóricamente un locutor. «¡Presten atención! Porque 03C es asunto de vida o muerte para ustedes». Un coro de voces repetía «¿Qué es 03C?», hasta que se desvelaba el secreto: «¡Es la contraseña para la vergüenza pública! Cero cine, cero compras, cero cabaret».

Los cinco músicos entonaban entonces una canción que terminaba con una pegadiza frase:

Si toda Cuba está en guerra,
¡no vayas tú al cabaret!

Aunque la guerrilla rechazaba el terrorismo, corrían rumores de que podían bombardear los clubes nocturnos, lo que traía a la memoria el ataque al Tropicana en Nochevieja hacía dos años. Muchos cubanos de clase media deciden celebrar en sus casas, disfrutando del clásico plato de cerdo asado, plátanos fritos, frijoles negros y arroz, todo acompañado de refrescos de cola y ron helado al ritmo de la música de la radio. Aun así, los bares y hoteles turísticos están colmados de ricos forasteros (entre ellos cientos de estadounidenses, llegados en dos enormes cruceros anclados en el puerto), con alguno que otro cubano más atrevido que el resto de sus compatriotas. El Tropicana está abarrotado, con cuatro aparcacoches que no paran de correr arriba y abajo para intentar atender a la larga hilera de coches.

En vez de unirse a las celebraciones de su propio hotel, el Riviera, Meyer Lansky cena con su amante en el modesto hotel Plaza, en el centro de la ciudad, acompañado también de su chofer. En el Riviera ha dado la excusa de que, debido a sus úlceras, prefiere pasar la noche en su *suite* del vigésimo piso. Según el chofer, Armando Jaime, el ambiente de la ciudad es «tenso e inquietante».

La tradición también ha cambiado en el círculo de Batista. Durante décadas, el dictador siempre ha celebrado una lujosa fiesta con música viva, banquete y baile para dar la bienvenida al año en sus amplias estancias en el cuartel de Columbia, centro neurálgico militar de La Habana, situado en el extremo oeste de la ciudad y rodeado de murallas. Esta vez, su secretario ha invitado esa misma tarde a setenta de sus más allegados a participar en un sencillo brindis a medianoche.

En la lejana provincia de Oriente, Fidel está en la azucarera América, preparando el ataque sobre Santiago con su personal. El actor Errol Flynn ha estado con él toda la tarde.

Por toda Cuba, los simpatizantes de Fidel que quieren conocer las noticias de aquella noche sobre la guerra están abatidos. Radio Rebelde traslada sus estudios y por lo tanto no hay emisión, con lo que la única información disponible proviene de los medios estadounidenses. En el resumen de noticias de la CBS antes del Año Nuevo, Edward R. Murrow dice que los guerrilleros del Che se han visto obligados a retroceder en Santa Clara. Un locutor de Texas va más allá y declara que el ejército de Batista ha «aplastado la ofensiva rebelde y enviado a los barbudos guerreros de Castro de vuelta a sus madrigueras en las montañas». Otros citan al portavoz de Batista en Estados Unidos, que afirma que Fidel ha quedado derrotado de forma definitiva y que «la guerra civil cubana, que cumple ya dos años, está a punto de llegar a su fin». Los radioaficionados que captan mensajes desde el frente oyen los frenéticos mensajes de los rebeldes: «¡Escúchenme! Envíennos refuerzos. Necesitamos ayuda y municiones. ¡Si nos quedamos aquí nos aniquilarán!». Pocos tienen el optimismo necesario para creer que la guerra terminará el año siguiente.

11:00 p.m.: Lansky no está en su hotel, pero el elegante Riviera acoge al respetado periodista del *New York Times* Herbert Matthews, quien por casualidad está en La Habana con Nancie, su esposa; Ruby Hart Phillips y otros expatriados estadounidenses se reúnen con él para cenar. Aunque muchos cubanos han cancelado su asistencia en el último minuto, la orquesta está animada y la comida (un menú fijo de sopa de tortuga, filete miñón y omelet noruego) es excelente. Un huésped, desde cuya estancia se ve el cuartel de Columbia, menciona sin darle importancia que ha visto coches repletos de mujeres, niños y equipaje dirigiéndose a la base. Esta intrigante noticia tiene a todos los periodistas «en ascuas», como explica Priscilla, hija de Matthews.

11:30 p.m.: En el Tropicana empieza el espectáculo de cabaret *Rumbo al Waldorf*: Un número de baile llamado «¡Qué emoción volar con Cubana de Aviación!» incluye una proyección de un aterrizaje en Nueva York. A continuación suena a ritmo de chachachá la famosa canción «Marcha del coronel Bogey» de la película *El puente sobre el río Kwai*, mientras los bailarines agitan banderas de Cuba y Estados Unidos.

En el aeropuerto militar del cuartel, tres aviones DC-4 se ponen en fila sobre el asfalto, calentando motores. Los pilotos han tenido que abandonar a toda prisa sus celebraciones familiares pero no conocen su destino ni del motivo de su vuelo. En el extremo opuesto del enorme complejo, de más de 2,5 kilómetros cuadrados, los invitados de Batista llegan al cuartel de estilo gótico victoriano del jefe de Estado para la fiesta íntima. Mientras esperan al presidente no se oyen demasiadas conversaciones. Se sirve pollo con arroz en porcelana china. Algunos invitados toman sorbitos pensativos de champaña, aunque la mayoría beben café. A pesar del deprimente ambiente, pocos tienen la sensación de que algo va mal. Solo el círculo más cercano a Batista y al embajador estadounidense, al que se había informado ese mismo día, conocen la decisión que ha tomado el dictador.

11:45 p.m.: A ochocientos kilómetros de distancia, en la provincia de Oriente, un agotado Fidel se retira con Celia a su alojamiento en la azucarera América y se duerme de inmediato.

11:50 p.m.: La escolta de Batista llega con estrépito a las puertas de la tranquila velada. El dictador se pone a charlar con los invitados, bromeando con voz tranquila; en su bolsillo lleva una lista de nombres. (Pocos saben que la noche anterior sus dos hijos, de ocho y once años, se han ido en avión a Nueva York con criados y guardaespaldas para instalarse en una *suite* del Waldorf Astoria). Minutos antes de la medianoche, un asistente le tiende a Batista una taza de café con un chorro de brandy.

Medianoche: «Cinco, cuatro, tres, dos uno... ¡Feliz Año Nuevo!» Se descorchan botellas de champaña y los cubanos, siguiendo una tradición española, se comen una docena de uvas para tener buena suerte. Los que celebran en casa lanzan baldes de agua desde los balcones. Se oyen gritos de celebración en cada ventana. En La Habana vieja se lanzan fuegos artificiales.

En la azucarera América algunos rebeldes descarados desobedecen las órdenes que han recibido y disparan sus armas. Otros se reúnen para oír a la brigada femenina y a los locutores de Radio Rebelde entonar el «Himno del 26 de Julio» y «Noche de paz». Cuando unos cuantos guerrilleros llaman a la puerta para desearle a Fidel un feliz Año Nuevo, Celia se disculpa y explica que el comandante ya duerme profundamente.

En la otra punta de la provincia, Vilma y Raúl, recién comprometidos, brindan con diminutos vasos de Coca-Cola, pasando por alto las connotaciones imperialistas de la bebida.

12:35 a.m.: En el cuartel de Columbia, Batista pide a sus invitados más distinguidos que abandonen la fiesta y acudan a su asfixiante despacho. Sin preámbulos, con un tono de voz anodino y distante y refiriéndose a sí mismo en tercera persona, lee una declaración de dos páginas donde anuncia su dimisión. Los oyentes reaccionan con una mezcla de incredulidad, temor e ira: en vez de luchar hasta el final, Batista se desentiende de Cuba y abandona a sus miles de seguidores a su suerte. Nombra al general Cantillo como jefe de las fuerzas armadas, y a un anciano juez del tribunal supremo como nuevo presidente. Después, un asistente lee la lista de pasajeros que lo acompañarán en su escapada en avión; entre ellos se encuentra el «presidente electo» de las últimas elecciones amañadas, Rivero Agüero, que no sabía nada del asunto hasta ese mismo instante.

Alegremente ignorantes del drama que sucede en la habitación inferior, algunos asistentes a la fiesta empiezan a marcharse a sus casas. En ese momento alguien irrumpe.

—Batista se va —anuncia sin aliento.

Unos cuantos oficiales, perplejos, se abren paso hasta el despacho del dictador, donde sus miedos se ven confirmados.

—Cuando abramos las puertas del recinto —les avisa Batista—, agarren a sus esposas, métanse a los coches y no les digan nada a los guardaespaldas ni a los choferes. Suban a los aviones, los motores están a punto para despegar. Este es el momento más peligroso.

La multitud sale en estampida hacia la puerta, abriéndose paso a empujones y codazos. Los hombres se meten de un salto en las limusinas y gritan al chofer que los lleve al aeródromo, mientras que las mujeres tropiezan con la cola de sus vestidos y van perdiendo los tacones por el césped. El guardaespaldas de Batista describió la escena más adelante como «una estampida de vacas de una película del oeste».

La esposa de Rivero, Isabel, es la única que se atreve a decir lo que opina.

—¿Así que se va usted? —le pregunta con repugnancia a Batista.

—Hay que detener este baño de sangre —responde en tono condescendiente, y le explica que le han llegado informes de que hay más de trescientos muertos en Santa Clara.

La elucidación no hace más que enfurecerla.

—No creo que ahora sea el momento de pensar en los que

han muerto. ¿Qué pasará con los que van a morir por lo que está haciendo?

Batista se limita a sonreír débilmente.

Los oficiales militares que viven en el perímetro pueden ir corriendo a sus casas y llenar a toda prisa sus maletas con joyas y dinero en efectivo, pero la mayoría de los pasajeros se ven forzados a escapar con lo puesto. Mientras se dirige a la pista, Rivero cuenta, resentido, los pesos que lleva en el bolsillo: doscientos quince.

El detestado jefe de policía de La Habana, el coronel Esteban Ventura («el asesino de traje blanco»), no comprende por qué no le han avisado con antelación; así hubiera podido llevarse a su familia.

—Esto es cobardía y traición —declara.

Cuando le aseguran que sus familiares lo seguirán al día siguiente, sube al avión a regañadientes.

Los soldados se mofan desde la oscuridad de los oficiales que huyen: a lo lejos se oyen gritos de «¡Viva Fidel!» y «¡Deberían haberse ido antes!».

12:45 a.m.: Ruby Hart Phillips y Ted Scott, director del periódico en inglés *Havana Post*, dejan a los Matthews en su alojamiento habitual, el Sevilla-Biltmore (situado casi en La Habana Vieja), y después van hasta las oficinas del periódico para llamar al cuartel de Columbia. No hay respuesta. Mientras Phillips conduce de vuelta a casa, las calles están desiertas; ni siquiera hay policías.

1:30 a.m.: La celebración al estilo estadounidense en el Plaza, con todo y gorros de fiesta y versiones ebrias de «Auld Lang Syne», está en pleno y beodo apogeo cuando un secuaz de aspecto preocupado se acerca a la mesa de Meyer Lansky para explicarle, susurrando, que Batista está a punto de huir del país. Según el escritor T. J. English, Lansky no muestra ningún indicio de sentirse afectado por la noticia, pero se levanta con calma y abandona el lugar con su chofer. Pronto empieza a hacer visitas a sus casinos para asegurar sus activos antes de que se sepa la noticia.

—Reúnan el dinero —ordena—. Todo. Incluso el efectivo y los cheques en reserva.

2:40 a.m.: Desde la puerta de un DC-4, Batista grita «¡Salud! ¡Salud!» a la multitud de simpatizantes a los que se dispone a abandonar, y desaparece dentro del avión. Solo hay cuarenta y cuatro personas a bordo; veinte asientos han quedado vacíos. La aeronave pronto despega con un rugido y desaparece en la noche sin luna, seguida por las otras dos.

—Que Dios nos ayude —murmura un oficial que se ha quedado atrás.

Muchos militares se ponen ropa de civil para escapar ellos también.

Los residentes de los barrios ricos alrededor del cuartel ven interrumpidas sus celebraciones por el estrépito de los aviones de pasajeros que vuelan peligrosamente bajo y que luego dan un giro cerrado hacia el océano. Muchos piensan que se trata de una nave a punto de chocar, o que el piloto está ebrio. La hora resulta sorprendente; los vuelos comerciales casi nunca abandonan La Habana a esa hora. David Atlee Phillips, agente de la CIA, está sentado en una silla en su patio, tomando sorbitos de champaña, cuando ve en el cielo unas luces que se alejan, como si fueran ovnis. Llama inmediatamente a su superior en Washington y le dice:

—Batista acaba de salir en avión hacia el exilio.

La reacción es de abierta incredulidad:

—¿Estás borracho?

La fiesta sigue en su máximo esplendor en el Tropicana cuando llega una llamada telefónica para un adinerado doctor,

compinche de Batista. El hombre duerme la mona en la mesa de
la ruleta, así que el crupier le pasa el teléfono a su esposa. Esta
palidece y responde, con voz entrecortada y casi gritando:

—¡No me digas, no me digas!

Tras colgar pide al repartidor que la ayude a llevar a su esposo al coche. A partir de ese momento, como explicará Rosa
Lowinger en sus memorias *Tropicana Nights*, «se soltaron los
rumores, como las primeras gotas gruesas de una tormenta tropical».

4:00 a.m.: A bordo del avión de Batista, el presidente informa
calmadamente a los pasajeros que se dirigen al este de la República Dominicana y no al norte de Florida, como todos asumían. No da ninguna explicación del porqué. El silencio, como
lo describe un pasajero, es fúnebre; Rivero Agüero más adelante
comparará el avión con «un enorme ataúd lleno de cadáveres
con vida». Aun así, sigue habiendo lugar para el humor negro.
Mientras sobrevuelan la Sierra Maestra un senador se pregunta,
en voz alta, qué tipo de recepción les concedería el Ejército Rebelde si en ese momento realizaran un aterrizaje de emergencia.

5:00 a.m.: La noticia de que Batista ha huido con la cola entre las piernas corre por toda La Habana; se multiplican las llamadas telefónicas y en las familias unos despiertan a otros con
gritos de «¡Se fue! ¡Se fue!». A medida que el cielo empieza a
clarear, los habaneros salen de sus casas entre gritos de alegría,
con golpes de platillos, tambores, sartenes e incluso baldes con
palos en un desfile espontáneo. Los coches dan vueltas por la
ciudad haciendo sonar las bocinas.

Los milicianos rebeldes con bandas del M-26-7 se dirigen a
tomar el control de la ciudad, causando choques con la policía. Los años de frustración de los cubanos afloran como una
erupción: el gentío ataca los parquímetros, golpeándolos con

bates de beisbol y mazos. Otros destrozan las máquinas tragamonedas en las cafeterías y bodegas, y las apilan en hogueras en
las esquinas. Las ventanas de las tiendas en todas las elegantes
calles comerciales quedan hechas añicos. Después la multitud
se lanza contra los casinos.

6:00 a.m.: El actor hollywoodense George Raft, contratado
como maestro de ceremonias en el hotel Capri, propiedad de
la mafia (un chiste para los estadounidenses, ya que a menudo
interpretaba a gánsteres en la pantalla), se dispone a meterse
entre las sábanas con su enamorada cuando oye fuego de metralleta. Llama a recepción para averiguar qué pasa.

—Señor Raft, ha llegado la revolución —le informan.

Se viste con lo primero que encuentra y se lanza escaleras
abajo para toparse de lleno con el pandemónium. Un centenar
de cubanos enfurecidos se dedican a destrozar todo lo que encuentran en el *lobby*. Un rebelde abre fuego contra el bar con su
metralleta; los espejos y botellas saltan por los aires en añicos.
Según su propio relato, Raft se sube a una mesa y grita:

—¡Cálmense! Por el amor de Dios, ¡cálmense!

Milagrosamente, la multitud lo reconoce.

—Es George Raft, ¡la estrella de cine! —gritan.

En un momento de improvisación, Raft dice que todo el
mundo está invitado a comer y beber si dejan el hotel en paz.
Tras un «ligero pillaje», gran parte del gentío desaparece una
hora después.

Otros casinos no tienen tanta suerte. El hotel Plaza, propiedad de la mafia, es el primero en sufrir la ira de los cubanos.
Los granjeros no tardan en llegar al Riviera, donde sueltan un
camión entero de cerdos en el *lobby*, los cuales llenan de barro
la alfombra y defecan por todo el casino. El Tropicana, de propiedad cubana, no sufre ni un rasguño.

Cuando todo esto llega a oídos del siniestro Rolando Masferrer, jefe del famoso escuadrón de la muerte conocido como los Tigres, mete veinte mil pesos en un maletín y ordena a sus colaboradores más importantes que se reúnan con él en una lancha, *Olo-Kun II*, que había estado preparando precisamente para este tipo de emergencia. Ponen rumbo a toda velocidad hacia el norte. Los oficiales navales de más alto rango se amontonan en el yate privado de Batista, el *Marta III*, y zarpan. Mientras, las embajadas latinoamericanas ya se ven asediadas por las personas que acuden a solicitar asilo.

7:00 a.m.: Herbert Matthews, su mujer y su hija Priscilla despiertan en el Sevilla-Biltmore para descubrir que afuera la avenida parece un manicomio. Mientras escribe una nota de primera plana para el *Times*, el relato más espontáneo lo hace Priscilla, recién salida de la adolescencia, que toma notas en el papel de carta del hotel. Cuando padre e hija se atreven a salir, se topan con turbas armadas y tienen que tirarse al suelo para evitar las balas perdidas. Tras volver a toda prisa descubren que el *lobby*, convertido en «un amasijo de cristales rotos y mesas tumbadas, entre otras cosas, está repleto de estadounidenses que no saben a dónde ir». Durante la noche, el gentío consigue entrar en el bar y rompen hasta la última botella. «Ni siquiera pudimos tomarnos una cerveza, para gran disgusto de papá, a quien le encanta tener siempre algo para beber». El personal consiguió preparar algunos bocadillos para sus nerviosos huéspedes.

Para entonces Batista ya ha aterrizado en República Dominicana, donde el también dictador Rafael Trujillo les ha ofrecido asilo. Batista da al piloto y al copiloto mil dólares en efectivo a cada uno. El segundo avión llega al cabo de media hora. El tercero, donde viajan varios hijos de Batista y sus colaboradores, aterriza en Jacksonville, Florida, y los cincuenta y dos pasajeros tienen que quedarse varias horas en el aeropuerto. Batista consideró que Miami tenía demasiados exiliados cubanos hostiles como para dirigirse allí, pero incluso en Jacksonville a los prófugos les cuesta superar los controles migratorios y reciben insultos en una cafetería del aeropuerto.

—¡Torturador! —le grita un cubano a un oficial del SIM al ver su arrugado uniforme.

Un hombre de pelo cano sentado a su lado añade:

—Eres un asesino. ¡Asesino! Y te vamos a matar.

El hijo de veinticinco años de Batista se mete en una escaramuza.

8:00 a.m.: Los primeros turistas estadounidenses del crucero *Mauretania* desembarcan en el puerto de La Habana para hacer excursiones por la playa, felizmente ignorantes de los sucesos de la noche anterior. Mientras abordan taxis, pocos se preguntan por qué la emisora nacional de radio ha cancelado su programación habitual y solo se oye la *Novena sinfonía* de Beethoven una y otra vez; mil doscientos ochenta y siete kilómetros más allá, en la provincia de Oriente, sin teléfono ni telégrafo, Fidel y sus rebeldes no saben todavía nada de lo que ha pasado aquella Nochevieja.

CAPÍTULO 31

Como Flynn por su casa

(Año Nuevo, 1959)

L A REVOLUCIÓN BOLCHEVIQUE tuvo a John Reed como testigo y cronista; la revolución cubana tuvo a Errol Flynn. Gracias a una turbia serie de acontecimientos, el actor hollywoodense venido a menos, confundido por el vodka y la morfina, consiguió engatusar a los guerrilleros hasta quedar en la primera línea de batalla como corresponsal especial de Hearst; ahora, el 1 de enero, se convirtió en el único integrante de la prensa que estaba con Fidel en el momento de la victoria. La serie resultante de cinco artículos para el *New York Journal American* bajo el sensacional encabezado «YO LUCHÉ CON CASTRO» (que ofrece la «sorprendida visión de Flynn de mujeres sin hombres y hombres sin licor») estuvo perdida durante décadas hasta que se descubrieron unos recortes en los archivos de la universidad de Texas en 2009.

La idea de Flynn como corresponsal no es tan descabellada como podría parecer. Aunque los más lo consideran un sátiro hedonista especializado en melodramáticas películas de época con hombres enfundados en mallas, el actor, originario de Australia, fue escritor mucho antes de convertirse en actor:

cuando contaba poco más de veinte años, remitía columnas desde Nueva Guinea para el *Sydney Bulletin*. Aun como ídolo de Hollywood, escribió suficientes relatos para revistas como para integrar una antología, incluidos sus artículos sobre la guerra civil española para Hearst además de dos populares novelas. Su introspectiva y definitiva autobiografía, *Aventuras de un vividor*, sería comparada con la de Casanova por su embriagadora mezcla de libertinaje, chismes y reflexiones filosóficas. Flynn viajaba a Cuba con frecuencia desde mediados de los años treinta, cuando llegó por primera vez en un yate comprado con las ganancias de la película de piratas *Capitán Sangre*, así que conocía la isla (o sus lugares más sórdidos, cuando menos) como la palma de su mano.

En retrospectiva, el encuentro supone una agradable simetría: la visión popular de Fidel como el nuevo Robin Hood, que llevaba ya dos años formándose, era un reflejo del papel más famoso de Flynn, quien interpretó en 1938 al Príncipe de los Ladrones. Flynn sentía que ese personaje expresaba la afinidad que había tenido toda la vida hacia los que llevan las de perder, en ese caso el oprimido pueblo cubano. («Ya desde mi infancia me he sentido atraído, quizá de forma romántica, por las causas y las cruzadas», escribió en tono autocrítico. «Cuando vea una pobre tierra que clama por justicia, allí acudiré para tenderle la mano, aunque solo sea, como dicen algunos, para alcanzar una copa»).

Como nota el historiador Van Gosse, la aventura cubana de Flynn fue «un último epílogo, demasiado bueno para ser verdad, para la historia de cómo la revolución de Fidel Castro recibió ayuda de Estados Unidos». También fue un conmovedor epílogo para el mismo Flynn, que por entonces estaba a punto de cumplir los cincuenta. Hacía varios años que los doctores le habían dicho al actor que su hígado estaba desintegrándose y que no le quedaba demasiado tiempo de vida. Ahora, metido de lleno en la primera línea de batalla en Cuba en una ebria recreación de sus intrépidos personajes cinematográficos, la victoria de Fidel era también el canto del cisne de Errol.

Desde el principio, la aventura cubana del actor tenía elementos de comedia. Flynn llegó a La Habana con su novia de dieciséis años, la rubia platino Beverly Aadland (registrada como su «secretaria» para acallar las habladurías), y se pasó casi un mes entero sin salir del bar del lujoso hotel Nacional. Ya se había reunido con agentes del Movimiento anteriormente (uno incluso le regaló una bufanda roja y negra como recuerdo), y ahora se dedicaba a negociar para conseguir un salvoconducto y reunirse con Fidel. El día de Navidad le llegó un mensaje inesperado donde se le indicaba que se dirigiera al aeropuerto con su fotógrafo. Dejó atrás a Aadland y llenó un viejo maletín (donde se leía «FLYNN ENTERPRISES») con lo indispensable: una botella de vodka, mandarinas, artículos de afeitado y papel higiénico; los broches se rompieron, así que ató una cuerda alrededor de la maleta y la metió en una funda de almohada. A pesar de parecer un indigente, le dijo a la policía del aeropuerto que buscaba localizaciones para filmar al este de la isla.

A pesar de que se acercaba al final de sus días enfermo e hinchado, Flynn seguía siendo una leyenda de Hollywood. Cuando aterrizó en Camagüey, tuvo que deshacerse de varias personas que le pedían un autógrafo en un bar antes de poder reunirse con su contacto del M-26-7, el administrador estadounidense del aeropuerto, quien estaba deslumbrado por el actor. Al día siguiente viajó oculto en un pequeño avión para dirigirse al corazón del territorio controlado por los rebeldes; después lo llevaron en un salvaje trayecto en *jeep* hasta la azucarera América, el cuartel de Fidel. Llegó al caer la noche el 27 de diciembre, justo cuando el Che preparaba su asalto a más de quinientos kilómetros en Santa Clara.

La serie de artículos de Flynn para el *Herald Journal* ofrece una perspectiva seductora aunque tremendamente impresionista de Fidel y el Ejército Rebelde, que todavía no sabían lo cerca que estaban de la victoria. Al bajar del *jeep* enlodado, encontró al comandante tumbado en la cama en su postura habitual, absorto en las noticias que escuchaba por el radio; Celia montaba guardia a su lado. (Flynn la describió como una «90-60-90»). Cuando Fidel se levantó para saludarlo, «se movía con gracia, con una agilidad y unos gestos sencillos que yo no esperaba», escribió. «Sencillamente, no era el personaje imperial que pensaba encontrar, con la forma de comportarse de un hombre que ordena y dispone». Le pareció que Fidel tenía aún más pinta de abogado que de guerrero. («Su cara parecía suave. Igual que sus manos»). Se fijó en un adorable detalle de la pareja revolucionaria: mientras Fidel hablaba, Celia le quitó los anteojos, los limpió y se los volvió a poner sin que él lo advirtiera, con movimientos «atentos pero sutiles, sin molestarlo».

Flynn todavía era capaz de resultar encantador. Según su propio relato, bromeó con Fidel sobre la bebida:

—¿Tienes inconveniente en que de cuando en cuando me dé un trago del delicioso vino [ron] de tu tierra para hacer más grato a mi paladar esta situación revolucionaria?

Fidel le dijo que adelante, pero se negó a tomar él también otra copa, y comentó que quizá tenía una cierta alergia al alcohol.

—Yo padezco lo mismo —rio Flynn—, pero gracias a mi gran disciplina he logrado vencer esa alergia.

Después ofreció un consejo que nadie le había pedido: los guerrilleros deberían llamarse a sí mismos «patriotas» y no «rebeldes», para que el público estadounidense no los considerara tan anárquicos. La palabra *rebelde*, sugirió Flynn, sonaba demasiado a forajido del lejano oeste.

Flynn pasó cinco días en la órbita de Fidel, gran parte de ellos encajonado entre dos soldados en el asiento trasero del *jeep* del comandante. Se sorprendió al ver que Celia se sentaba en medio, al lado del conductor, y Castro iba al lado de la puerta, expuesto a posibles francotiradores. Por su parte, a Fidel parecía hacerle gracia ir acompañado por un actor de Hollywood. Desgraciadamente, Flynn descubrió que muchos de los cubanos del campo no lo reconocían. Uno le preguntó sin tapujos:

—¿Cómo puede ser que salgas tan joven en las películas y ahora estés tan viejo?

«Eso me dolió un poco, así que me tomé un trago de ron», escribió. Otro le preguntó que por qué no hacía películas en vez de beber. Se alojó en una pequeña iglesia con una vista privilegiada de Santiago, donde el rollizo cura local (al que, naturalmente, llamó Fraile Tuck) le ofreció un inusual baño caliente y una mandarina madura para cenar. El desayuno era un plátano y un trago de licor; la comida era pollo con arroz, aunque, como explica Flynn, costaba encontrar el pollo. Se pasaba el día merodeando por la azucarera donde Fidel había establecido su cuartel general, mientras los curas católicos aliados negociaban la rendición de Santiago. No sorprende que Flynn, viejo libertino, quedara fascinado con el escuadrón femenino, la guardia personal de Fidel; de hecho, ahí empezó a plantearse hacer una película de serie B que titularía *Cuban Rebel Girls* (*Chicas rebeldes cubanas*), con Beverly Aadland en un papel protagonista: «Supe que estaban armadas con sostenes, zapatos de tacón bajo, fusiles y nada de cosméticos», escribió; admiró los «picadores», los prácticos pantalones elegidos por Celia, que tenían un corte hasta la altura de la bota. «Tuvieron que dejar a un lado los pasadores, los tubos para el pelo y todos los artilugios vitales para las mujeres de todo el mundo. No puedo decir que el resultado fuera un ramillete de bellas coristas, pero había algo extraordinario en ellas: camaradería y caras amables», aunque las historias de amantes y hermanos asesinados que le contaron y que las animaron a unirse a la revolución le parecieron un tanto «deprimentes».

Una noche lo despertaron a las tres de la mañana y vio el tremendo regaño que dirigió Castro a sus tropas, amonestándolos por su falta de disciplina, andar bebiendo cerveza por ahí y tontear con chicas que no estaban en el Movimiento. («¡Están traicionándose a ustedes mismos!», vociferó. Perplejo, el libertino Flynn comentó: «Hacía mucho que no estaba tan cerca de tanta virtud»). Había bromeado sobre darle consejos a Fidel para hablar en público, pero reconoció que no le hacían falta: «Castro tiene tanto poder en la voz como cualquiera que yo haya oído decir sus parlamentos para el cine o el teatro».

En Nochevieja Fidel mencionó que le parecía que Batista caería en una semana. Flynn no se tomó la predicción con seriedad, pero a la mañana siguiente, en su banca de iglesia, lo despertaron de su eterna resaca los gritos de «¡Se fue!».

Igual que la gran mayoría de los cubanos, Fidel oyó la noticia por el radio.

El día de Año Nuevo había empezado como cualquier otro. Se levantó con el alba, dictó cartas a Celia y amenazó malhumorado con hacerles consejo de guerra a los hombres que celebraron la llegada de 1959 disparando una salva a medianoche, lo que suponía un desperdicio de munición. Pocos minutos después de las ocho se sentó a desayunar: como de costumbre, pollo con arroz y café con leche. Un periodista cubano que estaba de visita irrumpió y declaró que la radio de La Habana anunciaba que había pasado «algo importante» en la capital. Fidel sospechó de inmediato un golpe militar promovido por Estados Unidos.

—Esto es traición —rugió—. Una cobarde traición. Quieren robarnos nuestra victoria.

Pronto se enteró de la verdad, cuando un adolescente local entró a todo correr pocos segundos después. Las emisoras estadounidenses decían que Batista había huido. Otras ampliaban la noticia con más detalles. El ejército tenía un nuevo jefe. Se había elegido a un juez para que fuera el nuevo presidente.

En vez de alegrarse por la situación, todo esto solo lo hizo enfurecerse aún más. Era exactamente lo que temía: que otros tomaran el mando en cuanto el dictador se rindiera, dejando al Ejército Rebelde completamente fuera del asunto. Declaró que entraría de inmediato en Santiago y que haría una declaración por radio exigiendo una huelga general. A medida que la noticia de la huida de Batista se extendía por el cuartel, los rebeldes rompían a cantar y a gritar de júbilo, pero aquellos que estaban junto a la oficina quedaron sorprendidos al oír a su líder soltar una sarta de imprecaciones, airado. Suponían que la guerra había acabado con una rendición incondicional.

—Comandante —le suplicó un asistente—, creo que debería esperar al menos quince minutos.

Pero Fidel no quería ni oír hablar de eso. Ya estaba redactando unas notas para un discurso a la nación. Argumentó que ya les habían arrebatado la victoria a los cubanos en 1898, cuando los yanquis entraron para «liberar» a la isla; no iba a permitir que se repitiera la historia. Si la clase dirigente seguía teniendo el control del país, la lucha habría sido en vano.

Para los verdaderos veteranos, la huida de Batista fue un trago agridulce. En Miami, Haydée Santamaría se hundió en una repentina melancolía cuando oyó la noticia; recordó a su hermano y a su prometido, asesinados en el asalto al Moncada siete años antes, y todas las vidas de tantos otros jóvenes perdidas en la lucha. Fue solo entonces, admitió más adelante, que comprendió realmente que «Abel estaba muerto; que todos ellos estaban muertos. Cuando miré el desfile, no vi nada».

Manuel Fajardo, el doctor guerrillero, uno de los primeros reclutas de Fidel en la sierra, sintió una oleada similar de tristeza cuando oyó los primeros gritos de «¡Se fue!», justo cuando estaba a punto de atacar un pequeño puesto militar. Inclinó la cabeza, sumido en sus cavilaciones, hasta que una mujer le preguntó si las nuevas no lo hacían sentirse contento. Él repuso que no podía alegrarse, ya que «la sangre de nuestros camaradas muertos todavía no se ha secado». Dos centinelas del ejército tuvieron más motivos para celebrar: cuando los francotiradores estaban a punto de dispararles mientras montaban guardia, Fajardo les ordenó que bajaran las armas.

—¡Estos hombres se han salvado por tan solo cinco minutos! —exclamó.

En Santa Clara, donde los hombres del Che seguían enzarzados en la batalla, la defensa de la ciudad se rindió casi de inmediato cuando se supo la noticia. En el Gran Hotel, los diez francotiradores del SIM en el *penthouse* se entregaron al fin y fueron escoltados afuera mientras la multitud los abucheaba. (Fueron ejecutados aquella misma tarde). Cuando el Che envió a negociadores para reunirse con el ejército, los soldados soltaron las armas y los abrazaron como si fueran viejos compañeros. El siniestro comandante del regimiento, el coronel Joaquín Casillas, intentó escapar vestido de civil, pero fue identificado y atrapado. Cuando supo que lo llevaban a comparecer ante el Che, palideció: Casillas era uno de los compinches más sanguinarios de Batista. Pronto se supo que murió en un «intento de fuga», probablemente ejecutado bajo la «justicia revolucionaria».

Esa misma mañana del 1 de enero, La Habana estaba al borde de sumirse en el caos. En el aeropuerto, los mostradores se inundaron de hombres de esmoquin y mujeres con trajes de lentejuelas que no habían tenido tiempo de cambiarse. El último vuelo hacia Estados Unidos salió a las 9:19 cuando obligaron al piloto a entrar a la cabina a punta de pistola; el ministro de Transporte y varios altos cargos de las fuerzas policiales se encontraban entre los noventa y un pasajeros a bordo. Después del incidente, los rebeldes pidieron a los oficiales que se cerrara el aeropuerto y para asegurarse de ello cruzaron camiones en medio de las pistas. Un avión que llegaba de Miami repleto de exiliados pro-Castro que esperaban disfrutar del histórico momento, tuvo que dar media vuelta. Todos los pasajeros soltaron un gemido de frustración.

Radio Rebelde había permanecido en silencio toda la Nochevieja, pero a media mañana Carlos Franqui había montado un nuevo estudio para la emisora en la población de Palma Soriano, a solo unos pocos kilómetros de Santiago, en una cavernosa sala con ventanales; cuando llegó Fidel tuvieron que echar fuera a todas las personas que habían acudido a felicitarlo. Allí grabó uno de sus más famosos discursos, que empezó con un ultimátum para la guarnición de Santiago: tenían que rendirse antes de las seis de la tarde. Convocó una huelga general en toda Cuba y pidió a los ciudadanos que contuvieran las ganas de vengarse de los esbirros de Batista. (Fidel hacía referencia a otro incidente de la historia de Cuba: tras la caída del dictador Machado en 1933, turbas enfurecidas recorrieron todas las calles de La Habana linchando a sus compinches, arrastrándolos con los coches; más de mil personas fueron asesinadas). Por último, ordenó a Camilo y al Che que se dirigiesen a La Habana a toda prisa para tomar el control de las dos fortalezas militares de la ciudad, que albergaban a miles de soldados. «Queda todavía mucha lucha por delante», rugió Fidel saliéndose de su propio guion. No cederían ni un ápice; no iban a negociar ni a tratar con los malvados restos del régimen de Batista. El Ejército Rebelde iba a continuar con su campaña a gran escala. «Revolución, ¡sí! Golpe militar, ¡no!».

Fidel se permitió entonces un brevísimo instante de celebración. Ha sobrevivido una foto de Fidel y Celia en un sencillo bar de madera en Palma Soriano, rodeados de barbudos. Fidel tiene una botella de cerveza delante, y Celia lo que parece una copa de vino tinto. Una guapa admiradora se ha acercado a Fidel para felicitarlo con una palmadita en la espalda.

En La Habana, cuando los canales de televisión difundieron al mediodía la confirmación del vuelo de Batista, las campanas de las iglesias se pusieron a repicar, los ciudadanos salieron de sus casas y aumentaron las volátiles turbas que poblaban las calles. Las hogueras seguían encendidas en las calles de La Habana Vieja, quemando máquinas tragamonedas y mesas de casino. Los cubanos empezaron a presentarse en los estudios de televisión para dar sus propios relatos de los horrores vividos bajo el régimen: los espectadores observaron con absoluta fascinación a un hombre que se quitaba la camiseta y mostraba su espalda, repleta de moretones y quemaduras de cigarrillo.

La situación no desembocó en la anarquía y quedó bajo control gracias a los ruegos que emitieron por televisión los líderes del Movimiento. El discurso de Fidel en Radio Rebelde donde llamaba a la calma se emitió una y otra vez. Miembros Barbudos del M-26-7 patrullaban las calles con altavoces, declarando que le pegarían un tiro a cualquier persona que sorprendieran saqueando: «¡Salgan de las calles o les dispararemos!». Varios voluntarios acudieron a proteger los casinos y los hoteles turísticos. Los *boy scouts* se encargaron de dirigir el tráfico y de controlar las barricadas. Saquearon las casas de algunos colaboradores de Batista y un hombre fue linchado en una farola cerca de la prisión del Castillo del Príncipe, pero al caer la noche reinaba el orden. Solo murieron trece personas, según informó Associated Press.

El personal de los hoteles abandonó sus puestos de trabajo y los perplejos estadounidenses se tuvieron que conformar con hacer fila para comer *hot dogs* cocinados por los gerentes en los *lobbies*. (Contrariamente a lo que dicen los rumores, Meyer Lansky no huyó sino que se quedó una semana para ayudar a atender a los huéspedes del Riviera). Todos los turistas que habían llegado en los cruceros, incluidos aquellos cuyos taxis quedaron atrapados en medio de multitudes airadas que gritaban consignas antiyanquis, consiguieron volver en una pieza a sus barcos. El *New York Times* citó el diario de un niño de siete años, Dick Tannenbaum, de Long Island: «Bajamos del *Mauretania*, vimos la revolución y regresamos».

En Santiago, la guarnición depuso las armas justo antes de la hora límite de las seis de la tarde. Era hora de reescribir simbólicamente la guerra de Cuba. «La historia de 1898 no se repetirá», prometió Fidel a la nación, haciendo alusión al humillante recuerdo de cuando el ejército de Estados Unidos prohibió a los soldados cubanos asistir a la rendición de los españoles en esa misma ciudad sesenta años atrás. Raúl fue enviado al Moncada, donde aceptaría la capitulación formal; Fidel lo seguiría más adelante, avanzando con más ceremonia. Como muestra de que el feminismo todavía tenía muchos desafíos por delante en Cuba, Vilma le suplicó a su prometido acompañarlo en su histórica misión; para ella sería inolvidable estar presente durante la capitulación del bastión de la represión en su ciudad natal. Raúl se negó. Era demasiado peligroso para ella.

Vilma estaba furiosa.

—¿Qué hago yo aquí? —le espetó a Fidel mientras ambos veían a Raúl alejarse.

Él se encogió de hombros.

—¿Por qué no lo acompañaste?

Vilma se fue echando chispas, «enojadísima, de verdad», como recuerda.

Mientras, en la iglesia, un barbudo entró a toda prisa en la habitación de Errol Flynn.

—Señor Flynn, Fidel me envía para decirle que ir a Santiago es altamente peligroso. ¿Quiere ir de todos modos?

Claro que quería ir. Flynn y su fotógrafo subieron al *jeep*, listos para unirse a la procesión triunfal de los rebeldes, una hilera de más de tres kilómetros de motocicletas y coches decorados con banderas rebeldes al vuelo. La procesión avanzaba a un ritmo lentísimo y a menudo se detenía por completo mientras los campesinos se amontonaban a los costados de la carretera, animándolos. Fidel se puso de pie en el *jeep* para poder saludar a la masa, comunicándose sin intermediarios con «el pueblo». A veces la enfervorizada concurrencia invadía la carretera y algunos espectadores avanzaban para tratar de tocar al comandante.

Poco después pasaban por los mismos pueblos a las afueras de Santiago que Fidel había visto por última vez en cinco años y medio, cuando todavía era un radical desconocido que se dirigía a asaltar el Moncada. El presidente designado por Fidel, el juez Manuel Urrutia, había ido en avión hasta Oriente pocas semanas atrás: se unió al desfile, afirmando con alegría que «el país estaba naciendo de nuevo».

En el relato de Flynn, la tarde acaba siendo algo confusa; podemos imaginar que su lento avance hacia Santiago se vio animado por generosas cantidades de ron. Su *jeep* se desvió de la ruta (posiblemente intentando evitar el atasco de tráfico) y terminó recibiendo una ráfaga de balas que provenía de las colinas cercanas. La mayoría de los pasajeros se refugiaron en una zanja; Flynn cuenta que corrió a ponerse a cubierto tras un muro, donde un objeto afilado le cortó la espinilla, quizá una bala que rebotó o un fragmento de mortero.

La caravana de Fidel llegó a Santiago cerca de la medianoche:

más multitudes exaltadas les dieron la bienvenida y fue abriéndose paso por la ciudad hasta el ayuntamiento, iluminado por bombillas desnudas colgadas como si fueran luces de Navidad. Diez mil personas se apretujaban en la plaza, y observaban desde los techos y balcones del antiguo hotel Casa Granda. «¡Qué alboroto!», recordó Vilma. «Todo el mundo estaba en las calles; las mujeres con las redecillas puestas y los hombres en pijama. La gente salía corriendo de sus casas llorando, y nos llevaron a casi todos a hombros». A las 2:15 de la mañana, Fidel compareció en el balcón y fue recibido por una cacofonía de vivas y hurras. Habló durante casi dos horas, lleno de alegría porque los cubanos finalmente cumplían con su destino y se apoderaban de su independencia exactamente en el mismo lugar donde los españoles se habían rendido seis décadas antes: «La revolución empieza ahora [...]. Por primera vez de verdad [...] el pueblo tendrá lo que merece. [...] [Cuando] nos preguntaban que por qué pensábamos ganar la guerra, yo dije: "porque tenemos al pueblo"».

Fidel nunca se había dirigido a una afluencia ni siquiera cien veces más pequeña que la que tenía delante, y allí fue donde se reveló su maestría como orador. Se plantó delante del gentío embelesado, la mano aferrada al micrófono, la mirada fija. Cuando su voz pasaba de un ronco susurro, casi inaudible, hasta un rugido atronador, su cuerpo empezaba a mecerse. Sacudía los brazos como un «jinete de potros salvajes», como lo describió Ignacio Ramonet, agitando el índice ante su arrobado público. Ramonet cita a su compatriota, el ensayista Gregorio Marañón, quien dijo que un gran orador de masas debe dominar los gestos de un domador de leones.

CAPÍTULO 32

La caravana de la libertad

(2–8 de enero de 1959)

A PESAR DE LA euforia desatada por la huida nocturna de Batista, nadie era capaz de predecir el futuro de Cuba. El poder no iba a caer directamente en las manos de Fidel como venido del cielo. Seguía habiendo miles de soldados armados. Los políticos camino del exilio acudían en rebaño a La Habana, igual que los grupos guerrilleros rivales del Escambray. La isla estaba repleta de armas, y la situación podía desembocar fácilmente en una guerra civil. Y, por último, a muchos cubanos les preocupaba que Estados Unidos enviara a los marines. El 1 de enero ya habían desplegado a tres destructores y dos submarinos desde la base naval de Cayo Hueso para «proteger las vidas y las propiedades estadounidenses».

Como siempre, los rebeldes no cedieron, con actos de audacia que ningún manual militar podría haber sugerido. Al alba del 2 de enero, Camilo y sus trescientos hombres ya avanzaban a toda velocidad por la autopista principal para adueñarse del «Pentágono cubano», el cuartel de Columbia, con una guarnición de cinco mil soldados. Tras detenerse en la carretera, Camilo llamó por teléfono al oficial de mayor rango, el coronel Ramón

Barquín (una popular figura anti-Batista al interior de las filas del ejército; el día anterior había sido liberado de prisión y asumió la autoridad sobre el cuartel), y le transmitió con altanería que tenía órdenes de «entrar y tomar el mando». Barquín sabía que le quedaba la opción de resistir, pero parecía una idea fantasiosa. El coronel tenía la sensación de estar al mando de «un ejército muerto», así que se limitó a suspirar con resignación:

—Bueno, si esas son las órdenes, pasen adentro.

Los funcionarios de la embajada de Estados Unidos, que ofrecían bocadillos de pavo y café a la marea de aterrados turistas estadounidenses, quedaron perplejos cuando oyeron la noticia. El ejército sencillamente capitulaba. Enviaron a un agente de la CIA a sugerirle al coronel que resistiera a los rebeldes y quizá pasara a formar parte de un nuevo gobierno moderado, pero Barquín se encogió de hombros:

—¿Y yo qué puedo hacer? Lo único que me han dejado es mierda.

Otro integrante de la representación, John Topping, resumió los sentimientos de los estadounidenses en una sola frase:

—Esto es de locura.

La situación empezó a cobrar tintes oníricos cuando los hombres de Camilo se plantaron ante las puertas del cuartel de Columbia alrededor de las cinco de la tarde en sus polvorientos camiones y *jeeps*. Su avance por la capital se había visto retrasado varias horas por las multitudes que salieron a darles la bienvenida, ansiosos por ver al atractivo y joven comandante con su reluciente sonrisa, su sombrero vaquero y la cartuchera colgándole despreocupadamente de la cadera. Camilo se convirtió en un héroe al momento: un chico de La Habana que había estado al lado de Fidel desde el desembarco del *Granma*. Un periodista cubano opinó que parecía un Robinson Crusoe. Carlos Franqui, fijándose en su barba exuberante, lo comparó de forma memorable con «un Cristo rumbero, popular». Ahora entraba tranquilamente a la base fortificada, cuyo simbolismo era tan fuerte como el del Moncada en Santiago. El cuartel de Columbia había sido fundado por los estadounidenses en 1898, cuando ocuparon Cuba durante tres años; desde los años treinta, Batista lo había renovado para convertirlo en un enclave independiente donde se alojaban los militares más privilegiados.

La visión de cinco mil soldados rindiéndose ante un puñado de guerrilleros zarrapastrosos era, según comentó Franqui, «para echarse a reír». El coronel Barquín y sus oficiales le dieron la bienvenida a Camilo con cálidos abrazos y palmaditas en la espalda. Cuando los rebeldes se preguntaron en voz alta cómo iban a desarmar a tantos soldados con solo unos pocos hombres, Barquín les aseguró que estaban demasiado deprimidos y asustados como para resistirse. Aceptó quedarse en su puesto y dirigir el cuartel. Buscaron alojamiento para los recién llegados en las barracas y todas las comodidades del club de los oficiales de élite, un encalado palacete neogótico de muros almenados, quedaron a disposición de los barbudos. Podían apuntarse para recibir bebidas o cigarros sin ningún costo, aunque algunos de los rebeldes del campo fingieron que no les interesaba la oferta porque no querían admitir que eran analfabetos; preferían ir a ver películas gratis en el cine del regimiento.

En contraste, el Che llegó a las cuatro de la mañana a una ciudad oscura y silenciosa, montado en su viejo *jeep* con Aleida a su lado. Su desfile de camiones avanzó ruidosamente por el Malecón, dejando atrás La Habana Vieja, y cruzó el túnel bajo el puerto hasta La Cabaña, la imponente fortaleza española del siglo XIX de piedra color miel que se cierne sobre el lado este del canal. Igual que la mayoría de sus hombres, el Che nunca había visto la capital cubana y se quedó embobado como un turista ante las mansiones bañadas por la luz de la luna con sus intrincadas fachadas coloniales de espectaculares florituras labradas, pesados portones de roble y balcones de hierro forjado.

Como siempre, la vida emocional del Che parecía un reflejo de la lucha militar. Antes, aquella misma tarde cargada de trascendencia, le había declarado su amor a Aleida mientras se reabastecían en una gasolinera. Estaban sentados en el *jeep* ante el atardecer, cuando de repente se volvió hacia ella y le dijo que al verla en peligro en la batalla de Santa Clara comprendió lo importante que era para él. «Yo estaba exhausta y medio dormida, así que a duras penas lo escuchaba», rememoró ella. «Ni siquiera me lo tomé demasiado en serio». No le habían faltado declaraciones románticas de otros rebeldes. «Cuando recuerdo esos instantes, creo que el Che no eligió precisamente el mejor momento para declarar su amor», escribió en sus memorias. «La cosa fue así. Los demás volvieron a meterse en el *jeep* y pronto volvimos a estar en ruta. Pero el hielo ya estaba roto».

Tomar el control de la histórica fortaleza de La Cabaña fue «surrealista», afirma Aleida. En la oscuridad, los guerrilleros se maravillaron ante los muros de piedra color coral de tres metros de grosor, los oxidados cañones que antaño se habían disparado contra los piratas ingleses, los elegantes jardines llenos de palmeras y las espectaculares vistas del océano. «Nosotros, a quienes nos habían privado de todo, por primera vez nos sentimos dueños de nuestro propio destino», escribió. El Che y sus oficiales se instalaron en la casa del antiguo comandante; muchos cayeron directamente rendidos sobre el suelo. Aleida y otras mujeres rebuscaron en el armario de la esposa del comandante para cambiarse de ropa. A ella se le concedió su propia habitación para que pudiera tener privacidad, ya que ella y el Che seguían el cortejo a un ritmo victoriano.

Nerviosos, se dispusieron a esperar a Fidel.

Previamente, la mañana del 2 de enero, el séquito de Fidel empezó a avanzar hacia La Habana. En vez de volar directamente a la capital, el comandante decidió dar rienda suelta a su teatralidad viajando a lo largo de Cuba en una «Caravana de la Libertad» que recordaba a las procesiones triunfales de los antiguos generales romanos. El recorrido por la autopista nacional les tomó casi una semana a lo largo de una ruta literalmente cubierta de flores; en cada pueblecito que encontraban, los barbudos eran recibidos como héroes por muchedumbres eufóricas y le rogaban a Fidel que se detuviera para dar un discurso. Ya no llevaba anteojos, tras afirmar que «un líder no usa espejuelos».

Su fuerza original de mil hombres creció a medida que reclutaba más seguidores en cada parada. En Bayamo se le unió una columna entera del ejército, con lo que su fuerza militar pasó a contar con tres mil hombres. Rodeados por mares de admiradores, los rebeldes utilizaban los catorce tanques capturados en Santiago como si fueran carrozas en un desfile; armadas con sus rifles, las Marianas viajaban sobre el primero, conquistando todos los corazones a su paso. Los hombres gritaban: «¡Miren! ¡Aquí están las mujeres más bellas de Cuba!». Rita García, integrante del pelotón, explicó que las mujeres les preguntaban: «¿Pero ustedes lucharon? ¿Ustedes dispararon un arma?». Cuando ellas respondían que sí, muchas las abrazaban, llorando.

Los jóvenes guerrilleros pudieron saludar a sus familias por el camino, la mayoría de las cuales no habían tenido noticias de ellos durante meses y no sabían si estaban vivos o muertos. Los chicos repentinamente reaparecían en sus casas, posaban para fotos con pasteles y flores con sus orgullosos vecinos, y volvían a partir al alba.

A menudo la festiva caravana solo avanzaba ochenta kilómetros al día. Fidel pronto se quedó afónico y con cara de sueño porque dormía apenas un par de horas cada noche; los demás rebeldes tampoco estaban mucho mejor que él. El chiste que todos repetían era «No he dormido desde 1958». Pero aunque el líder ardía de impaciencia por llegar a La Habana, cada parada no hacía sino alimentar su prestigio. Estaba consolidando el apoyo del pueblo a lo largo de toda Cuba. Para cuando llegó a la capital, se había ganado la simpatía de la isla entera.

Fidel era el foco de todas las miradas durante esta marcha victoriosa, pero los cubanos también querían ver al resto de los personajes famosos de la guerra, especialmente a la ya legendaria Celia. Las mujeres que habían trabajado para ella en Manzanillo consiguieron reunir entre todas cinco mil dólares para comprarle un reloj de pulsera Rolex para sus nuevas funciones en La Habana. La «Lady Marian de la revolución» también se dedicó a revivir sus propias tradiciones: de algún modo consiguió que, durante el viaje, sus asistentes compraran grandes cantidades de juguetes; durante el día de Reyes, el 6 de enero, un piloto de la fuerza aérea se dedicó a soltarlos sobre pueblecitos clave en la sierra, arrasada por los bombardeos. Fue un acto de agradecimiento por la ayuda que les prestaron durante la guerra y una señal de que comenzaba una nueva era.

La Habana siguió en paro durante varios días. Debido a la huelga general, las tiendas no habían vuelto a abrir y productos básicos como la leche y el pan empezaban a escasear. Algunos barrios cobraron un aspecto postapocalíptico, con basura apilada en las calles y algún que otro coche que pasaba a toda velocidad dejando una nube de escombros. El Movimiento estableció su base de operaciones en el nuevo Palacio de los Deportes, un estadio circular cubierto cuyo diseño contemporáneo lo hacía parecer un platillo volador de color blanco; apilaron sacos de arena alrededor de las entradas y despacharon patrullas armadas para mantener el orden y evitar los saqueos. Hasta allí llegó una hilera de oficiales del SIM capturados y acusados de «crímenes de guerra»; como no había ningún otro sitio donde colocarlos, los encerraron en los vestuarios. Llevados por la exaltación del momento, algunos ciudadanos demasiado apasionados entregaban a vecinos que creían que eran simpatizantes de Batista y a los que más adelante hubo que soltar. Las dos celdas del cuartel de Columbia, diseñadas para sesenta prisioneros, pronto contenían a seiscientos; los que ya no cabían fueron enviados a La Cabaña.

El Che y Camilo desarmaban lentamente a los soldados bajo su mando y ponían bajo llave los arsenales. Nadie sabía exactamente cómo comportarse en las antiguas fortalezas de Batista: los oficiales, nerviosos, se detenían y saludaban militarmente a los barbudos cuando estos pasaban, lo que no hacía más que confundir a los guerrilleros, que no habían establecido formalismos de ese tipo o siquiera insignias de rango.

Una amenaza más seria era el DR. Sus centenares de miembros armados, una mezcla de exestudiantes y exguerrilleros del Escambray, se habían adueñado de la universidad en el corazón de la ciudad y estaban reforzados por un cargamento de armas del ejército que habían incautado. En esta copia más verde de la universidad de Columbia en Nueva York, el líder, Faure Chomón, presidía sentado en la enorme silla de madera del rector. Sus partidarios llevaban emblemas paramilitares con la leyenda «13 de Marzo» o simplemente «13» en blanco sobre un fondo azul y rojo, conmemorando el fallido ataque al Palacio Presidencial dos años atrás.

Cuando ocuparon este, el que sentían que les «pertenecía» por ser el lugar donde tantos de sus miembros habían perdido la vida, corrieron el riesgo de enfrentarse a tiros con cuadros del M-26-7 que se irritaron por tal acción; Camilo bromeaba con que deberían limitarse a traer a la artillería y barrerlos a todos.

Las tensiones aumentaron hasta el punto de que el 5 de enero Camilo declaró el estado de sitio. Esa misma tarde el presidente interino designado por el Movimiento, el antiguo juez Manuel Urrutia, voló hasta La Habana. Fidel declaró el fin de la huelga general mientras seguía en camino y el DR, a regañadientes, permitió a Urrutia instalarse en el palacio con su mujer.

De la noche a la mañana se desvaneció la sensación de recelo que flotaba en la capital. La Caravana de la Libertad había conseguido llegar al puerto de Cienfuegos, a solo doscientos cuarenta kilómetros, y podía entrar a la ciudad en cualquier momento. Las tiendas volvieron a abrir y la comida reapareció en los estantes. Volvía a oírse música por todas partes y los músicos callejeros cantaban nuevas canciones patrióticas, entre ellas «Como lo soñó Martí» y «Las alas de la libertad». El Tropicana volvió a abrir sus puertas. Un cómico local anunció que estaba escribiendo una obra teatral, *El general huyó al amanecer*. Los vuelos internacionales se reanudaron, aunque ahora había guardas que registraban los vuelos y expulsaban a cualquiera que les pareciera sospechoso.

El ambiente festivo inundaba cada rincón de la ciudad y los periódicos celebraban la falta de censura con chistes moderados sobre la nueva realidad política. En una viñeta, a un comerciante con grandes pilas de monedas le preguntaban: «Pero si nadie está haciendo negocio, ¿cómo pueden ser tan buenas las ventas de tu tienda?». A lo que replicaba: «Es que vendo cuchillas de afeitar». En otra, interrogaban a un hombre con una barba incipiente: «Señor, ¿y cuánto tiempo lleva usted con los rebeldes?». «Unas veinticuatro horas».

Los guerrilleros acamparon en los *lobbies* de los hoteles, para confusión de los turistas; el salón de baile del Habana Hilton se convirtió en una cantina. Los rebeldes se hicieron famosos, y las chicas los seguían por las calles como a estrellas del *rock*.

«Estos apuestos jugadores de beisbol, donjuanes... acababan de entrar a la ciudad para echar a los malos», explica el biógrafo del Che, Jon Lee Anderson. «Según los testigos, era una verdadera orgía. Si eras un barbudo, en aquellos momentos te lo estabas pasando en grande». Tras dos años de abstinencia, muchos de los jóvenes quedaron conmocionados ante la libertad que había en La Habana, capital de la prostitución del hemisferio occidental, y salían por las noches a visitar los bares y clubes nocturnos, donde Supermán todavía estaba en el teatro Shanghái y podía encontrarse cocaína y alcohol en cada esquina. «La mayoría de las mujeres, y también muchos hombres, se volvían locos por esos tipos hirsutos», recordó un guerrillero adolescente, Reinaldo Arenas; «todos querían llevarse un barbudo a casa». Junto a La Cabaña, el rincón favorito para los amoríos era la gigantesca estatua de Cristo que se alza sobre el puerto, hasta que el Che decidió poner freno. Ordenó que se celebrara una boda masiva para que todas las situaciones románticas ilícitas fueran «oficiales», con él mismo como testigo.

El Che tenía sus propias admiradoras. El guerrillero estadounidense Neill Macaulay rememoró que, cuando lo visitó en La Cabaña, tuvo que abrirse paso entre una larga hilera de visitantes, «compuesta principalmente de mujeres de clase alta y sus hijas adolescentes». El Che empujó un enorme escritorio contra la puerta para mantener a las «elegantes y alborozadas féminas» a raya. Según Macaulay, abrieron las persianas de la ventana de la oficina, e «intentaron entrar por ahí tres adolescentes que no paraban de gritar». Las fotografías lo muestran rodeado de atractivas periodistas europeas. Su «secretaria» Aleida pronto se ganó la fama de ser tremendamente estricta en los encuentros del Che con mujeres.

En un tono más sombrío, la revista *Bohemia* publicó números especiales llenos de fotos que documentaban los excesos de la dictadura. Había espeluznantes imágenes de jóvenes asesinados, muchos en ropa interior y tras ser torturados salvajemente. Cadáveres colgaban de los árboles o estaban quemados; otros tenían clavos de ferrocarril que les atravesaban el cráneo. El país empezó una búsqueda de fosas clandestinas por toda la isla y en los reportajes se veían docenas de simples agujeros a poca profundidad que los buitres habían desenterrado. Una sensación de rabia y deseo de venganza empezó a crecer en toda Cuba.

En Santa Clara, donde la lucha era más reciente, los oficiales rebeldes instalados en el edificio de Obras Públicas ya empezaban a recibir quejas por escrito de los ciudadanos y llevaban a cabo ejecuciones sumarias en un campo de prácticas de tiro a las afueras de la ciudad; multitudes acudían a mirar. Los emprendedores se dedicaban a alquilar sillas plegables. Aparecieron camiones de helados. Después de que los primeros ajusticiamientos provocaran vítores de los espectadores, el oficial al mando sintió que las cosas empezaban a írsele de las manos.

—Damas y caballeros, esto no es un circo —proclamó, y decidió trasladar el procedimiento al interior del cuartel.

Las represalias tardaron más en llegar a Santiago. Se arrestó a unos cuantos de los Tigres de Masferrer, pero la mayoría de los policías y los agentes de Batista seguían sueltos. A los habitantes de la ciudad les hervía la sangre ante la falta de justicia. Vilma dejó pasar a una delegación de madres para que hablaran con Raúl, y se quejaron de que los hombres que habían asesinado a sus hijos andaban libres; algunas incluso llevaban brazaletes del M-26-7 y actuaban como si fueran parte del nuevo régimen.

—Sigan confiando en nosotros —las tranquilizó Raúl—. No las decepcionaremos.

Para entonces, el único extranjero que quedaba en el hotel Casa Granda de Santiago era Errol Flynn: bebía en el patio y escuchaba tiroteos esporádicos a distancia mientras se le infectaba lentamente la espinilla. Proseguía con sus extravagantes observaciones: bromeaba con que no podía cortarse el pelo en ningún lado, ya que incluso los barberos se lo dejaban largo como a los barbudos; aun así, descubrió que los limpiabotas seguían muy ocupados. Cuando un rollizo guía turístico se ofreció a mostrarle las vistas de la ciudad, Flynn decidió que ya había tenido suficiente. Se dirigió al aeropuerto para ver si conseguía convencer a alguien y subirse a un vuelo rebelde para salir de la ciudad; encontró una avioneta que se dirigía a La Habana con asientos vacíos y derrochó todos sus encantos con la agente del aeropuerto. «Le prometí todo lo que se me ocurrió, excepto un papel en mi siguiente película... La tomé de la mano y le dediqué una sonrisa cálida como el sol de Cuba». Para cuando logró volver a La Habana, existían rumores en Hollywood de que nunca había salido del bar del hotel. Quizá a modo de broma, un agente de teatro le envió un telegrama: SI GANAS LA GUERRA EXISTE POSIBILIDAD IMPORTANTE PAPEL BROADWAY CONTÁCTAME INMEDIATO REGRESES NUEVA YORK.

La prensa internacional se paralizó ante la huida de Batista. Empezó una carrera para ser el primero en entrevistar a Fidel. El 3 de enero, unos atentos agentes rebeldes prepararon un avión para que Herbert Matthews volara directamente hasta Fidel en Holguín (un gesto que hoy en día quizá iría en contra de las normas éticas), pero tuvo problemas con el motor tras el despegue y se vio obligado a dar media vuelta. Cuando Matthews finalmente consiguió llegar, ya le habían arrebatado la exclusiva. Para su disgusto, Jules Dubois del *Chicago Tribune* hizo fletar un Apache en Miami y ya estaba llevando a cabo la entrevista. «Pueden estar seguros de que nos mostraremos amistosos con Estados Unidos, siempre que Estados Unidos sea amistoso con nosotros», le dijo Fidel. De hecho, Estados Unidos reconoció al nuevo gobierno como legítimo el día 7, y fue el segundo país en hacerlo después de Venezuela; la URSS hizo lo mismo el día 10.

Fidel estaba rodeado de tantos admiradores histéricos que Matthews no pudo ni acercársele. Aun así, escribió un informe entusiasta. «El señor Castro parece cansado, pero sigue estando notablemente fuerte y bien», escribió, eufórico. «Tiene todos los motivos del mundo para ser feliz y lo demuestra». El paternal corresponsal, que ya empezaba a quedarse sin pelo, se sentía personalmente reafirmado tras haber cubierto la rebelión con tanto fervor. «No hay ningún indicio de que su extraordinario éxito se le haya subido a la cabeza», constató con evidente satisfacción. «Antes fue un hombre perseguido con una pequeña banda de seguidores, pero hoy es el héroe de toda Cuba y posee un nombre conocido en todos los lugares donde llegan las noticias». En privado no dudaba en presumir de haber «creado» a Fidel con su revelador reportaje desde la Sierra Maestra.

Conseguir que Fidel apareciera en la televisión estadounidense fue una carrera distinta y más complicada. En la CBS, en Nueva York, la noticia de que se reanudaban los vuelos comerciales hacia La Habana le dio la idea al presentador Ed Sullivan de volar en secreto a Cuba y conseguir la primera entrevista en video. A pesar de la abrumadora popularidad de su espectáculo de variedades, quería que lo tomaran en serio como periodista y esperaba que una exclusiva así impresionara tanto a su jefe, Edward R. Murrow, que lo invitara a ser un corresponsal de tiempo completo. Le dijo a un joven camarógrafo del programa *The Phil Silvers Show* que volarían a República Dominicana, y solo reveló la verdad sobre su misión secreta cuando ya estaban en el avión.

Su expedición ofrece una vívida imagen de Cuba, literalmente de esas primeras noches revolucionarias. Llegaron al aeropuerto de La Habana al caer la noche del 7 de enero y consiguieron abrirse paso a la fuerza entre el caos de la terminal para reunirse con Dubois, amigo de Sullivan, quien les dio la mala noticia de que Fidel había vuelto a retrasarse otra vez: su caravana seguía en el pueblo de Matanzas, a noventa kilómetros de distancia. Pero algunos simpáticos guerrilleros, evidentemente impresionados por el deseo urgente de Sullivan de reunirse con el famoso comandante en jefe, organizaron una flota de seis taxis y salieron juntos para adentrarse en la oscuridad tropical; en cada vehículo un soldado empuñaba una metralleta en el asiento delantero. Los faros iluminaban la autopista vacía mientras pasaban de un puesto de control rebelde al siguiente; «escenas de guerra real», recordó Sullivan con un toque de melodrama.

Cuando entraron en Matanzas a medianoche, parecía un pueblo fantasma. Pero entonces llegaron a la plaza central, donde Fidel terminaba otro discurso de tres horas a una multitud cautivada por sus palabras; unos reflectores barrían de arriba abajo el lugar en un rudimentario espectáculo de luz y sonido.

Celia dio luz verde a la entrevista, así que el camarógrafo preparó el equipo en la sala del ayuntamiento tras buscar frenéticamente un lugar decente donde conectar todo a la electricidad. Alrededor de la una de la mañana Fidel entró de repente, rodeado de un séquito de barbudos; la habitación quedó llena de humo, sudor y ruido. Justo cuando él y Sullivan se saludaban con un apretón de manos, se oyó un tremendo ruido que hizo que Ed se agachara para ponerse a cubierto y los guardias blandieron sus armas con el dedo en el gatillo. Uno de los rebeldes había derribado una lámpara, que se estampó contra el suelo.

Al terminar, Sullivan y compañía volvieron a La Habana al amanecer, no sin antes hacer una parada en un carrito que vendía bocadillos de queso y chorizo. En el aeropuerto su escolta de rebeldes tuvo que abrirle el camino a la fuerza para que pudiera llegar al mostrador y hacer el *check-in* entre las hordas de simpatizantes de Batista que intentaban huir. En la fila, Sullivan reconoció a George Raft, quien le dijo que le habían congelado la cuenta bancaria; Ed le prestó dinero en efectivo para pagar el boleto.

El clímax de la revolución fue casi tan improvisado y espontáneo como su nacimiento. La llegada triunfal de la Caravana de la Libertad a las afueras de La Habana aquella tarde quedó grabada a color en formato Super-8 por un anónimo videoaficionado cubano, y las imágenes han sobrevivido hasta hoy. Uno tras otro, camiones, *jeeps*, autobuses y cacharros hechos polvo pasan a toda velocidad por el paseo marítimo bajo el azul brillante del cielo caribeño; de cada vehículo cuelgan guerrilleros que agitan enormes banderas del M-26-7 y hacen la señal de la victoria con los dedos en «V». Fidel mismo llegó montado en un tanque, parado sobre una plataforma y mordiendo un habano mientras helicópteros Sikorsky lo siguen por el aire con aire protector. A su lado estaba su hijo de nueve años, Fidelito, vestido con un flamante uniforme verde oliva a su medida. Se habían desviado para recoger al niño, que estaba con unos familiares en una gasolinera Shell sobre el camino.

Para cuando la caravana llegó al Malecón, el lugar estaba abarrotado: toda La Habana se había presentado para la ocasión. Multitudes con los ojos llenos de lágrimas lanzaban confeti desde balcones de hierro forjado; llovían flores rojinegras de papel crespón. Guardias eufóricos disparaban al aire. Dos buques de guerra cubanos en el puerto saludaron con sus cañones mientras aviones de la fuerza aérea los sobrevolaban.

Un reportero de la CBS afirmó: «Parece la vuelta a casa de Ike y MacArthur».

Fidel se tomó un momento de reflexión personal cuando al pasar por los muelles distinguió el yate que les habían requisado, el *Granma*, con una bandera cubana nueva colgando de la popa. Ordenó a su conductor que se detuviera y consiguió avanzar entre la muchedumbre para admirarlo.

—Ese barco es como una parte de mi vida —declaró.

Más adelante afirmó que había tenido una premonición de los cambios por venir. Estaba a punto de dejar atrás la sencillez de la guerra de guerrillas, con su puro y estricto objetivo de eliminar al dictador, para adentrarse en el cenagal que suponía gobernar el país de verdad.

También hubo breves reencuentros. La agente y celebridad Naty Revuelta, amante de Fidel antes de que este partiera hacia México, estaba entre la multitud con una flor en la mano. No creyó hasta entonces que volvería a ver a Fidel con vida y nunca le confesó que quedó embarazada de él y había dado a luz a su hija. Una amiga la empujó hacia el tanque; Fidel la vio y se le iluminó la cara.

—Ay, Naty, qué bueno —le dijo.

Pero al instante siguiente ya no estaba ahí; Naty llevó consigo la flor hasta el cuartel de Columbia para oír su discurso.

Fidel seguía con su rifle telescópico colgado al hombro cuando él y Celia entraron en el ostentoso Palacio Presidencial para unirse a Manuel Urrutia y su mujer para una conferencia de prensa. Tras disfrutar varios vasos de Coca-Cola en el Salón de los Espejos, Fidel salió para dirigirse al gentío. En uno de los primeros indicios de que no sería el típico revolucionario latinoamericano que después de su momento de triunfo poco a poco se deja llevar por el sistema establecido, Fidel expresó su desagrado por el palacio y afirmó que quería romper completamente con el pasado. Después pasó entre la callada aglomeración y volvió a su vehículo; la gente se apartaba para darle paso sin necesidad de ningún guardia. Como constató un fascinado periodista, era como ver a Moisés abrir el mar Rojo.

Una flota de limusinas blindadas de Batista lo esperaba para transportarlo con su séquito (Celia, Raúl, Vilma, Juan Almeida y otros comandantes) durante el último tramo hasta el cuartel de Columbia, pero Fidel prefirió seguir de pie en su *jeep* para recibir con entusiasmo la adulación que le profesaba la masa. El conductor eligió una entrada incorrecta en la base militar, y en un desvío inesperado todo el liderazgo de la guerrilla acabó entrando a la casa vacía de algún oficial donde, exhaustos, consiguieron arañar unos minutos para descansar. Cuando salieron, cayeron en cuenta de que la forma más rápida de llegar al podio era subir una valla, y mientras los demás trepaban, Celia, más decorosa, encontró un árbol y se sentó en una rama baja que los hombres jalaron hasta el otro lado para que pudiera bajar deslizándose.

A las nueve de la noche, cuarenta mil personas colmaron el cuartel para oír a Fidel, con los héroes de la revolución alineados a su espalda. Pero fueron los momentos en los que se salían del guion los que se volvieron leyenda. En un momento, Fidel se interrumpió para girar hacia Camilo:

—¿Voy bien, Camilo? —le preguntó.

—Vas bien, Fidel —repuso el otro, lo que arrancó un rugido de aprobación de la concurrencia.

Incluso la anteriormente escéptica Ruby Hart Phillips no pudo evitar sentirse impresionada. «Mientras miraba a Castro advertí la magia de su personalidad, la fanática lealtad de los insurgentes», escribió. «Parecía tejer una hipnótica red sobre sus oyentes».

El momento más fascinante se produjo cuando alguien entre el público soltó tres palomas blancas, símbolo de la paz. Dos volaron para aterrizar en el podio; la tercera se posó sobre el hombro de Fidel y allí se quedó durante el resto de su discurso. Para los cubanos esto fue una señal de bendición divina. Los soldados se quitaron las gorras, las mujeres se santiguaron, los piadosos se arrodillaron y los santeros murmuraron invocaciones.

Más adelante los conspiracionistas afirmaron que la presencia de las palomas no fue más que un truco, y que les habían llenado el estómago con plomos o les recortaron las alas para que no volaran más. De hecho, nadie parece saber cómo llegaron ahí. Un editorial en la primera plana de un periódico de La Habana expresó el sentimiento generalizado de que el comportamiento de los animales no era ninguna coincidencia: «Creemos que es una señal del Señor, que nos ha enviado el símbolo universal de la paz que todos deseamos».

Las palomas solo añadieron más simbolismo al momento en que Fidel arremetió contra los «ejércitos privados» que se habían apoderado de armas en La Habana y no querían entregarlas, referencia apenas velada al DR y al Segundo Frente, que seguían atrincherados en algunos rincones de la ciudad.

—¿Armas para qué? —preguntó—. ¿Para luchar contra quién? ¿Contra el gobierno revolucionario [...]? ¿Para chantajear al presidente de la República? ¿Para amenazar aquí con quebrantar la paz?

La muchedumbre empezó a repetir la frase: «¿Armas para qué? ¿Armas para qué?». Fidel era imparable. Incluso antes de que terminara el discurso, el DR comunicó que entregarían las suyas.

«El público puede decir que ya ha caído el telón», informó Phillips al describir aquella noche en el *New York Times*, «y la función ha terminado».

Resultó que nada podía estar más lejos de la realidad. Pero en aquel momento, todo parecía posible.

CAPÍTULO 33

Los días de ron y de rosas

(Primavera de 1959–octubre de 1960)

Y ASÍ EMPEZÓ LA fase de «luna de miel» de la revolución. Ese invierno, La Habana era una ciudad abierta que atraía a cualquiera con un poco de espíritu de aventura. Un viajero podía llegar desde Nueva York o Miami en un vuelo de Cubana de Aviación a un precio irrisorio, y alojarse en cualquiera de los hoteles de estilo *art déco* a precios tremendamente rebajados. Desde el momento en que salían del aeropuerto en un taxi con aletas, los visitantes se veían arrastrados por el fervor popular. Los voluntarios reunían dinero por las calles en pro de la causa, músicos cubanos famosos daban conciertos gratis y milicias armadas vagaban por las plazas entonando himnos patrióticos. (A alguien se le ocurrió ponerle la letra «Con Fidel, con Fidel, siempre con Fidel» a la melodía de «Jingle Bells», y la canción se volvió todo un éxito en los mítines). La ubicación revolucionaria y elegante por excelencia era el Habana Hilton, que pronto fue nombrado Habana Libre y en cuyo *penthouse*, una *suite* suntuosamente amueblada con vistas hacia todos los puntos de la ciudad, Fidel y Celia decidieron aposentarse. Docenas de guerrilleros se instalaron también en habitaciones más modestas; las chicas de la limpieza a menudo quedaban desconcertadas al ver que dormían en el suelo y dejaban inmaculados los baños. Los padres del Che tomaron un vuelo desde Buenos Aires y se alojaron en el Hilton antes de emprender un recorrido por todos los lugares de la isla donde su hijo había combatido. El intenso secretismo de la guerrilla se había desvanecido: de cuando en cuando se podía ver a Fidel salir por la noche para tomarse un batido de chocolate en el restaurante. Camilo adoptó la costumbre de presentarse a altas horas de la noche en el Tropicana, en cuya cocina había trabajado anteriormente, para atiborrarse de gambas y charlar con las bailarinas enfundadas en sus trajes de lentejuelas.

La ciudad intentaba volver a la normalidad. Después de que los camareros organizaran una marcha de protesta, los casinos volvieron a abrirse bajo duras restricciones. («No solo estamos dispuestos a deportar a los gánsteres», afirmó Fidel refiriéndose a todos los relacionados con la mafia en Estados Unidos, «sino a pegarles un tiro». Aun así, los prostíbulos y los cines porno no volvieron a abrir sus puertas y Supermán se vio obligado a buscar otro empleo). Los visitantes se sentaban a veces al lado de algún barbudo en los autobuses, el cual seguramente había subido sin pagar, ya que no tenían dinero. Las políticas sobre vello facial seguían en vigor, y la longitud de la barba medía el compromiso político: los hombres con crecimiento de tres días que llevaran brazaletes del M-26-7 podían recibir airadas órdenes de quitárselos por parte de rebeldes más peludos. Una viñeta cómica mostraba a un hombre pulcramente afeitado que subía a un autobús y se negaba a pagar: «Es que estoy de incógnito», explicaba.

Siempre en el centro de la acción, Errol Flynn se alojó igualmente en una habitación del Hilton con la alegre Beverly Aadland para trabajar en su documental sobre Fidel y en su película de serie B, *Cuban Rebel Girls*. Budd Schulberg, renombrado guionista de Hollywood (ganó un Óscar por *Nido de ratas* en 1954), lo vio caminando con Fidel en el *lobby* «tomados del brazo», como contó a un entrevistador en 2005. Conocía a Flynn de California. «Así que me subí a la habitación con ellos. Errol se sirvió vodka en un vaso alto y yo me puse a hablar con Castro. El mundo entero quería hablar con él», explicó. Cuando sugirió que de la historia de los dos hermanos revolucionarios podría salir una buena película, Raúl bromeó diciendo que quería que fueran interpretados por Brando y Sinatra. En un registro algo menos glamoroso, Flynn tuvo que ser rescatado cuando su colchón se incendió porque había bebido hasta perder el sentido y cayó sobre la cama con un cigarrillo encendido. Además, la policía turística lo arrestó unos días por posesión de narcóticos, aunque tenía una receta médica y el agente que lo detuvo acabó perdiendo el puesto.

Pasaron por el hotel unos trescientos cincuenta periodistas internacionales, incluidos dos soñadores incondicionales que se morían de ganas de ser ellos mismos guerrilleros: el amigo argentino del Che, Jorge Masetti (quien años después consiguió ver cumplido su sueño en su tierra natal y murió miserablemente en el proceso), y el chico activo de la NBC, el estadounidense Robert Taber. Inspirado hasta la exaltación por la victoria rebelde, Taber empezó a escribir una columna para el periódico *Revolución* y se convirtió en una figura familiar por las calles de la capital, donde los cubanos lo saludaban como «el comandante» porque llevaba una Colt calibre .45 colgando a un lado.

Los sueños románticos ahora se veían cumplidos. El Che y Aleida se iban a pasear del brazo por la preciosa ciudad, diciendo en broma que eran peor que pueblerinos cuando se perdían en los callejones del centro o se quedaban confundidos ante los semáforos. Como las demás guerrilleras, Aleida recordó lo raro que le pareció quitarse su uniforme verde oliva para volver a ataviarse como cualquier chica, con vestidos estampados de flores y visitando peluquerías y tiendas de maquillaje. No encontró nada que le gustara entre la ropa que dejaron atrás las esposas de los militares de Batista, así que la madre de una amiga le cosió un vestido nuevo.

Su relación con el argentino avanzaba muy lentamente. El 12 de enero el Che le pidió, como su «secretaria», que leyera una carta que había escrito a su esposa Hilda. En ella le pedía el divorcio para poder casarse con una cubana a la que había conocido durante la guerra. Aleida le preguntó quién era esa cubana. «Me miró con cara de sorpresa y me dijo que era yo... Me pregunté por qué no me había mencionado esto antes». La siguiente jugada del Che fue hacer un viaje juntos a un centro vacacional de playa: allí la tomó de la mano en el asiento trasero del coche. «Sentía que el corazón estaba a punto de salírseme del pecho», escribió ella, y fue cuando cayó en la cuenta de que estaba realmente enamorada. «Poco después, en una memorable noche de enero, el Che vino a mi habitación en La Cabaña y consumamos lo que ya era una relación muy fuerte». El Che bromeaba diciéndole que ese era «el día en que fue tomada la fortaleza». Ella dijo que «se rindió sin resistencia».

La primera boda entre celebridades de la guerrilla fue la de Raúl y Vilma, los tortolitos que solían besarse en las trincheras, poco menos de cuatro semanas después de la huida de Batista. Fue una alegre mezcla de la alta sociedad santiagueña con los más famosos guerrilleros; la antigua Cuba y la nueva. Ella usó un vestido de color blanco merengue con un ramo de flores mientras que Raúl, con el pelo recogido en una coleta, no se quitó el uniforme verde oliva ni la pistola del .45 en la cadera. El banquete se celebró en el moderno Rancho Club, fundado por Pepín Bosch, el magnate del ron Bacardí (y fan de Fidel); las mesas estaban engalanadas con flores y había cuarenta cajas de champaña con hielo. La revista *Life* hizo un reportaje del enlace bajo el título «Raúl Castro es capturado», una referencia humorística a su antiguo hábito de secuestrar ejecutivos y marines de Estados Unidos tan solo seis meses antes.

En un tono algo más picante, Fidel instaló a una nueva amante en el Habana Hilton: Marita Lorenz era una joven germano-estadounidense de diecinueve años a la que conoció por un crucero que visitaba la isla. Celia estaba ocupada instalando un apartamento cerca, en la calle Once, el cual se volvería el centro neurálgico del gobierno donde él trabajaría a diario. «A Celia no le sabía mal», explicó Lorenz más tarde a un periodista de *Vanity Fair*. «De hecho, estaba contenta de que Fidel solo tuviera a otra chica en su vida en vez de ir de flor en flor». La propia Marita terminó descubriendo que ella también tenía que mostrarse tolerante con las aventuras de Fidel. «Cada día llegaban cartas de mujeres de todo el mundo ofreciéndose a hacer cualquier cosa para conocerlo».

Las primeras notas sombrías en este alegre desfile de escenas llegaron con las ejecuciones de los peores informantes, torturadores y sicarios de Batista. Solo cuatro días después del discurso de la victoria de Fidel, el 12 de enero, Raúl cumplió su promesa de vengar a las madres de Santiago cuando más de setenta odiados oficiales del SIM fueron muertos a tiros y enterrados sobre una zanja abierta. (Se filtraron reportes que describían la desorganizada escena: solo había vendas suficientes para taparles los ojos a la mitad; uno intentó correr hacia un bosque cercano, pero lo trajeron de vuelta a rastras. Un teniente acusado de cincuenta y tres asesinatos pudo disfrutar de un aplazamiento de cuatro horas cuando un equipo de televisión cubano pidió que esperaran a que hubiera mejor luz). En La Habana las ejecuciones se efectuaban en La Cabaña bajo las órdenes del Che y fueron liquidados algunos miembros del BRAC, el escuadrón de la muerte financiado por la CIA para combatir el comunismo. El pueblo cubano, luego de tanto tiempo de sufrir en las garras de Batista, no mostró ni un atisbo de simpatía por las víctimas, pero los observadores internacionales (en especial en Estados Unidos) se mostraron conmocionados e indignados; un congresista denunció que los ajusticiamientos eran «un baño de sangre».

Los cubanos se mostraron desconcertados y ofendidos por esta crítica. El gobierno de Estados Unidos no había dicho ni una palabra en protesta durante los años de brutalidad que sufrieron a manos de los esbirros de Batista (se dice que veinte mil personas fueron asesinadas bajo su dictadura, aunque nadie lo sabe con seguridad), así que esta indignación les pareció de una hipocresía repugnante. Adujeron que los cargos contra más o menos mil hombres no eran sino una fracción de las represalias contra los colaboradores de los nazis tras la ocupación de Francia, y el 21 de enero un millón de cubanos abarrotaron las calles de La Habana en una manifestación para defender los juicios, mostrando pancartas como «¡Las mujeres respaldamos la ejecución de los asesinos!», «¡Que sigan los pelotones de fusilamiento!» y «¡No queremos interferencia extranjera!», mientras Fidel soltaba un discurso donde prometía que se haría justicia. Con todo, no ayudó demasiado a calmar las aguas el hecho de que se le oyó decir: «Si a los americanos no les gusta lo que pasa, pues que envíen a los marines. Entonces habrá doscientos mil gringos muertos».

Por una vez Fidel daba un paso propagandístico en falso. Cuando se celebró el primer juicio público al día siguiente, no fue más que una pantomima. Esposados, tres de los peores criminales de Batista fueron llevados a la Ciudad Deportiva, donde una multitud de dieciocho mil personas los saludaron con gritos de «¡Mátenlos!» y «¡Al paredón!». En su alegato ante el tribunal legal compuesto por tres miembros, el acusado Jesús Sosa Blanco comparó el proceso judicial sediento de sangre con el Coliseo romano (de hecho, el estadio donde se llevaba a cabo se llamaba, lamentablemente, el Coliseo), pero sus palabras quedaron sepultadas por los gritos mientras desfilaba un testigo tras otro para narrar sus espeluznantes crímenes. Las mujeres rompían a llorar. Un niño de doce años lo señaló con dedo acusador. Dos de los prisioneros casi cayeron en las manos de la muchedumbre enfurecida mientras los sacaban del recinto. La prensa extranjera se deleitaba en comparar la situación con las turbas parisinas que acudían a la guillotina. La revista *Time* comentó que todo esto revelaba «la capacidad de los latinos para incubar la venganza y las purgas sangrientas».

A partir de entonces, los juicios se celebraron en el relativo aislamiento de la fortaleza de La Cabaña, aunque el público y los periodistas seguían teniendo permiso para presenciarlos. El negocio de revender los casquillos percutidos para rituales de santería iba viento en popa.

En un irónico giro, dadas las protestas de Estados Unidos, los pelotones de fusilamiento de cada noche eran supervisados por un estadounidense: Herman Marks, el sádico exconvicto de Milwaukee al que el Che había echado de su columna, apareció de la nada en La Habana para ofrecer sus distintivos talentos. Durante un tiempo el capitán Marks se convirtió en uno de los yanquis más notorios de Cuba; *Time* lo describió como el «verdugo en jefe» de Fidel y los desafortunados prisioneros lo bautizaron como el Carnicero. Era famoso por vaciar todo el cargador de su revólver en la cara de las víctimas durante el tiro de gracia, de modo que sus familiares no pudieran reconocer el cadáver. Decía que los cubanos lo respetaban porque llevaba a cabo un trabajo difícil pero necesario, y siempre le daban las mejores mesas en el Riviera y el Plaza cuando salía a cenar.

La presencia de Marks atrajo a turistas morbosos; actores y personalidades que venían de visita le preguntaban disimuladamente si podían asistir a una ejecución. El joven escritor estadounidense George Plimpton lo conoció en el bar Floridita mientras bebía con otros literatos: el dramaturgo Tennessee Williams y el crítico inglés Kenneth Tynan. Cuando Marks les ofreció la oportunidad de acompañarlo esa noche, Plimpton y Williams aceptaron con sentimiento de culpa, mientras que Tynan, tartamudeando torpemente, prometió acudir y denunciar tales procesos como algo inmoral y repugnante. Más adelante, aquel mismo día, Hemingway los animó a todos a asistir, ya que «como escritor, es importante ir por todas partes y ver todo lo que se pueda, en especial los excesos del comportamiento humano, siempre que uno sea capaz de tener controladas sus reacciones emocionales». Nunca sabremos la pérdida que supuso para la literatura el hecho de que la macabra cita nunca se materializara al postergarse la ejecución.

El escritor inglés Norman Lewis también conoció a Marks, quien le dijo que a la mayoría de los condenados les gustaba dar ellos mismos la orden de disparar. El estadounidense afirmó sentirse orgulloso de su trabajo. «Como técnico, que es como yo me veo, no me gustan nada las chapuzas», le dijo. «¿Que si duermo bien? Pues sí, desde luego». Lewis se enteró de que Marks mandaba hacer mancuernas con los casquillos utilizados para regalárselas a sus amigos.

Quizá el relato más humano de las ejecuciones es el realizado por Errol Flynn, a quien presionaron para que asistiera. En un texto mecanografiado sin publicar, titulado *Cómo morir*, escribió: «He presenciado muchísimas situaciones horripilantes en mi vida, pero ninguna lo ha sido tanto como ver a un ser humano enfrentar el pelotón de fusilamiento. Me da igual cuánto pueda merecer el castigo; la visión me hizo vomitar y nada me importó menos que la expresión ligeramente entretenida en las caras que observaban a Flynn, héroe de mil batallas en la pantalla, pálido como un muerto y sacando sus valientes tripas por la boca. ¿Valiente? Vomité casi sobre los pies de un guardia, justo al lado de sus botas desgastadas; en su leve sonrisa pude reconocer un atisbo de diversión».

Sus amigos dijeron que volvía de esas ceremonias con la cara cenicienta y jurando que bebería menos. «A partir de ahora, solo dos botellas de vodka al día».

En otros aspectos, Fidel seguía siendo la imagen viva de la moderación, prometiendo que se celebrarían elecciones democráticas en dieciocho meses; denunciaba el comunismo, presumía de sus medallas religiosas y en general le aseguraba al mundo que Cuba iba en camino de convertirse en una versión caribeña del New Deal de Roosevelt. Se abolieron por completo las normas de segregación racial en los últimos bastiones donde todavía se practicaban, como el Havana Country Club. Los líderes empresariales de Cuba se mostraban tan dispuestos a colaborar que aceptaron pagar los impuestos del año siguiente por adelantado. Esso y Texaco anunciaban alegremente sus productos en *Revolución*.

El enamoramiento de los estadounidenses con Fidel como héroe del pueblo llegó a ser tal que el mismísimo Edward R. Murrow aceptó entrevistarlo mientras Fidel se relajaba, ataviado con pijama de seda, en su *penthouse* del Hilton. En un adulador episodio de la serie de la CBS *People to People*, Fidel parece un adulto sorprendido en una fiesta de pijamas mientras Murrow bromea sobre el tema más vital para su público en Estados Unidos: ¿cuándo se afeitará?

—Mi barba significa muchas cosas para mi país —le explica Fidel echando un vistazo a su séquito de guerrilleros armados, a los que el productor ha pedido que no salgan a cuadro—. Cuando haya cumplido nuestra promesa de un nuevo gobierno, entonces me afeitaré la barba.

Poco después, Fidel hijo entra en escena con un perrito adorable y el entrevistador le hace preguntas sobre la temporada en que fue a la escuela en Queens.

—¿Era tan apuesto como su hijo cuando tenía su edad? —le pregunta con gracia Murrow a Fidel.

A mediados de abril, poco después de tres meses de la huida de Batista, Fidel aceptó una invitación de la American Society of Newspaper Editors para hablar en Washington, D. C., y empezó así una gira triunfal no oficial por Estados Unidos. Salió «lleno de esperanza», como escribió su secretaria de prensa, Teresa Casuso (la novelista cubana que le había ayudado a ocultar armas en México, y que volvió para unirse a la revolución); se le dio una bienvenida como si hubiera vuelto Simón Bolívar y consiguió atraer las mayores multitudes que jamás se habían reunido para ver a un líder extranjero. Para sacar partido de su popularidad, una empresa de juguetes fabricó cien mil barbas postizas y gorras militares con el nombre «El Libertador», para venderlas junto a los cascos de soldado G. I. Joe y los gorros de piel de mapache de Davy Crockett. Fidel contrató a una empresa de publicidad en Manhattan, la de Bernard Relling, que le aconsejó que sus guerrilleros se cortaran el pelo y se pusieran traje; su séquito cubano debía estar formado principalmente por personas con educación universitaria y que supieran hablar inglés. Fidel ignoró las sugerencias. Era muy consciente del poder de su imagen desgreñada en un momento en que casi todos los estadounidenses se ceñían a una apariencia pulcra que parecía sacada de un manual de etiqueta. En los años cincuenta, cualquier persona que se vistiese de un modo distinto corría el riesgo de apartarse del resto de la sociedad, como mínimo, y en el peor de los casos (en ciertas partes del Sur), de recibir una paliza de la policía y pasar una noche en una celda.

Fidel se vio rodeado por una multitud en Washington cuando fue a posar para unas fotos en el Monumento a Lincoln. Se dirigió a hordas de estudiantes que lo admiraban en Harvard y Princeton, quienes consiguieron derribar las barreras policiales y cayeron sobre él en avalancha (Casuso opinó que «parecían haber enloquecido»). Pero el punto central de la visita fue Nueva York. El frenesí empezó en el momento en que su tren llegó a la estación Pennsylvania, donde un gentío de veinte mil personas le dio una «tumultuosa bienvenida». Tardó veinticuatro minutos en cruzar la calle para llegar a su hotel, la mayor parte de los cuales los pasó montado sobre los hombros de sus admiradores. Se reunió con el alcalde Robert F. Wagner en el ayuntamiento, pudo disfrutar de las vistas desde el Empire State y visitó el zoológico del Bronx, donde hizo las delicias de los periodistas saltando la valla y metiendo la mano en la jaula de los tigres. Mientras se comía un *hot dog*, declaró que el zoológico era «lo mejor de Nueva York» (Carlos Franqui intentó que fuera al Museo de Arte Moderno en lugar de ello, pero no lo consiguió). En la última tarde dirigió un discurso en español a unas cuarenta mil personas en la concha acústica de Central Park y le fueron concedidas las llaves simbólicas de la ciudad.

Para horror de la policía de Nueva York, que puso en marcha el mayor dispositivo de seguridad en la historia de la corporación, Fidel insistió reiteradamente en empujar a sus guardaespaldas a un lado para estrechar las manos de sus admiradores. («Tiene que saludar a su público», explicaba Celia, animándolo). En un trayecto por Manhattan, Casuso estaba aterrada ante la posibilidad de que volcaran el coche las masas de gente que intentaban estar más cerca de su héroe. Una noche Fidel salió del hotel sin avisar y terminó en un restaurante chino, charlando con estudiantes y concediendo una improvisada entrevista radiofónica. «No sé si me interesa la revolución», afirmó una mujer a los reporteros cubanos, «pero Fidel Castro es lo más grande que les ha pasado a las norteamericanas desde Rodolfo Valentino».

—¡Gracias a Dios que se fue! —gruñó el oficial de policía a cargo de la seguridad de Fidel en Nueva York, mientras veía partir hacia Boston el tren en el que viajaba—. Ahora ya es problema de otro.

Aparentemente, la visita fue un éxito rotundo. Los periódicos aceptaron a Fidel como una «mejor versión» de lo que podían llegar a ser los estadounidenses. Venía «de otro siglo», afirmaba soñador el *New York Times*, «el siglo de Sam Adams y de Patrick Henry y de Tom Paine y de Thomas Jefferson», y traía a la memoria «viejos recuerdos, ya atenuados, de un pasado revolucionario».

Pero detrás de todas esas caras sonrientes se ocultaba una historia menos alegre. El presidente Eisenhower se irritó porque los cubanos se habían saltado el protocolo diplomático y visitaban el país sin una invitación oficial; incluso llegó a sugerir que se le denegara a Fidel el visado. En cambio, se aseguró de estar fuera de Washington, en un viaje para jugar al golf, cuando Fidel llegara a la ciudad. El veterano héroe de la Segunda Guerra Mundial no iba a sentarse con un guerrillero arribista. Fidel se vio obligado a contentarse con un encuentro con el vicepresidente Nixon en su despacho: ambos sintieron una antipatía mutua nada más verse.

—Ese hijo de puta, Nixon —afirmó Castro, al parecer—. Me ha tratado mal y pagará por ello.

Fidel había instruido a sus negociadores para que no suplicaran ayuda a Estados Unidos, pero tampoco nadie se la ofreció.

La esperanza de Fidel había sido platicar directamente con el público de Estados Unidos, del mismo modo que lo había hecho con los cubanos. Denominó a la visita «Operación Verdad», y parecía genuinamente convencido de que si le daban la oportunidad de explicar adecuadamente la situación en la isla, conseguiría ganarse a los estadounidenses para la causa revolucionaria. Una noche se puso a bailar en la habitación del hotel, cantando:

—¡Ya nos empiezan a entender mejor!

De hecho, los estadounidenses no estaban escuchándolo en realidad.

El cambio en la opinión pública de Estados Unidos fue patente en la siguiente visita de Fidel a Manhattan, algo más de un año después, a finales de septiembre de 1960, como delegado ante la Organización de las Naciones Unidas. Teresa Casuso describe un sombrío viaje en coche por las mismas calles un año atrás inundadas de simpatizantes: «En vez de la aclamación de miles de personas que abarrotaban las aceras y de las alegres caras de los ocupantes del coche, ahora solo había silbidos y gritos de enojo mientras los pasajeros, silenciosos, cruzábamos la ciudad. Sé lo mucho que Fidel debió de sufrir al verse rechazado de una forma tan drástica». Se había demonizado a Fidel. En el *Daily News* lo llamaban «el Beardo», «el barbudote». Los editoriales tenían títulos como «El mocoso malcriado con una pistola»; este en concreto citaba al senador Barry Goldwater diciendo que «el caballero de la brillante armadura» había resultado «un vagabundo sin afeitar». Los cubanos, antes semejantes a leones, ahora eran degenerados sucios y desgreñados: «En las *suites* de los cubanos entran chicas, chicas y chicas sin parar», se escandalizaba el *News*. «Rubias, morenas, pelirrojas y, según ha dicho un detective, muchas prostitutas conocidas. Y con las chicas ha entrado bebida, bebida y bebida sin parar. El mismo

Fidel tuvo una visitante ayer noche de 2 a 3:30 de la mañana, una pechugona y atractiva rubia». En vez de niños corriendo por ahí con barbas de Fidel de juguete, algunos habitantes de Long Island quemaron simbólicamente su efigie.

Cuando el director del lujoso hotel Shelbourne pidió un depósito de seguridad de diez mil dólares en efectivo, alegando que los cubanos mataban y cocinaban gallinas vivas en sus habitaciones, Fidel hizo las maletas y se marchó con toda su comitiva de setenta personas hasta la Secretaría General de las Naciones Unidas, el elegante rascacielos modernista que se alza como una lápida sobre el río Este. Allí le explicó al apacible secretario general Dag Hammarskjöld que antes que recibir insultos, los cubanos se iban a dormir al Central Park si hacía falta, dado que todos eran «unos salvajes» encantados de poder dormir al raso. En vez de ello, todos se metieron en coches a medianoche para poner rumbo a Harlem, la «capital negra de Estados Unidos» en la parte alta de Manhattan, donde el hotel Theresa, de trece plantas en la calle 125, se había ofrecido a acogerlos.

Fue una jugada maestra justo antes del inicio del movimiento por los derechos civiles. En 1960 Harlem era una «ciudad dentro de la ciudad», un enclave afroamericano aislado con una cultura muy rica pero económicamente oprimido, cuyas calles de piedra rojiza, antes espléndidas, terminaron decayendo, y donde las drogas y el crimen causaban estragos. A diferencia de la era del *jazz* de los años veinte y treinta, cuando los locales nocturnos como el Stork Club o el Apollo eran famosos en el mundo entero, solo los neoyorkinos blancos más bohemios estaban en Harlem al caer la noche. (La comunidad consideraba que los grupos de policías blancos en las esquinas eran «un ejército invasor»). Ningún líder mundial se había alojado jamás en Harlem.

El gesto de solidaridad de Fidel no fue un simple arrebato. Llevaba tiempo cortejando a los afroamericanos, animándolos a acudir como turistas para ver la revolución por sí mismos, e incluso celebró la Nochevieja de 1959 en La Habana con líderes negros del movimiento por los derechos civiles de todas partes de Estados Unidos, con el boxeador Joe Louis a su lado. La primera noche en Harlem, Fidel conoció a Malcolm X y fueron fotografiados en un abrazo en el *lobby* del hotel. Cada día se reunían multitudes de simpatizantes en las calles. Se manifestaron dos mil personas de la Nación del Islam. Las fotos muestran a Fidel comiendo con su personal en una cafetería Chock full o' Nuts local, y a Juan Almeida, el jefe militar afrocubano, bromeando con las camareras de un restaurante. El vivaracho Nikita Jrushchov emprendió también la peregrinación hasta Harlem para rendirle homenaje y quedó casi completamente envuelto por el abrazo de oso de Castro, que ha quedado en foto para la posteridad.

Fidel ganaba titulares cada día. Cuando Eisenhower celebró un almuerzo para los líderes latinoamericanos sin invitarlo, los cubanos decidieron ofrecer un almuerzo rival en el Theresa junto con el personal negro del hotel. Fidel, sentado ante un filete y una cerveza frente a un botones, declaró que se sentía como en casa cuando estaba «entre la pobre y humilde gente de Harlem». El grupo Fair Play for Cuba, fundado por Robert Taber y Richard Gibson, el primer reportero afroamericano de la CBS, celebró una velada completamente opuesta a los rígidos encuentros de las Naciones Unidas. En un ejemplo temprano de «elegancia radical», la fiesta atrajo a un grupo multirracial de bohemios de izquierdas, el cual incluía a líderes políticos de Harlem, el poeta Allen Ginsberg (quien para aquel entonces ya contaba con la segunda barba más famosa después de la de Fidel) y el fotógrafo Henri Cartier-Bresson. El periodista polaco-francés K. S. Karol alabó con entusiasmo el «ambiente fraternal, de libertad y compañerismo» que auguraba un nuevo futuro social de igualdad. «El personal proletario del hotel, los uniformes verde oliva de los guerrilleros, la falta general de formalidades... Todo ayudó a remarcar el carácter alegre y estimulante, por no decir revolucionario, del encuentro».

Se trataba del trasfondo perfecto para el discurso de Fidel en las Naciones Unidas el 26 de septiembre, donde denunció el imperialismo de Estados Unidos. Con un tiempo récord de cuatro horas y veintiséis minutos, sigue siendo la alocución más larga que jamás se ha dirigido a la ONU. Cuando los cubanos estaban listos para volver a casa, descubrieron que Estados Unidos les había incautado los aviones. Jrushchov les prestó uno soviético.

¿Qué se había torcido entre estas dos visitas a Manhattan? En retrospectiva, el júbilo febril con el que el público de Estados Unidos acogió su gira de 1959 resultó no ser más que un encaprichamiento; el enamoramiento que sentían por Fidel era superficial. Los estadounidenses blancos de clase media no querían a un revolucionario de verdad. Esperaban que Fidel se convirtiera en un colaborador bien afeitado y educado y, por encima de todo, alguien a quien se pudiera controlar. Cuando se fue a Cuba y puso en marcha su primera ley de reforma agraria en mayo, con cambios realmente radicales que amenazaban a las enormes azucareras propiedad de estadounidenses, este afecto se desvaneció. A partir de entonces, ante cada señal de independencia de los cubanos, Estados Unidos reaccionó como un amante despechado. Como observó Herbert Matthews, los estadounidenses idealizaban a Fidel como un héroe que iba a «salvar» a Cuba al tiempo que dejaba intacta su tremendamente desigual relación económica con Estados Unidos. «En realidad, los estadounidenses le dieron la bienvenida a un personaje que no existía, esperaron lo que no podía pasar ni pasaría, y luego le echaron la culpa a Fidel Castro de su propia ceguera e ignorancia».

En 1960, Cuba y Estados Unidos sostenían un pleno enfrentamiento de toma y daca: el Congreso había detenido la importación de azúcar cubana, y Fidel y el Che (que había recibido un ascenso para quedar a cargo de la economía) empezaron a nacionalizar cada vez más activos estadounidenses. De puertas adentro, Washington descartó rápidamente la idea de una coexistencia pacífica. En marzo, seis meses antes de la visita de Fidel a Harlem, Eisenhower ya había aprobado un plan secreto para librarse de él, ya fuera en un asesinato o una invasión. Puede que nunca se llegue a un acuerdo en la discusión sobre si Cuba saltó a los brazos del Bloque del Este o bien fue empujada a hacerlo, pero los servicios de inteligencia británicos ya advertían a Estados Unidos que sus acciones punitivas obligaban a Fidel a adoptar posiciones cada vez más radicales y hacían seguro que la isla acabara por «perderse». La CIA empezó a desestabilizar Cuba al dar apoyo a los rebeldes anticastristas. Estallaban bombas en las ciudades. Los almacenes más grandes de La Habana ardieron. Fidel endureció cada vez más las medidas contra cualquier disensión, y los cubanos ricos que lo respaldaron comenzaron a huir. El país se volvía triste y soso. El color empezó a desaparecer de La Habana como un coral muerto.

Cuando justo después de la medianoche del 17 de abril de 1961 tuvo lugar la invasión de Bahía de Cochinos, respaldada por la CIA, la población cubana ya estaba provista con armas de fabricación soviética. Unos mil quinientos mercenarios, la mayoría exiliados cubanos, desembarcaron en la costa sur; en tres días, ciento quince habían perdido la vida y el resto se rindieron. Fue una derrota rotunda para los invasores. Poco después, por medio de intermediarios, el Che envió un mensaje a la Casa Blanca para agradecer a John F. Kennedy por organizar el fallido intento de invasión, pues este había unido a la población cubana en su respaldo a las medidas más radicales del nuevo régimen. «Antes de la invasión, la revolución no pisaba suelo firme», escribió. «Ahora es más fuerte que nunca». En la celebración del 1 de mayo de 1961, Fidel declaró que Cuba ya era oficialmente un país socialista del lado soviético.

La «luna de miel» no solo había terminado sino que era un recuerdo tan distante que ambos países acabarían por olvidar que alguna vez existió. El largo y amargo divorcio apenas empezaba.

¿Podrían haber sido de otro modo las cosas? Nunca sabremos lo que pensaba realmente Fidel en los embriagadores días de principios de 1959; cuesta imaginar que hubiera entregado el poder tras haberlo alcanzado, dadas las tendencias megalomaniacas que ya empezaba a mostrar. Pero, desde luego, el curso de la revolución no estaba de ningún modo decidido cuando por primera vez se adueñó de La Habana. Muchos de los que lo rodeaban observaron que no tenía un plan de gobierno concreto. Como admitió Celia, los barbudos quedaron sorprendidos al descubrir que les habían cedido el control completo de toda la isla; el M-26-7 siempre creyó que terminaría compartiendo el mando. De la noche a la mañana se encontraron dirigiendo el país del mismo modo que operaron la guerra de guerrillas en la sierra: improvisando sobre la marcha.

Pocos observadores de aquel entonces imaginaron que Cuba se convertiría en el satélite tropical de la Unión Soviética. Al fin y al cabo, casi ninguno de los hombres que desembarcaron del *Granma* o que se unieron al Ejército Rebelde se consideraban comunistas, Fidel incluido. Todos los investigadores de la CIA estaban de acuerdo en que Fidel no tenía un interés real en las ideas socialistas; en el fondo era un nacionalista de centroizquierdas cuyo profundo deseo era que Cuba ganara una independencia real. Pero aun así las confrontaciones que siguieron están envueltas en un aire de fatídica inevitabilidad. En 1959, los negocios estadounidenses poseían mucho más que las mejores tierras de cultivo en Cuba: también eran dueños de casi cada activo económico del país, incluidas empresas de telefonía y petróleo, plantas eléctricas y líneas ferroviarias. Fidel sabía que Cuba siempre estaría bajo el dominio de Estados Unidos hasta que rompiera con el férreo control que la asfixiaba, en vigor desde 1898.

EN LA ESCALADA de tensiones de 1960, Fidel advirtió que se avecinaba una confrontación con Estados Unidos y empezó a buscar un nuevo mecenas. La Unión Soviética los esperaba con los brazos abiertos, dispuesta a acudir al rescate mediante la compra del azúcar de Cuba y el ofrecimiento de ayuda económica. Con sus satélites Sputnik surcando los cielos y un poderío industrial que aparentemente los pondría adelante en la competencia con Estados Unidos, la URSS se consideraba en aquel momento una alternativa viable al Occidente capitalista. Pronto Fidel y el Che solicitaban asistencia militar soviética para repeler la inminente invasión.

Puede que no sirvan de nada las especulaciones, pero si Estados Unidos hubiera mostrado una actitud más flexible en 1959 e intentado comprender lo que la independencia significaba en realidad para los cubanos, quizá podrían haberse aprovechado la enorme disposición y voluntad de cooperar existentes entre ambos países. En vez de ello, Washington seguía creyendo tener derecho a controlar todo lo que pasara en la isla. Nunca sabremos adónde se habría podido llegar de haberse adoptado una forma más creativa de abordar el conflicto, incluso si Estados Unidos hubiera ofrecido un generoso préstamo y un paquete de ayuda a Cuba, como hizo con casi todos los demás nuevos gobiernos latinoamericanos. El resultado diplomático difícilmente pudo ser peor que el que provocó la política hostil iniciada por Eisenhower y que siguió aplicando John F. Kennedy.

Otra situación hipotética mucho más factible es que la historia habría sido sin duda distinta si Washington no hubiera respaldado a Batista a lo largo de la década de los años cincuenta. Los cubanos nunca comprendieron por qué Estados Unidos dejó de lado los ideales más nobles de sus padres fundadores para sostener a un dictador que asesinaba y sembraba el terror entre su propia gente. Si Estados Unidos hubiera adoptado una posición más ética tras el golpe de 1952, si hubiera retirado de inmediato la ayuda militar, si hubiera presionado para celebrar elecciones democráticas y hubiera denunciado los abusos más flagrantes del régimen, es muy posible que Batista hubiera abandonado su cargo y que el cambio llegara a Cuba por medios democráticos y pacíficos.

Se trata de una pauta deprimente que se repite una y otra vez desde la Segunda Guerra Mundial, en la que Estados Unidos respalda a una serie de terribles dictadores en Irán, Vietnam, Chile y Panamá, por nombrar unos cuantos. La tragedia es que esto casi siempre ha tenido unas consecuencias desastrosas. Al traicionar sus propios principios, Estados Unidos también se ha impedido alcanzar sus objetivos estratégicos más deseados.

Epílogo:
Los últimos de la fila

En general, los buenos soldados no sirven
para otra cosa que para soldados.
—ERNEST HEMINGWAY,
POR QUIÉN DOBLAN LAS CAMPANAS

HOY EN DÍA no cuesta ver por qué las patrullas de Batista nunca encontraron la Comandancia General de La Plata. Llegar hasta el cuartel general de la guerrilla todavía sigue pareciendo una misión clandestina. En la Sierra Maestra no hay señales en las carreteras, así que tuve que pedir indicaciones a los campesinos que pasaban montados a caballo mientras intentaba esquivar los enormes baches y el ganado suelto. En la aldea de Santo Domingo, un guía oficial se encargó de cumplimentar por cuadruplicado la documentación necesaria para que tuviéramos permiso de acceder antes de acompañarnos hasta un rechinante todoterreno de propiedad gubernamental. El vehículo empezó a subir entre chasquidos por caminos y subidas tan empinadas que quizá habría sido mejor idea instalar un teleférico en una de las pocas zonas del Caribe que aún son verdaderamente silvestres.

El guía, Omar Pérez, me condujo después por un inclinado sendero que sube selva adentro durante un kilómetro y medio. Algunos tramos se convirtieron en arroyuelos lodosos por las lluvias, y debido a la intensa humedad estábamos empapados en sudor luego de unos pocos pasos. Pérez, un vivaz granjero local, nos animaba a seguir adelante con gritos de «¡Vamos, muchachos! ¡Adelante!», como Fidel en el Moncada. Para cuando divisé el hospital de campo del Che, yo mismo parecía ya un guerrillero medio salvaje.

En cualquier otro país la Comandancia ya se habría convertido en un excelente complejo ecoturístico, pero en Cuba sigue siendo el santuario histórico más íntimo de la revolución. A pesar de haberse ido reparando los daños causados por los huracanes a lo largo de las décadas, las dieciséis estructuras conservan casi el mismo aspecto que tenían cuando Fidel las abandonó en noviembre de 1958 para su última arremetida contra Santiago, cada una cariñosamente identificada con un rótulo de madera. Los senderos llevan detrás de la sala de prensa y las cabañas de las Marianas hasta la parte más alta, donde la choza de Radio Rebelde todavía contiene los transmisores originales y la antena que se subía y bajaba a mano.

Al llegar a la atracción principal, la Casa de Fidel (diseñada por Celia), tuve la sensación de que estaba vacía porque la pareja revolucionaria acababa de salir a fumar un cigarro. Las grandes ventanas se mantienen abiertas con varas para dejar pasar la brisa fresca y el sonido del arroyo que borbotea debajo. El frigorífico de gasolina también sigue ahí, en la cocina, con las marcas de las balas que le disparó la policía. El dormitorio conserva los sillones de la pareja y una amplia cama matrimonial con el colchón original, ahora cubierto por un grueso plástico. No está permitido entrar en la cabaña, pero cuando Pérez se alejó un poco, subí la escalera y entré sin que nadie me viera. En un momento dado incluso me tumbé sobre la cama para evocar aquel 1958, mirando por la ventana por la que todavía se ven el exuberante follaje de la selva y las flores.

Pero incluso la sagrada Comandancia tiene un aire de sueños

rotos. Tras la caída de la Unión Soviética en 1989, Cuba entró en una crisis económica de la que todavía no ha escapado; aunque el sistema socialista está siendo modificado lentamente, el país sigue aislado por el bloqueo comercial de Estados Unidos firmado décadas atrás por John F. Kennedy, un último fragmento de la Guerra Fría olvidado en el trópico. Mientras bajábamos caminando por la montaña, Pérez explicó que en parte consiguió su preciado puesto como guía porque su abuelo ayudó a los rebeldes en la sierra y los conoció en persona. Aunque cuenta con una carrera universitaria, en Ingeniería Agraria, gana muchísimo más dinero en el turismo del que podría conseguir en una granja propiedad del Estado: 14 CUC (unos dieciséis dólares estadounidenses) al mes, complementados (como remarcó) por las «propinitas».

En toda Cuba, la memoria de la guerra sigue viva: por dondequiera que pasaron los revolucionarios hay magníficos monumentos o museos cuasirreligiosos donde se exponen reliquias como la boina del Che, la metralleta de Camilo o bombas molotov que no llegaron a usarse, por no mencionar las rarezas como calcetines remendados, peines e incluso cepillos de dientes de héroes desaparecidos. Incluso a la generación más joven (y más cínica) le sigue gustando referirse a los rebeldes por el nombre, no por el apellido. Los cubanos siguen sintiéndose extremadamente orgullosos del sacrificio personal y de la victoria de la rebelión contra todo pronóstico, así como de todos los logros de los años siguientes, como, por ejemplo, los sistemas de educación y salud gratuitos.

Pero el aura de idealismo ha pasado a ser casi dolorosamente desgarradora con la decadencia del sueño revolucionario; cada vez menos gente visita los sitios conmemorativos. Casi nadie ya se pone a buscar el pequeño apartamento de Haydée en La Habana, donde los chicos planearon el ataque al Moncada, o la celda de la prisión en la isla de Pinos (ahora llamada isla de la Juventud) donde las camas de los rebeldes están alineadas bajo retratos descoloridos. Incluso menos personas encuentran la casa familiar de Frank País en Santiago; el gramófono donde ponía música de *jazz* para que no se oyeran sus conversaciones subversivas todavía sigue en su dormitorio.

Quizá el sitio histórico más olvidado es donde empezó todo, el lugar de desembarco del *Granma*. La remota costa cerca de playa Las Coloradas sigue tan inmaculada que forma parte de un parque nacional. En los años setenta construyeron un sendero de concreto de unos mil doscientos metros entre los retorcidos manglares para observar el punto exacto. Cuando llegué, la solitaria guía no ocultó su sorpresa; solía tener en promedio un visitante a la semana. La alegre mujer, con un doctorado en Historia, me dirigió por el camino bajo el sol inclemente mientras los cangrejos se escabullían bajo nuestros pies. Cada año, el 2 de diciembre, se celebra el aniversario del desembarco, cantando himnos y celebrando actos de solidaridad política. El momento más esperado es cuando ochenta y dos jóvenes, hombres y mujeres, elegidos por sus buenas notas y su auténtico patriotismo, saltan de una réplica del *Granma* y recrean la llegada de los rebeldes.

—Pero no los obligamos a vadear por la ciénaga —me confió la guía.

Los viejos revolucionarios no desaparecen poco a poco y con discreción. Las historias de casi todas las personas implicadas en el alzamiento cubano parecen sacadas de un melodrama: la primera tragedia sucedió en octubre de 1959, cuando el querido y ocurrente Camilo Cienfuegos desapareció en el mar en una Cessna que se dirigía a La Habana. Cuando se supo la noticia, los cubanos rompieron a llorar en la calle y el recuerdo todavía causa pesar entre los ciudadanos más mayores. Se recuperaron fragmentos de la avioneta y el motivo del accidente fue, con casi total seguridad, un fallo mecánico, pero esto nunca se demostró, lo que produjo varias teorías conspiratorias de que Fidel estuvo detrás de todo.

Hoy en día, la imagen fanfarrona de Camilo, con su sonrisa de oreja a oreja, sigue presente en toda Cuba, aunque pocos extranjeros lo reconocen. Más tarde Celia recordó que ella y Fidel estuvieron con él en el campo, poco antes de que Camilo muriera, cuando este tuvo una premonición: «Fidel estaba en el comedor hablando de cosas que habían pasado en la sierra. Camilo estaba tumbado y yo leía. En algún momento de la conversación, Camilo dijo: "Ah, sí... En unos pocos años todavía seguirán escuchando a Fidel contar estas historias, pero entonces todo el mundo ya será viejo y él dirá, 'Ay, ¿se acuerdan de Camilo? Él murió justo cuando todo se acabó'"».

El Che Guevara y Aleida se casaron en junio de 1959 (en las fotos se lo ve sonriendo a la cámara como un loco) y tuvieron cuatro hijos en rápida sucesión. Pero el argentino empezó a sentirse cada vez más impaciente con su vida doméstica y con las exigencias de su trabajo administrativo como jefe del banco nacional y posteriormente como ministro de Industria. Primero decidió embarcarse en otra aventura guerrillera, en el Congo, para repetir el éxito de la Sierra Maestra. Después, en 1967, con la cabeza afeitada, dientes postizos y anteojos de montura de carey, entró en Bolivia de incógnito e intentó fomentar una revolución en la región tremendamente pobre de los Andes. Por desgracia, los campesinos se mostraron indiferentes y el Che fue capturado por una tropa del gobierno y ejecutado. Sus últimas palabras para el hombre que se ofreció a hacerlo fueron: «Sé que has venido a matarme. Dispárame, solo vas a matar a un hombre». Tenía treinta y nueve años. Irónicamente, los soldados que lo encontraron seguramente habían leído su libro *La guerra de guerrillas*, ya que los formadores de la CIA que los entrenaron lo usaban como referencia.

El martirio del Che garantizó que se volviera una superestrella internacional. Poco antes de su muerte, el fotógrafo cubano Alberto Korda le dio un retrato llamado *Guerrillero heroico* a un empresario italiano de izquierdas que estaba de visita en La Habana. La imagen del Che mirando beatíficamente al horizonte pronto fue reproducida en Europa como un póster serigrafiado y se ha convertido en una de las imágenes más reproducidas de la era moderna. (A Korda le gustaba quejarse de que jamás recibió un centavo por los derechos de autor).

En 2005, los restos del Che fueron descubiertos en una fosa común en Bolivia y los enviaron de vuelta a Cuba, donde fueron sepultados con gran pompa en el lugar de su mayor éxito militar, Santa Clara, al lado de una llama eterna. Ahora el mausoleo está protegido por cuadros de jóvenes militares vestidas con minifalda color verde oliva y gafas de aviador, repantingadas bajo el calor como si fueran *groupies* del Che. Un museo contiguo muestra algunos conmovedores recuerdos de la infancia del Che en Argentina, incluido su inhalador de cuero para el asma y copias de libros escolares «leídos por el joven Ernesto», entre ellos *Tom Sawyer*, *La isla del tesoro* y *Don Quijote*.

Quince años después de su fin, Aleida se convirtió en la directora del Centro de Estudios Che Guevara, «para promover el estudio y la comprensión del pensamiento del Che». Allí se encuentran su biblioteca y archivos personales de su casa en La Habana, donde la pareja vivió a principios de los años sesenta. Sus cuatro hijos son miembros activos de causas sociales progresistas en Cuba y el extranjero.

Aunque su romance acabó desvaneciéndose, Celia Sánchez siguió siendo la confidente más íntima y de más confianza del comandante en jefe. Su apartamento de La Habana en la calle

Once se convirtió (en palabras de Carlos Franqui) en la «casa, oficina y cuartel general» de Fidel, y ella lo acompañó en todas sus citas internacionales de importancia. Recibía personalmente a los campesinos que la visitaban desde la Sierra Maestra para pedirle ayuda (a menudo iban a su casa directamente desde la estación de autobuses), con lo que se volvió uno de los personajes más amados de la revolución. En 1964 también consiguió materializar su sueño de organizar un archivo, la Oficina de Asuntos Históricos, que llenó con los documentos que había conservado de la sierra. A finales de los setenta, la tremenda carga de trabajo y su hábito de fumar un cigarrillo tras otro la llevaron a un diagnóstico de cáncer de pulmón. Tras su muerte el 11 de enero de 1980, a la edad de cincuenta y nueve años, la nación entera estuvo de luto. En escenas que recuerdan lo sucedido tras el fallecimiento de Evita Perón, miles acudieron desde toda Cuba para el funeral y Fidel se quedó velándola toda la noche. Un amigo de la familia comentó: «Cuando ves a un hombre llorar, resulta impresionante, pero ver a Fidel Castro llorar... Estaba muy rojo, como una granada. Le fluían las lágrimas por ambas mejillas». La procesión fúnebre fue encabezada por una corona gigantesca cubierta de orquídeas, y en el lazo de raso se leía: «Para Celia, de Fidel». Fidel nunca habló de ella públicamente.

Tan pronto Batista huyó, Haydée Santamaría abandonó Miami para dirigirse a La Habana. En menos de cuatro meses ya había establecido la Casa de las Américas, un centro cultural que fomentó el intercambio en la región, con sus propios premios literarios, salas de conciertos y editorial. (El cantante Silvio Rodríguez afirmó que gracias a ella lanzó su movimiento de la nueva trova). Pero siguió aquejada por la depresión, que se había vuelto aún más profunda con el asesinato de su prometido y su hermano en el ataque al Moncada. En una carta abierta que le escribió al Che a su muerte, dijo: «[...] creo que he vivido demasiado, el sol no lo veo tan bello, la palma no siento placer en verla; a veces, como ahora, a pesar de gustarme tanto la vida, que por esas dos cosas vale la pena abrir los ojos cada mañana, siento deseos de tenerlos cerrados como ellos, como tú». Tras la desaparición de Celia en 1980, eligió la simbólica fecha del 26 de julio para suicidarse. Tenía cincuenta y siete años.

Muchos otros miembros del Movimiento tuvieron unas vidas más alegres. Juan Almeida, exobrero de la construcción y poeta habanero con mal de amores, ostentó un puesto de mando en las fuerzas armadas desde 1959. Escribió varios libros de memorias y poesía, y es uno de los pocos líderes militares del mundo que también escribieron canciones de amor famosísimas, incluidas «Dame un traguito», «Mejor concluir» y «Déjala que baile sola». Murió en 2009, con ochenta y dos años.

El marido de Haydée, el abogado Armando Hart, se convirtió en ministro de Educación y puso en marcha un plan radical para eliminar el analfabetismo en Cuba: reclutó a unos cien mil maestros voluntarios para que viajaran a la remota campiña a principios de 1960, y después fue designado el primer ministro de Cultura. Hart fue el único miembro de la red clandestina urbana que ocupó una posición de importancia en el gobierno cubano, y trabajó en el Partido Comunista y el Politburó. Tras el suicidio de su mujer, la tragedia volvió a su vida en 2008, cuando dos de sus hijos murieron en un accidente automovilístico. Murió en 2017, con ochenta y siete años.

La compañera de Haydée en el Moncada, la abogada Melba Hernández, mantuvo un perfil bajo pero ocupó varios cargos en el gobierno, entre ellos como encargada del sistema de prisiones y también como presidenta del Comité de Solidaridad con Vietnam. Murió en 2014, a los ochenta y siete años.

Vilma Espín continuó en el círculo interno del gobierno durante toda su vida. Fue una defensora incansable de los derechos de las mujeres, «la revolución dentro de la revolución», las introdujo en la fuerza laboral y creó centros de cuidado infantil por toda Cuba. También respaldó en 1975 una controvertida ley que obligaba a hombres y mujeres a repartirse las tareas domésticas por igual. Tras la muerte de Celia se convirtió en la primera dama no oficial de Cuba y acompañó a Fidel en muchos de sus viajes al extranjero. Tuvo cuatro hijos con Raúl, aunque su matrimonio fue volátil y se dijo que se divorciaron en secreto. Murió en 2007, con setenta y siete años.

Carlos Franqui, el periodista autodidacta nacido en un campo de caña de azúcar, se convirtió en director del periódico oficial *Revolución* y pudo viajar ampliamente por Europa y codearse con Picasso, Sartre, de Beauvoir, Miró y Calder. En Cuba fue amigo de los más grandes artistas de la época, incluidos el escritor Guillermo Cabrera Infante y el pintor Wilfredo Lam. Dejó Cuba a mediados de los sesenta y finalmente rompió con Fidel por su defensa de la invasión soviética a Checoslovaquia. Cuando su crítica se volvió más decidida (y sus recuerdos más fantasiosos), se le acusó de ser un agente de la CIA y fue borrado de muchas de las primeras fotografías al comienzo de la guerra de guerrillas, a lo que él respondió con un poema:

> *Descubro mi muerte fotográfica.*
> *¿Existo?*
> *Soy un poco de blanco,*
> *un poco de negro,*
> *un poco de mierda*
> *en la chaqueta de Fidel.*

Falleció en 2010, a los ochenta y ocho años.

La celebridad y rebelde Naty Revuelta se permitió soñar por

un brevísimo momento que acabaría convirtiéndose en la primera dama de la nueva Cuba. Poco después de la victoria, Fidel acudió a visitarla a su mansión y conoció a su hija Alina, que aún no caminaba siquiera, pero le explicó a Naty que casarse con una aristócrata era imposible en la sociedad que estaba creando. Con todo, las visitas hicieron que su esposo, un cirujano, empezara a sospechar; en 1961 la pareja se divorció y él se marchó a Miami. Naty se quedó en Cuba y se convirtió en una revolucionaria ejemplar: se unió a brigadas de trabajo, luchó contra el mercado negro y trabajó en oficinas gubernamentales. Falleció en 2015 a los ochenta y nueve años.

Los destinos de los personajes más malvados de la historia no fueron menos dramáticos. Durante un cuarto de siglo tras su vergonzosa huida de La Habana, Fulgencio Batista fue la caricatura de un exdictador caído en desgracia, instalándose cómodamente en el exilio con la fortuna que expolió a toda Cuba, en regímenes de derecha que lo acogieron con indulgencia. Vivió en un opulento hotel en la isla portuguesa de Madeira, rodeado de desconfiados guardaespaldas, y escribió cinco jactanciosas memorias donde quedaba como el bueno. Después se mudó a la costa en la España de Franco, donde se metió en el negocio inmobiliario con cutres complejos vacacionales en la Costa del Sol. Aunque siempre temió la bala de algún asesino, murió de un repentino ataque al corazón el 6 de agosto de 1973, cuando tenía setenta y dos años.

Muchos de los secuaces de Batista que huyeron con él, llegaron a edades avanzadas en Miami, entre ellos el sanguinario jefe de policía de La Habana, Esteban Ventura, «el asesino de traje blanco», quien utilizó sus talentos para fundar una exitosa empresa de seguridad. Falleció en 2001, a los ochenta y siete años. El psicópata jefe de los Tigres, Rolando Masferrer, se implicó en varios planes en Florida para derrocar a Castro e incluso fundó su propio periódico, *Libertad*. En octubre de 1975 escribió que las bombas y los asesinatos eran herramientas políticas legítimas; fue justicia poética que muriera por un coche bomba tan solo una semana después. El asesinato sigue sin resolverse.

Los mafiosos estadounidenses no duraron demasiado en La Habana. Los casinos y hoteles fueron nacionalizados en octubre de 1960, con lo que los sueños de Meyer Lansky de fundar un Montecarlo caribeño se desvanecieron. Su sucinto veredicto sobre Cuba fue: «Me cagué». El famoso «padrino judío» siguió siendo buscado por el FBI, pero nunca acabó ante los tribunales; intentó irse a vivir a Israel, pero el país no se lo permitió. Cuando murió en Miami en 1982, a los ochenta y dos años, su fortuna personal ascendía a la modesta cantidad de 57.000 dólares. El inexpresivo gánster Santo Trafficante, propietario del hotel Capri, fue quien tuvo la salida más accidentada de La Habana. Pasó meses en un centro de detención en el Malecón en 1960; convencido de estar en la lista de las ejecuciones, consiguió sobornar a alguien para escapar. Su nombre siguió apareciendo en los juicios que se hicieron a la mafia en Estados Unidos hasta que sufrió un ataque cardiaco en 1987, cuando tenía setenta y dos años.

El Tropicana también fue nacionalizado, aunque a mediados de 1959 presentó un espectáculo llamado *Canto a Oriente* para elogiar la reforma agraria de Fidel y a Oriente, «lugar de nacimiento de los heroicos mambises y rebeldes». Hoy en día, el cabaret sigue activo para los turistas y las hordas de jineteras o prostitutas.

Los simpatizantes estadounidenses involucrados en la revolución casi fueron destruidos por su asociación con los cubanos. Herbert Matthews estuvo entre la docena de periodistas de Estados Unidos a los que Fidel concedió una medalla de oro en su visita de 1959 a Washington, y escribió varios libros sobre sus experiencias. Tan solo un año después, la prensa más conservadora lo ridiculizó, tildándolo de haber sido engañado por los comunistas. Amargado y resentido, se retiró a vivir con su hijo en Adelaida, Australia, aunque siguió defendiendo sus reportajes. Falleció en 1977, con setenta y siete años. Otro de los condecorados por Fidel, Jules Dubois, escribió en 1959 un libro apresurado donde alababa a Fidel, pero más tarde se desdijo de sus opiniones, afirmando que se sentía traicionado; murió de un inesperado ataque cardiaco en 1966 a la edad de cincuenta y cinco años. La única mujer del grupo, la fotoperiodista de guerra Dickey Chapelle (de soltera Georgette Meyer), también se retractó de su inicial entusiasmo por Fidel en 1962, cuando escribió sus memorias *What's a Woman Doing Here?* (*¿Qué hace una mujer aquí?*), de una sinceridad que impresiona. Siguió trabajando con los marines y acudió a Vietnam, donde murió por la metralla de una bomba trampa en 1965. Tenía cuarenta y cinco años.

Ed Sullivan también se vio avergonzado por la visión positiva de Fidel en su reportaje y declaró que lamentaba haberlo comparado con George Washington. Aun así, la entrevista le gustó lo suficiente como para incluirla en su recopilación de mejores momentos para celebrar el aniversario quince de su programa en 1963. Nunca fue promovido a las filas de corresponsales extranjeros de la CBS; su jefe, Murrow, encontró ridícula la idea. Su espectáculo de variedades duró hasta 1971.

Robert Taber, el atracador de bancos convertido en periodista, fue uno de los simpatizantes estadounidenses de la revolución más persistentes. Sus primeros libros sobre el M-26-7 y la guerra de guerrillas se volvieron clásicos y tradujo al inglés el famoso panfleto de Fidel, *La historia me absolverá*. Tras volver a Nueva York en 1960 quedó alarmado por los planes manifies-

tos para invadir Cuba con apoyo de Estados Unidos. Cuando él
y Richard Gibson, el primer periodista afroamericano de la CBS,
formaron el Fair Play for Cuba Committee (FPCC), publicaron
(al parecer con fondos cubanos) una carta abierta a plana completa en el *New York Times* donde respaldaban a Fidel, la cual
firmaron celebridades tales como Norman Mailer, Truman
Capote, Jean-Paul Sartre y Simone de Beauvoir. La CBS pronto
obligó a Taber y a Gibson a renunciar.

Taber cambió la pluma por la metralleta y luchó al lado de los
cubanos en bahía de Cochinos, donde quedó gravemente herido; le llevó meses recuperarse de una infección. Dos años más
tarde, desilusionado tanto de Estados Unidos como de Cuba,
se escabulló de una conferencia comunista en Checoslovaquia
y caminó por las montañas hasta llegar a Austria. Lo hicieron
comparecer ante comités del Senado tras el asesinato de John F.
Kennedy (resultó que Lee Harvey Oswald había sido miembro
del FPCC y se lanzaron disparatadas acusaciones de que ambos se reunieron en La Habana). Su carrera como periodista se
vio seriamente afectada por todo esto el resto de su vida, y en
una etapa el único trabajo que encontró fue como redactor del
Bergen County Record de Hackensack, Nueva Jersey. Se retiró a
Maine y se negó en repetidas ocasiones a conceder entrevistas a
historiadores sobre Cuba. Falleció pacíficamente en 1995 mientras dormía, con setenta y seis años de edad. «No es como uno
habría apostado que moriría», afirmó su hijo.

De los mercenarios estadounidenses, los que tuvieron más
suerte consiguieron salir de Cuba en un año o dos. El fanfarrón
Don Soldini hizo una pequeña aparición en el programa de Jack
Paar con Fidel, grabado en el Habana Hilton; se convirtió en un
empresario de éxito en Fort Lauderdale y fue entrevistado por
el *Miami Herald* en 1996, mientras conducía un Rolls Royce
Corniche convertible. Neill Macaulay se quedó en Pinar del Río

durante varios meses, donde ayudó a entrenar a los pelotones de fusilamiento, aunque con mucho menos gusto que Herman Marks (de hecho, se negaba a ser él quien diera la orden de disparar). Su esposa dejó Estados Unidos para acompañarlo en Cuba y ambos cultivaron tomates durante una temporada en una granja supervisada por unos misioneros. Volvió a su patria cuando los controles de exportación se endurecieron en 1961, y ganó la batalla legal para conservar su ciudadanía. Como profesor de Historia de Latinoamérica en la universidad de Florida, escribió sus memorias sobre Cuba y varios libros con muy buena recepción.

Los tres «mocosos de la armada» de Guantánamo que se unieron a Fidel al principio de la rebelión y que aparecieron en la CBS acabaron volviendo a incorporarse a las fuerzas armadas. El más joven, Victor Buehlman, vio la victoria de los rebeldes por televisión mientras estaba en la preparatoria en Jacksonville, Florida. De algún modo consiguió llamar al Habana Hilton y que Camilo se pusiera al teléfono, quien le dijo que regresara a Cuba y se «uniera a la fiesta». («No pude», se lamentó al *Miami Herald* en 1999. «No tenía dinero para hacerlo. Todavía era un niño»). A Chuck Ryan, el mayor y el que más tiempo estuvo con el Ejército Rebelde, lo mandaron de vuelta a Nueva York en 1958 para hablar en los eventos de recolección de fondos del M-26-7, aunque pronto se desentendió. Estuvo en el ejército en Vietnam en 1966. Mike Garvey, quien se hizo paracaidista, tenía miedo de que lo enviaran a Cuba durante la crisis de los misiles de 1962 y verse forzado a luchar contra sus antiguos compañeros.

El trio perdió el contacto hasta 1996, cuando reporteros de la CBS se pusieron a buscarlos mientras investigaban para hacer un especial por el setenta cumpleaños de Fidel, y este los invitó a La Habana como sus invitados personales. Ryan y Garvey aceptaron (Buehlman, que para entonces trabajaba como vendedor de equipos electrónicos en Knoxville, Tennessee, se había vuelto violentamente anti-Castro). Recordaron los viejos tiempos con el máximo líder durante unas cinco horas; después, los tres vendieron los derechos sobre sus historias para realizar una película llamada *Los chicos de Guantánamo*. Buehlman murió en 2010; Ryan, en 2012. La película todavía está por filmarse.

El comandante yanqui, William Morgan, disfrutó ser el centro de atención de la prensa estadounidense tras la victoria; se convirtió en uno de los confidentes de Fidel en 1960, cuando actuó como agente doble para desbaratar un golpe de estado organizado desde República Dominicana. Tras decidir quedarse en Cuba e instalar una granja de ranas con Olga, su esposa, le fue revocada su ciudadanía estadounidense, pero cada vez se sentía más decepcionado por las inclinaciones comunistas de Fidel. A finales de 1960 los cubanos lo acusaron de proporcionar armas a los rebeldes respaldados por la CIA ocultos en el Escambray. Aunque siempre protestó declarándose inocente y no se le probó nada, fue ejecutado en La Cabaña la noche del 11 de marzo de 1961 en una desagradable escena: cuando se negó a arrodillarse, le dispararon en ambas rodillas y lo dejaron retorcerse de agonía antes de coserle el cuerpo a tiros. Olga también fue arrestada y pasó diez años en prisión antes de que la liberaran y pudiera irse a vivir a Toledo, Ohio, la ciudad natal de Morgan.

La ejecución no fue dirigida por el sádico exconvicto estadounidense Herman Marks: para entonces, el Carnicero ya había desaparecido de la escena. En mayo de 1960, los relatos del trato terrible que daba a los prisioneros (algunos habrían sido asesinados a bayonetazos) lo llevaron a prisión en la isla de Pinos, de donde escapó en un barco pesquero con una joven periodista independiente estadounidense a la que había seducido. Llegó a México y después regresó de forma ilegal a Estados Unidos. Allí luchó durante varios años para evitar que lo deportaran a Cuba; alegó que, de volver, lo matarían. Desapareció a mediados de los años sesenta y se cree que llegó a anciano en Florida.

Ernest Hemingway hizo por fin una declaración pública sobre la revolución en su última visita a la isla en noviembre de 1959, cuando los reporteros de *Prensa Latina* acudieron a su encuentro en el aeropuerto de La Habana. El informe del FBI indica que él «respaldaba completamente la revolución y todos sus actos, y que era lo mejor que le había pasado jamás a Cuba». Luego de añadir que esperaba que no lo consideraran un yanqui sino un cubano, se acercó a la bandera cubana y la besó. Conoció a Fidel en un torneo de pesca en 1960 y le otorgó un trofeo; al parecer se dedicaron a hablar sobre los peces espada. Más tarde, ese mismo año, Hemingway abandonó la isla y, más deprimido que nunca por la terapia de choques eléctricos, se suicidó en Ketchum, Idaho, en julio de 1961. Su mujer donó su casa al gobierno cubano para ser conservada como museo.

Errol Flynn consiguió de algún modo hacer dos películas en La Habana. *Cuban Story*, su documental con imágenes de la Caravana de la Libertad, se exhibió en la URSS y después se perdió hasta que fue hallado en un archivo en 2001. Su último largometraje fue la pésima *Cuban Rebel Girls*, donde interpreta a un corresponsal de guerra y Beverly Aadland a una despistada neoyorkina que se convierte en guerrillera. Los críticos la destrozaron y aun hoy resulta difícil verla. («Cuando llegué aquí todavía no sabía lo que quería decir la palabra *libertad*», dice el personaje de Aadland. «Había leído sobre ella en los libros y cosas así, pero este viaje me ha ayudado a entender lo que significa»). En la última escena, Flynn mira a la cámara por encima del desfile victorioso que se ve desde el balcón de su hotel.

«Bueno, parece que con esto concluye otra etapa en la lucha por librar a Latinoamérica de tiranos y dictadores», afirma. «Pero la llama que han encendido estos extraordinarios rebeldes ya se extiende y es cada día más fuerte. A todos los jóvenes y jovencitas que luchan por la libertad política y por sus creencias en todas partes: les deseo buena suerte». Con esta última frase se retira, como si Robin Hood diera paso a una nueva generación.

Flynn murió en octubre de 1959, de un ataque cardiaco; estaba en Vancouver, intentando vender su yate antes de que el servicio de recaudación de Estados Unidos lo embargara. Sus años en Cuba fueron retratados en la película biográfica de 2013 *El final de Robin Hood*, con Kevin Kline en su papel y Dakota Fanning como Aadland.

A pesar de los seiscientos treinta y ocho atentados contra su vida, Fidel Castro fue al final el líder que más tiempo ocupó el poder en todo el mundo: sobrevivió a la Unión Soviética, a diez presidentes estadounidenses y adquirió un aura de inmortalidad. (Un chiste en Cuba decía que le ofrecieron una tortuga de las Galápagos como mascota, pero decidió no aceptarla cuando le dijeron que solo vivían trescientos años. «Ay, qué pena», respondía Fidel. «Justo cuando ya empiezas a acostumbrarte a una mascota, y se muere»). Década tras década fue uno de los dirigentes mundiales más categóricos y divisivos, poniendo constantemente a Cuba en las noticias gracias a su afición a provocar a Estados Unidos. Pero el tiempo acabó alcanzándolo. En 2006, justo antes de cumplir los ochenta, se retiró de la vida pública tras una operación de emergencia por una hemorragia intestinal, y en 2008, cuarenta y nueve años después de que la revolución llegara a La Habana, decidió abandonar su cargo público. A pesar de su silencio y del secretismo respecto a su salud, la noticia de la muerte de Fidel el 25 de noviembre de 2016 dejó a Cuba sumida en una conmoción colectiva.

En un reflejo simbólico de su Caravana de la Libertad de 1959, sus cenizas fueron llevadas en una procesión que siguió a la inversa el mismo recorrido de su comitiva, desde La Habana hasta Santiago; multitudes de cubanos que agitaban banderas con los ojos inundados de lágrimas se agolparon a su paso. Sus restos mortales fueron enterrados en el cementerio de Santa Ifigenia al lado de la tumba de su héroe, José Martí, y cerca del muro dedicado a los «mártires de la revolución» asesinados por los esbirros de Batista. Su tumba es un enorme peñasco de granito con una sencilla placa de metal donde se lee «Fidel».

El «pícher de reserva» de Fidel, Raúl Castro, había sido el comandante en jefe de las fuerzas armadas desde 1959; cuando Fidel abandonó su cargo en 2008, su hermano salió de las sombras y asumió la presidencia. Desde ese momento introdujo reformas de amplio alcance para abrir la economía cubana, incluidas medidas para legalizar el empleo privado de casi doscientos trabajos. La restauración de las relaciones diplomáticas con Estados Unidos, la reducción de las restricciones de viaje y la visita del presidente Obama a La Habana en 2011 llevaron a un deshielo prometedor en la convivencia con el Monstruo del Norte, pero el ambiente de optimismo se desvaneció al instante cuando Donald Trump asumió la presidencia en 2017 y tomó medidas para que Cuba siguiera en el mismo aislamiento que durante la Guerra Fría.

Fidelito llegó a ser un físico nuclear de fama mundial, pero tras la muerte de su padre cayó en una depresión y se suicidó en 2018, cuando tenía sesenta y ocho años.

Notas sobre las fuentes

INVESTIGACIÓN PRIMARIA Y ENTREVISTAS

El archivo clave que hay que visitar para cualquier cosa relacionada con la revolución cubana es la Oficina de Asuntos Históricos (OAH) de La Habana, creada por la infatigable Celia Sánchez. El personal al principio desconfiaba ante el neoyorquino que se puso a husmear en sus reliquias sagradas, aunque decirles que soy de origen australiano hizo maravillas para calmar cualquier desconfianza de tiempos de la Guerra Fría. Tras aproximadamente una docena de visitas (y varias comidas acompañadas de cerveza con los archivistas) empezaron a mostrarme todo tipo de tesoros: las cuentas financieras de Celia en la primera etapa de la guerra, el diario sin publicar de Juan Almeida, las notas intercambiadas entre Fidel y el Che en el fragor del combate y la película a color de la llegada de Fidel a La Habana, grabada en formato Super-8 por un videoaficionado el 8 de enero de 1959, entre otros. Los primeros diarios de Raúl también estaban ahí, luego de permanecer enterrados en un arrozal durante años.

El personal de la OAH también me invitó a «eventos revolucionarios» como el homenaje anual en memoria de Celia en el cementerio de La Habana, al que asistieron todos los héroes de la guerrilla que aún vivían. Fue allí donde conocí a la legendaria Teté (Delsa Puebla), aún con su uniforme militar cubierto de medallas, y a Felipe Guerra Matos, mano derecha de Celia desde Manzanillo. Más tarde entrevisté al hospitalario Guerrita en su acogedora residencia en Miramar, ahora situada (de forma bastante surrealista) a la sombra del lujoso y flamante hotel Sheraton. A pesar de que tenía más de ochenta años, casi quedé inconsciente al intentar seguir su ritmo al beber ron.

Otros descubrimientos fueron completamente fortuitos, al más puro estilo cubano. Mientras investigaba en el archivo, por ejemplo, me topé con un anciano caballero de uniforme verde oliva que paseaba por los corredores. Resultó ser Delio Gómez Ochoa, quien fue ascendiendo entre las filas hasta convertirse en el segundo al mando de la columna principal de Fidel en 1958. Bajo el brazo llevaba el manuscrito de su nuevo libro sobre el pelotón femenino Mariana Grajales, en el cual luchó durante los últimos días de la guerra de guerrillas. Aunque ya rondaba los noventa años, su memoria era fotográfica y me confirmó muchos detalles clave. (La longevidad de muchos veteranos es testimonio, sin duda, del excelente sistema gratuito de salud de Cuba).

Los recuerdos de otros ancianos guerrilleros a menudo eran borrosos, pero con frecuencia, con solo mirar cualquier foto antigua colgada en la pared se les despertaba la memoria. Por suerte, casi todos los cubanos que participaron en la guerra también escribieron memorias, incluido el prolífico Juan Almeida, que publicó una serie de libros con títulos tan épicos como *La Sierra Maestra y más allá* (La Habana, 1998), *Contra el agua y el viento* (La Habana, 2002) y *¡Atención! ¡Recuento!* (La Habana, 1993). Los escritos del Che Guevara son todavía hoy tremendamente amenos y a menudo bastante poéticos. Algunas de sus obras clave incluyen *Pasajes de la guerra revolucionaria* (Cuba, 1999), *Diario de un combatiente. De la Sierra Maestra a Santa Clara, 1956–1958* (Nueva York, 2011) y su manual práctico para el insurgente en ciernes, *La guerra de guerrillas* (Cuba, 1960). La memoria personal más íntima, que arroja luz sobre el hombre detrás de la leyenda, es la que escribió su viuda, Aleida March, *Evocación: mi vida al lado del Che* (2011).

Muchos de los escritos del propio Fidel se han traducido a varios idiomas, como su correspondencia en prisión en *The Prison Letters of Fidel Castro* (Nueva York, 2007) y su polémico alegato en el juicio del Moncada, *La historia me absolverá*, publicado en inglés como *History Will Absolve Me* (Nueva York, 1961). Fidel concedió horas de entrevistas a Ignacio Ramonet, lo que produjo *Fidel Castro: Biografía a dos voces*. Otras memorias clave son las de Felipe Guerra Matos con José Antonio Fulgueiras, *El marabuzal* (La Habana, 2009), y *Rebeldía*, de Raúl Menéndez Tomassevich (La Habana, 2005).

Además, muchos documentos importantes de finales de la década de los cincuenta están reproducidos en *Diario de la revolución cubana* (Barcelona, 1976), de Carlos Franqui; se publicó una versión ligeramente abreviada en inglés con el título *Diary of the Cuban Revolution* (Nueva York, 1980).

Por último, los periódicos y revistas de la época proporcionan un relato vívido y cotidiano de cómo se percibía la guerra (y de lo improbable que parecía la victoria). Los periodistas extranjeros sí que podían escapar a la censura de Batista: el *New York Times* realizó la cobertura más detallada y continua de Cuba, pero el *Washington Post*, el *Chicago Tribune* y una variedad de revistas fotográficas mensuales como *Life, Look, Coronet, Reader's Digest* y en Europa *Paris Match* contienen información notable. A principios de 1959, la revista cubana *Bohemia* publicó una serie de números conmemorativos en una crónica de los crímenes del régimen de Batista.

FUENTES SECUNDARIAS: GENERAL

Dentro de Cuba se han escrito bibliotecas enteras sobre cada pequeño detalle de la guerra, aunque los textos son difíciles de encontrar fuera del país. (Hay ejemplares individuales de algunos de estos escritos en la Universidad de Nueva York o en la Biblioteca Pública de Nueva York, como si agentes secretos los hubieran sacado clandestinamente). La obra más significativa es un relato día a día del conflicto, *Diario de la guerra*, que actualmente está en tres volúmenes. El primero lo escribió Pedro Álvarez Tabío (La Habana, 1986). El segundo también es de Álvarez, junto con el historiador Heberto Norman Acosta (La Habana, 2010), y el único autor del tercero es Norman (La Habana, 2015). Este último historiador también ha producido obras con un nivel de detalle que abrumaría al patriota más apasionado, por ejemplo, dos voluminosos ejemplares sobre el exilio de Fidel en México, que normalmente se considera una simple nota al pie en la historia de Castro: *La palabra empeñada: El exilio revolucionario cubano, 1953–1959* (La Habana, 2006). El sitio web sobre la historia de Cuba, ecured.com, también cuenta con una gran riqueza de detalles sobre los personajes individuales.

En inglés hay varias obras fundamentales para cualquier libro sobre la revolución. La historia general clásica puede encontrarse en el magistral tomo de mil setecientas páginas de Hugh Thomas *Cuba: La lucha por la libertad* (Nueva York, 1971). *Fidel: A Critical Portrait*, del reportero del *New York Times* Tad Szulc, publicado en 1987 y actualizado en 2000, sigue siendo el más revelador sobre el propio Castro. (Las transcripciones de diversas entrevistas de Szulc que se conservan en la universidad de Miami, son casi igual de valiosas y están disponibles en línea). *Che Guevara: A Revolutionary Life* (Nueva York, 1997, actualizado en 2010), de Jon Lee Anderson, es el referente sobre el icono del Ejército Rebelde; Anderson también recibió permiso para acceder a su diario de guerra original, sin editar, que hoy en día se conserva en el Centro de Estudios Che Guevara de La Habana. Un complemento excelente es *Fidel and Che: A Revolutionary Friendship*, de Simon Reid-Henry (Nueva York, 2009).

La biografía definitiva sobre Celia, *One Day in December: Celia Sánchez and the Cuban Revolution* (Nueva York, 2013), de Nancy Stout, está repleta de vívidos detalles personales sobre todos los participantes, incluido el mejor estudio sobre Frank País. En español también puede leerse *El más extraordinario de nuestros combatientes: las últimas semanas de vida de Frank País* (La Habana, 2008), de Pedro Álvarez Tabío, y la obra de Enna Oliva, *Casa Museo Frank País* (La Habana, 1997). Muchos de los escritos de Haydée están recopilados en la obra editada por Betsy Maclean, *Haydée Santamaría. Vidas rebeldes* (México, 2008). La información disponible sobre Camilo Cienfuegos es más escasa: puede consultarse la obra de William Gálvez, *Camilo: Señor de la vanguardia* (La Habana, 1979), *Camilo Cienfuegos*, de Carlos Franqui (Madrid, 2011), y *Camilo Cienfuegos y la invasión. Rumbo a Occidente*, de Sergio del Valle (La Habana, 2011).

En el caso de Vilma Espín, el libro conmemorativo *Vilma: Una vida extraordinaria* (La Habana, 2013) es una recopilación de artículos de prensa y cartas a lo largo de los años. Sobre la dinastía de los Bacardí, magnates del ron para los que trabajaba su padre, puede leerse *Bacardi and the Long Fight for Cuba: the Biography of a Cause*, de Tom Gjelten (Nueva York, 2008).

Aunque las obras anteriores fueron utilizadas a lo largo de todo el libro, también hay referencias más específicas:

Prólogo: Fidelmanía

La surrealista entrevista de Ed Sullivan a Fidel en 1959 puede verse en el Paley Center for Media en el centro de Manhattan, a tiro de piedra de las oficinas de la CBS. Su trasfondo se describe en *Impresario: The Life and Times of Ed Sullivan*, de James Maguire (Nueva York, 2006). Para el ambiente posterior a la victoria pueden consultarse los escritos de Van Gosse, las primeras ediciones de la revista *Bohemia* en La Habana a principios de 1959 y *Sartre on Cuba*, de Jean-Paul Sartre (Nueva York, 1961).

Primera parte: La «locura» cubana

Acerca de la guerra de Cuba, puede consultarse la obra *The War Lovers: Roosevelt, Lodge, Hearst, and the Rush to Empire, 1898*, de Evan Thomas (Nueva York, 2010).

El único relato de las primeras etapas de la vida de Batista es de Frank Argote-Freyre, *Fulgencio Batista: From Revolutionary to Strongman* (New Brunswick, 2006).

Sobre la infancia de Fidel, *The Boys from Dolores: Fidel Castro's Schoolmates from Revolution to Exile*, de Patrick Symmes (Nueva York, 2007), es un excelente y extenso relato. La última palabra sobre el mito de la destreza de Fidel en el beisbol durante su juventud (y sobre las supuestas ofertas que recibió de equipos profesionales estadounidenses) es de la Society for American Baseball Research: *https://sabr.org/bioproj/topic /fidel-castro-and-baseball*.

Sobre el asalto al Moncada puede leerse el relato de Haydée Santamaría, *Moncada: Memories of the Attack that Launched the Cuban Revolution* (Nueva York, 1980) y el de Antonio Rafael de la Cova, *The Moncada Attack: Birth of the Cuban Revolution* (Columbia, S. C., 2007). También son útiles las memorias de Juan Almeida, *Presidio* (La Habana, 1986) y *Exilio* (1987).

La mejor descripción de los decadentes bajos fondos de La Habana en los cincuenta se encuentra en las obras de T. J. English, *Havana Nocturne: How the Mob Owned Cuba… and Then Lost it to Revolution* (Nueva York, 2008), *Tropicana Nights: the Life and Times of the Legendary Cuban Nightclub*, de Rosa Lowinger y Ofelia Fox (Nueva York, 2005), *Havana Before Castro: When Cuba Was a Tropical Playground* (Layton, 2008), de Peter Moruzzi, y *Mafia y mafiosos en La Habana*, del autor cubano Enrique Cirules (La Habana, 1999). Las guías para turistas estadounidenses ofrecen fascinantes detalles de primera mano; van desde la *Norton's Complete Hand-Book of Havana and Cuba*, publicada en 1900 (durante la ocupación militar de Estados Unidos), hasta el alocado tomo de Basil Woon *When It's Cocktail Time in Cuba*, de la época de la ley seca. Además está el pícaro número de diciembre de 1956 de *Cabaret Quarterly*, donde se describen a los lectores los mejores sitios para disfrutar de la noche cubana.

Segunda parte: Guerrilleros aficionados

Los destinos de los expedicionarios del *Granma* se relatan en *Diario de la guerrilla* y en otras obras detalladas de Norman, especialmente en *El retorno anunciado* (La Habana, 2011), un tomo de trescientas páginas dedicado únicamente al mes de diciembre de 1956.

Un libro indispensable sobre la entrevista de Herbert Matthews es *The Man Who Invented Fidel: Cuba, Castro, and Herbert L. Matthews of the New York Times*, de Anthony DePalma (Nueva York, 2006). Sobre los doctores del Ejército Rebelde está la obra editada por Eugenio Suárez Pérez, *Médicos de la guerrilla: Testimonios 1956–1958* (La Habana, 2014).

Los testigos presenciales estadounidenses también escribieron memorias clave. El periodista de la NBC, Robert Taber, escribió varios libros donde simpatizaba con Fidel, incluido *M-26: Biography of a Revolution* (Nueva York, 1961) y *La guerra de la pulga* (México, 1967). Los datos biográficos de Taber quedaron complementados en las entrevistas con su hijo Peter, quien ahora vive en Maine.

Otros relatos de primera mano de estadounidenses incluyen los de Dickey Chapelle, *What's A Woman Doing Here?* (Nueva York, 1962); Jules

Dubois, *Freedom is My Beat* (Nueva York, 1959); Herbert Matthews, *The Cuban Story* (Nueva York, 1961), y Ruby Hart Phillips, *Cuba: Island of Paradox* (Nueva York, 1959). La mejor descripción general de la visión estadounidense es *Fighting Over Fidel: New York Intellectuals and the Cuban Revolution*, de Rafael Rojas (Nueva York, 2016).

La obra clave sobre los insurgentes en las ciudades, incluida la huelga de abril de 1957, es *Inside the Cuban Revolution: Fidel Castro and the Urban Underground*, de Julia E. Sweig (Cambridge, 2002). Sobre José Antonio Echeverría, véase *Subiendo como un sol la escalinata*, de Ernesto Álvarez Blanco (La Habana, 2009). Sobre el tema del respaldo a los rebeldes por parte de los homosexuales urbanos, véase el artículo «Homosexuality, Homophobia, and Revolution: Notes Toward an Understanding of the Cuban Lesbian and Gay Male Experience, Part I», *Signs*, vol. 9, n. 4 (verano de 1984), pp. 683–699, de Lourdes Arguelles y B. Ruby Rich.

La muerte del perro de Hemingway es narrada, inesperadamente, en *Hemingway's Cats: An Illustrated Biography*, de Carlene Fredericka Brennen (Nueva York, 2006); también se ha consultado el libro de Brennen escrito en colaboración con Hilary Hemingway, *Hemingway in Cuba* (Nueva York, 2003) y la obra de Enrique Cirules, *Hemingway en Cuba* (La Habana, 1999).

Sobre los días nómadas al principio de la guerra de guerrillas se han consultado las obras: Luis Báez, *Secretos de generales* (La Habana, 1996); Juan José Soto Valdespino, *Mártires del* Granma (La Habana, 2012); Carlos Franqui, *El libro de los doce* (La Habana, 1967); H. P. Klepak, *Raúl Castro and Cuba: A Military Story* (Nueva York, 2012); Marta Verónica Álvarez Mola, *Epopeya de libertad* (La Habana, 2007).

TERCERA PARTE: LA RUTA REVOLUCIONARIA

La ofensiva de verano de 1958 (alias «Operación Fin de Fidel») y el último esfuerzo en Santiago se encuentran recogidos en el voluminoso relato en dos tomos del propio Fidel, *La victoria estratégica: Por todos los caminos de la sierra* y *La contraofensiva estratégica: De la Sierra Maestra a Santiago de Cuba* (La Habana, 2010). Sobre la crisis de los rehenes (y las relaciones entre los rebeldes y Estados Unidos en general) se ha consultado la obra de Thomas G. Paterson, *Contesting Castro: The United States and the Triumph of the Cuban Revolution* (Nueva York, 1994), aunque los relatos más vívidos se encuentran en los periódicos y revistas de la época.

El papel de las mujeres en la guerra ha inspirado una oleada reciente de libros, el más notable el de Lorraine Bayard de Volo, *Women and the Cuban Insurrection: How Gender Shaped Castro's Victory* (Nueva York, 2018). La exhaustiva entrevista de Mary-Alice Waters a Teté se encuentra en *Marianas in Combat: Teté Puebla and the Mariana Grajales Women's*

Platoon in Cuba's Revolutionary War (Nueva York, 2003). Véanse también: Alexis Leanna Henshaw, *Why Women Rebel: Understanding Women's Participation in Armed Rebel Groups* (Nueva York, 2016); Linda A. Klouzal, *Women and Rebel Communities in the Cuban Insurgent Movement, 1952–1959* (Londres, 2008); Ileana Rodríguez, *Women, Guerrillas and Love: Understanding War in Central America* (Nueva York, 1996); Karen Kampwirth, *Women and Guerrilla Movements: Nicaragua, El Salvador, Chiapas, Cuba* (Filadelfia, 2002); Lois M. Smith y Alfred Padula, *Sex and Revolution: Women in Socialist Cuba* (Nueva York, 1963).

Sobre los estadounidenses en Cuba: William Morgan ahora cuenta con dos biografías completas, *El Americano: Fighting with Castro for Cuba's Freedom*, de Aran Shetterly (Nueva York, 2007) y *The Yankee Comandante: The Untold Story of Courage, Passion, and One American's Fight to Liberate Cuba*, de Michael Sallah y Mitch Weiss (Nueva York, 2015). El relato más apasionante de su historia sigue siendo el de David Grann en *The New Yorker*, «The Yankee Comandante» (28 de mayo de 2012). La bastante desconocida historia del Carnicero, Herman Marks, se extrajo de relatos periodísticos recientes, entre ellos los publicados en el *Milwaukee Sentinel* y la revista *Time*. Otras fuentes fueron las memorias de Neill Macauley, *A Rebel in Cuba* (Nueva York, 1970) y una apasionada biografía *amateur* de Richard Sanderlin, *The Last American Rebel in Cuba* (Nueva York, 2012), redactada por su hermano menor, Terry K. Sanderlin. Las referencias a otros estadounidenses provienen del *New York Times*, *Life*, *Look*, el *Miami Herald* e incluso *Man's Magazine*.

Cuarta parte: Luna de miel con el Che

Mi relato de los últimos días de Batista se basa en gran parte en *The Winds of December*, de John Dorschner y Roberto Fabricio (Nueva York, 1980). La sabrosa historia sobre los trastornos de personalidad del dictador proviene de *El gran culpable: ¿cómo 12 guerrilleros aniquilaron a 45.000 soldados?*, obra del desilusionado secretario de prensa de Batista, José Suárez Núñez. El embajador estadounidense Earl T. Smith escribió unas indulgentes memorias de esos últimos días: *The Fourth Floor: An Account of the Castro Communist Revolution* (Nueva York, 1962).

La mejor biografía de Errol Flynn es la de Thomas McNulty, *Errol Flynn: The Life and Career* (Nueva York, 2004). Conseguí encontrar sus reportes originales sobre Castro para el *New York Journal American* en la Universidad de Texas. Pude obtener más detalles a partir de entrevistas con Kyra Pahlen, hija de Victor Pahlen, quien dirigió el documental *Cuban Story* con Flynn en 1959, y la excorista Ida Carlini, quien conoció a Flynn y a Beverly Aadland mientras trabajaba en clubes de La Habana. Las memorias de Flynn, *Aventuras de un vividor*, son mucho más coloridas. Su relato sobre las ejecuciones de 1959 proviene de una carta privada que apareció en la revista australiana *The Bulletin* cuando salió a subasta. Tanto *Cuban Story* como la lamentable *Cuban Rebel Girls* están disponibles en DVD.

Véanse también: Carlos Franqui, *Retrato de familia con Fidel* (Seix Barral, 1981); Joseph E. Persico, *Edward Murrow, an American Original* (Nueva York, 1990); Roberta Ostroff, *Fire in the Wind: the Life of Dickey Chapelle* (Nueva York, 1994); George Plimpton, *Shadow Box: An Amateur in the Ring* (Nueva York, 2016).

Epílogo: Los últimos de la fila

La descripción general por excelencia de la revolución en sus primeros días es la de Van Gosse, *Where the Boys Are: Cuba, Cold War America and the Making of a New Left* (Nueva York, 1993). El único análisis detallado del viaje de Fidel a Estados Unidos en 1959 (y todo lo que poco después se torció) es el excelente ensayo de Alan McPherson «The Limits of Populist Diplomacy: Fidel Castro's April 1959 Trip to North America», publicado en *Diplomacy and Statecraft* (18, 237–268, 2007). La secretaria de prensa de Fidel, Teresa Casuso, estuvo presente en las visitas a Harlem de 1959 y 1960, relatadas en *Cuba y Castro* (Buenos Aires, 1963).

Agradecimientos

La idea para este proyecto nació tras varios mojitos en un bar en West Village, justo antes de que hiciera mi primer viaje de regreso a La Habana tras el desbloqueo de Cuba bajo el mandato de Obama en 2016. Le pedí a mi amiga Julia Cooke, la autora de *The Other Side of Paradise: Life in the New Cuba,* que me recomendase un buen libro sobre los orígenes de la Revolución, algo entretenido y fácil de leer, libre de ideologías y que no fuese un tocho de ochocientas páginas.

—Ese libro no existe —me dijo—, ¡pero podrías escribirlo tú!

Me pareció una locura. Antes que nada, la idea de adentrarme en los archivos cubanos hacía que mi incursión en la Biblioteca del Vaticano pareciese pan comido. Pero tras viajar a La Habana —en uno de esos primeros aviones privados que volaron directamente desde Miami después de cinco décadas— me empezó a parecer una idea cada vez menos intimidante. Había ido a Cuba por primera vez hacía dos décadas, durante el período especial a mediados de los años noventa, cuando sólo se podía llegar allá pagando mil dólares en efectivo a un hombre en las Bahamas, comúnmente conocido como Lionel, en un turbohélice ruso que parecía haber sido utilizado durante la defensa de Leningrado. La Cuba con la que me encontré en 2016 parecía otro país.

Di un paso más allá ese verano, cuando el visionario editor de la revista *Smithsonian*, Michael Caruso, me asignó la tarea de trazar la ruta de los guerrilleros, lo cual me llevó a sitios tan excelentemente preservados como la Comandancia de La Plata en Sierra Maestra. Al regresar a Nueva York, mi agente, Henry Dunow, percibió su potencial y me ayudó a redactar una propuesta literaria para ampliar el artículo de revista en un libro. También quiero darle las gracias a mi editor en Penguin Random House, Jill Schwartzman, por creer que esta idea podría funcionar. (Sin duda tengo que también dar las gracias a su tía, que conoció a Fidel cuando tenía siete años en un ascensor, por transmitir esa anécdota). Su asistente, siempre paciente, Marya Pasciuto, le prestó muchísima atención al manuscrito los meses siguientes.

El proceso de investigación en La Haban no hubiera sido posible sin la ayuda de la historiadora Nancy Stout, autora de *One Day in December: Celia Sánchez and the Cuban Revolution*. Tras explicar los pormenores de la Oficina de Asuntos Históricos, me puso en contacto con un archivista y conservador, el Dr. Eugenio Suárez Pérez, el subdirector Dr. Jorge Luis Aneiros, y su asistente Armando. El historiador cubano Herbet Norman Acosta aclaró varios pormenores históricos mientras bebíamos varias Heinekens en el restaurante suizo más cercano.

Gracias también a Collin y Michael Laverty de *Cuba Educational Travel* por los consejos sobre la vida nocturna en La Habana; a los primeros lectores de este libro, Brian Turner y Robyn Fookes; a Bonnie Blue Edwards por el apoyo emocional; al librero Alian Alera, quien es capaz de rastrear cualquier libro que se haya publicado en Cuba, sin importar que esté descatalogado; al vendedor de arte Bryant Toth y a todos los que trabajan en el Bar Roma, por hacerme disfrutar mucho más durante mis estadías en La Habana.

Acerca del autor

TONY PERROTTET es autor de cinco libros: *Off the Deep End, Pagan Holiday, The Naked Olympics, Napoleon's Privates* y *The Sinner's Grand Tour.* Sus relatos de viajes se han traducido a una docena de idiomas y han aparecido en diversas antologías, además de haber sido seleccionados en siete o más occasiones para el premio Best American Travel Writing. Aparece con regularidad como invitado en programas de televisión de The History Channel y colabora en la revista *Smithsonian.* Su trabajo ha aparecido en el *New York Times, Wall Street Journal, Magazine, Condé Nast Traveler, Travel + Leisure, Outside, Surface* y el *London Sunday Times.* Reside en Nueva York.